세계 체육문화사

세계 체육문화사

체 육 의 역 사 와 미 래

World Athletic Cultural History

유인영 지음

한국학술정보

　인류의 역사는 시대의 상황에 따라 다양하게 발전되어 왔다. 문명이 시작된 이후 시대의 주역이 되었던 다양한 민족들은 타민족보다 우수한 예지와 창의성을 발현하였을 뿐만 아니라 튼튼하고 강건한 체력을 기반으로 우수한 체격의 민족들이었다. 체육의 역사 또한 인류 역사의 변천과 발전을 통해 늘 변모해 왔다.

　체육은 문화적 상황에 따라서 정치적·종교적·군사적으로 이용되기도 하였으며, 생산의 원동력이 되기도 하였다. 신체의 단련을 통하여 아름다움을 과시하는 수단이기도 하였을 뿐만 아니라 때에 따라서는 금욕주의적 사상에 따라 체육의 실천이 죄악시되어 체육을 부정하기도 하였다.

　이와 같이 시대의 상황이 제시하는 정책과 사상에 따라 신체관이나 체육관을 달리하면서 체육의 역사는 인류문화의 발달과 함께 성장과 발전을 지속하여 왔다. 따라서 인류의 문화 발달과정과 세계 체육의 발달과정은 오랜 시일 동안 동반자적인 관계를 지속적으로 유지하여 왔다고 할 수 있다.

　인간은 생존을 유지하고 부족의 생활을 확보하기 위하여 다양한 방법을 발전시켜 왔으며, 식물을 획득하기 위하여 재배와 목축의 방법을, 자신의 몸을 보호하기 위하여 무기를, 기후의 변화에 적응하기 위하여 의복과 가옥을, 공동생활의 질서를 위하여 법과 관습을, 삶과 인생을 이해하기 위하여 종교를, 인생을 건강하고 윤택하게 하기 위하여 음악·미술·체육을 연마하게 되었다.

이와 같은 인간의 문화발달과정을 살피는 데 있어서 세계 체육의 발달사를 살펴보는 것은 앞으로의 미래를 준비하는 의미를 지니고 있다고 본다.

즉, 미래의 체육을 현명하게 통찰하는 데는 아무래도 과거의 것을 되돌아봄으로써 올바른 신체관과 체육관이 확립되고 우리가 그리는 이상적 인간과 그것을 지향하는 진실한 방법은 정해지는 것이다. 미래를 위하여 과거를 배운다는 것, 여기에서 세계 체육문화사 연구의 의의를 찾을 수 있을 것이다.

본서는 세계 체육문화사라는 제목 아래 광범위하게 조사되었으나 여전히 부족하고 미흡함을 절실히 느낀다. 아직 다루지 못한 내용과 미진하게 다루어진 내용은 앞으로 보완하여 보다 알찬 내용으로 개정할 것을 스스로 다짐한다.

끝으로 본서가 출간되기까지 내ㆍ외 선행연구자들의 노고에 경의를 표하며, 출판을 위하여 노력해주신 한국학술정보(주) 여러분께 진심으로 감사드립니다.

2023년 2월
저자 유인영

체육인 헌장

체육은 인간을 굳세고 아름답게 가꾸어 쓸모 있게 하는 과정이다. 그러므로 참된 체육은 참된 인간생활의 기초가 되어 슬기와 용기로써 행동하고 끈기와 희생으로 사회발전에 공헌한다.

우리 국민은 솔선 체육활동에 참여하고 참된 체육인이 되어 문화 향상에 이바지하고자 다음과 같이 다짐한다.

1. 경기를 하는 사람은 경기를 사랑하고 즐기며, 사욕이 없는 순수한 마음으로 최선을 다하며 그 성과에 만족한다.
2. 경기를 하는 사람은 심판의 판정에 복종하고 상대방을 존중하며 승패에 구애됨이 없이 정정당당히 싸운다.
3. 경기를 심판하는 사람은 경기 규칙에 따라 엄정하게 다스리고 경기를 명랑하게 이끈다.
4. 체육을 지도하는 사람은 원만한 인품을 갖추고 항상 과학적인 기술과 창의적인 지도에 힘쓴다.
5. 경기를 관람하는 사람은 아름다운 정신과 탁월한 기능에 갈채와 성원을 보내며 누구에게나 공정 무사한 태도를 갖는다.

위의 모든 체육인은 어디에서나 일상생활에 모범이 되고 밝고 바른 일의 역군이 된다.

머리말   4

체육인 헌장   6

제1편   **세계 체육사**

제2편 **한국 체육사**

제1편

세계
체육사

제1장

고대의 체육

Ⅰ. 원시시대의 체육

1. 원시인의 생활과 신체활동

인류의 체육활동은 원시시대로부터 인간의 생활수단과 동물적 유희에서 시작되었으며 인류의 생활이 개선되고 사회가 발전함에 따라 점차 변화되고 발전되어 왔다. 따라서 체육활동은 인류문화와 함께 그 역사를 같이한다.

▷ 출처 : pxhere   원시인의 생활

체육활동은 그 형태와 방법에 있어서는 옛날이나 지금이나 또는 동·서양이 모두 같다고 하더라도 이를 행하는 목적과 의의는 그 국가 민족의 시대적 배경과 사회적 환경에 따라 중요시되는 상황이 달라진다.

인류는 약 50만 년의 역사를 가졌다고 하지만 문자를 쓰기 시작하여 기록을 남기면서 문명시대로 들어온 것은 약 5,000~6,000년 전의 일에 지나지 않는다. 그동안 인류는 대자연과 싸워 가면서 생명에 대한 애착심과 약동하는 생활의욕으로 한 걸음씩 문명의 길을 닦아왔다.

인간은 식물을 채취하고 짐승의 습격을 방지하기 위하여 집단적인 공동생활을 필요로 하였던 것이다. 또한 활과 화살을 발명하여 대규모 사냥과 고기잡이를 하거나 짐승의 껍질로 의복을 지어 입고 가죽과 풀로써 지붕을 덮어 집을 짓게 되었다. 기술의 발달로 식량을 확보하게 되고 훌륭한 장비를 갖추게 된 인간들은 강의 유역이나 초원지대를 방황하는 동물들의 통로와 습성에 따라 요소마다 자리 잡으면서 다량의 짐승과 물고기를 잡게 되었다.

식량채취단계에서 식량생산단계, 식량생산단계에서 식량생산자로 또한 군소 공동체에서 큰 촌락으로, 큰 촌락에서 원시적 씨족형성단계를 밟아갔다.

씨족사회는 동일한 조상을 가진 자손으로 공동체를 구성하는 血緣(혈록) 사회였다. 이 씨족사회의 특징은 각 씨족이 Totem(토템)을 가졌다는 사실이다. 즉, 자연물이나 동물의 이름을 따서 자기 씨족의 이름으로 삼았고 그것을 씨족 공동의 조상으로 숭상하고 단결하는 Totemism(토테미즘)[1]이 있었다.

그리고 생물이나 무생물에도 영혼이 붙어 있다고 믿었는데 이를 Animism(애니미즘)이라 하여 그것을 잡아먹거나 사용하는 것도 금지하였다. 이를 Taboo(터부·금기사항)라고 불렀다. 이와 같은 사실은 씨족사회 안에 있어서 공동체적 색채가 농후하였음을 의미하는 것이다.

문자의 기록이 없는 장구한 시대를 Pre Historic Age(선사시대)라 한다. 현재 남아있는 유물이나 미개인의 생활양식과 그들이 사용하던 기구에 의하여 선사인류가 사용한 기구를 보면 돌에서 청동 그리고 철의 순서로 이어졌다.

원시사회에서는 생존경쟁에 이기려면 신체의 완전한 발달을 필요로 하였기 때문에 미

---

1 토테미즘 [totemism] : 토템 신앙에 의해 형성되는 사회체제 및 종교 형태.

▷ 출처 : canadablog.tistory(캐나다 대사관 블로그) 토템상

개인, 또는 원시인을 현대의 문화인과 비교하여 볼 때 신체적 발달의 측면만이 강조되어 강인한 체격을 우월하다고 생각하였다.

　원시인들은 먹고살기 위하여 달리고, 뛰고(멀리 또는 위로), 던지고, 매달리고, 헤엄치는 활동을 하였다. 즉, 작은 동물이나 물고기를 잡아서 먹기도 하고, 나무에 매달려있는 열매를 따고, 사람보다 강한 맹수에게 위협을 느껴 쫓겨 도망을 가기도 하였다. 이리하여 자신을 보호하기 위하여 돌을 던지고 활을 쏘고 봉을 휘두르는 기술을 습득하였다. 따라서 생존을 위해서는 筋力(근력)이나 持久力(지구력)이나 敏捷性(민첩성)이 항상 훈련되었고 자연적으로 신체는 생존을 위하여 강해지게 되었다. 그러나 기후관계로 비가 오지 않아 하천이 마르고 과실나무에 열매가 열리지 않고, 먹이를 잡지 못할 경우는 배고픔을 참으며 무거운 다리를 끌고 과일 열매나 작은 짐승을 사냥하기 위하여 여러 지역을 찾아다니지 않으면 안 되었다.

　원시사회에서는 계통과 목적이 있는 지도교육 같은 것은 전혀 찾아볼 수 없으며 教育(교육)이란 일상생활의 활동과 경험, 또는 교적, 사회적 諸意識(제의식)의 부산물에 지나지 않았다.

　원시인들의 활동은 활, 화살, 창, 칼, 가구 등의 제작, 화물운반, 소형의 집짓기, 소형의 배

만들기, 석공의 세공 등이었으며 원시인들은 거의 매일 음식물을 구하러 다니며 과실이나 나무열매를 구하러 수목을 기어오르고 먹이를 찾아 삼림을 헤치면서 수확을 하고 맹수와 싸우면서 우수한 신체발달을 지켰고, 물고기를 잡기 위하여 강가 또는 저수지로 돌아다니기도 하였다.

2. 원시무용의 목적

신체활동 중 하나인 舞踊(무용)은 다른 어떤 원시사회에 있어서도 필요 불가결한 위치를 차지하고 있었기 때문에 무용이 가지는 중요한 목적은 오늘의 그것과는 달리 신령의 축복과 신의 가호를 불러일으키는 것이었다. 따라서 무용은 매우 엄숙한 종교적 활동의 하나로 볼 수 있었다. 돌과 창으로 무장한 부족의 병사들이 부족 간의 전투를 시작하기에 앞서 추는 出陣舞(출진무)는 유력한 신령의 기운을 자기 부족으로 불러들이고 그와 함께 싸움에서 필요한 고조된 심적 흥분상태를 유지하는 것이 승리를 가져올 수 있다고 생각하였다.

원시인들이 그려 놓은 동굴의 벽화에는 뿔이 달린 짐승의 모피를 몸에 감고 춤을 추는 광경이 그려져 있다. 이것은 무용이라기보다 격양된 상태로 춤의 의식(굿)의 의미를 갖고 있다고 볼 수 있다. 예를 들면 북미의 만타족 사람들은 들소를 식량으로 구하고 있었으나 사냥에서 들소가 잡히지 않아 공복의 고통을 느끼게 되면 추장을 선두로 하여 제주로 모시

▷ 동굴의 벽화(Panel of the Unicorn at Lascaux.) © 2023 A&E Television Networks, LLC.

고 소를 모방하여 춤을 춘다. 이것은 하나의 의식으로서 이렇게 함으로써 사냥을 위한 들소들이 모여든다고 믿고 부락민 전원이 광장에 모여 머리에 들소의 가죽을 뒤집어쓰고 사냥을 위한 광란의 춤을 춘다.

춤에 지친 젊은이가 쓰러지면 그를 춤 장소에서 끌고 내려와 다른 젊은이들이 단검을 갖고 들소를 사냥하는 듯 동작하여 그 젊은이에게 향한다. 또한 비가 오지 않거나 먹이가 없어 짐승이 잡히지 않을 경우 이는 모두 신의 노여움과 악마의 소행이라 생각하여 짐승을 제물로 바치고 기우제를 지내 신을 받들고 악마를 쫓는 춤의 의식을 행하였다.

종족에 따라서는 승리를 기원하는 수단으로서 남자들이 타 부족과의 전투나 짐승의 사냥에 참가하고 있는 동안 여성들은 계속해서 춤을 추는 경우도 있다. 전투나 사냥에서 우리 부족이 이기고 돌아오면 승리를 축하하기 위해서 춤을 추는 의식을 계속했던 것이다.

원시인들의 춤이나 유희는 그 자체에 목적이 있는 것이 아니고 생산과 굿에 직접·간접으로 관계를 갖고 여러 가지 형태로 행하여졌다.

3. 군사훈련을 목적으로 한 경기

원시인들에게 돌이나 창을 던지고 활을 쏘는 동작은 중요한 생존의 기술이었다. 이 훈련은 정확도와 몸의 민첩성이 빨라지고 원거리에서 짐승 또는 상대 부족을 공격할 수 있는 새로운 무기 즉, 화살을 사용하는 단계로 발전하였다.

이와 같은 생존을 위한 수렵활동, 즉 신체활동은 종족 보존의 군사훈련 목적으로 이어지게 되었고 부락 간의 싸움은 종족의 운명을 결정하는 투쟁이고 승리를 위한 다양한 신체훈련이 함께 진행되었다.

궁술, 창 검술, 레슬링, 복싱, 격투기 등은 대단히 중요한 신체활동이었으며, 부족의 연장자 또는 가족으로부터 신체단련을 위한 활동을 배우고 익히게 되었다.

군사훈련은 부족의 생존을 위하여 원시인들의 생활 속에 여러 가지 면에서 자리 잡고 있었으며 부족 내의 경기를 통하여 무기를 사용하는 법을 배우고 다른 부족을 이겨낼 수 있는 신체단련을 연마하였다. 이러한 동작들이 발전을 거듭하면서 지금의 체육활동의 기술로 탄생하였다.

원시시대의 삶이 영화로 제작된 1991년 영화 Quest For Fire(불을 찾아서)[2]는 언어가 없었던 당시 원시인들의 생활을 살펴볼 수 있다. 인간의 나약함과 불의 소중함을 깨닫게 해주고 있으며 종족의 생존본능과 그에 따른 부족의 군사훈련이 필요한 이유와 자신을 보호할 수 있는 능력의 중요성을 일깨워주고 있다.

▷ 불을 찾아서 영화 포스터

---

2 불을 찾아서(Quest For Fire) 1991년 개봉 프랑스 영화.

4. 지배자를 결정하는 경기

원시시대의 경기나 무용은 생산과 군사에 깊은 관계를 맺고 있었지만 또한 부족의 지배자를 결정하는 방법으로도 행하여졌다. 부족의 추장이나 왕의 자격을 갖춘 종족의 최고 지배자는 체력과 함께 신체기능, 전투력이 월등해야 하고 지배자의 육체적인 쇠퇴는 그 몸에 깃들고 있는 정령의 신의 쇠퇴를 나타내고 이것이 자기 종족 토지의 확장과 사냥을 위한 생산의 감소에 영향을 줄 수 있다고 생각하였다.

그들은 지배자로서의 추장이나 지배자는 항상 절대적인 체력의 우위를 지니고 있어야 되었으며, 신체에 탄력을 잃고 주름이 지고 백발이 보이는 지배자나 추장은 힘의 쇠퇴라고 생각되어 젊고 힘이 강한 젊은 지배자를 위하여 은퇴하지 않으면 안 되었다. 신체의 노화와 체력의 저하는 곧 지배자의 교체를 의미한다. 경기 종목들은 전투적인 투기, 검술, 레슬링, 복싱 등이 대표적인 종목이고 죽음을 수반하는 결과까지도 이른다.

왕의 계승자의 결정법이나 개인, 혹은 종족 간의 지배자를 결정하기 위한 해결방법으로 격투를 포함한 다양한 경기가 이루어졌고 이 방법은 정당한 신의 재판으로서 승리하는 사람은 그 정당성을 신이 인정한다고 생각을 하였다. 종족끼리의 싸움이 오래 계속되어 부족 간의 승부가 나지 않을 경우 그 종족의 대표자가 한판 승부로 최종 결정을 한다.

5. 원시시대의 장제경기

원시시대에는 생산과 관계되는 의식을 갖춘 경기나 지배자를 결정하는 경기와 아울러 위대한 왕이나 용감한 전사가 죽은 후 그 영을 숭배하는 뜻으로 葬祭競技(장제경기)가 실시되었다.

즉, 생존 시의 위대한 왕이나 용감한 용사들은 신의 후예로서 부족의 숭배를 받고 그 발전의 역사는 영웅들의 경기전설에 의해 상징되었다. 즉, 부족들의 역사에는 악령, 사악한 신을 레슬링으로 들어 던지고 복싱으로 쳐 쓰러트리는 경기로서 이기고 맹수를 생포했다는 영웅들의 武勳談(무훈담)이 포함되어 있었다.

그 영웅들이 죽은 후, 경기를 개최하는 것은 그들을 숭배하고 그 영에 대한 최대의 존경이라고 생각했다. 이와 같은 예는 북미 원주민인 인디안, 코카서스인, 인도인 등에서 발견되고 학자들 간에는 인류의 모든 운동경기는 장제경기에서 발전되었다고 보는 학자도 있다.

II. 고대 동방제국의 체육

1. 중국의 체육

중국은 고대동방에서 가장 긴 역사를 가지고 있는 文王(문왕), 武王(무왕)에 융성을 이루었던 周(주)나라 시대로부터 春秋戰國時代(춘추전국시대)를 거쳐 漢(한)나라 시대까지를 합하면 세계적으로 보아 고도의 문화를 창출하였다고 할 수 있다. 고대 중국은 Himalaya(히말라야)산맥, Tien-Shan(톈산)산맥, Altai(알타이)산맥으로 국경을 이루고 있으나 적의 침입을 막기 위하여 다시 만리장성을 쌓아 쇄국주의 정책을 펼쳤으나 이 정책이 실패하자 이국인 출입 금지령을 제정하였다.

중국의 지리적 여건과 쇄국주의 정책은 다른 나라와의 교류가 두절되어 자연스럽게 국내사회의 질서를 굳히고 변화를 막는 역할을 했다.

▷ 중국의 만리장성 © 2013-2023 ScanTrip Inc.

고대의 중국은 가족조직, 선조 숭배제도의 유지로 모든 사람은 가장에 절대복종하고 선조의 靈(영)에게 숭배함으로써 완전한 종속제도를 이루었는데 이는 사회고정을 위해서는 효과적인 체제라 하겠으나 국민교육의 주류가 개성을 억압하는 교육법으로 인하여 신체발달은 저해되고 새로운 사상이나 개혁의 기회는 극히 적었다. 이러한 종속제도는 국내사회의 고정을 위해서는 효과적 체제라 하겠으나 새로운 사상이나 개혁의지를 기대하기란 어려웠고 체육 또한 관심 밖의 일이 되었다.

고대 중국인들의 생활에는 신체단련을 위한 체육활동이 자리 잡을 기회가 전혀 없었다. 국가 자체가 외국으로부터 침입의 걱정이 없었고 반면 다른 나라를 정복할 야욕도 없었기 때문에 국가와 국민이 상무정신에 전혀 관심을 갖지 않았다. 한마디로 고대 중국인들은 정신적 인간형성은 중요시하였으나 신체육성, 즉 체육활동은 경시하였다고 볼 수 있다.

이 시대는 귀족들 간에 수렵이 여가활동으로 이루어졌고 승마술, 무기조작법, 민첩한 동작과 빠른 판단을 필요로 하는 수렵은 전쟁을 방불케 하는 용감성과 신체단련을 필요로 하였다.

보건 면으로 본다면 고대 중국에서는 병이 나면 장기가 막혀 유통이 안 되는 것으로 생각하고 각기 그것에 따르는 呼吸法(호흡법)이 가미되고 규칙적인 운동을 함으로써 병을 치료케 하였다.

호흡은 우주의 정기를 매개하는 신비적인 작용을 하고 있어 호흡을 기본으로 하여 여러 가지 체조법을 만들었다.

호흡을 기본으로 하여 여러 가지 체조를 만들었는데 위병, 심장병 등 질환에 대한 호흡법인데 이 호흡법은 5종류로 나누어져 있고 이것을 또다시 세분하여 빠르게, 얕게, 깊게, 가볍게 4가지 방법으로 행하였다.

자세는 선 자세, 앉은 자세, 누운 자세의 형이고 여기에다 팔, 다리 동작을 가미하여 맨손 체조가 고안되었다.

중국에서는 기원전 2600년경부터 쿵푸(Cong Fu)라고 불리는 체조가 고안되었는데 이것을 五禽戲(오금희)[3]라고 불렀다. 즉 호랑이, 사슴, 곰, 원숭이, 새 등 동물의 동작을 모방함으로써 신체 여러 기관의 기능이 증진되어 不老長壽(불로장수)한다고 생각하였다.

---

3 시사저널, 명의(名醫) 화타의 장수법 '오금희(五禽)'.

▷ 중국 고대의 체조 오금희

　쿵푸가 보는 질병은 신체기능의 장애에서 생기는 것이라고 보고 호흡운동에 결부된 일정한 신체운동이 신체 제 기관의 기능을 보호하고 수명을 연장하여 영혼의 불멸을 가져온다는 의미에서 발생한 일종의 의료운동으로서 기원전 5000년경에 소림사의 한 승려가 문서로 써서 전해 내려오고 있다.

　현재 쿵푸는 우리에게 고대 중국의 전통적인 무술로 인식되어 있으며, 중국어로 신체를 교육한다는 의미의 體育(체육)이란 승리의 영광을 차지하는 것이 목표가 아니라 내면을 살

찌우고 개발하는 것이라고 믿고 있다. 이러한 부드러운 힘에 대한 신념은 중국인의 삶을 바라보는 방식을 반영하고 있다.

2. 인도의 체육

인도는 중앙아시아에서 유목생활을 하고 있던 유럽 Aryan(아리안)족의 일파가 기원전 2000년경 Indus(인더스)강변에 살고 있던 Dravidian(드라비디안)족을 정복하고 펀자브 지방을 중심으로 건국한 국가이다.

인도를 종교와 철학의 나라라 말하는데 그중에서도 힌두교, 마호메트교, 기독교가 지배적인 종교라 할 수 있다. 인도는 무더운 날씨와 유행병의 범람으로 인한 고도의 사망률, 가난과 굶주림 때문에 무상한 인생으로부터 해방을 希求(희구)하면서 불멸의 영혼을 찾으려 노력하였다.

고대 인도의 종교로서는 Hindu(힌두)교가 성행하였는데 힌두교인들은 현세의 모든 환락과 희열을 멀리하는 것이 미래의 세계에서 영광을 얻게 된다고 믿었다. 힌두 교리에 의하면 "우주 만상의 다양성은 단일성에 환원한다. 그 단일성이야말로 梵天(범천)의 진리이다"라고 하였다.

인간은 몇 번이고 환생해서 인생의 고뇌를 겪어야 되고 그때마다 원래의 육체를 떠나서 다른 육체에 옮겨진다는 것이다. 그렇기 때문에 현세의 모든 환락과 희열을 멀리하는 것이 미래의 세계에서 영광을 얻게 된다고 믿었다. 인도는 또한 엄격한 사회계급 제도를 가지고 있었는데 인간은 출생 시부터 그 지위가 규정되고 질서가 세워져서 개인의 직업적·교육적 기회가 Caste System(카스트제도)에 의하여 제한되었다.

인도의 엄격한 사회계급제도로서 인간은 출생 당시부터 그 지위가 규정되고 질서가 세워져서 개인의 직업적, 교육적 기회가 카스트 제도에 의하여 제한되었다.

Brahmans(부라만)계급은 귀중한 지식을 갖출 수 있도록 훈련받음으로써 인도 사회체제를 지배하는 교육가, 사제로 이루어진 지식계급이고, Kshatrya(크샤트리아)는 군인이나 관리로 구성되어 있는 전사계급, Vaisha(바이샤)는 농업, 공업, 상업에 종사하는 농공상계급, Sudra(수드라)는 교육의 기회가 전혀 주어지지 않는 노동자 계급을 말하고 있다.

나중에는 佛陀(불타: 석가모니)의 출현으로 자비의 이상에 의한 인도사회의 재조직과 사회 계층의 변화를 이루었다.

고대 아시아에서는 세속적인 귀족과 같이 승려들은 높은 사회적인 지위를 점유하고 지식의 소유자로 존경을 받았다. 그들은 공부를 많이 하여 글을 알고 여러 가지 기록을 적고 천지이변의 현상을 판단하고 제전의 의식을 장악하여 나아가서는 정무까지 관장하게 되었다.

그들은 최고로 존경받는 지식인으로서 수업을 쌓기 위해서는 환경이 앉아서 명상에 잠기는 일이요 책과 생활하는 환경이기 때문에 신체는 자연적으로 허약해지고 건강의 어려움이 생김으로써 건강을 유지하기 위한 수단으로써 체조가 성행하게 되었다.

이 체조는 건강뿐만이 아니고 不老長壽(불로장수) 한다는 사상과 결합되어 실내에서 坐學(좌학)을 주로 하는 유한계급으로부터 시작되고 동양적인 종교사상을 배경으로 탄생하였다. 인도는 무더운 날씨로 인한 유행병의 범람으로 인한 고도의 사망률 때문에 무상한 인생으로부터 해방을 希求(희구)하면서 불멸의 영혼을 찾으려고 하여 인도를 종교와 철학의 나라로 만들게 되었다.

체육에 대한 이해는 무지무관 하였으나 건강규칙과 종교의식에 필요한 무용이 행하여졌고 특히 인도 古來(고래)의 Yo Ga(요가)체조는 일종의 보건 양생법으로 자세와 호흡법이

▷ 인도의 요가 © 2023 INDIADOTCOM DIGITAL PRIVATE LIMITED.

중시된 구성이어서 호흡을 깊게 들이마시고 내뱉으면서 유연성을 향상시켰고 그 보건적인 효율성이 주목을 끌어 현대인의 관심의 대상이 되어 이론적 발달을 가져오게 되었다.

요가는 금일의 체조와 호흡법을 합한 정신통일법으로 현대생활의 긴장과잉에 의한 스트레스 해소로 세계 각국에 보급되어 그 유효함이 주목되고 있다.

3. 이집트의 체육

Egypt(이집트)는 기원전 1500년경 남쪽의 Ethiopia(에티오피아)를 정복하고 동쪽으로는 Euphrates(유프라테스)강까지 뻗었으나 그 후 차차 영토를 잃어 기원전 700년경에는 Assyria(아시리아)에 정복되었다. 아시리아가 멸망한 후 이집트는 다시 독립하여 인류 역사상에 그 발자취를 남기게 되었다.

고대인의 생명인 농업은 주로 자연의 지배를 받았기 때문에 자연물과 자연을 지배하는 신을 신앙하는 다신교가 자연스럽게 발달하였다.

이집트에서는 많은 神(신) 중에서 최고의 지위를 차지하는 태양 神(신) Ra(라)와 테에베의 보호 神(신)

▷ 프수센네스 1세의 금가면

Amon(아몬)이 결합한 Amon Ra(아몬 라)이었다. 이집트인은 사후에 있어서 영혼불멸을 믿었다. 즉, 육체는 죽더라도 사후의 Ra(라)는 생명을 계속한다고 믿었으며 이 불사의 Ra(라)를 위하여 Pyramid(피라미드)를 건설하고 시체를 미라(프수센네스 1세)[4]로 하여 오래 보존하고 Sphinx(스핑크스)를 세우는 풍습이 생겼다.

이집트인들이 남긴 공적은 주로 건축 및 실용적인 가정용구의 개발과 과학적 발전에도 공헌이 많다. 이집트는 과학, 건축, 농업 등 여러 면에서 인류에 공헌한 바가 크다. 특히 12개월의 달력을 만들어 천문학에 많은 진보를 하였으며 대수, 기하, 토지, 측량술을 발달시키고 건축학, 수력학, 응용공학, 항해술, 의학적인 면에서도 과학적 발전을 이루었다.

---

4 출처 : 엘리자베스 데이비드 저, 『신비의 이집트, 낯선 곳으로의 열정 Passions d'ailleurs』

이집트 천문학의 가장 위대한 업적은 태양력인 1년을 12개월로, 한 달을 30일로 각각 나누고 남은 5일을 축제일로 하였다.

이집트인이 사용한 문자는 상용문자로서 이것을 다시 略字體(약자체)로 나일(Nile)강변에서 산출되는 Papyrus(파피루스)로 만든 종이에 갈대로 만든 펜과 油煙(유연)으로 만든 잉크를 사용하여 문서를 기록하였다.

이집트는 국가가 기록보존을 중요시하였기 때문에 소년들에 있어서는 記錄官(기록관)이 되는 것이 출세의 길로 여겨졌다. 이집트인들의 교육목표는 쓰고 읽는 것을 가르치며 과거의 지식을 보존하고 영속시키는 것이었다. 이러한 목표는 생의 실제적인 면과 직업적인 면에 더욱 관심이 깊었다.

그 외의 거대한 Pyramid(피라미드), Karnak(카르나크)의 신전, Sphinx(스핑크스) 벽의 장식, 소형조각, 금은 보석의 세공품에는 이집트인의 예술적 감각이 담겨 있다고 볼 수 있다.

이집트인들은 평화주의를 좋아하는 국민들로서 스포츠를 좋아했는데 수영에 대해서도 一層(일층) 보급이 많았으며 수영의 泳法(영법)의 하나인 Over hand stroke(오버핸드 스트로크)와 인공호흡법을 사용하였으며 회화, 조각, 모자이크 문서로서 레슬링과 무용, 운동경기를 좋

▷ 이집트의 피라미드와 스핑크스   © 2023 Express Newspapers

아하였으며, 귀족의 정원에는 Pool(풀)이 있는 집도 많았고 특히 레슬링은 신년을 고하는 제례행사에서 중요한 위치를 차지하였고 여기에는 귀족과 평민도 모두 참가하였다.

4. 메소포타미아의 체육

Mesopotamia(메소포타미아)는 두 강 사이의 땅이라는 단어의 의미에서 알 수 있는 것처럼 Tigris(티그리스)강과 Euphrates(유프라테스)강 사이에 자리하고 있었다. 비가 많이 내려 강이 범람하여 강변에는 비옥한 토지가 많았다. 그러나 지리적(군사적) 환경이 이집트보다 좋지 못하여 티그리스, 유프라테스 강변은 외적으로부터의 침입으로 인해 전쟁터가 되기도 하였다.

메소포타미아는 인접국가를 정복하여 영토를 확장시킴에 따라 제국으로 발전하여 제1 바빌로니아(Babylonia BC 1900년경) 아시리아(Assyria BC 1100년경) 제2 바빌로니아(Babylonia BC 600년경)의 3대제국이 발생하였다. 그러나 기원전 538년에 Persia(페르시아)에 정복당했다.

메소포타미아는 당시의 통상지로서 가장 적당한 위치에 있었기 때문에 산물을 인도, 아라비아, 시리아, 이집트 등으로 보내 무역을 할 수 있었다.

메소포타미아 문화의 기초는 수메르 바빌로니아 문명이었으며 이 문명사회도 이집트와 같이 강 유역을 중심으로 한 농업을 주로 하는 국가였으나 메소포타미아는 도시적인 성격을 띠고 있었다. 메소포타미아의 과학은 이집트보다 더욱 발달하였다.

천문학과 수학은 그리스인에게서 계승되었고 태양력을 발명하여 1년을 12개월로 나누고 따로 윤달을 두어 오차를 조절하고 60진법과 도량형제도를 만들었다. 그리고 1주일을 7일, 24시간을 1일, 원주를 360도로 정한 것과 세계 7대 불가사의의 하나인 바빌론의 Hanging Garden(공중정원)[5]탑상의 사원을 만든 건축물 등은 위대한 메소포타미아의 문화적 유산이라 할 수 있다.

---

5   바빌론의 공중정원 : 세계 7대 불가사의의 하나로서. 실제로 공중에 떠있는 것이 아니라 높이 솟아있다는 뜻이다. 유프라테스 강물을 펌프로 끌어올려 물을 댔다고 한다.

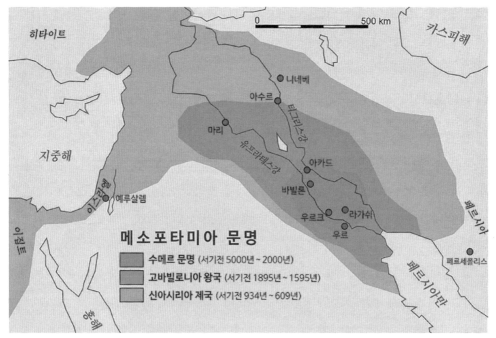

▷ 고대 메소포타미아　신앙신보(2021.11.14.)

　　메소포타미아에서 주목할 것은 법률이었다. 이 지방에서는 일찍부터 상업이 발달하고 계급의 분화가 심하였기 때문에 법률이 자연스럽게 발달하게 되었다.

　　메소포타미아는 체육적인 면으로 본다면 원시시대보다도 더욱 약화된 상태라고 볼 수 있다. 이유는 필기의 기술을 가져야만 사제나 귀족, 부유한 상인들의 기록관이 됨으로써 사회적으로 높은 지위를 얻기 때문에 신체적 훈련보다는 지적 훈련에 더욱 노력하였다. 따라서 체육활동은 실용적인 신체활동이 많았다고 볼 수 있다. 군인이나 귀족들은 전쟁이나 수렵에 필요한 군사훈련으로 궁술, 투창, 승마, 수영 등의 전투력을 유지하는 수단으로 행하여졌으며, 특히 수영은 시합용으로 경기화 되지 않았지만 전쟁수행에 필요한 기술로 생각하고 Over hand stroke(오버핸드 스트로크)가 성행하였다.

　　물을 신성시하는 고대인들은 맑은 물로 몸을 씻고 신에게 기도드린다는 뜻과 물을 다스리는 水神(수신)과의 관계로 인하여 수영 금지의 장소도 많았다.

　　그러나 수영은 군사적인 목적을 가지고 渡河(도하)를 하여 기습작전을 감행하고 또한 자기 생명의 위험으로부터 안전을 도모하는 데도 필요한 기술이었다. 그리하여 수영은 전쟁과 관련하여 한층 발달되었고 완전무장으로 헤엄치는 훈련이 많았다.

5. 페르시아의 체육

기원전 7세기경에는 Persia(페르시아)인과 그 혈족인 Media(메디아)인이 일체가 되어 인도 구라파계의 백색인종의 일대국가를 형성하였다.

아리안족의 일파가 북으로 카스피해, 남으로는 페르시아만 사이의 이란 고원지대를 점령하여 대 페르시아 제국을 건설하였다.

지금의 터키 지방의 페르시아는 동양과 서구와의 교량 역할을 하는 과도적 문화형태로 발전하였다. 그들은 사회적 안정을 도모하기 위하여 동양적 목적을 추구하였고, 후대에는 그리스 사람들의 영향을 받아 개성과 자유의 이상에 많은 발전을 이룩하였다.

▷ 손에 무기를 든 제국의 병사들 석조 부조.　ⓒ 2023 Dreamstime

그들은 정복한 나라들에게도 종교와 자유를 보장해 주었으며, 또한 다른 나라의 사상도 아무 거리낌 없이 받아들였다.

페르시아는 동방의 여러 나라 중에서도 체육을 가장 중시하는 교육체제를 만들었다고 볼 수 있다. 그들은 강력한 군대를 만들어 내는 수단으로 체력의 가치를 인정하고 청년들에게 건전한 신체훈련을 강조하였으며, 귀족자제의 교육은 훌륭한 병사로서 자질발달을 위하여 신체적 군사훈련에만 집중하였다.

그들은 제국의 방위 강화 확대능력을 가진 지배적 군인계급을 교육하여 국가를 유지하려 하였다. 따라서 교육의 목적은 국가의 유능한 봉사자, 즉 군사기술과 건전한 도덕적 애국심을 가진 청년을 육성하는 것이었다.

이러한 교육목적은 페르시아로 하여금 강한 군대를 만들어 내는 수단으로 체력의 가치를 인정하고 청년들에게는 다양한 신체훈련을 실시하였다.

페르시아인은 신체적, 군사적, 도덕적 훈련에만 집중하였기 때문에 일반 대중의 지적 및 산업적, 과학적 교육과 일반교양교육의 중요성을 깨닫지 못해 기원전 331년 Alexander(알렉산더)대왕에 의해 멸망되었다.

페르시아는 동방의 여러 나라 중에서도 체육을 가장 중요시하는 교육체제를 만들었다. 교육은 유아 때부터 어머니에 의해서 행하여졌다. 어머니는 어린이에게 복종과 진실할 것을 요구하고 Zoroaster(조로아스터)교리에 따라 선을 좇으면 행복하고 악을 좇으면 불행과 암흑을 초래한다고 가르쳤다. 즉, 선악의 투쟁은 악에 대해서 굴복하는 것이 아니라 끝까지 싸워 투쟁해서 선으로 바꾸는 옳지 않음에 투쟁하는 투쟁정신이 그대로 교리에 나타나 있다.

조로아스터교는 광명의 善神(선신)과 암흑의 惡神(악신) 사이에 투쟁이 전개되어 광명의 선신이 승리를 거두게 된다. 그러나 선신을 도운 사람은 영원한 생명력을 갖게 될 것이라 하였고, 악신을 도운 사람은 지옥의 불에 의해 자멸될 것이라 하였다. 그러므로 영원한 생명력과 행복을 갖고자 하는 인간은 선신과 악신이 투쟁할 때 선신에게 협력해야 선신이 승리를 거둘 수 있다는 신과 인간의 협력종교이다.

페르시아의 어린이는 6세가 되면 국가에서 관리하게 되어 신체적 군사훈련을 받았다. 정해진 광장에서 달리기, 던지기, 활쏘기, 창던지기 연습을 하였는데 1년 정도의 과정으로서 말을 타는 승마의 지도가 실시되고, 보통의 마술에는 전력질주 중에 말에 뛰어오르거나 뛰어내리는 등의 연습을 행하였다.

수렵에 참가한 소년들은 추위와 더위를 견디기 위한 酷寒酷暑(혹한혹서)를 참고 견뎌야 했으며, 야간행군을 하여 무기를 떨어트림 없이 하천이나 강을 건너고 2일에 1회란 매우 적은 식량으로 굶주림에서 그들 자신으로 하여금 생존을 위한 식량을 구하게 하고 짐승들이나 猛獸(맹수)를 잡아먹게 하였다. 또한 페르시아는 어린 나이의 15세부터 고령의 50세까지 군에 복무하게 함으로써 조국과 정복제국에 주둔하며 실제 전쟁에 참가하며 아시아 최고의 군대를 유지하였다.

Ⅲ. 그리스의 체육

Greece(그리스) 사람들은 India · Europeans(인도 · 유럽)족에 속하는 일파로 도나우강 유역이라 짐작되는 원거주지를 떠나 발칸반도를 거쳐 남하하였다. 그들은 방언에 따라 Acceans(아케아인), Ionians(이오니아인), Dorians(도리아인) 등으로 나눈다.

이들은 약 2000년에서 1000년 사이에 발칸반도에서 남하하였다. 이오니아인은 그리스의 중부와 소아시아 연안지방에, 아케아인은 북부와 남부지방에 퍼졌고, 도리아인은 펠로폰네소스반도에 침입하였다. 이들은 원주민을 정복하거나 추방하면서 원주민의 문화를 흡수하여 독자적인 문화를 창조하였다. 그리스의 여러 부족들은 각기 고립적인 사회를 형성하고 있었지만 처음부터 혈통, 언어, 종교, 관습 등은 동일한 민족으로서 그들 자신을 Hellenes(헬레네스)라 하였고 그들의 거주지를 Hellas(헬라스)라고 불렀다.

헬레네스는 호메로스의 시편 올림피아경기 델피신전을 중심으로 隣保同盟(인보동맹)을 통해 民族優越意識(민족우월의식)을 길렀다. 그러나 다른 민족은 Barbaroe(바르바로이)라고 불러 멸시하는 배타적 감정이 농후하였다.

그리스인은 헬라스에 정착한 이래 血緣的(혈연적) 색채가 농후한 촌락생활을 이루고 가부장적인 왕정 밑에서 농업과 목축에 종사하였다.

그리스인은 세계사의 제2기(4000-2000 B.C)에 해당하는 시기에 서방에서 가장 주도적 역할을 하였음은 물론 체육의 역사에 있어서도 그리스 체육은 가장 오래되었으며, 또한 가장 중대한 의의를 지녔다고 볼 수 있다.

이것은 현대 세계 체육의 주류를 형성하는 데 있어서 그 근원을 그리스에서 찾기 때문이다.

고대 그리스인은 고도의 문명에 도달한 유럽 최초의 민족으로서 문학, 정치, 종교, 예술, 건축에 이르기까지 현재의 풍부한 문화적 유산을 그들로부터 물려받을 수 있을 정도로 대단한 발전을 보였다.

그리스인이 세계사에서 참으로 의의 있는 문화적 창조활동을 개시한 시기는 그들이 창조한 Polis(폴리스)로서 독자적 생활양식을 영위하기 시작한 기원전 8세기경부터이며 그 종말은 기원전 4세기 말 폴리스가 붕괴하기 시작한 때라고 보겠다.(대략 400년 전후) 물론 그 후에도 폴리스는 존속하였지만 이 시기를 그리스 문화의 정수라고 불러도 무방할 것이며 체육에 관해서도 이 400년이 진정으로 주목할 가치가 있는 것으로 본다.

고대 아테네의 정치가 · 군인이었던 Perikles(페리클레스, BC 495~BC 429)는 현재의 사람들이 우리를 보고 놀라는 것처럼 後世(후세)의 사람들도 우리들이 이룩해 놓은 것을 보고 놀랄 것이다.(2400여 년이 지난 오늘날 우리들이 그리스를 어떻게 생각하는가를 예언하고 있다.)

폴리스에서는 전제적 국왕의 지배하에 있던 臣民(신민)과는 다른 자유시민이 민주정치를 전개시켜 나가고, 그 속에서 인간의 창조력을 자유롭게 발휘할 수가 있었다. 그리스의 문화는 이러한 자유로운 시민들이 이룩한 폴리스 문화라 할 수 있다.

1. 호메로스(Homeros)시대의 체육

고대 그리스인은 초자연력으로서의 靈(영)을 인간적인 것으로 믿는 독특한 종교사상을 가지고 있었다. 즉 主神(주신) Zeus(제우스)를 중심으로 하는 남녀 12신의 神人(신인) 同格的(동격적)인 올림퍼스 신화로서 이는 그리스인의 국민적 종교이기도 하였다.

그리스 문학은 신과 인간과의 관계를 이야기하는 서사시에서 출발하여 다음에 자연 그대로의 인간생활과 감정, 이상 등 인간성에 관한 서정시로 발전하였다.

Homeros(호메로스)의 2대 敍事詩(서사시) Iliad(일리아드)와 Odyssey(오디세이)는 서양고전 중에서 최고 최대의 고전으로 이것은 단지 그리스인에 관한 지식과 인간에 대한 정서의 원천이었을 뿐만 아니라 후세 오랜 기간 유럽인은 물론 세계인을 가르치고 인도하여 왔기 때문에

이 고전이 남긴 공적은 참으로 위대하다고 後世人(후세인)들은 이를 찬양하고 있는 것이다.

호메로스는 소아시아 지방의 식민도시인 Sumyrna(스미르나) 출신의 맹인 출신이라 한다. 철학가 플라톤이 「호메로스는 헬레네스의 최대의 스승이었다.」고 말한 바와 같이 그리스인은 그 詩(시) 속에서 예술정신뿐만 아니라 종교, 그리고 건전한 윤리를 발견하였던 것이다. 인간주의적 그리스 정신을 묘사한 이 시편은 그리스의 국민적 교양의 문학작품이었다.

이 시편은 주로 그리스 무사사회를 읊은 관계로 전쟁에 관한 내용이 많고 신체활동의 활동적 세계를 취급하였다. 이러한 호메로스

▷ 호메로스

의 서사시가 체육과 스포츠에 있어서도 一般史(일반사)와 동일하게 가장 중요한 의의를 지닌 것으로 주목해야 할 것이다.

여기에는 과거 그리스인들의 교육적 이상상과 성대한 스포츠경기에서 율동미가 넘쳐흐르는 장면이 그려진 것을 다수 발견할 수 있었고 체육사적으로 고찰할 때 높은 수준에 도달한 경기정신을 앙양하고 숭상한 것을 볼 수 있다.

호메로스 시대의 이상적인 인간상은 軍(군)으로 英雄(영웅)적 자질을 기를 수 있는 者(자)로 특히, 발군의 체격을 소유한 사람이며 신장이 크고 양어깨가 벌어지고 가슴이 넓은 우수한 체구와 위풍당당하고 수려한 자세를 구비한 사람이라고 했다. 또한 영웅과 競技人(경기인)을 동등시하고 '경기인 답지 않다'고 말을 듣는 것은 영웅으로서 최대의 치욕이라고 생각했다.

이 시대 체육의 최고 목표는 행동의 인간으로 발달시키는 데 있었다. 또한 투쟁의 연속이 호메로스 시대의 생활형이었기 때문에 전 시민은 병사였고 투쟁에 필요한 자질, 즉 힘, 지구력, 민첩성, 용감성 등이 중요한 요소로 생각되었다. 운동을 연습하는 방법은 즉흥적·자연적이고 오락적인 것이었으며 체계적인 교육기관이 없어 부모나 어른들이 자제의 교육

을 담당하였다.

이 시대의 운동종목은 전차경기, 복싱, 레슬링, 달리기, 던지기, 투원반, 투창, 궁술, 무용 등이 행해졌다. 이 시대는 스포츠가 낮은 차원에서 점차 고차원의 단계로까지 발전하여 기원전 8세기경에는 이미 고도의 보급과 경기 수준을 갖추었던 것이다.

Hegel(헤겔)이 말한 것과 같이 스포츠는 생사를 건 嚴肅(엄숙)도 아니고 또 이것으로 생활상의 편의와 사회적 명성을 얻기 위한 실질적인 것도 아닌 오로지 스포츠라는 데서 진정한 의의가 있다고 역설했다.

경기는 그리스인에게 애호되기는 하였지만 청소년의 교육을 위한 참된 의미의 체육은 존재하고 있지 않았다고 볼 수 있다.

그리스의 종교는 호메로스 시대에 시작되어 그리스인들의 생활 속에 잠재하였던 중요한 요소의 하나였으며, 남녀 12신이 그리스의 운명을 좌우하고 있다고 그들은 믿었다. 남성(男性)신(神)으로서 Zeus(제우스)는 만물 최고의 신으로 天界(천계)의 왕, 신들의 아버지, 정의의 신으로 불러졌고, Poseidon(포세이돈)은 바다의 신, Apollo(아폴로)는 예언의 신, 생명, 음악, 시의 신, Ares(아레스)는 전쟁의 신, 승리의 신, Hephaestus(헤파이스토스)는 불의 신, Hermes(헤르메스)는 상업의 신, 교통, 웅변의 신으로 불러졌다.

여성(女性)신(神)으로서 Hera(헤라)는 천계의 여왕, 결혼의 신, Atena(아테나)는 지혜의 여신으로 평화의 신, 문학과 예술의 신, Artemis(아르테미스)는 사냥의 여신, Aphrodite(아프로디테)는 사랑과 미의 신, Demeter(데메테르)는 수확의 신으로 대지의 신, 농업의 신, Hestia(헤스티아)

▷ 올림포스의 12신

는 가정의 신, 성화(聖火)의 신으로 불러졌으며, 이들 신은 선과 악의 성질을 가진 사람과 같은 감정을 가지고 있었다.

2. 폴리스(Polis)의 체육

고대 그리스의 역사는 폴리스의 성립과 더불어 시작된다. 고대 그리스 철학의 종합자 또는 완성자라 할 수 있는 Aristoteles(아리스토텔레스)는 그의 「정치학」에서 인간을 '폴리스적 동물'이라 규정한 바 있다. 그만큼 고대 그리스인들에게는 폴리스가 그들의 생활에서 중요한 존재였으며 그들의 생활은 그 중요한 부분이 폴리스의 성원으로서의 생활이었다.

따라서 고대 그리스의 역사는 곧 폴리스의 역사로서 그리스의 문화는 곧 폴리스의 문화라 할 수 있다. 그러나 폴리스의 성립이 갖는 보다 큰 역사적 의의는 그것이 한 걸음 더 나가서 전체 서양역사와 전체 서양문화의 참다운 시작을 의미한다는 데 있다. 서양 사람들은 대체로 참다운 서양역사와 참다운 서양문화는 그리스에서 비롯된다고 생각한다.

고대 그리스가 세계사의 전개에서 독자적 존재이유를 주장할 수 있다면 그것은 폴리스라는 독특한 작은 小國家(소국가)를 건설하고 그곳에서 고대 민주정치를 완성시켰기 때문일 것이다. 근대 유럽이 모범으로 숭상해 온 그리스 고전문화도 폴리스 속에서 출현했으므로 그것과 분리해서 생각할 수 없다.

▷ 그리스의 아크로폴리스

폴리스의 성립은 기원전 8세기 전반으로 생각된다. Mycenae(미케네)를 비롯하여 본토 각지의 작은 小王國(소왕국)이 몰락한 뒤 300년, 본토와 에게해 섬들, 그리고 소아시아 서쪽 해안지역을 뒤덮었던 혼돈과 모색 속에서 생겨났다. 기원전 6세기 중반에 이르는 약 200년의 식민활동에 의해 폴리스세계는 지중해 · 흑해연안 일대로 확대되었다. 하나하나의 폴리스는 중심에 市域(시역)이 위치하고 그 주변에는 그다지 넓지 않은 전원지대가 전개되는 독립된 소국가이다.

폴리스는 그 중심의 작은 언덕 위에 수호신을 안치한 Acropolis(아크로폴리스)라고 불리는 內城(내성)이 있었다. 아크로폴리스는 폴리스의 건설 당시의 사회적 불안과 상호 간의 분쟁 때문에 세워진 것으로 전시에는 대피소로 되거나 폴리스에 있어서 최후의 방어지점이 되었다. 그 밑에 광장인 Agora(아고라)가 있어서 여기에는 회의, 재판, 거래, 사교장 등의 공공시설이 있었다. 폴리스의 초기는 귀족지배의 시대였고 귀족들은 폴리스의 정치와 사법을 독점했으며 軍制上(군제상)으로도 주도적 지위에 있었다. 그러나 평민의 중요 구성부분인 중소농민들도 귀족과 마찬가지로 토지소유자이며 노예소유자였다.

그리스의 특징인 폴리스의 Ionians(이오니아인)은 아테네 사회에 가장 많이 거주하고 Dorians(도리아인)은 보수적인 스파르타 사회에서 거주했다.

이오니아인들은 다 같은 종족이며 같은 신앙을 가졌고 같은 조상을 가졌다는 이유로 소위 Synoikismos(집중주의)운동을 전개하여 하나의 집단을 형성하게 되었다. 이 집단은 도시를 중심으로 정치 · 군사 · 경제단체가 되었고, 다음은 주민의 촌락을 합병하여 각 도시는 독립단체를 형성하게 되었다. 이것이 폴리스의 성립이다.

폴리스에는 Lakonia(라코니아)형과 Attica(앗티카)형이 있다.

라코니아형은 스파르타가 대표적인 폴리스이다. 이 형은 정복민과 피정복민의 지배 관계에서 발생하고 형성된 것으로 국가권력이 구심적으로 강력한 특정한 소수자에게 장악되었다.

앗티카형은 아테네가 그 대표적인 폴리스이다. 이 형은 다수의 촌락 공동체가 각기 자유의지에 따라 통합하고 성립된 것으로 국가권력이 원심적으로 일반시민에게까지 확대되었다. 양 폴리스가 공통되는 점은 다같이 폴리스를 위하여 개개시민이 최대로 봉사하였다는 점을 들 수 있다.

스파르타는 개인을 국가에 절대 복종케 함으로써 그 이상을 달성하고자 했고 아테네는 개인의 능력을 자유로이 발휘하게 함으로써 국가번영에 이바지 시켰다.

1) 스파르타(Sparta)의 체육

스파르타는 Mycenae(미케네)를 비롯한 여러 왕국들을 멸망시킨 그리스인의 두 번째 민족이동의 흐름을 타고 이주해 온 도리아인이 기원전 11세기경에 발칸반도로부터 Peloponnesos(펠레폰네소스)반도로 남하하여 건설한 나라이다. 도리아족은 용감무쌍한 호전민족으로 Mycenae(미케네)문화와 Orient(오리엔트)문화가 접촉하면서 기원전 8세기에는 여러 나라를 정복하여 그리스의 절반을 차지하기도 하였다.

그들이 정복한 토지는 그들 자신이 분배 소유하였고, 이때 순종한 자에게는 정치 참정권은 주지 않고 다만 공민권만을 부여하였다. 이것을 Perioikoi(페리오이코이)라고 불렀다. 그러나 완강히 저항한 자는 Helot(헬로트)라고 부르는 노예로 만들고 공민권도 주지 않았다. 또한 소수의 스파르타 시민으로 페리오이코이와 헬로트를 지배하는 Spartiatai(스파르티아타이)가 있었다.

스파르타는 10,000여 명 정도의 스파르타인과 25만여 명의 從屬人(종속인)이 있었기 때문에 필연적으로 힘에 의한 지배, 즉 무력통치를 하지 않을 수 없었다. 시민은 항상 병사로서 군인이 되고 항상 군대를 구성하여야만 했다. 이리하여 폴리스는 상공업을 확대하고 이를 법률로 제정하여 자기들은 지주로서 도시에 상주하고 농경은 전적으로 헬로트에게 맡기었다.

그들은 다만 수렵행위 이외에는 농촌에 갈 일이 없었고 전심전력하는 것은 오로지 힘의 유지와 지속을 위한 무예의 훈련뿐이라 하겠다.

이것을 단적으로 표시하는 것은 봉쇄적 市民團(시민단)을 유지하기 위한 Lycurgos(리쿠르고스)제도라 불리는 전체주의적 국가체제이다.

스파르타 시민은 무엇보다도 먼저 자질도 용감하고 인내력이 강한 건장한 신체의 소유자이어야 한다. 이들 전체 시민은 지배자 계급이며 동시에 군인으로서 시민은 항상 국가명령에 복종하는 충성심을 가진 자이었다.

▷ 300 영화 포스터

   또한 자기 자신들의 힘으로 통치하는 관계로 임무에 충실하여야 한다는 것이 당연지사로 요구되었던 것이다.

   테르모필레 전투를 묘사하여 제작된 2007년 영화 300(삼백)[6]은 스파르타인의 강인한 정

6 300(삼백), 2007년 개봉 미국 영화.

신과 신체단련에 대한 내용이 잘 담겨 있다. 하지만 일부 내용에서는 역사 왜곡 및 시대적 상황에 대한 묘사가 논란이 되기도 하였다.

스파르타의 국가제도를 만들어 냈다는 전설상의 입법가(立法家) Lycurgos(리쿠르고스)는 "벽돌이 아니라 남자들로 성벽을 쌓은 도시는 훌륭한 성벽을 가진 것이나 마찬가지"라고 말하였다 한다. "성벽은 바로 사람이다"라는 이러한 생각이야말로 전사들의 공동체국가로서의 스파르타의 진면목을 여실히 나타내는 것이었다.

스파르타의 어린이들은 출생하면 국가에 의한 신체검사를 받아야 하는데 여기에서 유아가 건강하고 조화가 잘 된 신체라면 부친에게 양육할 것을 명령하고 토지를 준다. 만일 유아가 허약하고 잘못된 경우에는 노인(검사관)들에 의하여 Taygetus(타이게투스)산 근처에 있는 동굴 안에 버려진다.

이와 같은 이유로 어머니들은 유아를 물로 씻지 않고 술로 씻었다고 한다. 이것은 병약한 유아는 술독에 의하여 사망하고 건장한 유아는 한층 원기가 더 난다고 생각하였기 때문이다.

신체검사에 합격한 스파르타 어린이는 7살이 되기 전에는 가정에서 주로 어머니에게 교육을 받고 7살이 되면, 국립공동수용소에 수용이 된다. 이후 30세가 되어 시민권을 줄 때까지 장기간에 걸쳐 국가에서 강제적으로 의무교육을 실시한다. 이 교육제도를 Agoge(아고게)라고 부르는데, 이 제도를 소위 스파르타식 인간교육이라고 하였는데 지금까지도 스파르타식이란 엄격하고 혹독한 훈련교육의 대명사처럼 되어 버렸다.

이들은 가장 훌륭한 시민으로부터 선출된 Paidonomus(파이도노무스), 또는 감독관에 의하여 지도 교육되었다.

한 반이 64명으로 편성된 Irai(이라이)소대에서 운동기능이 우수한 소년이 선출되어 반장으로 뽑힌다. 이 소대 4개가 모여 중대 Bouai(보우와이)가 형성된다. 보우와이는 20세의 청년 지도자 Eiren(에이렌)이 매일 소년들을 지도했는데 소년들은 인내와 존경으로 훈련을 받았다. 그들은 짚으로 만든 멍석 위에서 한 벌의 옷으로 1년을 지내고 식사도 빈약하였다.

교과로는 자유유희, 창던지기, 무거운 것 던지기, 뜀뛰기, 씨름, 달리기, 소풍, 수영, 체조 등을 행하였다.

12세가 되면 소대의 재편성을 실시하여 종래보다 한층 더 엄격한 교육이나 훈련이 시작되었다.

소년들은 훈련의 방법이 보다 어려워지고 종류가 확대될 뿐만 아니라 공동식사를 위한 음식물을 구하러 밖에 나가지 않으면 안 되었다. 이것은 농가나 시장 또는 주택에서 음식을 도적질하여 입수하는 것이 보통이었다.

도적질 자체는 죄가 되지만 잡히지 않으면 묵인해 주고, 만일 현장에서 잡히면 엄한 벌로 다스리었다. 이러한 것의 목적은 소년들에게 강인한 정신력과 용기, 인내심을 가르치는 것으로 그리스의 역사가인 Plutarchus(푸르탈크스)는 여기에 대해서 "빈약한 식사는 오히려 그들을 강하게 만들었다."라고 말했다.

18세가 되면 군사훈련, 무장훈련, 국경지역의 순시훈련에 전력을 기울인다. 이들은 소년들의 훈련에 많은 시간을 할애하여 때때로 전투기술의 사열을 받기도 한다.

20세가 되면 국가에 대한 충성의 선서를 하고 심한 군사훈련이나 실전에 참가하게 된다.

30세까지 군사훈련과 규정된 신체훈련에 전념하고 전시에도 신체훈련은 아침식사 전과 저녁식사 전에 하루에 2회 행해졌다. 또 비만과 허약을 검사하기 위해 매일 신체검사를 실시했다.

▷ 프랑스 화가 Jacques-Louis David가 그린 스파르타의 레오니다스 왕

30세가 되면 모두 시민권을 얻어 가정을 갖게 되지만 국가가 계속 병역복무를 요구할 때는 50세가 넘어도 현역으로 복무하게 된다.

스파르타의 여성체육도 남자와 같이 국립 여자전용 운동장이 마련되어 있어 달리기, 레슬링, 수영, 투창, 투원반 등을 과업으로 하여 강건한 자손을 출산할 수 있는 母性體(모성체)를 만드는 데 주력했다. 남자와 다른 점은 집에서 통학하였으며 20세가 되면 가정을 갖게 되어 모든 훈련이 끝나게 된다.

스파르타의 부인들은 전쟁 중에 남편이나 자식이 사망하는 것을 두려워하는 모성적 애정을 가질 수 없었고, 남편이나 자식이 명예의 전사를 함으로써 그것이 국가에 대한 여성들의 의무와 충성이라고 생각했다.

따라서 부인들의 가정생활은 여행의 제한, 외국교육의 금지, 사치 금지 등으로 인하여 단조로운 생활에 지나지 않았다.

2) 아테네(Athenae)의 체육

아테네인들은 스파르타인들과 비슷한 문화적 토대 위에서 일어났지만 아테네는 폴리스의 성립사정을 위시하여 모든 일에 스파르타와 가장 대조적이었다는 사실이다. 사회관계에서는 남의 직분을 인정하는데 서로 합리적이어야 한다는 것이다. 시민이 각기 다른 사회적 역할을 수행함으로써 전체적으로 폴리스의 번영을 가져올 수 있다고 생각했다. 즉 선량한 시민이란 의미가 스파르타의 그것과 같이 국가에 대한 절대적 충성과 복종을 의미하는 것이 아니라 각자 직분에 각자의 탁월성을 발휘하는 데 있다고 보았다.

Pericles(페리클레스)는 "용기 있는 자가 극찬을 받는 가장 훌륭한 최고의 국민을 가진 국가이다."라고 하면서 "우리 아테네 시민들은 생활의 모든 면에서 자기 자신이 군주이자 지배자이다. 그리고 특출한 분별력과 多才多能

▷ 아테네 여신

(다재다능)하게 자기 자신을 훌륭하게 다스리고 있다. 우리들은 개인의 생활 면에서는 자유롭고 관대하다. 그러나 공적인 면에서는 법을 준수한다. 즉, 우리들이 지도자로 선출한 인물에 대해서는 복종한다. 이것이 아테네인이 추구하는 자유이다."라고 말하고 있다.

아테네인은 자기가 속한 사회에서 하고 싶은 말을 하는 자유, 자기가 지닌 모든 능력을 개발하고 자기가 믿는 것을 주저 없이 말하며 거침없이 자기 길을 나가는 자유를 주장하였다.

아테네의 사회계급도 스파르타와 같이 Politai(폴리타이)라고 불리는 상류계급과 Metoikoi(메토이코이)라고 하는 외래시민과 Douloi(도울로이)라고 하는 노예계급 등으로 나누어져 있었다.

그러나 스파르타와는 달리 아테네는 폴리타이 계급이 전 인구의 절반을 차지하고 있었기 때문에 민주적 정치로 발전해 나아갈 수 있었던 것이다.

아테네 교육은 국가적 통제에 의한 것이 아니고 부모 책임하에서 시민 스스로 자발적으로 강제와 의무를 떠나 교육을 실시하였다.

유아교육은 양친의 배려에 의해 신체적 보육에 중점을 두고 유희와 신화, 영웅전 등의 이야기로 행하여졌다.

6세 이상의 교육은 다음과 같이 실시되었는데 초등교육은 6-14세, 중등교육은 14-18세, 고등교육은 18-20세까지로서 단 중등교육은 부자계급에 한해 실시되었고, 고등교육은 군사적 의미를 주목적으로 행하여졌다.

7살이 되면 여자는 가정에서 계속 교육을 받고 남자는 사립 훈련소였던 Palestra(팔레스트라)라는 운동을 배우는 학교에서 훈련을 받은 다음 Dadis Caleum(다디스 칼레움)이라는 음악학교에서 문학, 음악, 산수를 배웠다.

매일 어린이들의 등교와 하교에는 Paidagogus(파이다고구스)라 불리는 늙은 노예가 따라다니면서 어린이들의 생활을 돌보아 주었다.

팔레스트라는 대개 수영과 목욕에 편리하도록 시내 가까운 물가에 있었다. 팔레스트라는 소년들의 운동 연습장소이며 그 명칭은 Pale(팔레) 즉 레슬링에서 나온 말이며 이 종목이 가장 중요한 운동종목에서 유래된다.

팔레스트라는 지붕도 없는 노천이었으나 아테네인의 습관으로는 신체를 태양에 쪼이는 것은 건강에 좋고 백색의 피부는 허약함을 나타내는 증거라고 생각한 습관에 기인한다. 소년들은 전부 나체로 운동을 하였는데 이것은 교사가 소년들의 신체를 직접 볼 수 있으며 개개 소년의 근육과 골격 발육상황을 잘 알 수 있었고 지도하기 편리하였기 때문이다.

팔레스트라의 체육교사는 의사가 치료를 전문으로 하는 것에 비해 신체를 연마함으로써 건강과 함께 병을 예방하는 것을 자기의 임무라고 생각했다.

체육교사들은 신체적 건강, 신체 미화, 성격의 도야, 의지훈련 등에 중점을 두고 소년들을 지도하였다.

16세가 되면 팔레스트라를 떠나 Gymnasium(김나지움)으로 옮겨가 신체훈련을 받는데 신체훈련뿐만 아니라 철학적 토론이나 사상의 교환 등 사회생활의 기회를 제공받는다. 이 기관은 국비에 의하여 운영 관리되었다.

김나지움은 일반 시민을 위한 공공시설로서 중앙에 광장이 있고 주위에는 많은 방을 가진 건물이 있으며 비가 와도 연습을 할 수 있었다.

또한 별도로 탈의실이 있으며 탈의실의 벽에는 여러 가지 운동용구(원반, 복싱 글러브)가 걸려 있으며 중앙 광장에는 레슬링, 복싱, 경주, 도약 등이 행하여졌는데 별도로 경기용의 넓은 광장이 있어서 창과 원반 등의 연습을 행하였다. 이 외에도 많은 사람들이 즐길 수 있는 산책로, 정원, 학문을 논할 수 있는 토론회장도 있었다.

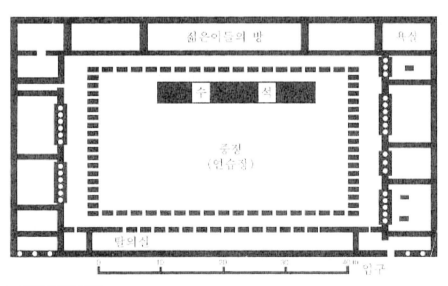

▷ 팔레스트라의 평면도

아테네를 대표할 수 있는 김나지온은 Academy(아카데미),[7] Lukeion(류케이온), Kynosarges(키노사르게스) 등이다.

아카데미는 아테네의 영웅 Academos(아카데모스)를 기념하기 위하여 아테네시의 동북쪽에 세운 것인데 가장 신성한 장소로 생각하였다. 여기에서 Platon(플라톤)이 학문을 강의하였기 때문에 플라톤 학파를 아카데미학파라고 하며 그 후 문학, 미술, 신학 등을 연구하는 회합이나 학교를 아카데미라 부르게 되었다.

류케이온은 Aristoteles(아리스토텔레스)가 개설한 학교로서 여기서 그는 학문을 강의하였다.

키노사르게스는 아테네시의 동부에 Herakles(헤라클레스)의 사당과 함께 있었는데 아테네인이 아닌 사람으로부터 출생한 자들의 활동의 장이었다.

18세가 되면 시민권을 얻고 아테네인의 선서를 하는 공식 의식에 참가하고 18세부터 20세까지의 청년은 국가의 요청에 따라 병역의무를 하게 되는데 2년간에 걸쳐 강력하고 맹렬한 군사훈련이 시작되며, 처음 1년은 아테네시 내외의 경비를 맡고 2년째에는 다시 군사훈련을 받으며 일선에 있는 진지에서 실제 군무에 종사하고 전쟁이 없으면 바로 자유의 몸이 되었다. 그리하여 그들은 자기가 선택하는 직업에 종사할 수 있었다.

아테네인은 체육이 쾌락, 건강, 신체미, 사교, 덕육을 통하여 완전한 성장 발달을 촉진할 뿐만 아니라 명예와 명망까지 가질 수 있기 때문에 언제나 체육가로 자처하려고 했다.

아테네의 여성체육은 스파르타와 같은 적극적인 활동은 없었고 가정에서의 주부생활을 목적으로 하였기 때문에 학문과 교양을 가르치지 않았다.

간단한 쓰기나 읽기는 어머니와 유모를 통해서 배웠고 그 밖에 바느질, 재봉, 요리 및 가사처리 등을 배웠을 뿐이다. 그래서 아테네 여성들은 스파르타 여성과 같은 건장한 신체와 활발한 기상이 없었다.

그리스의 체육을 종합하여 보면, 첫째 체육 즉 신체활동이 인간형성을 하기 위한 교육 가운데 확고한 위치를 가진 참된 체육으로 실천되었다는 사실이고, 둘째 스파르타와 아테네의 체육 방향 비교가 현대의 사회 전체주의적 국방체육과 자유 민주주의적 체육으로 비

---

7   교육기관으로서의 아카데미는 고대로부터 교육기관이라는 의미로 사용되었으며, 유럽에서는 16~17세기, 대학(universitas)의 명칭이 일반화 될 때까지 고등교육기관의 명칭으로 사용되었다.

교할 수 있다는 점, 셋째 내적인 체육의 전개, 즉 자기 폴리스에 필요한 인간을 육성하기 위하여 남을 모방한 것도 아닌 자기 폴리스에서 사회적 필연성을 자각하여 스스로 내적인 것을 만들고 실천하여 내적인 형태의 체육을 조성하였다는 점이다.

아테네인들이 생각한 신체와 마음의 조화는 결과적으로 체육을 교육프로그램의 중요한 요소로 지위를 부여하였다. 아테네인들은 이상적 체격에서 벗어난 몸매, 맥없이 늘어져 우아하지 못한 몸이 되는 원인은 교육의 부재에서 비롯된다고 여겼다.

Polis	스파르타	아테네
정치	군주제	민주제
경제	농업	상공업
교육	완전한 신체	심신의 조화
여성	건강한 자손을 출산할 수 있는 모성체를 만드는 데 주력 (20세까지 훈련)	가정에서의 주부생활을 목적 바느질, 재봉, 요리 및 가사처리 (신체훈련 없음)
체육	행동하는 인간 30세까지 군사훈련	신체단련과 개성발달 18세부터 2년간 병역

3) 그리스의 운동경기

김나지움의 운동경기로는 체조의 Hermes(헤르메스), 경기의 Herakles(헤라클레스), 5종 경기의 아테네와 Apollo(아폴로)가 있었다.

영어의 짐나스틱(Gymnastic)의 어원은 그리스의 Gymnos(짐노스)라는 말로 신체를 강하고 아름답게 할 목적으로 다섯 가지의 중요한 운동이 중심이 되었다. 이와 같은 운동은 올림피아에서 Pentathlon(5종 경기)로서 행해졌는데 달리기, 뜀뛰기, 창던지기, 원반던지기, 레슬링으로 만능의 운동선수를 결정하는 경기였다.

① 경주(Stadion)

그리스의 경주로는 원형이 없었고 직선로 달리기 경주를 Dromos(드로모스), 왕복달리기 종목을 Dialos(디아로스)라 하고 7-24회 왕복을 하는 장거리 종목을 Dorichos(도리코스)라 하며 그 외 무장을 하여 경주를 하는 종목도 있었다. 그러나 어느 종목이든 출발은 선 자세로 행하여졌고 1stadion(스타디온)의 길이는 경기장에 따라 다르고 올림피아에서는 192.7m, 에피다오로스의 경주로는 181.3m, 그리고 페루카몬의 경주로는 210m이었다.

▷ 육상경기

이와 같은 사실은 그리스인들이 기록보다는 그 경기에서 누가 승리하느냐가 문제시되었고 따라서 올림피아 경기의 개최 연도 기준을 「어느 선수가 우승한 제 몇 회 올림피아드라고 하였다.」

② 도약(Halma)

하루마는 높이뛰기, 넓이뛰기, 뛰어내리기의 3종류가 있었는데 이 중에서 그리스인들은 넓이뛰기를 가장 중요시하였다.

▷ 하르테레스

넓이 뛰기는 5종 경기의 하나로 실시되었고 대경기제에 있어서는 독립된 운동 종목으로서 실시되지는 않았다. 그리고 현대의 넓이뛰기와는 다르고 아령과 같은 물건을 양손에 들고 뛰었다. 즉 금속이나 돌로 된 2-10파운드(pound) 정도 나가는 Halteres(하르테레스)라는 가벼운 아령을 들고 뛰었다.

경기자는 달려와서 구르기 판을 구르고 양팔을 휘둘러 뻗고 뛰어올라 지상에 착지한다. 하르테레스를 들고 뛰는 기술이 어려우므로 리듬을 습득하기 위하여 반주에 맞추어 연습을 하였다고 한다.

③ 투원반(Diskobolia)

디스코볼리아는 원반던지기로서 처음에는 돌로 만들어졌고 평평하고 둥그렇게 되어 있었으나 기원전 6세기경에는 현대의 원반과 비슷한 금속성의 용구로 바뀌었다. 그 크기는 직경이 6-9인치 정도이고 무게는 3-9파운드 정도였다.

원반의 크기나 무게가 각각 다른 이유의 하나는 어른과 아이들을 구별하여 경기를 하였던 까닭이고 그보다 중요한 이유는 기록이 문제가 아니고 누가 멀리 던져서 이기느냐가 문제시되는

▷ 원반던지기

그리스인의 성격을 나타내는 것이다. 투원반은 제한된 경주로에서 실시되었고 던지는 방향도 경주로의 폭에 한하였다.

던지는 장소는 Balbis(발비스)라는 구르기 대를 사용하고 오늘날과 같은 회전방법은 없었다. 오늘날 사용하고 있는 원반의 지름 및 무게는 고대 그리스에서 발굴된 고대 원반 15개의 값을 평균 내어 만든 것이다.

④ 투창(Akontismos)

아콘티스모스는 창던지기로서 거리 던지기와 정확히 던지기가 있는데 거리 던지기는 도움닫기를 하였고 정확히 던지기는 도움닫기가 없이 행해졌다. 고대에 있어서의 투창은

생산과 수렵과 군사적인 면에서 대단히 중요시되었으며 그리스 Pentathlon(5종목)경기에 포함되었다. 5종목 경기에 있어서는 창은 누가 멀리 던지느냐의 거리던지기에 국한되었다. 경기용의 창은 길고 끝은 위험을 방지하기 위하여 둥그렇게 되어 있었다.

⑤ 5종 경기(Pentathlon)

5종 경기는 달리기, 뜀뛰기, 투창, 투원반, 레슬링의 5종목 경기로서 올 라운드 경기이다. 5종 경기는 모든 능력을 구비한 완전한 육체미를 완성하는 그리스 경기의 전형적인 경기였다. Aristoteles(아리스토텔레스)도 5종 경기는 가장 이상적으로 조화적인 육체미를 창조하는 경기라고 극찬했다.

경기 순서는 잘 알려지지 않았으나 최후의 종목은 이긴 사람만이 남아서 레슬링 종목으로 승패를 결정하였다고 한다.

⑥ 레슬링(Pale)

레슬링은 팔레라고 하여 고대 그리스인이 가장 좋아하였던 운동경기의 하나이다. 경기장을 의미하는 Palestra(팔레스트라)라는 말이 원래 레슬링의 연습장소라는 뜻을 갖고 있는 것을 볼 때 레슬링이 고대 그리스인의 생활 가운데 얼마나 중요한 위치를 차지하고 있음을 말해준다.

고대 그리스인의 레슬링은 서서 기술을 겨루는 것을 원칙으로 하였다. 레슬링 경기는 상대의 선수를 세 번 던지지 않으면 승부가 나지 않았다.

동시에 쓰러질 경우는 노 카운트하고 상대선수를 세 번 쓰러트리든지 집어 던져야 승부가 난다. 즉, 둔부나 등이 지면에 닿는 것도 한 번 지는 것으로 되는 것이다. 특히 들어 던질 때 얼마만큼 미적으로 동작이 이루어지는가가 흥밋거리이며, 레슬링 경기야말로 미와 기술이 조화된 우아한 기품을 갖고 있는 가장 그리스적인 경기라고 하겠다.

⑦ 복싱(Pygme)

복싱은 레슬링에 비하여 대단히 격렬한 경기로서 로마에서 실시하였던 잔인한 경기와는 달리 그리스에서는 클럽을 끼고 실시했던 비교적 부드러운 경기였다. 고대 그리스에서는 로마의 복싱과 같이 일격으로 상대선수의 생명에 위험을 주는 Caestos(카에스토스)라는 금속성 클럽을 사용하지 않았고 처음에는 소가죽을 손에 감고 손을 보호하는 데 사용하였다.

기원전 5세기경에는 Sphairai(스파이라이)라고 칭하는 손목에 감는 일종의 클럽을 사용하였다. 이것은 강한 가죽끈으로 되어있는 클럽으로서 타격 효과를 높이는 데 사용되었다.

⑧ 판크라치온(Pankration)

판크라치온[8] 경기는 현대의 프로 레슬링과 같은 경기로서 모든 공격법이 허용되었다. 다리로 차고, 배를 차고, 발목과 손목을 꺾거나 비트는 것, 집어 던지는 것, 등 모든 동작이 허용되나 물어뜯거나, 입을 찢거나 하는 비신사적 행위는 금지되었다. 이 경기는 땅을 파고 물을 뿌린 진흙탕 속에서 경기가 진행되었고 전신이 흙투성이가 되고 미끈거렸으며 이 광경을 보는 사람으로 하여금 우아한 경기라고 생각할 수 없었던 경기였다.

승부는 상대선수가 항복할 때까지 계속되었으며 어떤 선수는 숨이 끊어지는 순간에 상대선수에게 항복을 함으로 영웅적인 죽음을 한 예도 있다.

⑨ 마차경기(horse race)

마차경기는 4두 마차 경기와 2두 마차 경기가 있었다. 일명 전차경기라고도 하는데 경주로는 대체로 600m이고 전환점을 돌아 몇 회이고 반복하여 경기를 하는 것이다.

마차경기에서는 전환점의 조정이 어려워 마차가 충돌하여 전복되어 생명을 잃는 일도 허다했다. 마차경기는 경비가 많이 드는 경기로서 사회적인 지위와 부자가 아니면 경기에 출전하기가 매우 어려웠다. 따라서 이 경기는 귀족적인 스포츠로 발전을 했다.

마차경기는 고대 그리스인들이 가장 열광하는 경기였으나 차차 시대의 흐름에 따라 마차의 조종하는 기수로 분리되어 승리가 실제 경기에 출전한 기수가 아니고 마차의 소유자에게 돌아가는 모순도 생기게 되었다.

---

8   기원전 648년 제33회 고대올림픽의 정식종목으로 채택되어 가장 많은 인기를 누렸던 격투무술이자 실전무예.

▷ 마차경기

4) 그리스 제전경기

그리스인은 종족의 특성과 지리적 관계로 많은 도시국가를 형성하고 있었음에도 불구하고 범그리스적인 정신에 의하여 강하게 결합되어 있었다.

제전경기는 본래 범그리스적인 종교적 제례행사이나 이것은 개개의 독립 국가로서의 폴리스의 한계를 훨씬 넘는 대 제례에 행하여진 제전경기이다.

그리하여 크게 그리스 민족으로서의 통일을 결과적으로는 초래하게 되었으며 때마침 페르시아 전쟁이라는 민족적 대항전에 있어서는 전 그리스 민족의 단결을 가져왔고 그리스를 발전시키는 데 비상한 공적을 역사에 남기었다.

제전경기가 시작되기 11일 전부터 그리스 전 영토에 평화휴전이 선포되어 제전경기가 종료될 때까지 폴리스 간에 일어나는 전투는 일시 중지하였던 것이다. 이 기간에는 신의 평화가 실현되었던 것인데 이에 대한 의의로는 전투는 개개 폴리스 간의 사정으로 하였고, 제전경기는 전체적인 것으로 개개 폴리스의 사정을 초월하여 우선한다고 보았다. 즉, 이것은 보다 큰 종교적 문화권이 보다 작은 정치권을 초월해서 존재한 것을 의미하며 종교가 정치를 지배한 사실로서 역사적 의의가 크다고 하겠다.

① 올림피아(Olympia)제

고대 그리스의 Peloponnesos(펠로폰네소스)반도 서해안에 위치한 올림피아 평원에서 제우스신을 중심으로 하는 여러 신들의 사당, 조각상, 경기장 등 공공시설을 통털어 올림피아라 한다.

기원전 776년에 시작하여 그 후 4년마다 제우스신을 위한 제전경기가 행하여졌는데 제전경기부터 다음 제전경기까지 4년간을 올림피아드라고 불렀다. 올림피아 제전경기가 거행되기 앞서 전령사가 여러 갈래로 그리스 전역을 돌아다니면서 전 그리스 민족에게 신의 통고에 의한 휴전을 선포해서 각 지역에 관람자나 경기에 출전하는 사람이 안전하게 올림피아 제전경기에 참여할 수 있도록 하였다.

그리스인에 있어서 제우스신은 만물 최고의 신으로서 위대한 숭배를 받고 있었으므로 이에 따르지 않으면 큰 벌을 받는다고 생각하였다.

제전경기에 관한 모든 사무는 Eris(에리수)주에 거주하는 집정관 10명에 의하여 기획·운영되었다.

올림피아제에 참가하려면 그리스인의 혈통이라야 하고 전과자가 아니어야 하며 공정히 경기에 임할 것을 서약하고 제전경기 직전 10개월간을 운동연습에 임하여야 하며 10개월

▷ 제우스 신전의 제우스 신

중 최종 1개월은 올림피아에서 지내지 않으면 안 되었다. 여자는 경기에 참여는 물론, 경기 장에 입장조차도 허용되지 않았다.

처음에는 경기에 출전하는 사람을 과학적으로 지도할 만한 지도력의 부족으로 인해 맹렬한 군사훈련을 받아오던 스파르타인들이 많이 입상하였다.

그러나 스파르타 이외의 타 도시 경기자들이 과학적인 지도자에 의하여 연습을 받기 시작하면서부터 스파르타인은 입상권에서 거의 탈락하고 말았다.

아테네 소년들은 팔레스트라에서 전 경기종목과 올바른 경기방법을 배워 우수한 성적을 올리게 되면 다시 김나지움으로 옮겨서 대부분이 제전경기에 출전한 과학적 · 전문적인 교사로부터 훈련을 받기 때문에 아테네인이 후에는 많이 입상하였다.

이 제전경기의 일정은 처음에는 1일에 완료하였던 것이 점차 경기종목이 증가함에 따라 기원전 5세기에는 5일간으로 행하여졌다.

제1일 : 참가자와 심판관의 선서(제우스 신전에 제사)

제2일 : 청소년 경기

제3일 : 단거리, 중거리, 장거리경주, 권투, 격투, 레슬링

제4일 : 경마경기, 5종경기, 무장경기

제5일 : 제사, 계몽강연, 시 낭독, 조각품 전시, 정견발표, 우승자 찬양

우승자의 시상은 처음엔 과일 열매였지만 야생의 올리브로 한 것은 실용적이 못 되지만 오히려 그 의미는 실질적이 아니고 숭고한 정신 면에 있는 것이라 생각된다. 이것은 聖木 (성목:올리브)에 접함으로써 神(신)과의 접촉 · 접근이 이루어져 사람이 신성하게 된다는 것을 의미하는 것이라 하겠다.

또한 우승자는 올림피아에서 여러 가지 축하를 받은 후 귀국길에 오르게 되는데 이때에 일종의 개선행진을 하는데 그 도시에서는 우승자를 환영하기 위하여 성벽의 일부를 무너뜨려 개선도로를 만들어 대대적으로 환영행사를 가졌다. 우승자의 성명은 전 그리스에 알려져 조각가는 그의 모습을 돌에 새기고, 시인은 그의 공적을 찬양하는 시를 읊었다.

기원전 5세기 그리스의 대표적 조각가 Polikleitos(포리크레이토스)는 청년의 이상으로 창을 든 Doryohros(청년)을 조각하였고 같은 시대의 미론(Myron)은 운동을 하는 순간 동작, Diskobolos(원반을 던지는 사람)을 창작하였으며 그리스 최대의 서정시인 Pindaros(핀다로스)는

제전경기를 찬양하는 경기 승리가를 남기고 있다.

올림피아 경기는 그리스가 Macedonia(마케도니아)에 정복되고 또 로마에 의해 지배를 받게 된 후에도 계속 행하여졌으나 로마 황제 Theodosius(데오도시우스) I세가 왕위에 오르면서 기독교를 보호하기 위하여 다른 종교들을 금지하였기 때문에 올림피아 경기의 主神(주신)인 제우스가 異敎(이교)의 신이라는 관계로 기원전 393년에 금지당하게 된 것이다. 기원전 776년에 종교적 신사의 일환으로 시작한 제전경기가 약 1200년이라는 장구한 역사를 남기고 역시 종교적 이유로 막을 내리게 되었다.

② 피디아(Pithia)제

코린트만 북쪽 해안 팔라솜산 기슭에 델피도시가 있었으며 여기에 Apollo(아폴로)신전이 있었다. 여기서 올림피아 다음가는 대제전경기가 펼쳐졌다. 다른 세계의 경기는 전부 펠로폰네소스반도에서 개최되었으나 이 대회는 델피에서 개최되었다.

기원전 586년부터 4년에 1회 올림피아의 3년째마다 열렸다. 아폴로 신이 음악과 시를 맡아보는 신이라 하여 제1회 대회에서는 음악과 작곡공연이 있었고 그 후 아폴로 신은 武神(무신)이기도 하였기 때문에 전차경기와 올림피아에서 행하였던 종목이 늘어났으며 승자에게는 월계수의 관이 수여되었다. 피디아제는 올림피아 경기와 전후해서 기원 4세기경에 폐지되었으며 승자에게는 月桂樹(월계수)관을 수여하였다.

③ 이스트미아(Isthmia)제

코린트만의 남쪽 해안에 있었던 이스트미아는 Poseidon(포세이돈)의 신령을 받들기 위하여 2년마다 한 번씩 열렸는데 올림피아드의 제2년째와 4년째 봄에 거행되었다.

우승자에 대한 상은 처음에는 네델란드의 참죽 나무관이 수여되었으나 후에는 전나무의 관으로 바뀌었다.

참가자는 올림피아처럼 그리스인이면 누구나 자유롭게 참가한 것이 특징이며 철학가 플라톤이 이 대회에 출전하여 레슬링에서 우승하였다.

④ 네메아(Nemea)제

코린트만에서 남서쪽으로 11마일 떨어진 계곡에 제우스신을 받들기 위하여 기원전 573년경부터 올림피아 경기의 제2년과 제4년의 7월에 제전경기가 행하여졌으며 우승자에게는 네덜란드의 참죽나무관을 주었다.

5) 마라톤 전쟁(Battle of Marathon)

기원전 550년, 지금의 이란 고원에서 페르시아가 일어났다. 페르시아의 최고 전성기는 세 번째 통치자인 Darius(다리우스) I세는 四分五裂(사분오열)되었던 오리엔트 세계를 통일하고 인더스강에서 이집트, 마케도니아에 이르는 대제국을 건설하였다.

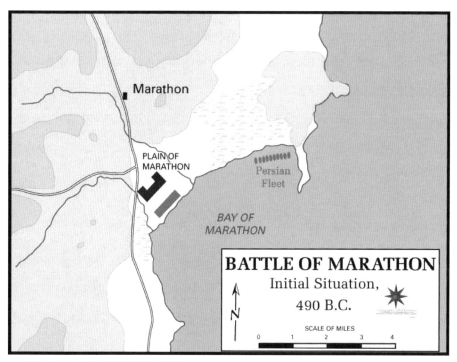

▷ 자료 : 위키미디어 마라톤 전투초기상황

지중해를 눈앞에 둔 페르시아가 해상권을 둘러싸고 그리스와 일대 격전을 벌이지 않을 수 없게 되었으니, 이것이 바로 페르시아 전쟁이다. 이 전쟁은 사실상 오리엔트 세계와 그리스 세계 중 어느 쪽이 향후 지중해 일대의 주도권을 쥐느냐 하는 중대한 결전이었다.

기원전 492년, 다리우스 I세는 군대를 이끌고 북쪽으로부터 해륙 양면으로 그리스 본토를 공격하였으나 때마침 불어온 폭풍으로 변변히 싸워보지도 못하고 되돌아가고 말았다.

제1차 원정에 실패한 페르시아는 제2차 원정군을 편성하여 부장 다치스의 지휘하에 보병 10만 기병 1만을 함선에 분승시켜 에게해를 횡단하여 그리스 본토인 마라톤에 상륙하여 진을 구축하였다.

마라톤은 아테네로부터 동북쪽으로 26마일 떨어진 곳으로 동쪽은 바다에 접하고, 다른 3면은 험악한 산으로 둘러싸여 군대를 움직이는 데는 대단히 불리한 곳이었다. 페르시아 대군이 습격해온다는 소식에 아테네는 Pheidippides(페이디피데스)[9]를 스파르타에 보내어 구원을 요청하였다. 그러나 스파르타는 滿月(만월) 이전에 군대를 움직인다는 것은 불길하다는 종교상의 이유를 들어 거절하였다.

아테네의 정치가요 웅변가인 Themistocles(데미스토클레스)는 「우리의 아테네를 자유의 도시로 지키든지, 항복해서 시민들 모두 노예가 되든지 여러분의 손에 달려 있다. 여러분은 노예가 되기를 원하는가?」라는 웅변으로 용기 백배한 시민들이 총동원되어 중장보병으로 전선에 나섰다.

아테네의 사령관인 Miltiades(밀티아데스)는 적을 골짜기로 유인하여 양쪽에서 협공하는 전술을 써서 페르시아 대군을 격퇴시켰다.

스파르타에 보내졌던 페이디피데스가 이 승전의 기쁨을 아테네 시민에게 알리기 위하여 마라톤에서 아테네 사이를 달려와 성내에 이르자 "우리 군대 이겼다"는 외침을 남기고 숨을 거두었는데 오늘날 마라톤 경기는 이와 같은 옛 사기에서 연유된 것이다.

실패를 거듭한 페르시아는 10년 뒤인 기원전 480년, 다리우스는 이미 사망했고 그 아들 Xerxes(크세르크세스)가 30만 대군을 이끌고 다시 쳐들어왔다. 그리스 세계에서는 종래의 분리주의를 버리고 스파르타와 아테네는 공동작전으로 그리스 방어를 위해 단결하였다.

스파르타군의 분투로 시간을 벌어 전열을 가다듬은 아테네군은 Salamis(살라미스)항구의 좁은 수로로 유인하여 대패시킴으로써 페르시아는 무력에 의한 그리스 정벌을 단념하

---

9 그리스 아테네의 영웅 BC 490년 9월 2일 사망.

였다.

지금도 마라톤 평원에는 페이디피데스의 기념비가 우뚝 솟아 그 당시의 격전을 말해주는 듯하다.(마라톤 거리 26mile 385yard, 42.195km)

▷ 자료 : On This Day 페이디피데스

6) 그리스인의 체육관(體育觀)

① 크세노폰(Xenophon, 432–355B.C)

지력은 앞선다는 말로 경기자와 그 주위 사람들에 대하여 신랄하게 비판을 가하였다. 「만일 사람이 올림피아 경기에서 우승을 하게 되면, 그 국가 사람들은 대대적으로 상을 주고 칭찬할 것이다. 그리하여 그는 경기장 정면에 자리를 차지하게 되고 공공 비용으로 만찬 연회에 초대되어 각종 상품을 받게 될 것이다. 그가 단 한 번 우승하여도 이렇게 우대를 받는다. 그러나 나와 비교하면 가치가 없는 것이다. 왜냐하면 나의 지력은 그의 체력이나 준족보다 더 필요하기 때문이다. 지의 탁월성 이상으로 체육을 칭송하는 것은 정당치 못하다.」라고 당시의 우승자들의 그릇된 자세를 신랄하게 비난하였다.

② 유리피데스(Euripides, 485-406B.C)

Media(메디아)는 유리피데스의 명작으로 여자의 인간적 심정, 인간의 고뇌를 사실적으로 연극화한 명작으로 유명하다.

유리피데스는 경기자와 관중에 대한 비난으로 운동경기로 조국을 구출하지 못한다고 하였다.

「그리스 전체에 퍼져 있는 수많은 폐단 중에서 운동가의 경쟁만큼 나쁜 것은 없다. 레슬링에 이기고 주력이 우수하고 원반을 멀리 던지고 턱에 좋은 타격을 주어 영광을 얻었다 한들 그것이 얼마나 국가에 공헌할 수 있는 것인가, 그들은 원반을 가지고 전쟁에 임하여 싸우려는 것은 아니다」고 운동선수들의 그릇된 자세를 비난하면서 「Hellas(헬라스)의 무수한 惡(악) 중에서도 경기자의 레이스는 최악이다. 그들은 언행이 세련되지 못하고 항상 寓言(우언)으로 응답하며 美食(미식)이나 大食(대식)의 숭배자이다. 그러나 경기를 계속하는 청년시절에는 시민들에게 償(상)과 칭찬을 받으며 화려한 생활을 하지만 일단 노령으로 들어서면 시민으로부터 버림을 받는다.」고 당시 운동하는 사람들의 잘못된 태도를 호되게 비판했다.

③ 소크라테스(Socrates, 470-399B.C)

소크라테스는 객관적 진리와 지, 덕 一體說(일체설)을 내세우면서 아테네 청년들의 도덕적 향상을 위하여 힘을 기울였다.

소크라테스는 무지에 대한 자각은 진리에 접근하는 첫발을 의미하는 것이기 때문에 그의 교육방법은 대화를 통하여 무지와 도덕적 무반성을 폭로하는 것을 특징으로 하고 있다. "이 세상에서 누가 제일 현명하냐는 질문에 누군가가 소크라테스보다 현명한 사람은 없다."고 대답하였는데 이 대답에 대해서 소크라테스는 아마도 자기 이외에 자기의

▷ 소크라테스

ignorance(무지)를 인정한 사람이 없기 때문에 자기가 최고의 현인으로 뽑혔을 거라고 해석을 했다. 그러나 그는 대화와 논쟁을 하면서 오해와 반감을 사 아테네 청년을 망쳤다는 것과 신을 모독하였다는 죄명을 쓰고 사형을 당했다.

소크라테스는 자신은 아는 것이 하나도 없다고 생각하여 글을 남기지 않았다. 소크라테스의 가르침은 플라톤, 아리스토텔레스의 기록과 크세노폰의 저서를 통하여 전해졌다.

소크라테스는 인간은 동물과 달라 self(자아), soul(영혼), sprit(정신)이 있는데 이것을 발달시키는 것은 인간이 해야 할 일이라고 주장했다. 소크라테스의 제자인 Xenophon(크세노폰)의 명저 "Anabasis(아나바시스) 대륙행"에 의하면 소크라테스는 「시민은 누구나 체육의 문외한이 되어서는 안 된다. 자신의 신체가 최대의 조건을 갖추어 언제든지 국가의 위기에 응할 수 있게 하는 것이 시민의 의무인 것이다. 육체의 미와 힘은 단련만 하면 얻어지는 것이다. 그것을 이루지 못하고 늙어 간다는 것은 얼마나 수치스러운 일이겠는가, 신체를 쓸 때는 항상 능률을 높이도록 해야 한다. 지극히 신체적 조건을 필요로 하지 않는 사색이나 명상을 하는 과정에서도 건강이 정상적이지 못하기 때문에 잘못을 일으키는 경우가 있다는 것은 주지의 사실이다.」라면서 신체의 육성을 강조했다.

④ 플라톤(Platon, 427~347B.C)

플라톤은 명문귀족의 자녀로 태어나서 어려서부터 예술, 정치, 철학 등의 훈련을 받았다. 그에게 가장 많은 영향을 준 철학자는 소크라테스였다.

플라톤의 가장 중요한 철학 이론은 idea(이데아)에 관한 認識論(인식론)이었다. 진정한 존재인 진리를 이데아라고 하였으며 시간과 공간을 초월한 불변불멸의 이 이데아의 세계야말로 모든 현실 세계의 근본이라 하였다.

이 세상의 모든 사물, 즉 의자, 나무, 책상 등은 완전한 의자, 나무, 책상으로서 이데아라는 참된 지식의 그림자에 불과하다. 사람의 경우, 각 개인은 사람의 예에 불과하지만 사람 자체는 아니다. 그것은 사람의 본질을 구성하는 이데아의 속성을 조금 나누어 가진 것뿐이며 이데아를 많이 나누어 가질 수록 완전한 이데아, 즉 인간다운 인간 혹은 바람직한 인간에 가까워진다는 것이다. 플라톤은 많은 이데아 중에서 眞(진), 善(선), 美(미)가 가장 높은 이데아라고 주장했다. 인간은 이러한 이데아, 즉 궁극적인 지식을 찾을 수 있고 또한 찾도록 노력해야 된다고 말했다.

이것은 관념철학의 세계를 세운 것이라 하겠으나 정신적인 세계는 강조되었지만 구상적인 세계는 경시한 까닭에 두 세계 간의 조화는 찾아볼 수 없었다. 플라톤은 그의 저서 "Republic(국가론)"의 제3권에서 「운동훈련과 음악은 다 같이 유아기에 있어서 깊은 관심을 가지고 지도되어야 하며 그것이 그 어린이의 전 생애를 통하여 연속되지 않으면 안 되는 것이다. 신체가 건전하다고 정신이 건전하게 되는 것은 아니고 정신이 건전해야 신체도 건전하게 되는 것이다. 운동훈련은 어린이들을 의약에서 될 수 있는 대로 멀리하게 하는 것이다. 운동의 지도자라고 하더라도 그 목적으로 하는 것은 주로 인간의 개선에 있다고 자신은 믿는다.」라고 신체적인 면보다는 정신적인 면을 더욱 강조하였다.

⑤ 아리스토텔레스(Aristotles, 384-322B.C)

아리스토텔레스는 academy(아카데미)에서 플라톤에게 수학했다. 아카데미에서는 reader(책벌레)라는 별명을 가질 정도로 총명하였으며 생물학, 논리학, 정치학, 문학평론, 윤리학 등의 대가였다.

그는 플라톤이 죽은 후 Lukeion(류케이온)이라는 학교를 세워 많은 제자들을 가르쳤다. 아리스토텔레스는 우리가 보는 사물 그 자체를 인정하였다. 따라서 조심스러운 관찰력에 의해서 지식을 얻을 수 있다고 주장하였다.

플라톤이 이데아나 form(형상)과 같은 정지되어 있는 the static realm of timeless being(영원한 존재)를 강조한 데 반해 아리스토텔레스는 the dynamic realm of becoming(변화하는 과정)을 중요시하였다.

▷ 플라톤과 아리스토텔레스

플라톤의 제자로서 여러 분야의 학문을 통하여 고대에 있어서는 최고의 석학이었다. 그는 스승의 관념적인 경향을 극복하여 실체를 논하였다. 즉, 이데아의 세계는 구체적인 사물의 세계를 통해서만 실현될 수 있다고 주장하여 자연세계와 정신세계의 조화를 이루었을 뿐만 아니라 광범한 분야에 걸쳐 개척한 자연과학과 사회과학은 고대 서양에 있어서 학문 발전의 최고 수준을 보여주는 금자탑으로서 후세에 지대한 공헌을 하였다.

아리스토텔레스는 「신체 교육은 지성 교육보다 먼저 행하지 않으면 안 된다. 이것은 당연히 먼저 어린이들의 운동훈련을 위하여 훈련자의 역량에 맡겨져야 할 것이라는 것을 의미한다. 어린이들은 사춘기에 달하기까지는 그의 성장에 장애를 주지 않게 나쁜 음식을 금하고 강제적인 운동을 피하여 비교적 가벼운 종류의 체조가 적용되어야 마땅하다.」라고 성장기에 있어서 강제적이고도 강한 운동은 신체발달에 장애 요인이라고 말했다.

아리스토텔레스도 소크라테스와 마찬가지로 젊은이들을 타락시킨 죄로 기소되었다. 그러나 소크라테스가 국가의 법을 중히 여겨 탈출의 기회를 버린 반면, 아리스토텔레스는 현실을 중요시 여겨 그곳을 떠나 죽음을 모면하였다.

ⓖ 히포크라테스(Hippocrates, 460~377B.C)

그리스의 의학자로 현대 의학의 아버지라 일컫는다. 히포크라테스는 과학적 치료법에 의한 치료에 있어서 迷信(미신)을 타파하는 데 주력했으며, 신체단련의 가치를 강조하면서 환자들이 병이나 虛弱(허약)으로부터 회복하기 위해서 운동장에서 운동할 것을 권하고 있다.

히포크라테스는 「massage(의료 마사지)를 너무 지나치게 하면 신체를 硬化(경화)시키고, 또 너무 경미하게 하면 체력을 소모하고, 적당히 하면 신체를 조절한다.」고 말함으로써 마사지는 몸이 탄탄해지도록 강하게, 근육이 풀리도록 가볍게 연속적으로 기력이 회복하도록 적당히 하는 것이 좋다고 했다.

히포크라테스는 현대 의학에서도 가장 중요시하는 예방의학을 고대 그리스 사회에서 주장한 것을 보면 그의 업적이 얼마나 큰가 하는 것을 느끼게 하고 있다. 의사들은 의사가 되기 전에 히포크라테스 선서를 하고 난 다음 정식으로 의사가 되는 것이다.

▷ 히포크라테스

Ⅳ. 헬레니즘 세계의 체육

그리스 북방의 높은 삼림지대를 중심으로 농목생활을 한 Macedonia(마케도니아)인은 그리스인과 같은 계통의 민족이었으나 문화 정도가 낮아 오랫동안 그리스인에게 야만인으로 천대를 받아왔다.

페르시아 전쟁 후부터 그리스 문화를 적극적으로 받아들여 통일 왕국으로서의 터전을 닦기 시작하였으며 기원전 4세기 중엽에는 Philipos(필리포스)왕 시대에 이르러 강력한 통일 왕국을 건설한 후 그리스 본토의 내분을 계기로 점차 남침하기 시작했다. 마케도니아의 필리포스왕은 그리스를 통일하고 페르시아를 정벌할 뜻을 세웠지만, 얼마 후 암살당하고 말았다.

그의 유업은 아들 Alexander(알렉산더, 356-323B.C)에게 계승되어 동방 大遠征(대원정)이 수행된 결과 그리스의 문화세계와 오리엔트 문화세계의 두 이질적 문화는 상호융합 됨으로써 단일적인 문화세계가 형성되었다. 이 문화세계를 Hellenism(헬레니즘)세계라 하며, 이 세계의 형성은 알렉산더 대왕의 동방원정에 의해 그 역사적 계기가 마련되었다.

▷ 출처 : flickr 알렉산더 대왕

알렉산더는 기원전 334년에 마케도니아와 그리스의 병사들을 이끌고 페르시아 원정길에 올라 순식간에 소아시아, 시리아, 이집트를 정복하고 이어 페르시아의 Darius III(다리우스 3세)의 군대를 격파하여 페르시아제국을 멸망시켰다.

그 후에도 그는 계속 동쪽으로 진군하여 멀리 중앙아시아와 인도의 서북부까지 진출해서 세계사상 처음으로 유럽과 아시아와 아프리카 3대륙에 걸쳐 대제국을 세웠다. Babylon(바빌론)으로 개선하여 이곳을 알렉산더 제국의 수도로 정하였다.

그는 점령지의 여기저기에 Alexandria(알렉산드리아)라는 도시를 세워 그리스의 상인, 학자, 문인, 예술가 등 여러 계층 사람들을 이주시켜 그리스 문화를 보급시키는 한편, 그리스인과 오리엔트인과 결혼을 장려하는 등 동서를 융합하여 세계적인 대제국의 실현을 꾀하였으나 그의 정치적 수완을 충분히 발휘하기도 전에 병사하고 말았다.

알렉산더 대왕이 죽은 후, 부하 장군들은 상호분립과 대립하여 서로 대왕의 상속자라 칭하면서 내란을 일으켜 대왕이 이룩한 제국은 지리적 · 경제적 조건에 따라 마케도니아, 시리아, 이집트의 세 왕국으로 분열되고 말았다. 그중에서 가장 부강했던 나라는 Ptolemaios(포틀레마이오스)왕조하의 이집트였으며, 나일강 하류의 지중해연안에 세워진 알렉산드리아는 당대 세계 최대의 상업도시로 발전하여 지중해 무역을 지배하였다. 이들 세 나라는 제각기 알렉산더의 정책을 계승하여 각지에 그리스식의 도시를 세워 그리스인들을 이주시키고 그리스어와 그리스인들의 생활방식을 전파시켰다.

이리하여 비록 통일제국은 이루지 못하였지만 인도에서 지중해에 이르는 넓은 지역에 많은 도시가 번성하고 교역이 크게 발달하였으며, 그리스문명이 널리 오리엔트세계에 전파하여 이른바 Hellenism(헬레니즘)문명이 발달하였다.

역사가들은 알렉산더의 동방원정에서 로마에 의한 3국의 멸망까지의 약 300년 동안을 헬레니즘시대로 구분하고 있다. 그것은 알렉산더의 동서융합정책과 많은 그리스인들의 이주로 말미암아 그리스문화가 널리 오리엔트지방에 보급되어 새로운 형태의 문화가 탄생하였다고 생각되기 때문이다.

그리고 이러한 새로운 문화를 헬레니즘문화라 하여 이제까지의 고전 그리스 문화와 구별하고 있는데, 그것은 그리스가 폴리스 중심의 문화였던 데 반해 마케도니아는 폴리스를 초월한, 말하자면 세계적 문화였기 때문이다.

헬레니즘의 문화사적 공적은 문화과학보다도 오히려 자연과학에 있었다.

헬레니즘의 자연과학은 오리엔트의 자연과학에 그리스의 합리주의가 반영된 새로운 체계였다. Ptolemaios(포톨레마이오스)왕조의 정책적 배려에 의해 알렉산드리아는 학문연구의 중심이 되었다. 왕립 學士院(학사원)인 Museion(뮤세이온)은 많은 장서를 소장하는 도서관이 있을 뿐만 아니라 박물관, 또는 학문연구소의 구실도 하였다.

이 시대의 미술, 특히 조각에서 인간적 苦惱(고뇌)하는 모습을 조각한 Laocoon(라오콘)像(상)이나 인간의 官能美(관능미)를 조각한 Venus(비너스) 등이 있다.

고대 그리스사회의 자연과학이 주로 철학적 사색의 결과였던 데 대하여 이 시대에는 보다 실제적 과학지식이 발달하였다. 특히 천문학 분야에서의 발전이 눈에 띄게 나타나는데, Aristarchos(아리스타르코스, 310-230?)는 지동설을 주장하였고, Eratosthenes(에라토스테네스, 275-194B.C)는 지구의 원주를 39,690km로 불과 200리(哩)의 오차 정도까지 정확하게 계산하였으며, 또한 지중해 내륙 지도를 작성하고 인도양 항로의 가능을 주장하였다.

▷ 출처 : flickr 라오콘상

이 밖에도 의학의 아버지라 일컫는 히포크라테스의 후계자인 Herophilos(헤로필로스, 344-280B.C)는 인체해부학을 기초로 하여 의학을 크게 발전시켰으며, 평면 기하학을 완성한 Eukleides(에우클레이데스)는 기하학의 원리를 다른 과학의 분야에 적용하고, 比重(비중)의 원리를 알아낸 Archimedes(아르키메데스, 287?-212B.C) 등이 모두 이 시대에 나와서 고대 과학발전의 절정을 이루었다.

체육의 상황으로 본다면 그리스시대의 체육과 별 차이 없이 진행된 상황을 알 수 있다. 헬레니즘시대에도 올림피아 경기가 거행되었으며 이 시대의 운동종목은 전차경기, 레슬링, 복싱, 달리기, 투창, 투원반, 궁술, 판크라치온 등이 거행되었다.

알렉산더 대왕이 강력한 군대를 소유하고 있던 점으로 보아 군인에 의한 신체단련과 상무정신은 그리스시대보다도 더욱 강했으리라 본다.

헬레니즘세계에 새로운 문화가 전개되어 있을 무렵에 서방 이탈리아에서는 작은 폴리스였던 로마가 점차 이탈리아반도를 통일하고 Carthago(카르타고)를 정복한 후에는 西(서)地中海(지중해) 세계를 건설하게 되었고 마침내 헬레니즘세계도 통일하게 되었다.

V. 로마의 체육

기원전 4세기경 그리스의 폴리스체제가 붕괴하여 가는 무렵 Italy(이탈리아)반도에서는 Rome(로마)라는 작은 도시국가가 이탈리아반도의 통일을 이루고 다시 지중해로 발전하는 터전을 닦게 된다. 그로부터 로마는 강력한 정치력과 군사력에 의하여 지중해연안에 세계적 제국을 건설하여 발전하게 되었다.

여기에 고대 서양의 모든 문화는 로마에 의하여 종합되고, 서양문화의 원류로 볼 수 있는 그리스 문화유산을 계승하여 발전시킨 것은 서양의 고전문화세계의 완성자인 로마인들이었다.

이탈리아반도는 고대로부터 많은 종족이 살고 있었으나 주로 Ratin(라틴)민족이 Tiber(티베르)강변 하류지역에 정착하여 이탈리아반도의 북쪽의 7개 언덕에 살고 있던 Etrurians(에투르리아인)을 정복하고 로마라는 도시국가를 건설하여 기원전 8-6세기 동안 왕정을 펴나갔다. 이것이 6세기에 와서는 공화정치가 실시되어 시민국가가 되었다.

로마는 일개 도시국가로 출발하여 세계 제국정치 문화를 건설하고 서양의 고전 문화 세계의 완성자가 되었다. 일개의 작은 도시국가에 불과했던 로마가 그렇게 광대한 지역을 통일할 수 있었던 것은 로마가 무엇보다도 강력한 군대를 가지고 있었기 때문이다.

로마에서는 16세에서 65세까지의 모든 시민에게 군복무의 의무가 있었으며, 그들은 제각기 재산능력에 따라 종류가 다른 百人隊(백인대, Century)에 편성되어 市民軍(시민군)을 형성하고 있었다.

초기 로마인의 역사적 발전에 대해서는 에투르리아인의 관계가 발단이 되어 구구한 설이 있으나 로마인과 에투르리아인 사이에는 정치, 종교, 문화, 사회, 군사, 언어 등에 있어서 밀접한 관계가 있었다.

로마인들은 그들보다 문화적으로 우월한 종족이었던 에투르리아인들과의 싸움을 통해서 그들 자신의 도시국가를 세웠다. 이처럼 로마의 팽창은 시민군을 바탕으로 하는 강력한 군사력에 의해서 성취되었고 또 그것에 의해서만 가능했던 것이다.

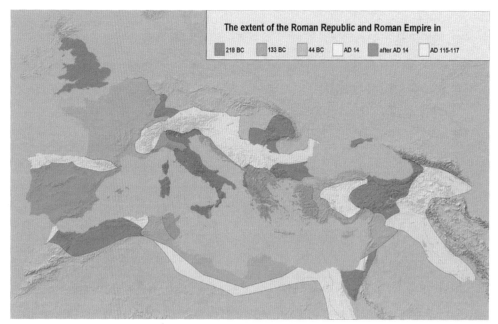

▷ 출처 : wikimedia 로마 제국의 영토

로마에서도 처음에 군대의 주축을 이룬 것은 騎馬(기마)를 갖출 수 있었던 patrici(귀족)이었으며, 따라서 폴리스 정치의 실권 역시 처음에는 이들 귀족들이 장악하고 있었다. 이들에게는 완전 시민권이 주어졌으며 이 시민권에는 공권과 사권이 있는데 공권에는 참정권, 즉 선거권과 피선거권이 있고 사권에는 通婚圈(통혼권)과 소유권이 있었다. 귀족의 의무는 국가재정을 부담해야 하고 국가 방위를 위하여 군사복무를 해야만 했다. 또한 귀족들은 clientis(노예)를 거느릴 수 있는 특권이 부여되었다.

로마의 군대에서는 처음부터 귀족들 이외에 plebis(평민)들의 역할도 중요하였다. 평민계급은 그 구성 자체가 복잡하였고 권리나 의무는 없었다.

로마사회에 있어서 정치적 권리의 차별, 계급 간의 차별은 물론 경제적으로 불리한 환경에 있는 평민이 수적으로 귀족을 능가하였다는 것은 감소추세에 있는 귀족들에게는 위협적인 존재가 되었다. 더욱이 귀족은 평민의 군사적 협조 없이 대외 전쟁을 수행하기란 곤란했다.

평민과 귀족계급 사이에는 각종 문제가 야기되어 계급투쟁이 전개되었으나 서로가 상호 화합하여 공화정을 발전시켜 나아갔던 것이다.

평민계급이 귀족계급을 상대로 계급투쟁을 벌인 끝에 평민의 권리를 옹호할 수 있는 護民官(호민관, tribunus)을 두게 하고 concilium plebis(평민회의)를 설치하였다. 또한 귀족들에게 유리하게 적용되어 오던 법률의 성문화가 실현되었는데 이것이 유명한 성문법인 12 銅版法(동판법, Laws of 12 Tables)[10]이 제정되었다.

이와 같은 계급투쟁을 거쳐 로마 공화정은 형식상·법 이론상 완성을 보았다. 로마인은 대내적으로는 공화정을 발전시키는 한편, 대외적으로는 꾸준히 반도통일을 위하여 싸웠다.

반도통일을 완수한 후 로마인은 지중해를 정복하기 위해서 Carthago(카르타고)와 충돌하게 되어 3회에 100여 년이란 장기간에 걸쳐서 펼쳐진 Poeni(포에니)전쟁을 승리로 이끌어 카르타고를 멸하고 이집트마저 정복하고 동서 지중해의 패권을 차지하게 되었다. 이러한 추세에 따라 정치, 경제, 사회, 문화 등의 급격한 변화는 도시국가 시대의 로마의 본질을 탈피하여 세계 국가의 기초 위에서는 帝政(제정) 질서에 대한 전환을 필연적인 운명으로 받아들였다.

귀족과 평민의 대립이 재연된 상황에서 귀족당의 Pompeius(폼페이우스), 평민당의 Caesar(케사르), 로마의 대부호 Crassus(크라수스)의 제1회 三頭政治(3두정치, triumvirate)가 실시되더니(B.C 60) B.C 45년에 케사르가 폼페이우스를 격파하고 천하를 통일하여 imperator(종신 대원수)가 됨으로써 사실상 제정과 다름없었으나 B.C 44년 보수적 共和派(공화파)의 Brutus(부루투스), Cassius(카시우스)에 의해 살해됨으로써 제1회 삼두정치는 막을 내리게 되었다.

케사르의 후계자인 Octavianus(옥타비아누스), 장군 Antonius(안토니우스), 대부호 Lepidus(레

---

10 로마법의 기초를 이룬 고대 로마의 성문법으로 법 지식과 공유지 사용을 독점해오던 귀족과 평민의 투쟁 결과 제정되었다. 12표법은 그때까지 비밀로 되어왔던 관습법과 판례법의 일부라도 성문화되어 공시되었다는 데 큰 의미가 있다. 12표법은 후에 전공사법(全公私法)의 원천이 되었다.

피두스) 등과 손을 잡고 제2차 삼두정치가 시작되었으나 곧 이들 사이에 대립이 일어났다. 레피두스가 먼저 실각하고 B.C 31년 옥타비아누스는 안토니우스와 Actium(악티움)해전에서 대결하게 되었는데, 이집트의 여왕 Cleopartra(클레오파트라)와 결탁한 안토니우스는 옥타비아누스에게 대패하여 로마의 패권은 옥타비아누스의 수중에 들어가게 되었다.

이리하여 근 1세기 동안에 걸친 내란이 끝나게 되었으며, 옥타비아누스는 Augustus(존엄자)란 칭호를 부여받았다.

이때부터 Augustus(아우구스투스)는 로마 세계에 있어서 Princeps(제1인자)가 되어 로마제정이 시작되었다. 이로부터 약 2세기에 걸쳐 로마제국은 번영기를 맞이하여 유럽에 세계적 대제국을 건설하였다.

로마제국 전역에 평화와 번영이 계속되어 이른바 'Pax Romana'(로마의 평화) 시대가 계속되었다. 그리고 이 무렵에는 로마인들의 경제활동도 활발하여져서 멀리 인도의 향료나 중국의 비단 등이 들어오게 되고 각지에 많은 도시들이 건설되어 번성하였다.

그러나 이러한 로마의 평화와 번영은 격심한 빈부의 격차, 중소농민층의 몰락, 빈민의 로마 집중, 노예제도의 위기 등 공화정 말기 이래 로마사회가 안고 있던 여러 모순들이 해결된 바탕 위에 이룩된 진정한 평화나 번영이기보다는 그러한 모순들의 표출이 강력한 군사력과 교묘한 행정력에 의하여 억제됨으로써 유지되고 통제된 평화요 번영이었다.

로마는 빈민들에게 곡물을 무상으로 분배해주고, Collosseum(콜로세움)과 같은 거대한 원형경기장에서 劍鬪士(검투사)들끼리, 또는 검투사들과 사나운 맹수들이 생사를 걸고 싸우는 것을 보여 주었고, 大浴場(대욕장)에서 목욕과 놀이의 연회를 즐기게 해주었다. 수도를 만들어 시민생활의 도움을 주었으며, Pantheon(판테온)신전, 개선문 전승기념비 등 거창하고 아름다운 공공건물을 세워 시민들의 눈을 즐겁게 해주었다.

로마가 통치수단의 일환으로 발전시킨 것 중의 하나가 도로였다. 로마는 帝國領(제국령)의 각 요지에 군단을 설치하고 이들을 연결하는 도로망을 정비하여 이것을 로마에 집중시켰다. "세계의 모든 길은 로마로 통한다."는 말은 여기에서 나왔으며, 로마는 이 길을 통해서 군사력의 동원을 신속화하고 貢納(공납)의 운송을 원활하게 하였다.

초기의 로마교육은 주로 군인을 양성하는 일이었다. 로마인들은 필요한 일들을 하기 위해 각자 신체적으로 튼튼해야 함은 물론 용감성을 갖추어서 전투에 숙달된 군인이 되어야 했다.

▷ 콜로세움

초기 로마에 있어서의 교육은 학교라는 시설은 없었고, 소년들은 오로지 가정에서 양친으로부터 교육을 받았다. 양친들은 매일 자녀들에게 민족적 자존심과 국가에 대한 복종과 충성, 성실, 용기, 근면, 그리고 신이나 조상에 대한 숭배의 신념을 불어넣어 주는 데 전력을 다하였다.

체육의 목적 또한 전쟁을 위한 건강, 용기, 힘, 지구력 등의 발달에 한정되어 있었으므로 당연히 체육은 군사적 목적을 달성시키는 데 있었다고 보겠다. 이것은 바로 전쟁을 위해 강한 군대를 양성하는 것이 체육의 목적이었다는 것을 뜻한다.

전쟁은 로마시민의 중대사이었기 때문에 14세부터 17세까지의 미성년을 상징하는 외투 "Toga Virilis(토가 비릴리스)"를 벗어버리고 성인용 외투 "Toga Praetexta(토가 프라에텍스타)"로 바꾸어 입는 의식을 거행함으로써 그 이름은 로마시민으로 등록이 되고 군의 소집에 응했던 것이다.

그리스인들에게 있어서 제전경기는 모든 사람이 즐겨 하던 최대의 행사였으며 신적 존재였다. 그리스인들은 제전경기를 아름다운 육체와 고상한 기풍을 가진 인간을 목표로 하면서, 경기에 참가한 사람들은 자신들의 체력을 시민들에게 은근히 과시하려는 示威的(시위적) 경기였다고 할 수 있다.

반면 실리적이고 미의 감각에 익숙하지 못한 로마인들은 그리스의 제전경기를 경시하고, 세계를 정복할 수 있는 막강한 군인을 양성하고 검투사를 전문적으로 양성하여 외국인의 방문이나 축제일 등에 위정자들은 자기들의 지지기반 구축의 일환으로 많은 귀족과 시민이 지켜보는 가운데 원형경기장에서 피투성이가 되어 싸우는 잔인하고도 화려한 競技會(경기회)를 베풀었던 것이다.

로마의 황제들은 새로운 격투방법, 진기한 격투, 다른 맹수를 찾아내어 1대1의 검투사 시합에서 수십 명 또는 수백 명씩 편을 나누어 격투기를 하기도 하고 인간과 맹수와 싸우게 하고 이것으로 만족하지 못해 경기장에 물을 가득히 넣어 水中戰(수중전)을 거행하기도 하였다.

검투사나 전차경기의 기수는 시민들이 갈망하는 대상이 되었으며, 특히 로마의 퇴폐기에 있어서는 모든 계급의 인사들로부터 우대를 받았다. 그들이 만약 노예일 경우 경기에서 이기면 자유민으로 해방되었고 생활상의 많은 편의가 주어졌다. 관중들은 대체로 경기에 돈을 걸고 승부를 함으로써 도박이 성행하게 되었다.

로마시대에 있었던 체육행사는 직업적인 사람의 연기를 구경하는 오락이었으며 모두가 오락 위주의 연기에 주력하려고 노력을 하였다.

이 시대의 체육은 직업군인이나 직업경기자의 체육에 대한 중요성을 인정하고 있었으나 일반 시민은 건강유지와 오락을 위한 방법으로 최소한의 운동을 가했을 뿐이다.

로마인들의 교육과 체육에는 그리스인처럼 미적 이상과 문화적 이상이 결여되어 있었다. 신체적 균형의 미와 동작의 형태 및 우아함에는 전혀 관심이 없었다. 지적 교육보다도 도덕적, 신체적 그리고 군사적 단련을 더 중요하게 생각하였다.

고전문화의 형성을 완수한 로마인은 정치적, 무력적으로는 그리스 문화세계를 정복하였지만 문화 면에서는 오히려 그리스인에게 압도당했다. 로마인은 그리스인과 같이 사색적, 예술적 품성의 소유자는 아니었고 학문과 예술분야에서 그리스인은 로마인의 스승이었고 로마인은 그리스문화의 충실한 모방자였다. 그러나 로마인은 실천적이고 현실적인 분야에서는 독창성을 발휘하였다.

초기의 로마인은 운동과 경기에 직접 참가하기를 좋아했다. 로마인들은 경기에 직접 참여하는 국민들이었지 경기를 구경하는 국민들은 아니었다. 무역과 상업으로부터 얻은 富

(부), 그리고 정복한 나라에서 빼앗은 재산과 노예의 노동력은 그들로 하여금 안락한 생활을 하게 해 주었다. 하지만 사치와 낭비는 방탕한 생활, 도덕의 타락, 뇌물, 도박, 그리고 정부를 부패로 만들게 하였다.

체육이 개인적으로 참여하는 것으로부터 관람하기 위한 것(Show)으로 바뀌어졌으며 설상 경기에 참여한다 해도 단지 감각적 쾌락을 위한 것이었다. 정치인들이 직업 검투사들을 구입하여 콜로세움이라는 큰 경기장에서 여러 가지 경기를 보여 주었는데 이는 정치적 이유와 재정상의 이유로 국민들의 마음을 사기 위한 것이었다.

그들은 체육이나 신체적 조화나 이상에는 관심이 없었고 창 시합, 격투기 등이 경기장에 개최됨으로써 잔인성과 유혈의 참상을 즐기었다. 후기 로마인들은 신체운동을 중요하게 생각하지 않았지만 그들은 사회와 건강교육, 그리고 오늘날 체육발전에 긍정적인 측면을 보인 것은 사실이다.

로마인들은 식수와 목욕을 위해 수도를 통하여 깨끗한 물을 공급하였고 거리의 미화에 힘썼으며 음식에 관한 규정을 정했으며 과학적 운동을 위한 제언을 하였다.

1. 로마의 체육시설

1) 원형경기장(Circus)

로마시대의 최대 경기장 Circus Maximus(서커스 막시무스)는 길이 2,000피트 폭이 600피트 Augustus(아우구스투스, 63-14B.C)시대에는 15만 명을 수용하였으며, Nero(네로, 37-68)왕정시대에는 25만 명, 그 후에는 38만 5천 명을 수용했다고 전해진다.

경기장 내의 중앙에는 Spina(스피나, 얕은 벽) 주위를 돌면서 경주를 하였다. 경기자들은 스피나의 끝에서 400피트 떨어진 곳에 반원형으로 선을 그어 누구나 같은 거리가 되게 한 후 한 줄로 서서 신호와 함께 출발하여 서로가 안쪽 코스를 잡으려고 노력하였다.

스피나의 커브에서 급회전할 때마다 충돌하여 전차가 뒤집히는 일이 많았으므로 기수들의 높은 기능이 요구되었다. 이 경기는 스피나를 7바퀴 돌면 1 시합이 끝나는데 반칙에 대한 규정이 없어서 다른 전차에 고의적으로 충돌하고 달리는 말의 발을 걸고 채찍으로 남의 말을 때리고 바퀴에는 톱니를 만들어 다른 마차에 충돌하는 등 거의 모든 방법이 용납

되었기 때문에 사상자를 많이 내었다.

관중들은 대체로 돈을 걸고 우승을 맞추는 도박이 성행하였으며, 초기에는 귀족 등 누구나 참가하였으나 공화정 말기에는 명사들은 참가하지 않고 보통 노예가 경기에 참가하였다. 경기력이 우수한 기수는 자유민의 자격을 부여(승리한 기수는 사회의 총아로 인기를 얻고 주인에게는 막대한 부를 안겨줌)하였다.

2) 콜로세움(Colosseum)

콜로세움 圓形演武場(원형연무장)인 이곳에서는 특별하게 훈련을 받은 노예나 죄인들이 자기들끼리 혹은 맹수를 상대로 하여 격투를 벌였다. 이 격투는 어느 쪽이든 죽어야만 경기가 끝나는 잔인하고도 혹독한 경기였다.

고대 로마의 검투사를 뜻하는 Gladiator(글래디에이터)는 로마제국의 광대한 세력과 함께 검투사의 내용을 잘 설명하고 있으며, 2000년 영화 Gladiator(글래디에이터)[11]로 제작되었다.

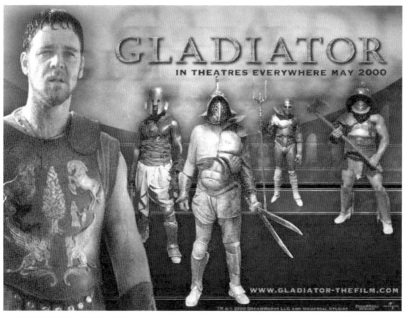

▷ 글래디에이터 영화 포스터

---

11 Gladiator(글래디에이터) 2000년 개봉 미국 영화.

검투사의 삶과 생존에 대한 묘사와 실제 있었던 당시 상황을 잘 설명하고 있다.

Flavianos(후라비노스)원형연무장은 제일 거대한 것으로서 대리석 위에 훌륭한 좌석이 비를 맞지 않도록 되어 있으며 시합이 끝나면 64개의 문을 통하여 사람들이 혼잡하지 않게 퇴장할 수 있도록 시설되어 있었다.

검투사 시합의 선수는 노예, 죄인, 포로 등이었지만 식생활 해결을 위해 검투사 양성소에 들어가는 자도 있었다. 직업 검투사는 재벌과 상인에 의해 양성되었는데 Caligula(칼리굴라)황제는 그의 훈련소에 2만여 명에 달하는 검투사를 소유하고 있었다.

황제들은 로마 시민들의 잔인성을 만족시키기 위하여 색다른 격투법을 연구케 하였으며 여러 종류의 맹수를 구하게 되었다. 그리하여 수십 명, 수백 명의 검투사들로 하여금 짝을 지어 패싸움을 하게 하여 경기장을 피바다로 물들게 하였고 때로는 경기장 속에 물을 넣어 수중전투를 연출케 하여 많은 희생자를 낸 비참한 경우도 있었다.

검투란 노예 가운데 체격이 좋고 건강한 자들을 골라 무예훈련을 시킨 다음 관객들이 보는 앞에서 서로 싸우게 하여 그를 즐기는 놀이를 말하고 있다.

검투사는 상대방이 죽을 때까지 싸워야 했으므로 그야말로 일회적인 소모품에 지나지 않았다. 거대한 원형연무장에서 수천 명의 관람객이 모인 가운데 검투사들이 목숨을 걸고 피를 흘려 싸우는 것을 보면서, 로마 시민은 흥겨워하며 박수를 치곤 했다. 이들에게 노예는 인간이 아닌 것으로 취급되었으며, 검투사 시합은 짐승들의 싸움 정도의 오락으로 생각되었다.

Domitian(도미티안)황제는 난쟁이들과 미녀들로 하여금 싸우게 하여 관중의 흥미를 유도하기도 하였다. Nero(네로)황제는 제전경기 자체를 사유화하여 자신의 출전 종목에서 우승을 독차지하였으며 다른 경기자가 네로를 이긴다는 것은 곧 죽음을 의미하는 사형선고였다. 네로는 자신의 참가가 어려워지자 제전경기를 2년씩이나 연기를 시키기도 하였다.

현재도 콜로세움은 로마의 유적으로 남아 세계의 관광객에게 볼거리를 제공하고 있으며 로미오와 줄리엣이 사랑을 나누었던 도시인 Verona(베로나)에도 남아있다.

3) 테르메(Thermae)

로마 사람들은 대체로 위생적 훈련을 목적으로 강가에서 냉수욕을 즐기었으나 생활이

윤택하여짐에 따라 테르메(공공 목욕장)를 건설하였다.

테르메는 그리스 김나지온의 설비를 감안하여 웅장하고 화려한 레크리에이션 센터로서 또한 사교장으로 이용되었다.

테르메에는 노천광장이 있어 여기에서 가벼운 운동이나 경기가 행해졌고 이 안에는 레크리에이션과 여러 가지 공놀이를 할 수 있는 방인 Shaeristerium(사에리스테리움), 탈의실로서 노예들이 옷을 돌보아 주는 방인 Apodyterium(아포디테리움), 塗油室(도유실)로서 운동 전후에 기름을 바르고 목욕 후에 향수를 바르는 방인 Unctorium(운크토리움), 따듯한 공기를 넣어 목욕을 기다리는 사람들이 쉬는 휴게실인 Tepidarium(테피다리움), 가장 뜨거운 욕실로서 열탕과 증기욕(蒸氣浴)을 할 수 있는 Caldarium(칼다리움), 냉수욕을 즐길 수 있는 냉탕인 Frigidarium(프리기다리움), 수증기(水蒸氣)욕장으로서 방 안에 뜨거운 공기를 순환시켜 병자를 간호하는 Laconicum(라코니쿰)이 있다.

▷ 고대 로마의 테르메

대표적인 테르메는 Caracalla(카라칼라, 188-217)황제가 건립한 大浴場(대욕장)으로 동시에 3,200여 명을 수용할 수 있었다.(이 시설이 로마 올림픽대회 당시 체조장으로 사용되었다.)

로마인은 테르메에서 한가한 시간을 보내면서 도박을 하고, 연회에 나가 직업적인 무용수들의 춤을 구경하고, 전차경주, 검투사 시합 관람에 열중하였다. 후기 로마시대 운동에 대한 일반의 관심은 거의 없었지만 보건체조는 비교적 많이 이용되었고, 보건체조를 의술의 한 보조수단으로 생각하여 식사의 절제와 가벼운 운동과 목욕이 생활의 일부가 되었으며 과학적인 신체운동에 관한 약간의 저서도 있었다.

2. 로마인의 체육사상

1) 갈레노스(Galenos, 130?-200?)

로마의 위대한 철학자이자 의학 연구가였던 갈레노스는 건강에 대한 운동과 식사, 그리고 영양에 많은 관심을 가졌다.

갈레노스는 인체의 Condition(컨디션)을 검사하는 수단으로 맥박을 이용한 최초의 인물이다. 그는 체육이 사람을 조화 있고 균형 잡힌 신체를 가진 건강한 사람으로 발달시켜 기민하고 강건한 시민을 만들며 또한 국가방위의 병사로서 그 의무를 다할 수 있는 신체적 조건을 갖추게 할 수 있다고 믿었다. 갈레노스는 신체 각부의 특수한 운동은 근육에 긴장을 주는 운동, 빠른 운동, 격심한 운동의 세 가지로 나누었다.

▷ 갈레노스

첫째, 근육에 긴장을 주는 운동에는 땅 같은 곳을 파서 일구는 운동, 곡괭이나 망치로 두드려 박는 운동, 기어오르는 운동 등을 하고, 둘째, 빠른 운동에는 달리기, 복싱, 볼게임, 등이 있으며, 셋째로 격심한 운동은 첫째의 방법과 중무장으로 둘째의 운동을 계속하여 빠르게 하는 훈련이다. 이와 같이 갈레노스는 신체의 활동을 세 가지로 나누어 실시할 것을 권장했다.

2) 키케로(Cicero, 106-43B.C)

Cicero(키케로)는 로마 동쪽의 작은 마을인 아르피눔에서 태어났으며, 라틴문학의 대표자로서 제2회 3두 정치시대 최대의 정치가로서 그리스 에피쿠르스파, 신아카데미파, 스토아파 등의 사상을 배운 당대 제일의 웅변가이며 운동가, 문필가였다.

▷ 프레스코 "Cicero는 Catiline을 비난합니다". Cesare Maccari 작, 1882 – 188

키케로가 61-62세의 연령에 도달하였을 때 집필한 것이 "노령에 대해서"인데 원래 이것은 노인에 대한 변호의 입장에서 노년은 결코 사람들이 생각하는 것처럼 비참한 것이 아니라는 것을 말하고 있다. 「본래 대사업이라는 것은 육체로부터 오는 활기라든가 突進力(돌진력)이나 기동성에 의하여 성사되는 것이 아니고 사려와 관록과 식견에 의하여 되는 것이다.」라고 말했다.

Milo(밀로)(기원전 6세기 Greece출신의 유명한 운동선수로 Olympia 제전경기 레슬링에서 6회나 우승한 사람)는 노인이 되어서 경기자들이 운동하는 것을 보고 자기 근육을 만지면서 눈물을 흘리며 「오 나의 근육은 이제 다 죽었다」라고 말하는 것을 들은 키케로는 「어리석은 자여 이미 죽은 것은 그런 것이 아니고 너의 본성이다. 전에 네가 이름을 떨친 것은 너의 본성에서 나온 것이 아니라 너의 폐장과 근육에서 나온 것이다」라고 지적하면서 미로가 말한 것처럼 悲淚

(비루)[12]하고 박한 것은 없다면서 인생의 진로와 법칙은 정해져 있다고 하였다.

키케로는 「노령에 저항하지 않으면 안 되며 그 부족한 것을 정성껏 보충하는 데 노력하여야 한다. 그렇게 하려면 적당히 운동을 하여야만 하며 체력이 회복될 수 있게 음식물을 취하여야 한다. 또한 육체를 건전하게 하기 위하여 주력할 것은 물론이려니와 지능과 기력에도 더욱 힘을 경주하여야 한다.

우리들의 신체는 지나친 운동의 피로로 점점 쇠퇴하여 가지만 우리들의 정신은 쓰면 쓸수록 더욱더 앙양되는 것이다.」라고 노령이 되어 체력이 약해지고 무위로 지나는 것은 옳지 않게 생각했으며 신체를 적당히 연마할 것을 적극적으로 장려하였다.

키케로는 우리 인간의 주기를 소년기의 軟弱性(연약성), 청년기의 決斷性(결단성)과 感受性(감수성), 중년기의 重厚性(중후성), 노년기의 圓熟性(원숙성)으로 나누고 있다.

키케로는 「노인들에게 정신적, 신체적으로 유익한 전원생활을 권하고 청년들은 자신의 오락으로 무기 다루기와 말타기, 창, 곤봉, 수렵경기를 하는 것이 좋을 것이다.」라고 했다.

3) 유베날리스(Juvenalis)

유베날리스의 생애에 대하여는 분명치 않으나 많은 풍자시를 남기었다. 이 풍자시의 중요한 점은 「건전한 정신은 건전한 신체에서」라는 내용의 풍자시인 것이다.

유베날리스는 많은 풍자시를 남기고 있는데 이때는 로마제국의 최전성기로서 평화시대가 지속됨에 따라 생활은 점점 사치스러워지고 도덕적으로는 퇴폐의 징후가 상당히 높아가고 있던 시대였다.

이 시기는 Pax Romana(로마의 평화)시대로서 생활양상은 시인, 역사가, 웅변가, 문필가 등의 대우는 아주 좋지 못하였으며, 그중에서도 교육자는 더욱 심하였다. 존경을 받고 가장 우대하여야 할 인사들의 직업은 학대를 받고, 경마기수나 검투사들은 대우가 좋았기 때문에 당시의 모순된 사회를 짐작할 수 있다.

유베날리스는 "인간들의 소망과 허영"에 대하여 다음과 같은 주장을 하였다. 「인간의 욕망과 소원은 다 같이 강한 허영이며 자식을 사랑하는 모친은 자식이 아름답게 성장하기를

---

12 슬퍼서 흘리는 눈물.

원하는 것이다. 그런데 사람은 무엇인가 기원할 일이 있으면 많은 제물을 바치고 신에게 봉사하고 있으나, 그것보다도 자기 자신에게 부여될 수 있는 것을 위해 기원하는 것이 좋을 것이다.

그러므로 만일 기원한다면 건강한 신체에 건전한 정신이 깃들기를 기원해야 할 것이다.」라고 말했다.

이 말은 근세의 영국 철학자인 존. 로크(John Locke, 1632-1704)가 그의 교육론(Some thoughts concerning education) 머리말에서 「A sound mind in a sound body」라고 말하는데 이것은 유베날리스의 말을 인용한 것이라 하겠다. 유베날리스의 견해에는 다만 허영에 대한 어리석음을 지적함에 끝나지 않고, 건전한 심신의 공전은 불가능한 것이 아니고 각자의 노력으로 가능하기 때문에 건전한 심신을 만들려고 하는 자세가 필요하다고 말한 것으로 보아 이 말은 허영과 사치에 들뜬 당시의 로마인들에게 경종을 울리는 고귀한 금언이라 하겠다.

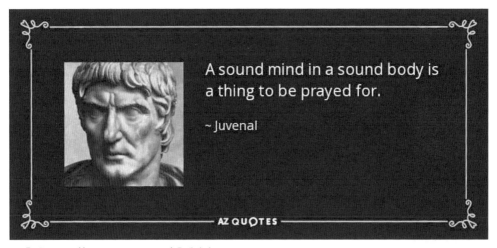

A sound mind in a sound body is
a thing to be prayed for.

~ Juvenal

▷ 출처 : https://www.azquotes.com/ 유베날리스

제2장

중세의 체육

중세는 로마제국 말기의 정치, 경제, 사회, 문화 등 여러 분야에 걸친 내적 위기와 Germans(게르만민족)의 대이동이란 외적 위기의 혼란에서 로마제국이 멸망한 때부터 Renaissance(르네상스)까지, 4-5세기에서 14-15세기 약 1,000년을 말한다. 14-15세기 르네상스 인문주의자들은 자기들 시대는 고전이 재생하는 시대이며 중세는 Dark Age(암흑시대)라 하였지만 실제에 있어서 중세문화는 세계문화사상에 있어서 중요한 의의가 있다.

문화사적이나 사상사적으로 보면 기독교시대로서 중세를 교육의 정체기(The age of education plateau), 체육이 부재하는 교육(Education without physical education)이 진행되었다고도 한다.

전기는 4-5세기부터 9세기까지로서 이 시기에 게르만민족의 대이동과 여러 국가의 건

▷ 성당의 스테인드글라스

설이 있었고 그 뒤 서구 여러 민족을 통합한 Frank(프랑크)왕국이 성립되어 로마가톨릭 교회와의 협조하에 서구사회 안정을 가져왔던 시기이다.

중기는 10-12세기까지로서 프랑크 왕국의 해체와 동시에 독일, 프랑스, 잉글랜드 왕국 등의 기틀이 마련되는 한편 봉건제도가 성숙되었고 교황청은 절정에 달했던 시기이다.

후기는 13-15세기까지로서 봉건사회의 동요와 십자군 운동 등을 계기로 새로운 기운이 조성되는 시기이다.

중세사회는 영주, 승려, 기사, 시민, 농민 등의 계층으로 나누어졌던 사회이다. 즉 국가의 힘이 약해짐에 따라 각처에서 넓은 영토와 힘이 강한 영주들이 왕의 지배권에서 벗어나 무사를 양성하고 영토를 확장시키면서 농민을 지배하여 중세기적 국가를 형성하였다.

그중에서도 프랑크 왕국은 서유럽을 지배하는 대제국으로서 Karl(칼)대제 시대에는 프랑크 왕국의 최고 전성기였다.

특히 칼 대제의 영토 확대로 말미암아 서구를 중심으로 한 변두리 지역의 이교도를 기독교로 개종시키거나 추방함으로써 서구에 있어서 로마 교황의 세력을 확대시켜 나갔다. 칼 대제의 사망과 더불어 프랑크 왕국은 내외에서 분란을 계속하다가 동·서 프랑크와 이탈리아 3국으로 갈라졌고, 이 3국은 후일에 독일, 프랑스, 이탈리아 3국의 터전을 이루게 된 것이다.

이 국가들의 정치와 경제, 사회구조를 봉건제도[13]라 불렀으며 국왕이나 영주를 보호하는 것이 기사들의 임무라고 생각하였다.

중세는 기독교의 금욕주의 사상에 의해서 신체의 육성을 부정했기 때문에 체육의 암흑 시대라고 부르기도 했다. 그러나 기사의 체육은 진정한 체육으로 인정을 할 수 있으며, 12세기경부터는 시민들은 검술을 위시하여 여러 가지 무예의 연습도 행하였다.

상류 시민들은 볼게임과 기마 경기에 흥미를 갖고 즐겨 하였으며 Boat race(조정), 축구와 같은 대중 스포츠가 영국에서 싹트기 시작하였다.

그러므로 근대의 각종 스포츠는 근대 초기에 돌연히 생겨난 것이 아니고 중세 말기를 기반으로 발전하였다고 볼 수 있다.

---

13 중세 유럽 사회의 제도로, 유력자가 주군이 되어 봉신에게 봉토를 주고, 봉신은 주군에게 봉사하며 군사적 의무를 행한다.

Ⅰ. 기독교와 체육

Christ가 탄생하였을 무렵 Rome제국은 군사력과 정치력에 있어서 절정에 이르렀으나 그때 벌써 쇠퇴의 징조가 나타나기 시작했다.

시대가 흐름에 따라 초창기 로마인의 국가에 대한 애국심, 용감, 봉사 등 도덕적 윤리는 타락하고 향락과 사치에 흘러 정치적 부패, 공금착복 등 혼탁한 사회를 이루고 말았다.

이러한 시기에 기독교는 사회에서 멸시하던 하층계급의 사람들에게 모든 인간은 신 앞에 평등하다는 신앙사상을 불어넣어 Christ(크리스트)의 사랑 앞에는 귀족도 노예도 다 같이 형제관계라고 가르쳤다.

기독교는 인간을 깨우치고 선을 가르치어 사랑으로 결속하게 만들었다. 기독교인들은 육체에 대한 부정적인 생각은 호화스러운 목욕의 타락된 모습과 로마의 경기에서 보았던 부패하고 비열한 경기들에 반대하여 일어난 것이다.

이 세상의 현실적 생활은 단지 내세의 생활을 위한 준비과정이며 이것을 준비하는 가장 좋은 방법은 육체가 정신의 지배를 받고 모든 육체적 쾌락과 속세의 쾌락에 집착하지 않는 것이라 생각하였다.

이러한 禁慾主義(금욕주의)는 당시의 기독교인들에게는 가장 높은 이상이었고 신체를 위한 교육이 자리를 잡을 수가 없었다. 이들에게는 유일한 운동이 노동 작업이었다. 노동은 튼튼한 신체를 만드는 데 도움을 주었고 경기나 레크리에이션, 오락은 물론 몸을 깨끗이 하는 것조차 반대하였다.

성직자들은 건강이나 위생에 반대한 것이 아니고 나체나 혼욕이 사회에 끼치는 피해를 비도덕적 행위라고 생각하였다. 성직자들이 체육에 반대한 이유는 첫째 로마스포츠의 비열한 경기 형태이고, 둘째는 로마의 운동과 이교와의 밀접한 관계, 셋째는 신체는 사악하다는 금욕주의 사상 때문이었다.

기독교도들은 공식경기를 억제하려 하였기 때문에 Circus(서커스)나 원형경기장의 운동에 참가한 사람들이나 검투사들은 그것을 포기하지 않는 한 세례를 받지 못하였다. 이 결과 393년 Theodosius(테오도시우스, 346?-395) Ⅰ세의 칙령에 의해 Olympia(올림피아)경기를 폐지하게 되었고 검투사 시합은 404년 로마에서 행한 것이 마지막이었다. 그러나 전차경주는 6세기까지 계속되었다.

심신의 조화적 발달을 꾀했던 그리스 체육에 비하면 기독교는 현세의 향락을 악으로 결론지어 소위 금욕주의 기반을 이루게 되었고 이 금욕주의가 중세 기독교의 최고의 이상이었으니 신체의 육성을 기대하기란 어려운 일이었다. 체육이 인간의 관심사로부터 외면당하고 정당하게 가치를 평가받지 못한 신체가 인간의 관심사가 될 수 없었기 때문에 신체육성을 기대하기란 매우 어려운 일이었다.

II. 수도원의 체육

중세는 신을 중심으로 한 교육이었기에 교회가 곧 학교였으며 내용은 종교교육이었다. 신에 대한 경건한 신앙심을 길러 천국에서 영생하는 것이 유일한 신조였다.

이 모든 일이 이교도들을 교화하기 위한 일이었으며 그 중심이 된 것이 수도원이었다. 수도원의 교육은 정신생활의 가장 중요한 경험을 얻기 위하여 육체의 모든 욕망과 욕구를 억제하는 고행과 세속생활의 기아 및 계속되는 기도에 의하여 전인형성이 된다고 생각하

▷ 성 베네딕트 수도원

여 빈곤, 정절, 종속을 맹세함으로써 오직 내세에 대한 희망으로 가정의 번잡한 일, 정치적 상황 등 모든 현세의 임무에서 벗어나 자기를 해방시키고자 하였으며 「게으름은 영혼의 적이다. 그러므로 수도사들은 늘 정해진 시간에 손을 놀려서 일을 하고, 또 정해진 시간에 성경을 낭독해야 한다.」라고 하였다.

수도원은 529년경 St. Benedict(성 · 베네딕트, 480?-543?)가 로마와 나폴리 중간에 위치하고 있는 Montecasino(몬테카시노)에 수도원을 세운 것을 효시로 유럽 각지에 설립하였는데 중세기 유일한 교육장소였다.

수도원은 경건과 금욕의 도장이라 하여 숭앙을 받아 크게 번영하였다.

4세기경 사회의 혼란으로 속된 세상을 떠나 종교적 생활을 하려는 자가 증대되어 많은 사람들이 이상적인 기독교인의 생활을 영위할 수 있는 수도원에 들어가게 되었다.

수도원에서는 僕從(복종), 淸貧(청빈), 純潔(순결)의 3계율을 중요시하였으며, 성직자는 일상 원내에서 경작, 기도 등에 종사하고 원외에서는 포교와 자선사업에 노력하였다.

성·베네딕트의 노동규칙은 하루 7시간 일하고 2시간 독서하며 기도, 식사, 수면에도 적당한 시간이 필요하다고 규정하였다.

수도원은 광대한 莊園(장원)을 갖고 있는 토지 소유자로서 경제적·사회적 의의도 중대하였으며, 사회의 타락을 방지하는 데도 중요한 역할을 하였다. 수도자들은 육체노동을 통해서 농경방법의 개발과 황무지를 개간하였으며, 도로와 다리를 건설하고 병원을 세우고 동물의 가죽이나 나무, 금속 등으로 새로운 물건을 만들어 경제와 상업에 이바지하였다.

특히 수도원은 서양 중세문화의 온상으로서 학문적 활동이 도입된 이래 12세기에 이르기까지 유럽에서 유일한 학교이며 도서관 구실도 하였다.

수도원 교육의 지적 프로그램은 7과목으로 문법, 수사, 논리, 산술, 기하, 천문학, 음악으로서 이러한 과목들은 전부 신학을 위주로 한 방향으로 지도되었다.

수도원의 교육은 정신생활의 가장 중요한 경험을 얻기 위하여 육체의 모든 욕망과 욕구를 억제하는 고행, 세속생활의 포기, 끊임없는 기도에 의하여 전인 형성이 된다고 믿었으며, 체육활동은 교육내용에 들어가지 못했다. 위생적 시설은 거의 없고 목욕과 심지어는 수영도 금지되었다. 그들은 신체를 씻는 것보다 영혼을 깨끗이 하는 것에 중점을 두었다. 다만 노동이 그들의 건강한 신체를 유지하는 데 큰 도움을 주었으며 유일한 신체활동이라 할 수 있다.

Ⅲ. 기사의 체육

Germans(게르만)민족의 침입과 로마황제의 중앙집권의 약화는 국민을 보호하고 다스릴 수 없을 정도의 무능을 초래시켰기 때문에 서구농민들은 생명과 생활의 안전을 유지할 수 있는 길을 찾지 않으면 안 되었다.

로마제국 내의 각 지방에는 큰 토지와 고용인을 가지고 있었던 대지주 밑에는 많은 농민들이 지주와 농민 간에 주종관계를 맺게 되었다.

이와 같은 욕구에서 생겨난 것이 Feudalism(봉건제도)이다. 봉건제도란 主從制度(주종제도)와 莊園制度(장원제도)가 결합된 중세 특유의 정치·경제·군사·사회적 지배질서를 말한다.

주종제도란 주군이 신하(봉신)에게 토지(봉토)를 하사하고, 그 대신 신하는 충성과 복종을 맹세하여 주군은 신하를 보호하고 부양할 책임을 지며, 신하는 주군을 위해 군사력을 제공할 의무를 짐으로써 상호 생명과 재산을 보호하는 제도를 말한다.

중세 서구의 각 지역에 왕국을 세운 최고 군사 권력자는 광대한 지역을 통치할 수 없었기 때문에 국토의 일부를 직접 자기가 소유하고 남은 부분은 소수의 귀족에게 분봉하여 그들로 하여금 경작과 통치를 담당하게 하였다.

이와 같은 단계는 몇 단계를 거쳐서 최후에는 하급기사에서 농민에게까지 미치게 되었다. 즉 영주와 신하 사이에는 쌍무적인 성격을 가지고 있었으며 영주에서 농민에 이르기까지 일종의 피라미드형의 계층인 연쇄관계를 형성하고 있었다.

이와 같이 영주가 신하에게 봉토를 분봉하는 경우에 있어서 신하는 영주에게 충성을 서약하고 정치적·경제적·군사적 여러 분야에 걸쳐 보좌의 임무를 다해야 하며 영주는 신하를 보호하고 봉토에 대한 用役權(용역권)을 보장하여야 했다.

토지는 중세사회를 유지하는 경제적 기반이었다. 영주들은 자신의 토지를 효율적으로 경영하기 위하여 하나의 경작단위로 만들었는데 이를 장원이라 한다. 농민은 장원의 주인인 영주로부터 경작권을 위임받는 대신 영주에게 공납과 부역의 의무를 지녔다.

중세 농민의 삶은 매우 비참하고 자유롭지 못했다. 그러나 중세는 철저한 위계질서의 사회였으므로 농민들은 평등이란 개념은 아예 떠올리지도 못했다. 자신의 生死與奪權(생사여탈권)을 쥐고 있는 영주에 매여서 하루하루를 살아갈 뿐이었다.

사회구조가 낳은 무거운 짐은 모두 위계질서 맨 밑바닥에 있는 농민들의 몫이었고, 교회역시 또 하나의 영주로서 농민들 위에 군림했다. 때문에 중세 농민들을 일컫기를 반은 노예요 반은 농민이라는 뜻으로 「농노, 農奴(serf)」라고 한다.

영주제도는 봉건제도를 유지시키기 위하여 생긴 농업경제 체제로서 귀족들은 전투하고 통치하였으며 농민은 생활필수품을 공급하였다. 무역이나 상업이 당시에는 불가능하였으므로 그들은 영주의 보호 아래 자급자족을 하였다.

중세를 통하여 신체를 적극적으로 연마한 사람은 직무상으로 필연성이 있었던 봉건제도하의 기사와 기사가 되려는 수업과정에 있는 자였고 그들에 대한 교육의 일면에서 체육의 상황을 엿볼 수 있다.

기사는 봉건제도의 전성기까지는 군사적 · 사회적으로 중요한 위치를 차지하고 있었으며 그들의 도덕적인 기사도는 봉건사회의 도덕의 기준이었다.

기사는 혼탁한 사회의 질서와 안정을 유지하기 위해서는 일상생활의 대부분을 학문이나 예술보다도 무예단련, 수렵, 주안 등으로 보냈다. 기사가 되기 위해서는 가문이 좋은 남자로서 기독교 신자라야 했다.

▷ 중세의 기사

기사도란 내적으로는 고상하고 외적으로는 용감한 인격자로서 신을 믿으며 군주에게 봉사하며 약자를 돕고 부인을 존경하는 정신을 뜻한다.

기사들은 심령은 신에게, 생명은 왕에게, 심정은 부인에게, 그리고 명예는 기사들 스스로를 위하는 것이라 하였다.

기사도의 기본정신은 기독교의 윤리성, 게르만 민족의 상무정신, 여성숭배사상 등이었다. 기사들의 사상은 「불명예스러운 행동을 하는 것보다는 차라리 죽음을 택하노라」라는 말로 요약할 수 있다.

기사들은 기사가 되기 전에 다음과 같이 서약을 한다.

① 교회에 대한 신앙의 서약(기독교의 윤리성)

② 군주에 대한 충의의 서약(게르만민족의 상무정신)

③ 부인에 대한 존경의 서약(여성숭배사상)

기사의 교육에 있어서는 기사를 교육시키는 특별한 학교는 없었고 교육은 3단계로 나누어져 있었다.

제1단계로서 7세에서 13세까지로서 주군의 궁정에 들어가 侍童(시동, page or henchman)이 되어 궁정에서 초보적인 훈련이 실시된다.

교육의 내용은 예의, 기마, 검술, 시가, 장기, 독서, 음악 등을 배운다.

제2단계는 14세에서 20세에 이르러서는 從士(종사, squire or attendant)가 되어 주군이나 선배 기사로부터 무술을 배우는 한편 주군을 따라 전쟁에 나가 주군을 호위하고 필요할 때 새로운 무기를 공급하며 또한 포로를 구출하기도 하고 적의 포로를 감시하기도 한다.

전쟁에서 돌아오면 기사의 갑옷을 정비하고 주군의 식탁을 돌보면서 성 중에 있는 귀부인을 돕고 사냥도 하면서 주군과 운명을 같이했다.

이 시기는 기사가 되는 직접적인 준비를 하는 시기로서 이른바 7藝(seven perfection)라고 불리어지는 승마, 수영, 궁술, 검술, 수렵, 장기, 작시 등을 중심으로 문무겸비 한 유능한 기사의 양성에 중점을 둔다.

제3단계는 21-23세가 되면 기사가 되기 위한 시험을 거쳐 장엄하고도 화려한 의식을 거쳐 騎士(기사, knight)가 된다. 기사가 되기 전날 목욕을 하고 단식을 한다. 다음 날 의식 때

▷ 기사의 서임식

적, 백, 흑 3색의 상의를 입는다. 3색의 상의는 기사도의 상징으로서 적색은 군주와 교회에 바치는 선혈을, 백색은 청정을, 흑색은 죽음을 의미하였다.

기사가 되기 전 다음과 같은 선서를 한다.「교회를 지키고 불의를 배격하며 승려를 존경하고 부인과 약자를 보호하며 국가의 평화와 안녕을 유지하고 동포를 위하여 유혈을 불사한다.」이 선서가 끝나면 군주는 검도로 기사의 어깨를 세 번 가볍게 치면서 용감한 기사가 되라고 격려하고 신의 이름으로 기사의 작위를 수여하노라 하면서 무기, 말, 騎士服(기사복)을 하사한다.

기사가 되면 더욱 무예에 정진하고 용기, 정의, 예절, 신에 대한 존경과 귀부인에 대한 헌신 등으로 기사도를 확립하였다.

중세시대 기사들의 피를 들끓게 했던 경기 중의 경기는 마상시합이라 할 수 있고 그것은 봉건시대의 꽃이었다.

▷ 마상시합 쥬스트

Joust(쥬스트)는 두 사람의 기사가 양편에 마주 서서 긴 창과 방패를 가지고 전속력으로 달려 말 위에서 창으로 상대방의 투구나 가슴을 찌르는 경기이다.

Tournament(토너먼트)는 소규모의 기병전과 같이 많은 기사가 두 편으로 갈려져 2열 횡대로 정돈하여 긴 창과 검을 가지고 싸우는 경기이다.

영국에서 행하여졌던 토너먼트 경기 규칙은 다음과 같다.

① 전진나팔 소리와 함께 제1열이 창을 끼고서 돌진을 한다.

② 낙마하기 전에는 제1의 돌격 후 곤봉, 도끼, 검을 가지고 싸울 수 있으나 검은 상대의 창끝을 방어할 경우에 사용하고 칼의 끝부분은 사용을 엄금한다.

③ 양쪽의 제2열은 지휘자의 명령에 따라 항시 전투에 돌입할 수 있다.

④ 마상의 경기는 낙마한 상대를 절대로 공격해서는 안 된다.

⑤ 落馬者(낙마자)는 쌍방의 낙마자끼리 전투를 계속한다.

⑥ 경기장의 구석에 쫓겨서 벽에 몸이 접촉한 사람은 패자로서 즉시 퇴장하여야 한다.

⑦ 부상을 당하여 경기장에 쓰러진 기사가 있다면 그의 종사가 경기장에 들어가 기사를 데리고 나올 수 있다.

⑧ 패자의 무기와 말은 승자에게 준다.

⑨ 전투는 주관하는 주제자의 신호에 따라 종료한다.

dedieval times(중세시대) 귀족 기사들만 서로 싸울 수 있었고, 농부들은 그들과 함께 jousting(마상 창시합) 경기를 할 수 없었다. 귀족의 전유물이었던 기사의 꿈을 찾아가는 지붕 수리공 윌리엄의 삶이 영화로 제작 된 2001년 영화 A Knight's Tale(기사 윌리엄)[14]은 자신이 주인으로 모시던 기사가 어느 날 마창대회 도중 심장마비로 죽은 것을 발견한다. 어릴 적부터 기사가 꿈이었던 그는 귀족들에게만 참가 자격이 있던 대회의 규칙상 신분을 속이고 얼떨결에 대회에 참가해 우승을 하게 된다는 스토리로 당시의 상황을 잘 묘사하고 있다.

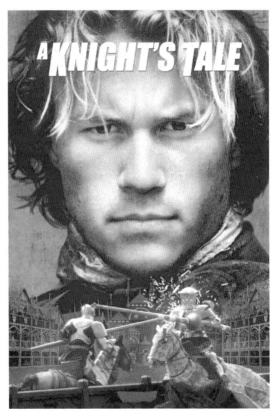

▷ 기사 윌리엄 영화 포스터

14 기사 윌리엄(A Knight's Tale) 2001년 개봉 미국 영화.

Ⅳ. 스콜라철학과 체육

Schola(스콜라)철학은 중세에 형성된 기독교 중심의 철학으로서, 스콜라철학은 9세기부터 시작하여 13세기에 절정에 이르렀으며 처음에는 Platon(플라톤)의 영혼 불멸한 진리는 정신 세계에서만 찾아볼 수 있다는 Idea(이데아)와 결부시켰고 후에 물질세계와 현실세계의 중요 성을 강조한 Aristoteles(아리스토텔레스)의 실재론과 결부시켰다.

스콜라철학은 신앙과 이성, 종교와 철학의 종합이며 그리스철학을 동화전승하고 근대철학에 위대한 사상적 교훈을 남겼다.

기독교는 권위와 세력을 확대해 가기 위해 지적 학문의 필요를 느끼게 되어 기독교의 교리를 학문적으로 체계화하고 기독교의 신학을 철학적으로 해명하려고 한 것이 스콜라철학이다.

스콜라철학은 처음에는 신학분야에만 작용하는 편협하고 엄격한 지적 학문이었으나 그 영향은 법률과 의학에도 미쳤다. 이와 같이 학문적 열의가 높아짐에 따라 신학, 법률, 의학 분야에 많은 발전을 가져왔으며 중세기에 소생한 지적 관심은 대학의 성립을 가져오게 되었다.

중세 후기에 창립된 대학들은 첫째 교회의 성직자, 둘째 새롭고 강력한 군주정치에 있어서의 위정자, 셋째 교수직 등 세 분야의 지도력을 갖춘 인물을 양성하는 것을 목표로 했다.

원래 Universitas(대학)이란 말은 Ratin(라틴)어로서 조합을 뜻하는데 교수와 학생들의 자율적인 학문연구 단체를 의미하였다.

중세 각 대학은 독립주의, 자유주의, 낭만주의, 선구자주의를 4대 기본정신으로 하고 이를 저지 억압하려는 어떠한 세력과도 투쟁을 전개하여 대학은 한 도시 내의 도시로서, 한 국가 내의 국가로서, 한 국민 내의 국민으로서 대학 자체의 법률, 행정기관, 풍습, 특권, 자치권을 소유하고 있었다.

중세에 설립된 유명한 대학으로는 정통 신학을 확립한 프랑스의 Paris(파리)대학은 정치 중심지인 파리에 있다는 유리한 입지조건과 유능한 교수진의 명성에 힘입어 신학의 본거지가 되었다.

인문과학과 자연과학의 선구자인 영국의 Oxford(옥스퍼드)대학, Rome(로마)법 연구로 유명한 Italy(이탈리아)의 Bolongna(볼로냐)대학은 일반 교양과목과 의학, 철학, 신학 등을 가르쳤는데, 그중에서도 법학으로 이름을 알렸는데 당대의 가장 뛰어난 법학자 Irnerius(이르네리우스)의 로마법 강의가 유명하여 유럽 전역에서 학생들이 몰려들어 법률연구의 중심지가 되었다. Salerno(살레르노)대학은 12세기 말에 창립되어 의학으로 두각을 나타냈다.

▷ 이탈리아 볼로냐 대학

Cambridge(케임브리지)대학은 1209년 Oxford(옥스퍼드) 대학 내의 분쟁 때 이탈한 교수와 학생으로 창립되었고, 1374년 보헤미아의 Prage(프라그)대학이 1385년에는 독일 최초의 대학으로 Heidelberg(하이델베르크)대학이 각각 창립되었다.

중세 대학생들은 문법, 수사학, 논리학 등을 수료하면 Bachelor of Arts(문학사)가 되었으며, 문학사는 5-6년 동안 교사수련을 마치게 되면 완전한 교사자격을 갖춘 Master of Arts(문학석사)가 될 수 있었다. 석사는 대학을 떠나 이른바 Liberal Arts(자유교과)의 교사가 될 수도 있고 또는 법학, 의학, 신학 등을 가르치는 더 높은 Doctor(박사학위)과정에 들어갈 수 도 있었다.

그중 신학이 가장 어려운 학문으로 꼽혔으며, 이 분야에서 박사학위를 얻으려면 석사가 된 이후에 다시 10년 정도의 연수를 거쳐야만 하였다. 이렇듯 중세대학은 교회와 수도원의 영향 아래에서 태어났으면서도 점차 그 지배 아래에서 벗어나 독자적이며 자치적인 학문연구기관과 교육기관으로 자라나 장차 근대 유럽사회를 발전시키는 데 커다란 공헌을 하게 되었다.

체육은 대학교육과정에 없었을 뿐만 아니라 대학 당국도 스포츠나 게임의 참가를 장려하지 않았다. 초기의 대학에서는 체육에 대한 프로그램이 없었기 때문에 생산적이지 못한 여가활동을 하는 결과가 되었다.

당시에는 게임이나 스포츠가 도박성의 경향이 많기 때문에 대학당국이 레크리에이션 활동을 인정한 경우도 부정적 내지는 직시하는 태도를 지니고 있었다. 중세 후기에 이르러는 달리기, 뜀뛰기, 레슬링, 던지기, 수영, 낚시, 공놀이, 원시적 전쟁게임 등을 하였다.

스콜라철학은 일정하게 한정된 지적 목적으로 체육에 대한 요구는 신학적 스콜라철학의 편견뿐만 아니라 금욕주의로 말미암아 전적으로 부정되고 말았다. 스콜라철학은 인간의 신체적인 면을 무시하고 부정하여 지적이며 정신적인 면만을 찬미하는 입장으로 편중됨으로써 스콜라철학은 금욕주의와 공통된 점이 있었다.

중세 기독교사상에 의하면 신은 영혼과 관계가 되는 것이며 신체와는 관계가 없다고 믿었다. 신체는 죽음으로 파멸되지만 영혼은 영원히 불멸한 것이라 하였다. 이러한 신체에 대한 금욕적 태도로 인하여 중세는 체육의 암흑시대란 말도 나오게 된 것으로 생각된다.

그러나 중세가 전적으로 체육의 암흑시대로 보기는 어렵다. 왜냐하면 기사의 신체단련, 기사도의 확립 등이 싹트기 시작했던 시대이기도 하다. 중세의 경기로는 현대의 럭비와 비슷한 가르찌오, 궁술, 테니스, 볼링, 당구, 크리켓과 비슷한 경기들이 있었고, 특히 축구는 12세기경에 영국에서 성행하여 Edward III(에드워드 3세, 1312-1377), Richard II(리차드 2세, 1367-1400), Henry IV(헨리 4세, 1367-1413)에 의해 금지되기도 했었다.

이러한 운동경기도 성행되었지만 중세기의 교육을 "체육이 부재(不在)하는 교육"(Education without physical education)이라고도 말한다.

신체는 악의 근원이라는 기독교의 부정적 신체관으로 말미암아 신체활동을 부정하고 체육이 부재하는 결과를 초래하였다.

제3장

문예부흥기의 체육

유럽세계에서는 14세기경부터 중세 봉건사회가 무너지고 교회 중심의 중세문화도 쇠퇴하게 되었다. 이러한 봉건사회와 중세문화의 쇠퇴 속에서 새로운 근대사회의 문화가 싹트기 시작하였는데, Renaissance(르네상스)와 Reformation(종교개혁) 등으로 나타났다.

르네상스란 재생·부활을 의미하는 프랑스말로서 일반적으로 문예부흥이라고도 한다. 14-16세기의 정치·문화·경제·사회 등 모든 분야에 걸쳐서 시민의 민주적 요구와 정치의식의 성장·표현으로 인간과 자연의 발전에 의한 현실적 입장을 확립함으로써 후에 종교개혁, 실학주의 등의 기반이 되었다. 르네상스는 이탈리아에서 시작하여 점차 전 유럽에 퍼져나갔다. 그것은 오랫동안 매몰되어 있었던 고대 그리스·로마문화의 부흥을 발판으로 새로운 인간주의적 혹은 인문주의적 근대문화의 창조를 지향하는 문화운동이었다.

이탈리아는 고대 로마제국의 중심지로서 고전문화를 추모하는 경향이 유달리 강하였고 또한 고전적인 자료를 손쉽게 얻을 수 있었다.

르네상스는 고대 그리스·로마 고전문화의 부흥, 그리고 그에 따른 인간중심주의적인 문화의 탄생을 의미하여 왔다. 이런 뜻에서 르네상스시대는 유럽 역사상 가장 빛나는 시대의 하나로 인정되어 왔으며, 중세에서 근대로의 전환이 일어난 것이 바로 이 시대라고 할 수 있다.

중세 말엽부터 자연과 인생을 자유롭게 탐구하려는 기운이 유럽 일대에 농후해짐에 따라 고전에 관한 연구를 통해서 고대 그리스·로마의 문화를 연구하게 되었다. 이와 같이 자연과 인간의 존엄성을 인식하게 되자 중세의 금욕주의를 타파하고 고대의 체육에 관해서 깊은 관심을 가지고 신체를 발달시키려는 실용적 체육이 강조되기 시작하였다.

중세의 체육부재시대에서 벗어나 근대 체육으로서 발돋움하게 된 것은 문예부흥운동의 일환이라고 볼 수 있다. 즉 이것은 현실적이고 개인을 주장하고 개인의 권리를 존중하는 것으로서 체육 면에서 몇 가지 특색을 발견할 수 있다.

첫째, 고대 그리스 정신의 새로운 인식이요 고전문화의 연구와 더불어 고대 그리스의 체육관을 재인식하게 되어 심신의 조화적 발달을 꾀하게 되었다.

둘째, 종교적 철학적인 것보다 인간감정의 자연적인 표현과 아름다움을 존중함으로써 인문적 학문의 발달과 아울러 체육의 중시와 건강에 관하여 관심을 갖게 되었다.

셋째, 자연에 관한 연구 현세에 관한 연구를 갖게 되어 실학적, 자연주의적 체육사상을 발전시키는 원인이 되었다.

넷째, 개성을 자각하고 인간성을 주장하고 특히 구교의 권위에 반항하고 이를 종교개혁으로 승화시켰다.

Ⅰ. 인문주의와 체육

Renaissance(르네상스)란 원래 재생을 뜻하는 말인데, 보다 구체적인 역사적 용어로서는 14세기 무렵부터 16세기에 걸쳐 일어난 그리스·로마 고전문화의 부흥, 그리고 그에 따른 인간중심주의적인 문화의 탄생을 의미하여 왔다. 이런 뜻에서 르네상스시대는 유럽 역사상 가장 빛나는 시대의 하나로 인정되어 왔으며, 중세에서 근대로의 전환이 일어난 것이 바로 이 시대라고 생각되어 왔다. 이러한 생각은 바로 르네상스시대의 인문주의자들의 사상에서 출발하여 그 후 계몽사상가들에 의해서 한층 더 발전하고 강화되었다.

Humanist(인문주의자)들은 과거 신의 영광을 위해서만 존재한다고 생각하고 인간의 존엄성을 강조하였다. 자연에 대해서도 종교적인 입장을 떠나 자연 그대로를 감상하고 연구하며 인간이 자연을 정복하고 종속시킬 수 있다고 생각하였다.

Humanism(인문주의)운동은 중세의 교회 중심적 사상에 대하여 르네상스기의 이탈리아를 중심으로 일어났으며, 이상은 그리스와 로마의 고전에 두고 현세적인 인간상을 존중하였다. 그 결과 신학이라는 좁은 영역에서부터 지적 활동을 해방시키고 개인 재능의 자유스러운 발달을 고무시켜 나갔다.

르네상스의 정신을 가장 단적으로 표현한 것은 예술이었다. 르네상스의 찬란한 예술적 소산은 인간과 자연과의 발전의 결과였으며, 인문주의는 인간성의 긍정과 개성의 완성이 그 특징이었다.

미술도 중세의 종교적인 색채를 완전히 벗어나지는 못했지만 독창성을 나타내면서 자연적인 아름다움을 자유롭게 표현하였다. 미술가들은 사람의 표정, 두발, 사지, 손끝 등 일체의 근육운동에 무한한 아름다움을 재발견하게 하였던 것이다.

르네상스의 빛나는 업적도 black death(흑사병)에 의하여 한때 위협을 받았으며 전 이탈리아인의 절반이 페스트 병으로 고생을 한 시기이기도 하다. 이러한 고난에도 불구하고 과학적 화가로 인체의 해부와 원근법을 연구한 Leonardo da vinci(레오나르도 다빈치, 1452-1519)는 구조 · 음영 · 색채에 천재적인 기능을 보여주었으며,「최후의 만찬」「Mona Lisa(모나리자)」 등 청신하고도 자유스러우면서 우아한 표현을 담은 불후의 대작을 남겼다. 화가로서의 레오나르도 다빈치는 광학(光學)과 인체해부학의 지식을 이용하고 원근법과 명암법을 적용하여 형체와 색채의 조화에 힘을 기울였다.

▷ 출처 : Wikimedia 최후의 만찬

▷ 모나리자

최후의 만찬은 그 독특한 구도와 인간 심리의 묘사로 유명하고 La Gioconda(라 지오콘다)의 초상화, 즉 모나리자는 명암과 색채로 인간 개성의 신비성을 표현한 것으로 널리 알려져 있다.

르네상스미술의 특징을 상징하는 최고의 거장으로서는 역시 미켈란젤로를 꼽아야 할 것이다. 그는 탁월한 공학도, 과학자, 시인임과 동시에 당대 제일의 화가, 조각가, 건축가로 유명한 Michelangelo(미켈란젤로, 1475-1564)는 「천지 창조」「최후의 심판」「기독교 상」등의 벽화에 웅장한 기백과 초인적 힘을 발휘한 걸작을 남겨 놓고 있으며, 이 회화의 대서사시 속에서 그는 억센 인간들의 갖가지 모습을 적나라하게 나타내고 있을 뿐 아니라 여러 가지 모습으로 나타나는 신의 이미지까지도 대담하게 그려내고 있다.

▷ 천지창조

그러나 미켈란젤로의 참다운 재능은 역시 조각에 있었다. 그는 피렌체와 로마에서 수많은 조각 작품을 만들어 냈는데, 그중에서도 「David(다윗)」상(像)은 남성적인 육체의 아름다움을 완벽하게 표현한 르네상스 미술의 최고 걸작품 중의 하나이다.

다수의 성모상을 그린 Raffael(라파엘, 1483-1520)은 조화롭고 섬세하고도 우아한 그림을 그렸으며 모든 화법을 습득하고 융합하여 르네상스식의 회화를 완성한 화가였다. 그가 우아하고도 매력적인 필치로 그린 많은 Madonna(마돈나)상은 당대의 이상적인 여성상을 나타내고 있으며, 바티칸궁의 벽에 그린 「아테네 학원」은 그 웅대한 규모와 빈틈없는 구도, 정확한 묘사와 우아한 색채를 통하여 조화의 극치를 보여주고 있다.

이들은 모두가 르네상스의 개성존중의 현

▷ 다윗상

실적 입장을 그린 3대 거장이었다. 이 외에도 대서양을 횡단 남하하여 중미 일부를 발견한 Columbus(콜럼버스, 1451-1506), 망원경을 발명하여 Copernicus(코페르니쿠스, 1473-1543)의 지동설을 입증한 Galilei(갈릴레이, 1564-1642), 필리핀제도를 발견한 Magellan(마젤란, 1480-1521), 종교개혁을 단행한 Martin Luther(마틴 루터, 1483-1546), 인쇄술을 발명하여 르네상스기의 연구 논문과 고전서적을 대규모적으로 전달을 가능하게 한 Gutenberg(구텐베르크, 1394-1468)와 같은 훌륭한 사람들의 활동이 매우 컸던 시대이다.

이 시대에 르네상스 3대 발명품은 화약·나침판·인쇄술이 발명되었다.

이 시기에 교육에 큰 영향을 준 3대 운동인 Humanism(인문주의), Moralism(도덕주의), Realism(실학주의)운동이 일어났다.

인문주의는 이탈리아에서 발달하여 Alps(알프스)를 넘어 여러 나라에 전해졌는데 그것은 북유럽과 남유럽과는 약간 다른 형태로 발전했다.

이탈리아에서 교육운동은 Individual Humanism(개인적 인문주의)로 나타났고 그 후 북유럽에서는 Social Humanism(사회적 인문주의)로 나타났다.

1. 개인적 인문주의와 체육

인문주의란 바로 고전 작품의 연구에 바탕을 둔 어학, 문학, 역사 등 이른바 인문주의 교육을 강조하였으며, 인문주의자란 바로 그리스와 라틴의 고전을 가르치고 연구하는 자들을 지칭하였다. 이로 인해 이탈리아를 중심으로 하는 르네상스시대 초기의 인문주의는 인간에 관심을 갖고 인간을 중시하는 하나의 철학체계라기보다는 인간의 교양교육, 즉 인간교육을 강조하는 하나의 교육운동이었던 것이다.

인문주의자들은 인생의 가치를 재건시키기 위하여 모든 분야에서 인간정신을 각성 해방하여 기독교의 도덕과 그리스의 개인주의를 결합한 형태로 발전시켰으나 사회적 행동을 일으키지는 못했다.

봉건주의의 억압도 이탈리아의 개인주의를 막을 수는 없으므로 이탈리아는 인문주의의 근거지가 될 수 있었다. 이탈리아반도는 학문의 부흥을 위한 자연환경이 구비된 나라였다. 고대 로마의 유적이 많았고 라틴어를 이해할 수 있었으며 귀중한 로마 서적이 많이 남아 있었다.

인문주의자에 의하여 강조된 가장 훌륭한 교육이론의 하나는 교사가 어린이들의 인격을 이해하고 존중해주어야 하고 교사가 어린이와 친밀해져 어린이의 능력, 기질, 흥미에 맞는 계획을 작성할 수 있게 충실한 교사진을 마련해야 한다는 것이다.

허약한 건강상태의 아동에 대해서는 특수한 운동을 고안 실시하였으며 젊은 귀족에게는 군인으로서 충실을 기하기 위하여 강한 신체훈련을 강요했다.

불후의 명작 「Divina Comedia(신곡)」을 쓴 Dante(단테, 1265-1321)는 인문주의운동의 선구자로 지칭되고 있다. 그의 근본이념은 가톨릭 신앙에 있었으며, 그는 새로운 시대의 개척자라기보다는 오히려 중세적 전통의 종합자라 하는 것이 좋을 것이다.

근대 서양문학의 개척자인 Petrarca(페트라르카, 1304-1374)는 아름다운 서정시에 청춘과 사랑을 노래하고 일생을 고전의 수집과 연구에 바침으로써 르네상스를 일으키는 원동력이 된 사람이다.

Vergerius(베르게리우스, 1349-1420)는 좋은 도덕, 자유스러운 학문, 교육에 대한 인문주의 소논문을 써 학자의 지침서가 되었다. 그는 체육은 시대의 요구 특히 전쟁의 준비로서 응하게 되는 것이라는 논문에서 신체운동을 선택하는 경우에는 각 개인의 각 조건을 어느 정도 고려하는 것이 좋다고 말하고 「소년 시대에는 심한 운동에 의하여 성장이 방해되든가 신경이 과로하지 않게 충분히 주의하여야 한다」고 운동의 강도와 방법에 대하여 말하고 있다. 또한 그는 「우리들은 전쟁의 현실을 회피할 수 없다. 그러나 훈련을 함으로써 적어도 사정이 허락하는 한 준비는 할 수 있는 것이다.」

Vegius(베기우스, M.1405-1458)는 「어린이 교육」이라는 저서에서 국가의 안녕과 개인의 안전을 유지하기에 필요하다고 생각되는 전쟁의 기술을 습득시키기 위하여 신체운동을 장려하였다.

후에 Pope Pius II세(법왕 피우스 2세, 1405-1464)가 된 Piccolmini(피콜로미니)는 「"숭고한 지위에 운명이 지어져 있는 모든 청년들은 군사훈련을 더 많이 해야 할 것이라고 강조하고 Turkey(터키)로부터 기독교제국을 지키는 것은 청년들의 사명이다"」라면서 근육운동과 자세를 발달시키는 운동은 태도의 미를 함양시킬 뿐 아니라 우리들의 신체기능을 건전하게 유지시키는 역할을 한다고 주장하였다.

Alberti(알베르티, L.B 1404-1472)는 육체의 배양을 주장하고 「육체의 결합만큼 지능에 해를 줄 것이다.」라고 하였다.

Cardano(카르다노, G. 1501-1576)는 고전학에 정통하였으며 건강을 증진하는 운동의 가치를 강조하는 내용의 서적을 출간하였으며, Mercurialis(메리쿨리아스, H. 1530-1605)는 「De Arte Gymnastica(고대체육)」이라는 논문에서 고대의 체육장과 체육에 대하여 조사하고, 건강을 위하여 신체훈련을 행할 것을 장려하였다.

인문주의자들은 건전한 정신은 건전한 신체에서 깃든다는 Juvenalis(유베날리스)의 사상을 체육 최고의 덕목으로 보고 우수한 신체기관은 지성과 상관관계를 가지고 있다고 생각했다. 즉 신체운동이 건강을 유지하는 데 가치가 있다고 인정하여 인문주의자들은 체육에 호의를 갖고 글이나 강연을 통해 체육이 교육의 중요한 위치라는 것을 역설했다.

또한 체육은 가치 있는 목적을 향하여 육성되지 않으면 안 된다고 경고하고 신체와 정신을 약화시키는 습관을 없애기 위하여 자기 훈련을 청년들에게 고취시키는 의미에서 체육을 장려하였다.

인문주의자들은 인격의 조화적 발달을 염원하여 풍부한 지성을 지니고 신체적으로 건전하며 사회적으로 정통하고 미에 대하여 민감하며 올바른 예의를 갖춘 인격체를 요망하였다.

2. 사회적 인문주의와 체육

이탈리아에서 시작된 르네상스는 알프스를 넘어 유럽 전역에 퍼져 나갔다. 14-15세기에 이탈리아에서 일어난 사회경제적 변화가 이탈리아 르네상스 문화에 큰 영향을 미쳤듯이 15-16세기에 북유럽에서 일어난 유사한 사회경제적 변화는 북부 유럽의 문화에 비슷한 영향을 미쳤던 것이다.

그러나 이탈리아의 르네상스가 심미적이며 문학과 예술 지향적이었던 데 비하여 북부 유럽의 르네상스는 사회 비판적이며 종교 지향적인 경향을 보였다. 이리하여 북부 유럽의 인문주의자들의 관심은 주로 성경이나 초기 그리스도교의 문헌에 쏠려 이들을 그 원전에 따라 연구하려는 경향이 보였다.

이탈리아의 인문주의자들이 그리스 · 로마의 고전으로 돌아가려고 한 데 대하여 북부 유럽의 인문주의자들은 원시 그리스도교의 고전으로 돌아가려 하였던 것이다. 북부 유럽에 인문주의를 도입하려는 노력은 개혁에 반항하려는 보수적인 세력에 대항하여 강한 의지와 용기 있는 사람들을 필요로 하였다.

이들은 보수적 세력에 도전하면서 당시의 학교 교육내용을 확대하고 또 인문주의에 따른 대학이나 중학교의 조직에 열중하여 신교육 운동에 대한 왕의 지지를 얻기 위해서 노력하였던 것이다.

유럽 최대의 인문주의자인 네델란드 출신의 Erasmus(에라스뮈스, D. 1466-1536)는 그리스도교적 인문주의자의 대표일 뿐만 아니라 이 시대 전 유럽 지식인의 대표였다. 그는 초기 그리스도교의 단순성과 소박함으로 돌아갈 것을 바랐으며, 그것은 성경의 본래의 뜻을 올바르게 이해함으로써 가능하다고 믿었다.

그는 풍자적인 「愚神禮讚(우신예찬), Enconium Moriae」을 저술하여 원시 기독교의 순박성과 고전 고대의 문명과 자유를 사랑하면서 교회의 부패와 타락을 공격하고 수도자와 신학자를 비롯한 당시의 모든 無知蒙昧(무지몽매)와 不合理(불합리)를 비판하였다.

그러나 그는 충실한 기독교도로서 교회와 교황의 권위에 대해서는 의심하지 않았다. 그는 교육이 그릇된 사회를 개선해 나아가는 데는 가장 효과적인 방법이라 믿고 고전을 전하고 라틴어와 그리스어의 문법이나 교과서를 만들었으며 많은 교육논문을 썼다.

에라스뮈스는 인문주의 교육에 있어서 「가장 중요한 것은, 첫째 젊은 정신이 신을 존경하는 근원을 알고, 둘째 애정을 깊게 하며 교양을 위해 학문을 배우고, 셋째 생활의 의무를 자각하고, 넷째 어릴 때부터 올바른 예의작법의 기본을 몸에 지니는 것이다.」라고 말한 것

▷ 에라스뮈스

으로 보아서 북유럽 사람들은 개성의 발달이나 개인의 완성보다는 사회적 · 도덕적인 면에 치우쳤다고 볼 수 있다. 에라스뮈스의 영향은 많은 사람들을 인문주의 운동에 참가하게 하였다. 이러한 학자 중에서 체육에 공헌을 한 사람은 Elyot(엘리오트, T. 1490-1546)와 Ascham(아스캄, R. 1516-1568)이 있었다.

엘리오트나 아스캄은 정치가나 병사로서 궁중에서 일하는 젊은 관사의 교육에 관심을 가지고 그들에게 군대생활을 하기 위한 정신적 증진과 건강유지에 신체교육을 실시하였던 것이다.

엘리오트는 그의 저서 「가정교사」에서 젊은이들에게 적합한 신체운동에 관심을 나타내고 달리기와 사냥을 인정하고, 무거운 돌을 들어 올리거나 던지는 운동, 아령운동, 테니스 등을 장려하고 말타기, 검술, 전투, 활쏘기, 수영 등은 전쟁에 적합한 운동이라고 생각했다.

엘리오트는 신체운동은 아동교육에 있어서 무시된다든지 경시되어서는 안 된다고 주장하고 "운동 없는 부단한 학습은 정신을 소모시키며 소화를 방해하는 것이다. 그 결과로 인해 인체를 해치며 여러 가지의 질병을 일으켜 생명을 단축하게 된다. 따라서 사람들은 운동과 상호 간의 시합에 의해서 신체가 튼튼하게 된다"고 말하면서 "정신 및 신체는 휴양 및 위락을 필요로 하며 장시간에 걸친 학습 사이에 놀이나 운동을 할 필요성이 있다."고 주장하였다.

인문주의 교육에 있어서 신체훈련을 중요시하였지만 이것은 국가방위상 필요한 전쟁준비를 위한 하나의 수단에 불과했다고 볼 수 있다.

아스캄은 「학교교사」에서 "젊은 신사들은 항상 모든 품위 있는 신사적인 유희를 즐겨야 한다."라고 주장하고 말타기, 창 시합, 활, 무기 다루기, 달리기, 뛰어넘기, 수영, 춤과 노래, 사냥, 테니스 등을 항상 하는 것은 품위 있는 신사에게 있어서 대단히 필요하다고 설명하고 있다.

인문주의자들은 체육이 가치 있는 목적을 향해서 방향 지어지지 않으면 안 된다고 경고하고 신체와 정신을 약화시키는 습관을 억제하는 자기훈련을 청년들에게 불어넣어 주는 뜻에서 체육을 장려하였다.

르네상스 시대의 놀이로 닭싸움이라고 불리는 鬪鷄戱(투계희)는 12세기경 영국의 왕족들이 즐겨 하여 많은 발전을 하였으나 나중에는 도박으로 이용되어 기업적인 조합운영에 맡겨졌다.

▷ 투계희

15-16세기경에 귀족들 사이에서 유행하였던 테니스는 프랑스에서 성행하였으며, 宮庭人(궁정인)이나 신사의 사교 스포츠로 유행되었지만 훗날에는 일반시민들도 즐길 수 있도록 대중화가 되었다.

골프의 기원은 네덜란드의 아이스하키와 비슷한 놀이가 스코틀랜드로 건너가서 골프로 변화되었다는 설과 스코틀랜드의 양치는 목동들이 지팡이로 돌을 쳐서 구멍에 넣던 것이 골프로 발전되었다는 설, 그리고 로마제국이 스코틀랜드를 정복하였을 때 군사들이 골프와 비슷한 놀이를 하던 것이 스코틀랜드에 남아 골프가 되었다는 설이 있다.

이후 스코틀랜드인과 영국인들은 국가적인 스포츠로 채택하여 많은 발전을 보았으며, 특히 영국에서 많은 발전을 보았다.

카드놀이는 13세기부터 14세기에 유럽에서 많이 행하여졌으며, 15-16세기에는 더욱 유행하여 왕이 궁중에서 카드놀이를 하였고, 17-18세기에는 영국의 개인 클럽이나 술집에서도 성행되었다.

펜싱은 14세기 독일에서, 15세기에는

▷ 카드놀이

이탈리아에서 스포츠로 존속하였으며, 로마시대 무기로 사용해 오던 검의 술법으로 출발하여 중세 그리스도교시대에 전해졌으며, 기사도의 확립과 함께 저명한 검객들이 배출되었고, 고도의 劍技(검기)가 만들어졌다. 이후 프랑스에서 더욱 근대적인 스포츠로 발전을 하였다.

유럽의 궁중에 있던 신하들은 무용을 애호하였으며, 호화로운 연회나 무도회, 가장무도회 등은 신하들이나 귀족들의 사교생활의 일부였다. 특히 **May Day**(메이 데이)는 전 영국인의 일대 무용제전이었다.

3. 인문주의 학자들의 체육사상

1) 베르게리우스(Peter Paul Vergerius, 1349−1445)

▷ 베리게리우스

베르게리우스는 「좋은 도덕」 「자유스런 학문」에 대하여 처음으로 인문주의적 논문을 발표하였다.

베르게리우스는 체육은 시대의 요구, 특히 전쟁이라는 현실을 회피할 수 없기 때문에 훈련을 행함으로써 적어도 사정이 허락하는 한 준비를 갖추어야 되며 학문과 같이 무술의 훈련도 중요하다고 역설하였다.

그는 저서를 통하여 정신과 동시에 신체의 수련도 강조했다. 젊은이들은 정신적·신체적 노고를 이겨내야 한다고 주장하였고, 소년기에 무기의 조작을 익히도록 장려하였다. 또한 '신체 수련은 젊은이의 기질·체질·연령에 따라서 선택되어야 한다'면서 군사 훈련으로는 달리기·도약·레슬링·마술·창 던지기·돌 던지기·궁술 등을 들었다. 또한 심한 작업 후에는 휴양이 필요하다고 하여 공놀이, 사냥, 낚시나 새 잡기 따위를 장려하였으나 댄스만은 근심스러운 운동이라고 보았다. 그러나 여기서 언급된 여러 운동은 당시 시행되고 있던 것들이며, 고대의 운동을 재생하고자 한 것은 아니었다.

아울러 소년에서 성인이 되는 기간에 모든 고난을 극복할 수 있어야 하고 운동을 선택할 때에는 신체를 강건하게 사지의 힘을 강하게 할 수 있는 것을 택하고 분에 넘치는 사치는 심신을 약화시키고 노력은 약자를 강하게 만든다고 주장하면서 레크리에이션에 대해서도 다음과 같이 언급하고 있다. 「인간은 종일 정해진 일에만 종사할 수 없으므로 레크리에이션의 참다운 가치를 인정하고 소년은 몰락한 게임과 신체의 의지와 힘을 발달시키지 못하는 나쁜 게임을 해서는 안 된다.」고 하였다.

베르게리우스는 「피로한 정신과 신체에 대한 휴양으로 볼게임을 열심히 하고 수렵이나 낚시를 권하면서, 공부로 인해 피로했을 때도 조용히 휴식, 산보, 승마 등으로 기분을 전환할 수 있다.」고 보았다.

2) 비토리노(Vittorino da Feltre 1378-1446)

비토리노는 궁전교육의 承繼者(승계자)이고 그리스·로마에서 교육사상을 배워 완전한 교육에 필요한 요소로서 신체의 훈련을 중요시하였다. 그는 지적 활동을 활발하게 하기 위하여 옥외 생활의 중요성을 가하는 것만으로는 충분하지 않다고 용의주도하게 조직적인 커리큘럼을 만들어 여하한 기후에도 매일매일 일정한 형태로 신체훈련을 실시하였다.

비토리노는 1428년 Mantwa(만투아)라는 곳에 설립한 La Giocosa(라 지오코사)는 인문주의를 대표하는 가장 훌륭한 학교였으며 The Pleasure House(즐거운 집)이라고 부르게 되었다. 이 학교에서는 40명의 학생을 활발하고 명랑하게 강제적이 아니며 친절하고 깊은 이해를 가지고 열심히 학습하도록 가르쳤다. 이 학교에서는 체육이 가장 중요시되었는데 볼게임, 뜀뛰기, 펜싱, 승마 등과 교외로 하이킹을 자주 갔다.

비토리노의 체육 목적은 신체를 항상 건강하게 하고 전쟁의 고통을 견디어낼 수 있으며 무기를 훌륭하게 사용할 수 있도록 하는 데 체육의 목적을 두고 있다. 그는 경기나 유희에 보내는 시간이 휴식이나 휴양에 도움이 크고 다른 학과의 학습 능률을 촉진시킨다고 생각을 했다.

그는 학습능력은 다소간의 신체적 상태에 따라 좌우된다는 것을 발견한 교사였다. 그의 체육사상은 그리스와 로마시대 이후 처음 시도된 것으로 높이 평가되어야 한다.

3) 피콜로미니(Picolomini, Aeneas Silvius 1405-1464)

이탈리아의 Carsignano(칼시그나노)에서 출생하여 1458년 로마법왕 Pius II(피우스 2세)가 되었다.

피콜로미니는 달리기, 무용, 수영은 남자뿐만 아니라 여자에 있어서도 필요하다고 말하고 소년들을 위해서 성교육의 필요성을 강조했다.

그는 자신의 교육관을 다음과 같이 피력하고 있다. 「교육에 있어서 우리를 구성하고 있는 두 가지 요소 즉, 정신과 신체가 다 같이 발달되어야 한다. 교육에 있어서 처음으로 중요한 것은 교사의 선정일 것이다. 교사는 그 자격으로 능력과 성실, 많은 경험, 건전한 도덕적 의식을 가져야 한다.」고 주장하고 로마의 사상가 Quintilianus(퀸티리아누스)가 말한 것처럼 「새는 나는 것이, 馬(말)은 차는 것이 본성이라면 열중하는 자세는 아동의 자연 징표이다.」라고 말하면서 교육자는 아동에게 있는 품성을 방법적으로 훈련과 경험에 의하여 발달하게 하는 것이 필요하며, natural(자연), training(단련), practice(실천)을 교육방법상의 3요소로 지적하고 있다.

신체훈련과 휴식에 대해서 피콜로미니는 첫째로 중대한 것은 생애를 통하여 유효한 습관을 기르는 것이다.

둘째로 중대한 것은 단정한 예의작법을 배우는 태도에 대해서의 성실함이다. 소년은 머리를 똑바로 하고 앞을 보며 걸어가든지 서 있든지 간에 자세를 올바르게 함으로써 어떠한 순간에도 위엄과 품위를 몸에 배도록 습득하여야 한다.

셋째로 중대한 것은 근육활동이나 일반적 자세를 발달시키는 게임이나 운동은 모두 교사에 의하여 권장되고 지도되어야 할 것이다. 그리고 품위 있는 태도, 건강한 행동, 건전한 체력을 만들기 위해 신체를 단련해야 한다.

넷째로 중대한 것은 장래 고위에 오를 상류계급의 청년을 위한 신체단련을 함으로써 기독교 국가를 터키로부터 방어하는 것은 청년들의 사명이기 때문에 궁술, 승마, 도약, 검술, 수영 등을 가르쳐야 한다.

다섯째로 중대한 것은 휴식하는 것이다. 우리들이 휴식하는 것은 다시 일을 계속하는 데 필수조건이며, 인간 생존의 법칙이라고 생각하고 이상과 같은 진리를 관찰하는 것은 교사의 제1의 의무라고 지적하고 있다.

II. 종교개혁과 체육

Reformation(종교개혁)은 중세 천여 년 동안 유럽의 정신세계를 지배해 온 로마교황의 권위를 부정하고 성경과 신앙의 우위성을 확립하고자 하는 운동이었다. 그러나 그것은 봉건적 구속에서 해방되고자 했던 사회계층의 욕구, 나아가서는 교황의 지배에서 벗어나려는 사람들의 민족적 자각과 결부하여 하나의 세속적인 사회운동·민족운동으로까지 발전하였다.

▷ 출처 : Wikimedia 1605년 하인리히 불링거의 종교개혁 연대기

르네상스가 이탈리아를 중심으로 남유럽에서 최고조에 달하고 있을 때 북유럽에서는 종교개혁이 일어나기 시작했다.

종교개혁은 르네상스와 더불어 근대의식의 2대 발원지로서 르네상스가 정신적인 면에서, 지리상의 발견이 경제적인 면에서 유럽 근대화의 계기가 되었다면 종교개혁은 사회적인 면에서 계기가 되었던 것이다.

르네상스와 종교개혁은 다 같이 개인의 자유를 추구하는 근대적 정신운동의 발현이었으나 양자는 여러 가지 면에서 대조적인 차이를 보이고 있다.

르네상스는 중세주의에 대한 해방을 주장하였지만 지식인과 귀족의 지성과 취미 및 교양을 만족시키는 데만 그쳤고 현실사회의 개조란 거의 찾아볼 수 없었다.

그러나 종교개혁은 중세적 권위의 아성인 로마교황과 가톨릭교회에 대항하는 신앙과 양심의 운동으로 순수한 종교운동으로 그치지 않고 이것이 중세의 세계주의에 대한 국민주의 운동으로 사회화한 것이다.

르네상스보다 더욱 철저하게 중세를 부정하던 종교개혁은 정신적인 면과 사회적인 면을 근대화함에 있어 르네상스 이상으로 중대한 역사적 의의를 지니고 있다.

중세 말 이래 국민국가의 건설과정에서 교회가 군주의 통제 밖에서 군림하고 있다는 점과 교황의 지나친 세금 징수로 인해 경제력이 국외로 반출되는 데 대하여 봉건계급·시민계급과 농민들의 국민주의사상은 대단하였다.

한편 교회는 본래 기독교의 성스러운 모습을 잃고 의식만 내세울 뿐 성직자의 신앙 그 자체는 형식화되어 성직매매와 함께 사치와 쾌락으로 변해 교회 내부가 매우 부패하였다. 이에 14세기 전반부터 의식보다 순수한 신앙으로 신에 접근하려는 신비주의가 일어나고 고전과 성서와 교부들의 저서를 연구한 많은 학자들은 교회의 교리를 부정하고 기독교에 대한 근본적인 비판이 가하여지기 시작하였다.

이로 인해 프로테스탄트의 종교개혁은 종교적 감정으로 일어나서 싹트기 시작한 자본주의와 국가주의에 의하여 촉진되었던 것이다.

1. 프로테스탄트와 체육

중세 가톨릭교회에 대한 반항운동을 일으키게 한 가장 큰 원인은 가톨릭교회 자체에 있었다. 그것은 교황과 가톨릭교회의 권위의 급격한 하락현상이었다. 교황의 세속화와 교회의 타락·부패가 극심하여 이들에 대한 사회의 불신은 더욱 커졌다. 성직자들 중에는 자격을 갖추지 못한 자가 많았다. 성직자의 독신주의 원칙은 지켜지지 않았고 교황부터가 이러한 타락과 부패의 본보기여서 교황 Alexander VI(알렉산더 6세)는 8명의 서자를 거느리고 있었다. 게다가 성직의 매매가 일반화되고 兼職者(겸직자)와 不在聖職者(부재성직자)가 허다하였다. 이러한 부정한 방법을 통하여 교황이나 고위성직자는 막대한 수입을 올려 호화스러운 생활을 함으로써 종교개혁의 실마리를 제공하였던 것이다.

Protestant(프로테스탄트)란 유럽 교회에 주어진 이름인바 이 교회가 16세기 교황의 권위를 깨어 버린대서 유래한다. 프로테스탄트는 Catholic(가톨릭)과는 달리 통일된 교회를 만들지 못하고 처음에는 루터주의 · 칼빈주의 · 영국국교주의 등 세 종파였으나 후에는 더 많은 분파로 나누어졌다.

종교개혁의 발단은 1517년 Luther Martin(루터, 1483-1546)가 교회의 indulgence(면죄부) 판매를 공격한 95개조의 항의문을 Wittenberg(위텐베르그)성당에 내걸고 그의 견해를 공표하였다. 95개조의 항의문은 예상 밖의 반향을 불러일으켜 곧 독일어로 번역되고 인쇄되어 독일 전국에 배포되었다.

당시의 Leo X(교황 레오 10세)는 St. Pietro(성 · 베드로)사원의 건립기금과 교회지출의 자금조달을 목적으로 독일에서 면죄부를 판매하고 있었는데 이에 대한 루터의 공격은 자신의 종

▷ 위텐베르그 성당에 〈95개조의 항의문〉을 게시하는 루터

교적 신념에서 우러난 신학적 비판에 불과하였다. 그러나 루터는 95개조 항의문으로 인해 교황의 파문선고를 받았는데, 이 破門帳(파문장)을 많은 대중이 보는 가운데 불살라 버림으로써 교황과 가톨릭의 권위에 도전하는 결과가 되었다. 이때에 봉건귀족, 시민, 농민들은 각기 신앙·정치·이권 등의 여러 가지 동기에 의하여 루터의 종교개혁을 지지하기에 이르렀다.

루터의 성서제일주의는 교회의 전승과 권위를 부정하고 가톨릭 전통주의에 대항하였다. 또한 금욕주의가 부정되고 세속적 질서가 강조되어 신의 의지에 의한 자연적 질서가 시인되었다. 따라서 직업윤리가 중요시되었고 내면적 신앙이 강조되어 교회의 특권으로부터 해방과 자유를 요구하게 되었다. 이리하여 이성과 양심을 강조한 루터교는 근대의식과 사회개혁사상으로 발전하게 되었으며 신교 교회의 토대가 되어 근대사회의 정신적 전기를 마련하였던 것이다.

루터에 의해서 시작된 종교개혁운동은 급속도로 독일 전역에 확산되어 Lutheran Church(루터파 교회)의 성립을 보게 되었다.

루터가 독일에서 종교개혁을 일으킬 때, 스위스의 Zwingli(츠빙글리, 1484-1531)도 개혁에 착수하였다. 츠빙글리는 Zurich(취리히)에서 인문주의적 종교개혁 사상으로 개혁을 단행하였으나 이를 저지하던 가톨릭 연합군과의 전쟁에서 전사함으로써 그의 신교운동은 일단 좌절되었다.

▷ 칼빈

츠빙글리의 뒤를 이어 스위스에서 종교개혁을 추진하여 커다란 성공을 거둔 또 하나의 종교지도자는 프랑스 사람인 Calvin(칼빈, 1509-1564)이었다.

프랑스 중산계층 출신인 칼빈은 신학, 법학, 고전 등 넓은 교육을 받았다. 그 후 루터의 개혁사상에 영향을 받게 되었으며, 1533년에는 갑자기 신으로부터 빛을 받았다고 스스로 말하고 있다. 그러나 오랜 절망과 두려움을 경험했던 루터와는 달리 칼빈은 매우 명석하고 치밀하고 이지적이었다.

프랑스의 이단운동 박해를 피하여 스위스로 도피해온 그는 1536년 Geneve(제네바)에 정착해서 활발한 종교개혁운동을 일으키게 되었다.

독일이나 스위스의 종교개혁운동이 루터나 칼빈과 같은 종교적 지도자의 내적 신앙에서 출발하였음에 비하여 영국의 종교개혁운동은 국왕 Henry(헨리 8세, VIII 1509-1547)의 정치적·사적 이유에서 발단되었다.

원래 헨리 8세는 가톨릭교회의 신봉자였으나 왕후 Catherine(캐서린)과 이혼하고 궁녀인 Anne Boleyn(안·볼레인)과 결혼을 하려 하였으나 이를 승인하지 않는 교황과의 관계를 끊게 된 것이다. 이로 인해 교황의 파문선고를 받은 헨리 8세는 영국교회의 로마교회로부터 분리를 선언하고 Crammer(크래머)를 캔터베리 대주교에 임명하여 그로 하여금 이혼을 승인하게 하였다. 이어 1534년에 의회는 首長令(수장령, Act of Supremacy)을 공포하여 국왕이 「영국 교회의 지상에 있어서 유일 최고의 수장」임을 천명하고 Anglican Church(영국교회)의 분권독립을 선언하였다.

프로테스탄트는 기독교적 인격으로 발달시키는 것을 교육의 이상적 목적으로 삼고 교회와 사회의 혁신은 교육에 있음을 인정하고 노력하였다.

로마의 가톨릭교회가 유럽에서 공적인 교육기관으로서 기능을 다하지 못하고 있을 때, 프로테스탄트의 개혁자들은 정부당국의 지원을 받아 스스로 학교제도를 수립했다. 프로테스탄트의 학교로는 대학과 Latin grammer school(라틴 그래머 스쿨), Dame school(데임 스쿨), Parish school(교구학교) 등 세 가지 형식을 갖추고 있었다.

대학에서는 선발된 학생들의 고등교육을 하였고, 라틴 그래머 스쿨은 부유한 가정의 청년 혹은 지적으로 장래성이 있는 젊은이들의 이론과 교양교육을 하였으며, 이들은 졸업 후에 대학에 진학하여 공부를 계속하였다.

데임 스쿨과 교구학교는 초등학교로서 서민에게 좁은 범위의 교육을 실시하였다. 라틴 그래머 스쿨이나 데임 스쿨의 교사들은 스포츠 게임이나 레크리에이션 활동을 지도하지 않았기 때문에 양친이나 그 지역사회의 연장자로부터 배웠다.

종교개혁은 체육의 발전과는 거의 관계가 없었다. 다시 말해서 프로테스탄트의 각파가 세속적인 쾌락을 제한함에 따라 수 세대에 걸쳐 발달은 저해되었다.

루터는「사회는 시민적 질서의 유지와 가정의 올바른 관리를 위하여 완성되고 훌륭하게 훈련된 남녀를 필요로 한다.」고 말하고「놀이나 오락은 어린이들을 건강하게 하기 위하여 음식과 같이 중요하다.」고 인정하고 체조를 체력의 유지수단으로서 그리고 타락된 행위에 빠지는 것을 저지하는 수단으로서 장려하였다.

그는 노동이나 기독교의 봉사에 에너지를 바치려면 건강의 함양이 제일 중요하다고 생각하고 펜싱과 레슬링, 음악을 가르칠 것에 동조했다. 음악은 마음의 고뇌와 憂鬱(우울)을 없애주며 체조는 신체의 탄력성과 건강을 유지하는 데 가장 좋은 것이라고 하였다.

▷ 츠빙글리

스위스의 츠빙글리는 교육은 종교개혁에 없어서는 아니 될 일부라고 말하고 그의 저서 인「청소년의 기독 교육소론」에서 체육에 많은 관심을 나타내고 있다. 그는 모든 스포츠나 게임이 가치 있는 목적으로 행해지지 않으면 안 되며 활동이 도덕적으로 나쁜 영향만 미치지 않는다면 운동에서 얻는 즐거움, 그 자체를 목적으로 하는 활동은 인정해야 한다고 주장하였다.

칼빈은 인간의 도덕적 훈련의 완수에 강한 집념을 가지고 있었기 때문에 모든 오락을 철저히 금지시켰다. 그러나 그도 카드놀이에 대한 본능적 욕구는 억제할 수 없음을 인정하고 약간의 레크리에이션을 장려했다.

중세에 있어서 신체를 부정하고 신체운동을 죄악시하던 기독교에서 문예부흥의 종교개혁자 몇 사람에 의해 신체 및 신체운동에 대한 가치가 다소나마 인정받게 된 것은 매우 중요한 일이다. 그러나 다른 프로테스탄트들은 신체운동을 통해서 달성할 수 있는 도덕적인 목표를 인정하지 않았으며, 유럽이나 미국에서도 청교도는 체육활동을 결코 호의적으로 받아들이지 않았다. 금욕적인 영국 사람들은 어린이의 정신생활을 형성하는 데 전념하였기 때문에 청년의 신체운동에는 별로 신경을 쓰지 않았다.

체육에 의해 도덕적 목표를 달성하고 실현할 수 있는데도 청교도는 그와 같은 가능성을 인정하지 않았다. 그 이유로서 첫째 노동을 함으로써 신에게 봉사한다는 것 외에 천박한 오락은 시간과 능력의 소모를 뜻한다고 생각하였고, 둘째 가톨릭의 색채가 있는 모든 활동을 제거하려고 한 청교도의 요구는 체육목적을 달성하기 위한 수단을 추방하는 결과로 나타났으며, 셋째 끊임없는 감시와 형식적 훈련에 의하여 도덕을 높인다는 엄격한 이들 종파의 결의는 인간의 모든 본성적 욕구를 부정하는 금욕적 생활신조로 변하였다.

청교도의 도덕주의자들은 그들이 만든 엄정한 생활의 규칙을 지키기 위하여 인간의 행위를 관리하는 것이 그들의 의무라고 확신하게 되었다.

유럽의 여러 나라의 경제적인 여유는 청교도들에게 안정감과 오락을 즐길 수 있는 기회를 증대시키게 되어 점차 체육의 가치와 레크리에이션 가치를 인정하고 실시하게 되었다.

2. 가톨릭교와 체육

종교개혁의 물결이 전 유럽에 파급됨에 따라 가톨릭교회에서도 이제는 스스로 반성과 개혁에 나서게 되었다. 그러나 그것은 그리스도교적 인문주의자들이 주장한 바에 따라서 프로테스탄트와의 타협이나 온건한 개혁을 통해서 추진되기보다는 그들과의 싸움과 가톨릭교리의 신격화를 통해서 추진되었다.

그것은 주로 宗教審問所(종교심문소, Inquisition), Society of Jesus(예수회), Council of Trient(트리엔트 회의), 그리고 개혁 교황청의 활동을 통하여 가톨릭세력을 방어하고 확장하는 일이었다.

프로테스탄트주의는 전 유럽에 침투하지 못하였고 특히 남부 유럽국가에서는 가톨릭교로부터 이탈하지 못하였다. 이탈리아에 있어서 종교인이 아닌 지도자들도 교회와 밀접한 관계로 결합되어 있었고 또 군주들 중에도 교회와의 우호관계를 맺는 것이 유리하다고 생각한 자들도 있었다.

프로테스탄트의 확대를 막기 위해 가톨릭교회 내의 우수한 성직자들은 신부의 인격과 교회의 혁명을 촉진시키는데 이것이 이른바 Counter Reformation(반종교혁명)이다.

교황은 Trient(트리엔트)에서 대종교회의를 열어 교황의 「지상권 재확인」 「가톨릭교회의 강조」 「신교설의 부인」 「성직자의 풍기 및 생활의 개선」 등을 결의하였다.

스페인 출신의 기사였던 수도사 Ignatius Loyola(로욜라, 1491-1556)는 스페인 북부 로욜라 城(성)의 귀족 가문에서 태어나 성서를 읽고 감격하여 가톨릭에 투신하였으며 그는 1528년 예수회교단을 조직하고 가톨릭을 부흥시켰으며 인류의 교화를 도모하려고 하였다. 이 교단은 교황에 대한 절대복종을 내걸고 엄격한 군사적 조직과 기율로 가톨릭교세의 방어와 확장에 힘을 기울였다. 교단의 활동에 의하여 이탈리아, 에스파냐 등 남부유럽에서는 프로테스탄티즘의 전파가 저지되고, 유럽 이외의 여러 지역에도 가톨릭교가 전파되었다.

▷ Thomas van Apshoven (1622 – 1664/1665), Loyola의 Saint Ignatius의 설교

예수회 수도사는 교황의 권위회복을 위해 온갖 수단을 다하여 정력적으로 활동하였는데 그들은 교육, 학문, 과학의 기능에 크게 기여했다. 예수회교단은 강력하게 잘 조직되었으며 잘 훈련된 교사를 양성하고 세계적으로 유명한 많은 학교를 경영하면서 해외포교에 나섬으로써 스페인과 포루투갈을 위시해 나아가서는 아시아의 인도, 중국, 일본, 신대륙 등지에서 포교에 열성을 기울여 많은 신자를 얻어 유럽에서 잃었던 세력과 범위를 회복하였던 것이다.

중세의 엄격한 금욕주의는 반종교개혁과 교육자에게는 받아들여지지 않았으며 신체를 신앙의 목표를 달성하기 위한 수단으로 생각하였다.

체육에 있어서도 건강과 레크리에이션 목적은 가톨릭교에 의해 인정되었으나, 그것은 신체 그 자체의 목적은 아니었고 도덕적·정신적 목적에 의한 수단으로 생각된 것이다.

레크리에이션을 행한 결과로서 인간은 신에 대하여 새로운 활동을 할 수 있는 기력을 회복하는 것으로 생각하였다. 예수회 교단은 체력은 신에게 봉사하고 찬미하는 데 필요 불가결 한 것으로 강조하면서 로욜라는 신체를 인정하지 않은 중세의 생각에 반대하여 「신의 손으로 심신이 다 같이 만들어졌다는 생각을 가져라 그리하여 우리들은 인간의 심신 두 부분을 신에게 증명하지 않으면 안 된다.」라고 역설하고 그러나 육체를 중요시한다는 것보다는 의지훈련을 하는 것이 풍부한 정신생활을 달성하는 수단이 되고 신체는 정신의 도구이며 영혼을 보호해주는 장소로 생각하였다.

이와 같이 볼 때 로욜라의 체육에 대한 인식은 중세 금욕주의 사상보다는 진보된 것이라고 볼 수 있지만 신체를 육성하는 것이 자신의 건강을 위해서 하는 것이 아니고 신에 대한 봉사에서 나왔다는 점으로 볼 때 개인의 가치를 인정하기에 앞서 교의를 더욱 존중한 것을 알 수 있다.

Sadelto(사들레토, 1477-1547)와 Antoniano(안토니아노)는 체육에 대하여 많은 관심을 가지고 있었다.

사들레토는 「어린이의 올바른 교육에 대하여」라는 논문에서 놀이에 대한 어린이들의 욕구를 압박해서는 안 된다고 부모의 주의를 환기시키면서 볼게임, 창던지기, 달리기, 말타기 같은 고대 운동을 장려하였다.

안토니아노는 「아동의 기독교 교육」이라는 논문에서 아동의 신체발달에 대하여 많은 관심을 나타내고 있다. 그는 체육의 가치를 인정하면서 어린이들을 생활의 곤란에 적응시키기 위해서는 튼튼한 신체로 발달시키는 것이 필요하다고 믿었다. 그는 레크리에이션은 심신의 힘을 회복시켜 생생한 신체와 활동적인 마음으로 일을 다시 시작하는 것을 가능하게 한다고 봄으로써 휴식과 레크리에이션을 같은 범위에서 생각했다.

또한 그는 게임을 정신발달과 품위 있고 건전한 신체훈련의 수단으로 생각하고 게임을 할 때 어린이는 신체와 지력을 단련할 뿐 아니라 공평한 태도로 행동하는 것을 배우고 같은 일을 할 때 친구와 우호적인 경쟁에서 생기는 즐거움을 느낄 수 있게 된다고 믿었다.

안토니아노는 「제3의 서(書), Book III Cardinal Silvio Antonianos Treatise」에서 식사, 수면, 회복, 레크리에이션에 관해 서술하고 태아기의 생활부터 시작하여 어머니의 건전한 신체의 필요성을 강조하고 어머니의 신체운동을 활발히 하도록 권유하고 있다.

안토니아노는 신체운동과 게임을 교육의 불가결의 부분으로 보고 볼게임은 소년으로 하여금 보다 긴장시키고 보다 열심히 하게 함과 동시에 슬픔과 근심에 대하여 냉정한 태도로 처할 수 있게 한다고 생각하고 어린이들은 과도한 신체적 노력이나 기술을 필요로 하는 운동에 참가시키지 않았으며, 충분히 성장한 젊은이들에게는 말타기, 복싱, 뜀뛰기, 펜싱에 참가시켰다.

그러나 그는 무용을 비난하였는데, 무용은 17세기에 귀족사회에서 중요한 교육의 수단으로 생각되어 예수회 교단의 발레는 대단히 유행하였으며 연출은 유럽의 가장 유명한 무용 교사에 의하여 이루어졌다.

교육은 계속적으로 교회의 지배하에 있었으며 교구학교가 증가되고 많은 새로운 교단이 설립되었다. 교육에 관심을 가진 교단들은 교육을 표준화하여 좋은 교육제도를 조직화하는 데 그들의 재능을 발휘하여 통일성과 학교 관리의 연속성, 자세한 주의나 짓 등은 교육을 엄격하게 이끌어 가는 요인이 되었다.

초등학교에서의 가톨릭 교육내용은 읽기, 쓰기, 셈하기와 종교로 한정되어 있었으나 때때로 약간의 산업, 상업교육도 가르쳤다. 예수회 교단의 중등학교에서는 종교교육과 인문교육이 라틴어로 교육되었고 고등학교에서는 프로테스탄트의 대학과 같이 철학, 교회사, 교회법규가 교육됨으로써 숭고하고 권위 있는 성직을 위하여 학생을 가르쳤다.

Ⅲ. 실학주의와 체육

르네상스기에 시작된 학교교육은 고전에 흐르는 형식적인 교수법이어서 이것을 초월하고 현실에 맞게 교육을 하여야 한다는 사상가들이 나타나 근대교육의 길을 열었다. 즉 그리스와 로마 문화의 단순한 모방에 빠졌던 학문을 부정하고 현실적 생활에 입각하여 교육하여야 한다는 주장이 일어났고 현실주의로 대두된 새로운 정신을 교육상에 있어서 이것을 실학주의라 부른다.

실학주의는 교육의 이론 및 실제에 있어서 관념보다 사물을 중요시하고, 고전이나 고전문학보다도 자연과학적인 사물의 교과를 중요시하는 교육사상이다. 다시 말하면 실학주의 교육사상은 언어나 문학에 의한 인간도야보다는 사회제도나 자연환경을 연구의 대상으로 하며 현실 생활에 대한 구체적이며 실질적인 것을 추구하고자 하는 것이다. 실학주의 창시자들은 과거의 권위에서 탈피하여 광범위하고 풍부한 커리큘럼으로 직접 생활에 관계있는 교육을 젊은이들에게 실시해야 한다는 필요성을 강조하였다.

그러나 실학주의자들이 교육의 개혁을 강력히 주장하였지만 당시 전 유럽을 황폐하게 만든 종교전쟁으로 개혁운동은 크게 장애를 받게 되었다.

이러한 사회적 배경과 온갖 장애에도 불구하고 Poul Monroe(먼로)는 실학주의를 Humanistic Realism(인문적 실학주의), Social Realism(사회적 실학주의), Sense Realism(감각적 실학주의) 등 세 단계로 나누었다. 인문적 실학주의와 사회적 실학주의는 과거의 지식에 의존하고 있어 이들 지식을 보다 더 실용적인 방향으로 이끌어 나가려고 노력하였으며 감각적 실학주의는 지식을 얻기 위한 근대적 · 과학적 연구방법을 개척하였다.

1. 인문적 실학주의와 체육

인문적 실학주의 학자들은 형식보다는 내용의 습득을 주로 하고 현실의 생활에 대하여 더 깊이 생각하고 그 목적을 위하여 학문을 하여야 한다고 주장하였다. 체육에 있어서 개인은 물론 국가적 관점에서 군사적인 가치를 인정하고 신체훈련과 유희를 하지 않으면 안 된다고 하였다.

초기의 인문주의적 실학주의의 대표적인 학자 중에는 스페인의 Vives(비베스, J. L 1492-

▷ 밀턴

1540), 프랑스의 Rabelais(라블레, F 1483-1553), 그리고 영국의 Milton(밀턴, J 1608-1674)이 대표적인 인물이고 이들은 고전 형식주의에 반대한 최초의 사상가들이다.

비베스는 파리대학에서 인문주의 교육을 받았으며 저서로는 「아동 교육지침(De Ratone Studii Puerili)」「기독교 여자교육론(De Instutione Feminate Chrastianae)」「학문 교수론(De Traendis Disciplinis)」 등이 있다.

비베스는 유용한 목적에 교육을 연관시켜야 된다고 주장하고 생활에 대한 실제적인 필요성이 심신에 대한 이익 또는 경건한 신앙심을 갖도록 하는 목적에 응하는 것이 학문의 제 1의 법칙이라고 말하였다. 그의 교육목적은 종교적 신앙심을 바탕으로 한 행복, 다시 말하면 인간이 지식을 통하여 신을 알게 됨으로써 생활을 개선하는데 있다고 보고 포괄적인 교육 프로그램을 주장하고 고전시대에 유행하였던 많은 신체운동을 포함시켰다. 즉 창던지기, 볼게임, 달리기, 뛰어넘기, 레슬링, 속보, 테니스 그리고 축구 등이 있다.

또한 그는 교육에 있어서 개인차를 인정하고 교사는 학생의 능력에 적합한 최선의 훈련을 결정하기 위하여 타고난 천부의 재능을 주의 깊게 관찰할 것을 바라고 있다. 비베스에 의하여 강조된 체육의 목적은 교육의 주요 목표, 즉 종교적 신앙심을 강화하는 데 있었다. 체육은 정신이 지쳐 있을 때 힘을 북돋아 주는 재생의 작용을 하며 지력을 유지하고 강화시키는 것으로 생각하였다.

라블레는 프랑스 초기의 대표적인 작가로서 인문학자인 동시에 의학자 · 출판업자로서 프랑스 국내를 편력하였다. 1532년 중세 전설에서 암시를 얻어 출판한 「제2의 書(서), 팡타그르웰(Heroic Deeds of Pantagruel)」이래 1534년 「제1의 書(서), 가르강튀아(The Life of Gargantua)」를 발표하고 「제5의 書(서)」까지 썼다. 라블레는 전인적 발달을 위하여 지식과 더불어 감각을 민감하게 하고 정신과 함께 몸도 튼튼히 하여 개성과 종교적 정신을 발달시켜야 한다. 그

▷ 라블레와 주인공 가르강튀아의 식사 삽화　의학신문 (2021.03.09.)

리하여 학생으로 하여금 사회생활에서 그의 지위를 성취하기 위한 모든 일에 응할 수 있는 능력을 길러주는 것이 필요하다고 역설했다.

　　라블레의 교육방법은 가정교사 제도였으며 가르강튀아의 생활에서 기상, 노동, 식사시간 그리고 공부와 체육활동의 내용과 시간배당에 관해서 조직적으로 규정하고 있다. 아침과 오후 공부시간 이외에는 운동시간이 있고 체육활동과 식사는 악천후에 대응할 수 있도록 변화시키고 스포츠 프로그램도 때에 따라 변경시켰다.

　　또한 그는 가르강튀아 이야기에서 당시 널리 알려져 있던 운동과 스포츠를 총망라하였다. 그가 제안한 커리큘럼은 보통 사람들의 잠재능력을 훨씬 앞서는 뛰어난 것이었다.

　　매일 가르강튀아가 행하는 체육활동은 다음과 같다.

　　가르강튀아는 3시간의 독서를 하고, 이것이 끝나면 풀밭에 가서 볼게임, Lawn Tennis(론 테니스), Pile Trigone(파일 트라이건)을 행하여 격한 자극을 신체에 주었다.

　　점심식사와 지적 수업이 끝난 후 가르강튀아는 운동을 또다시 시작하고 힘에 벅찬 수렵에도 참가를 한다. 그리고 풍선을 손과 발로 공중으로 팅기며 가지고 논다.

　　또한 레슬링, 달리기, 높이뛰기를 하며 구덩이를 단숨에 뛰어넘고 스텝으로 벽을 올라간다. 그는 깊은 곳에서 평영, 배영, 자유형 등으로 신체 전체의 동작이나 발의 동작만으로 한 손을 물위에 내어 놓거나 또는 책을 들고 넓센강을 건너기도 한다.

물에서 나와서는 언덕 위로 뛰어오르고 재빠른 동작으로 밑을 향하여 뛰어내린다. 그는 고양이와 같이 나무에 오르고 다람쥐와 같이 나무에서 나무 사이를 건너뛴다.

또한 창던지기, 돌 던지기를 하고 창 다루는 법을 익힌다. 그는 최강의 활을 당기어 쏘고 강철의 화살을 가슴 쪽으로 잡아당겨 활을 쏜다.

운동시간이 지나고 나면 자기 몸을 깨끗이 씻고 물기를 닦아내어 새 옷으로 갈아입은 후에는 본래의 온화하고 단정한 상태로 돌아간다. 끝으로 저녁식사를 한 후에 수업이 있으며 취침 전에는 토론을 한다.

악천후의 경우 스포츠는 실내 운동이나 레크리에이션으로 대신한다. 비 오는 날 가르강튀아와 그의 동료들은 마른 짐단을 쌓든지 나무를 패든지 또는 톱으로 자르기도 한다.

그는 펜싱장에 가서 교사와 더불어 모든 무기 다루는 방법을 연습한다. 그는 또 마술사와 곡예사를 찾아가 그들의 교묘한 눈속임과 재주넘기를 관찰한다.

한 달 중의 하루는 책이 없는 날로서 강의도 쉬고 시골에서 지내면서 하루 종일 풀밭에서 놀이, 노래, 무용, 재주넘기 혹은 개구리와 게를 잡으면서 가장 즐겁게 보낸다.

라블레는 이와 같은 신체운동을 장려하면서 형식적·권위적 체육방법은 잘못이라고 비난하고 가볍고 비형식적인 프로그램으로 학생들의 관심을 끌게 하는 것이 바람직한 체육의 방법이라 생각하고 학생들이 직접 산지식을 얻을 수 있는 소풍을 프로그램 중에서 가장 중요시하였다.

그리고 아동의 성격이나 그 경향을 관찰하고 성장 발달을 위하여 가장 좋은 지도방법을 응용하는 덕망 있는 가정교사와 항상 함께 생활하는 것이 아동들에게 가장 좋은 방법이라고 생각하였다.

밀턴은 청교도적인 가정에서 양육되어 케임브리지 대학에서 고전을 수학했다. 1667년 대표적인 걸작 「실낙원」 1671년 「복낙원」 「투사와 삼손」을 남겼다.

실낙원은 단테의 신곡과 함께 세계적 걸작이며, 복낙원은 신과 사탄의 대결을 그린 것이다. 밀턴은 자유민주주의의 투사일 뿐 아니라 영국문화에 청교도주의를 결합시킨 공적을 남겼다.

NO ESPERÓ MAS, Y HUYÓ LANZANDO DENUESTOS.

▷ 출처 : flickr 밀턴의 실낙원 내용 중 일부

밀턴은 본래 고전주의자이지만 교육을 지식의 완성으로만 생각하지 않았다. 귀족적인 도덕목표가 그의 청교도적인 교육이상에 충만하여 신체적·미적 목표를 중하게 여기고 학문의 수업은 생활준비를 위한 것이라고 하였다. 그는 완전하고 고매한 교육이란 전쟁과 평화, 공과 사를 불구하고 모든 일을 익숙하게 그리고 고결하게 완수할 수 있도록 인간을 적응시키는 것이라고 정의하였다.

또한 밀턴은 학교생활에 있어서 매일의 과업을 학과와 운동, 그리고 식사의 3부로 나누었다. 「그는 점심식사를 마친 후 1시간 30분 정도는 반드시 운동과 휴식을 행하지 않으면 안 된다고 권고하고 학생들에게 저녁식사 후 2시간 동안 활발한 군사훈련을 받도록 매일 충분한 시간을 체육활동에 할당하였다. 그는 군무에 필요한 능력을 형성하는 수단으로 체육을 이용하려 하였다.

첫째로 권하고 싶은 운동은 정확히 무기를 다룰 수 있는 것, 즉 몸은 방위하고 칼로 베고 찌르는 것이다. 레슬링은 잡아당기거나 잡아채거나 붙잡고 싸우는 것이기 때문에 영국 사람들이 훌륭히 해낼 수 있는 종목이다. 따라서 군인정신의 초보훈련에 도움이 될 것이라 말하고 체육에 대해서는 체육은 젊음을 유지하고 건강과 민첩함 그리고 힘을 길러주며 호흡을 잘 조정할 수 있게 하고 인간을 크고 튼튼하게 성장시켜 소박하고도 영웅적 기질을 불러일으키게 하는 용기를 기르는 것이라고 평하고 휴식에 대해서는 인간의 정신은 노동과 힘든 일을 잠시 중단하고 휴양하는 휴식이 없다면 그 신체를 이끌어 나갈 수 없는 것이다.」라고 하였다.

2. 사회적 실학주의와 체육

사회적 실학주의에 속하는 대표적인 사상가 프랑스의 Montaigne(몽테뉴, 1533-1592)는 유년시절부터 모범적인 고전교육을 받았다.

우리들의 신앙심은
증오, 잔혹함, 탐욕, 중상모략을 조장할 때
참으로 놀라운 힘을 발휘한다.
종교는 악덕을 근절하기 위해 만들어졌는데,
오히려 악덕을 부추기고 있다.

▷ 몽테뉴　매일경제 허연의 책과 지성(2020.01.11.)

대표적인 작품으로는 「수상록」, 「아동 교육론」, 「현학론」 등이 있는데 "나 자신이 나의 책의 내용이다."라고 쓴 수상록에는 그의 세계관과 생활이 정확히 표현되어 있다. 몽테뉴의 인간성에 관한 관찰과 자기 자신을 추구하는 정신은 실학주의에 속하는 사상가로서 Moralist(모랄리스트)문학의 기원을 이루었을 뿐 아니라 세계 사상계에 커다란 발자취를 남겼다.

그는 책에 의한 교육뿐 아니고 거기에서 얻은 지식을 동적으로 생활에 적응시키지 않으면 안 된다고 주장하고 전인으로서도 신체단련을 중시하고 전인교육에 단련주의를 주장하였다.

아동교육론에서 그는 우리들이 교육하고 있는 것은 정신도 아니고 육체도 아니라 오로지 참다운 인간을 만드는 것이다. 우리는 정신과 신체를 두 부분으로 나누어서 생각해서는 안 되고 마치 한 대의 마차에 매어진 두 마리의 말과 같이 정신과 신체를 하나로 묶어서 생각하지 않으면 안 된다고 말했다.

이 말은 그렇게 하는 것이 동시에 정신을 위한 길도 된다고 믿고 신체에 더욱 주의를 기울일 것을 바라는 그의 의향을 나타내고 있는 것이다.

소년들은 마음을 쓰지 않는 더위, 추위, 바람, 햇빛과 위험에 몸을 단련하도록 한다. 소년들이 눈치만 살피는 아이가 되지 않고 강하고 활발한 소년으로 이끌지 않으면 안 된다.

몽테뉴는 자신은 시종일관 이러한 의견이었고 지금도 그것에는 변함이 없다고 말하고 교육의 목적은 문법가나 논리학자를 만드는 것이 아니고 심신양면에 걸쳐 완전한 신사를 만드는 데 있다고 하였다.

사회적 실학주의는 사회생활의 경험을 교육의 중요한 내용으로 하여 신사로서의 적절한 준비를 시키는 것을 목적으로 하고 있다. 따라서 사회적 실학주의는 인문적 실학주의를 한층 더 앞서 실학에 접근한 사조이다. 사회적 실학주의는 이렇듯 현실 사회와의 접촉을 중요시하였으며 현실사회에 참여함으로써 참된 산지식을 얻게 된다고 말했다.

몽테뉴가 주장한 체육의 목적은 인간에게 과하여진 여러 가지 요구를 감당해낼 수 있는 종합적 인간을 만드는 데 정서 · 영혼 · 지성의 3요소가 일치된 작용을 할 수 있도록 하는 것이었다. 그는 체육을 전체의 교육적 테두리 안에서 필요 불가결한 요소라고 생각하고 신체는 우리들의 존재 가운데 중요한 부분이며 뚜렷한 위치를 차지하고 있으므로 그 구조와 구성이 올바르게 고려된다고 하여서 체육을 인간발달의 불가결한 조건으로 인정하였다.

인간의 신체적·지적·정서적 생활은 밀접하게 관련되어 있고 상호의존하기 때문에 어느 측면도 무시할 수 없다고 주장하고 우리들의 두 가지 주요부분은 분리할 수 없을 뿐만 아니라 이를 재통합하고 결합하지 않으면 안 된다. 그리하여 정신을 신체와 분리하거나 신체를 정신으로부터 분리시켜 경시하지 않도록 경고하였다.

그는 엄격한 신체활동에서 받는 고통을 이겨 나가는 어린이는 앞으로 가혹한 괴로움에도 적응할 수 있을 것이라 믿고 정신의 단련을 위하여 신체를 소홀히 했던 중세의 금욕주의 사상을 반대하였다. 그는 젊은이의 정신적 균형은 지성과 같이 신체의 생명력에 의존하고 있다고 생각하였으며, 정신을 강하게 하는 것만으로는 충분한 것이 아니고 근육도 강화하지 않으면 안 된다고 보았으며 정신은 근육의 조절을 받지 못할 때 지나치게 긴장되고 압박되기 때문에 한쪽이 두 역할을 감당하는 것은 무리라 생각하며 정신과 신체를 똑같은 입장에서 단련시킬 것을 주장하였다.

몽테뉴는 부모나 학교보다도 가정교사에 의하여 교육하는 것이 바람직하다고 말하고 "소년을 양친 무릎 위에서 키운다."는 것은 이치에 맞지 않는다고 보고 양친의 사랑은 자연스러운 감정과 가장 현명해야 함에도 불구하고 너무도 어리광부리는 데 관용한다고 생각하였다. 양친은 소년을 벌줄 수도 없고 또 땀을 흘리며 거친 말을 타거나 검과 봉으로 상대와 서로 때리는 것을 조용히 보고 있지를 못한다.

그러나 "소년을 유능한 사람으로 성장시키려면 결코 어린 시절에 너무 과잉보호해서는 안 된다고 하였다." 학교도 가정과 같이 비난하며 학교에서 돌아올 때 라틴어와 그리스어를 배운 학생들은 전보다 더 허영심이 강하고 건방지게 되었음을 알 수 있다고 하였다.

그리고 교육의 성공여부는 오로지 교사에 달려 있다는 데서 교사를 선택하는 데는 각별한 주의를 기울여야 한다고 하였다. 또한 교사와 학생과의 관계에 대해서도 학생은 모든 사고나 발언을 교사에게만 의존하려고 하지 말고 교사는 더욱 학생의 말에 귀를 기울일 것을 바란다고 하였다.

3. 감각적 실학주의와 체육

과학적 사고의 새로운 방법을 널리 알리거나 그 새로운 방법을 교육 분야에 응용하려고 시도한 뛰어난 감각적 실학주의에 속하는 사상가는 Malcaster(말카스터, 1531-1611), Bacon(베이컨, 1214-1294), Comenius(코메니우스, 1592-1670)가 대표자이고 이들은 생활에 관한 지식은 자연의 힘이나 법칙 속에서 발견되는 것으로서 고전에 의한 교육효과를 부정하고 어린아이들은 독서에 의한 것이 아니고 보고 듣는 현실적 경험에 의하여 본질적으로 사물을 이해하여야 한다고 주장하였다.

인문적 실학주의가 문법보다도 지식의 획득을 위하여 고전을 읽어야 한다고 주장하여 개혁운동의 첫발을 디딘 이후 사회적 실학주

▷ 코메니우스

의자 역시 고전에 집착하고 있었지만 획득한 지식은 일상생활에 적용되는 산지식이어야 한다고 주장하였다. 한편 감각적 실학주의자는 생활에 관한 지식은 자연의 힘이나 법칙 속에서 발견할 수 있다고 믿었다. 감각적 실학주의자는 감각 즉 듣는 것, 맛보는 것, 만지는 것, 눈으로 보는 것을 통하여 얻어지는 것으로 보고 교육을 감각의 훈련으로 규정지으려 하였다.

영국의 교육가 말카스터는 유명한 Marchant Taylor's School(머천트 테일러 스쿨)[15]과 St. Poul's School(성 파울 스쿨)의 교장이었는데 「초등교육론」 「교육론」 등 2권의 저서를 냈다.

말카스터는 교육론 부제에서 "청년을 책에 열중시키는 것과 같이 청년을 신체의 건강을 위하여 단련시키는 것이 필요하다."라고 씌어 있어 그가 체육에 깊은 관심을 가지고 있었던 것으로 보인다.

말카스터는 보다 유익한 교육을 지향하여 "교육이란 홀로 생활하기 위한 것이 아니고 다른 사람과 함께 어울려서 생활할 수 있는 인간을 육성하는 것이다."라고 말하고 또한 "교육과 단련의 목적은 자연으로서의 인간완성을 이룩하는 것이다."라고 말한 것으로 보아 그

15　https://www.merchanttaylors.com/

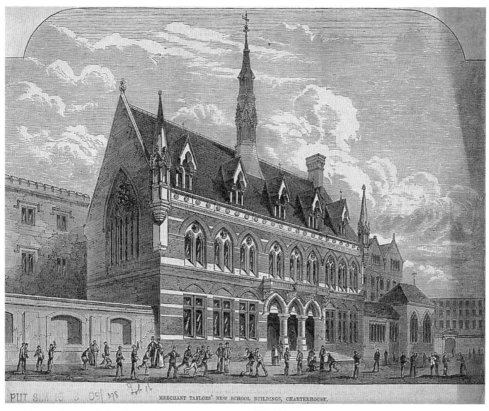

▷ The Merchant Taylor's School, Charterhouse, London 나무판화, 1875

는 교육목적을 교육내용보다는 오히려 인간자체에 집중하였다고 보겠다.

또한 말카스터는 체육의 중요성을 강조하면서 "청년들의 지력을 재빠르게 교육하는 것과 같이 신체의 강도에 대하여 고려하는 것이 필요하다."고 역설하고 "신체와 정신은 임무를 바르게 수행할 때 서로 돕기 때문에 한편이 강하고 훌륭하게 육성되지 않으면 다른 한편도 약하여 허약하게 된다."고 생각하였다.

그는 신체활동을 레크리에이션적으로 군사목적에 도움을 주는 것으로 보았으나 교육을 받고 있는 개인의 건강을 유지하고 증진하는 수단으로서 더욱 많은 흥미를 가지고 있었다. 노년기 또는 질병에 걸렸을 때 비로소 건강을 고려하지 말고 어릴 때부터 교육에서 긴장이 주된 목적의 하나로 인식되도록 하여야 한다고 주장하였다.

말카스터에 의하면 교사의 임무는 아동들의 타고난 재능을 탐구하고 또한 본성의 완성에 조력하는 것이다. 또한 아동들의 개인차를 인정한 그는 "학교에 출석하는 학생들은 같은 집에 살고 있지 않으며 그들은 나이도 각각 다르며 같은 신체활동에도 적성이 서로 다르다"고 지적하고 신체활동을 함에 있어서 교사는 변화하는 환경을 고려하여야 하며 아동들의 성격에 맞는 계획을 주의 깊게 만들어야 하고 가장 효과적으로 가르치기 위하여 전인으로서 아동을 이해하는 것이 중요하다고 보았다.

교사로서 풍부한 경험을 가진 말카스터는 훌륭한 교육이란 교사의 질과 숙련에 의하여 이루어진다고 보고 체육교사 지원자에게 갖추어야 할 자격조건을 다음과 같이 제시하고 있다.

첫째, 그가 종사하는 직업의 탁월성과 가치에 대하여 즐거움을 느껴야 한다. 왜냐하면 자신이 종사하는 일의 우수성과 보람을 느끼게 되면 우선 자기 자신부터 노력하게 되며 타인에게도 그것을 받아들이도록 열심히 권하기 때문이다.

둘째, 선견지명이 있는 교사는 모든 체육이나 운동에 관한 저술을 모두 찾아 읽어야 한다. 즉 Galenos(갈레노스)나 Mercurialis(메르쿨리아스)와 같은 학자의 저술에서 그가 당면한 문제에 대한 지식을 구하여야 한다.

셋째, 체육교사는 지도내용에 습득한 지식을 사려 깊고 분별 있게 적용할 줄 알아야 한다.

말카스터가 설명한 교육은 유아 때부터 부드러운 재능을 학습에 의해서 만들고 약한 신체를 건강하게 하여야 한다고 하고, 건강에 대해서는 小食(소식)과 가벼운 옷을 입고 다량의 운동을 하여야 한다고 주장하면서 신체훈련과 정신훈련은 같이 이루어져야 한다고 말하였다.

우수한 정신의 소유자가 건강을 소홀히 하였기 때문에 건강에 실패한 예가 많다. 그러므로 식사를 조심하고 운동은 적당히 하며 의복은 엷은 것으로 하여 건강하게 하고 강하게 하는 것이 중요하다고 하였다.

영국의 저명한 철학자이며 법률학자·정치가였던 베이컨은 런던에서 출생하여 Cambridge(케임브리지)대학에서 법률학을 공부하고 수필집 「학문의 진보」 「신애틀란티스」 등은 문학형식과 예리한 지성과 진리의 탐구로 영국 수필의 아버지라 부르게 되었다. 실험과 관찰을 중요시하는 그의 학풍은 영국 경험론의 기초가 되었다. 그는 교육의 목적은 지적 생활을 통하여 인간의 현실생활을 영위하는 데 필요한 능력을 길러주는 데 있다고 말하고 "인간은 그의 감각이나 관찰력을 통하여 자연의 기본원칙을 발견하고 지식은 인류에게 봉사하기 위

▷ 베이컨

하여 이용되어야 한다."고 주장하였다.

베이컨은 "마음의 선과 신체의 선 사이에는 어떤 관계, 또는 일치되는 점이 있는 듯하다."고 말하였으며 그는 신체를 마음의 터전으로 보고 신체의 가치를 건강, 미, 힘, 쾌락으로 분류하고 있다. 그리고 건강에 대해서는 적당한 운동에 의하여 예방되지 않는 병은 거의 없다고 하였다. 그는 또한 운동의 기술을 이용하기 위하여 충분히 연습하여야 하지만 과도한 운동은 보수를 목적으로 한 허식에 지나지 않는다고 충고하였다.

베이컨은 특히 학문을 하는 방법에 새로운 歸納法(귀납법)을 사용함으로써 근대 과학의 방법론을 확립하였다. 귀납법은 '사람은 죽는다.', '까마귀는 검다.', '내일도 해가 뜬다.' 등과 같이 많은 경험에서 보편적인(?) 원리를 발견하는 것을 귀납법이라고 한다. 경험은 새로운 발견을 하게 하는 원동력이지만, 때로는 편견을 만들기도 한다.(수학백과, 2015.5)

그는 사고의 귀납적 방법을 발표하여 소년들을 교육시키기 위한 새로운 관념 형식의 길을 마련하였다. 학생들에게 비판적 태도를 갖게 하고 사물을 관찰하며 사실을 수집하며 진리탐구에 독창적 연구를 행하도록 장려하였다. 그의 귀납적 이론은 다수의 관찰을 마치고 특권 현상에 관한 많은 사실을 수집한 연후에 일반적 원리를 세우려는 방법으로 교육기술을 개발시키는 지식탐구의 길을 열어주었던 것이다.

체코슬로바키아의 교육사상가로서 교육의 천재라고 불리는 코메니우스는 그의 저서 「대교수학」과 세계 최초의 삽화가 있는 독본이라는 「세계도화」 「유년기 교육론」 등은 특히 유명하다. 아동심리학의 개척자이기도 하며 특권·서민계급도 그 자체는 같은 학교에서 배워야 한다는 통일학교 교육의 개척자이기도 하다.

코메니우스는 교육의 목적은 영원히 신과 같이 있는 행복이라고 확신하고 있다. 그는 "자연은 신의 움직임이므로 이러한 자연을 모르는 한 인간은 사회의 적이다. 그러므로 자연을 잘 알게 가르치지 않으면 안 된다"라고 하였다. 이와 같이 그는 개인이나 사회를 혁신시키는 교육의 힘에 대한 큰 신념을 가졌던 것이다. 코메니우스는 신체에 주의를 기울임으로써 마음을 고상하게 한다고 말하고 "어린이가 원기가 없고 건전하지 못하면 잘 양육할 수 없으므로 어린이의 건강을 유지하는 것이 모든 것을 초월하여 양친의 최대 관심사가 되어야 한다."고 말하여 체육의 중요성을 역설했다.

그의 저서인 「유아학교」는 모든 부모들에게 주는 이러한 문제에 관한 충고로 가득 차 있다. 그는 놀이를 자연스러운 교육으로 보고 이를 제한하는 것은 정신과 신체의 조화적 발달을 해치는 것이라고 경고하고 게임이나 놀이는 아이들의 지력이나 태도, 습관을 발달시키기 위한 자연적이고 건전한 방법이기 때문에 장려하여야 한다고 하였다. 그는 유쾌한 오락을 즐기고 있는 아이들은 감정이 균형을 이루게 되어 놀이에서 느끼게 되는 행복한 마음과 건강한 신체는 건전한 정신을 보증하는 것으로 보았다. 그는 "즐거운 마음은 반 이상의 건강이 되며 마음의 즐거움은 인간의 원천이다."라는 옛말을 인용하여 부모들에게 시사하였다. 따라서 신념이나 노력에 위배되지 않는 범위 내에서 아이들에게 자극을 줄 수 있는 어떤 사소한 활동이라도 과하는 것이 좋다고 코메니우스는 생각하였다.

코메니우스는 유희와 체육활동을 중요시하고 학교는 아동의 건강에 주의하도록 하였으며 아동들에게 충분한 운동장을 제공함과 동시에 매일 체육활동을 지도해야 한다. 우리 교육자는 건강한 신체에 건강한 정신이 깃든다는 것을 알아야 한다.

따라서 1일 중 8시간은 수면에 8시간은 학업에 그리고 8시간은 식사, 건강위생, 신체활동에 배당하여야 한다. 그리고 공부시간 사이에는 30분의 휴식시간을 두어야 한다.

아동들에게 충분히 놀 수 있게 하되 위험성이 따르는 운동을 해서는 안 된다고 했다. 또한 어린이들은 서로 어울려 놀게 하는 것이 교사로서 가장 효과적인 교육방법이라고 하였다. 나이가 비슷하고 같은 정도의 발육과 태도, 습관이 비슷한 아이들이 함께 놀 때 능력의 차이가 없으므로 그들 사이에는 상대방에 대한 사랑, 공평 모든 사물에 대한 자연스러운 질문과 그에 대한 응답으로 서로를 유익하게 한다고 하였다.

코메니우스는 아이들의 유희생활에 관하여 독특한 통찰력을 가지고 있었다. 그는 놀이를 자연스러운 교육과정으로 보고 이를 제한하는 것은 정신과 신체와의 조화적인 발달을 방해하는 것이라고 경고하였다.

게임이나 놀이는 아이들의 지력이나 태도, 그리고 습관을 발달시키기 위한 자연적이고 건전한 매개이기 때문에 장려되어야 할 것이라고 강조하였다. 그는 "게으름을 피우는 것보다는 노는 것이 훨씬 더 유익하다. 왜냐 하면 놀고 있는 동안은 정신이 목적한 대상을 향하여 쉬지 않고 작용하므로 능력이 길러지는 것이다. 자연은 아이들을 선동하여 무엇인가를 하도록 만듦으로 아이들은 놀이에 의하여 아주 곤란 없이 일찍부터 활동적인 생활을 위하여 훈련될 것이다."라고 하였다.

코메니우스는 교육방법을 개량하기 위하여 많은 노력을 기울였으며, 그의 교육방법에 의하면 학습은 다음과 같은 점에 유의하여야 한다고 교사들의 주의를 환기시켰다.

1) 간단한 것에서부터 복잡한 것으로 이미 알고 있는 사실로부터 모르는 사실로 진행할 것.

2) 일반 법칙을 제시하기 전에 많은 예를 제시할 것.

3) 교재의 범위는 아동들이 경험한 한도 내에서 선택할 것.

4) 설명은 확실하고 간단하며 될 수 있으면 재미있게 할 것.

5) 학과를 아동들의 발달 정도에 알맞게 주의 깊게 분류해서 조직할 것.

6) 가능한 한 최선의 방법을 강구하여 학생들이 학문을 좋아할 수 있도록 인도할 것.

감각적 실학주의자들은 교육의 매개체로서 교과서, 시설, 용구에 대하여 과소평가하지 않고 그림이 삽입된 책, 지도, 그림, 모형 등을 감각훈련의 수단으로 이용하도록 하였다.

코메니우스는 학생은 그가 배우고 있는 사실을 직접 접촉해보거나 적어도 그림이나 표본을 통하여 학습하는 것이 바람직하다고 하였다. 예를 들면 학생이 많은 책을 읽는 것보다는 하나의 골격 모형에서 보다 많은 해부학을 공부할 수 있을 것이라고 제안하고 있다.

이와 같은 제안은 드디어 연구실에서의 전문적 연구, 실험, 현장시찰, 시청각 교육과 같은 현대적 요구로 결실을 보게 되었던 것이다.

Ⅳ. 단련주의와 체육

17세기는 종교적 혼란과 합리주의와 전제주의 사이에 격렬한 투쟁이 벌어지고 있던 시대이기도 하다. 종교개혁과 계몽주의시대에 상인계급은 강력한 사회적인 세력과 정치권력을 차지하게 되었고, 모험적인 항해자는 미지의 대륙을 탐험하여 새로운 지리적 발견으로 풍부한 경험을 체험하였다.

문학과 예술에 있어서는 창의력이 풍부한 천재들의 노력에 의하여 불멸의 걸작이 나왔으며, 그중에서도 과학은 서서히 시대를 지배하는 정신적 지주가 되었다. 한마디로 말하여 17세기 말엽은 세계가 지적 호기심과 과학적 관심에 불타고 있었던 시대였다.

John Locke(존 로크, 1632-1704)는 영국에서 인식론적 경험론의 대표자이고 교육자, 의학자, 정치가로서도 유명하다. 그는 계몽사상가의 선두에 서는 사람으로 가장 중요한 위치에 있는 사람이다.

▷ 출처 : Wikimedia 존 로크

단련주의 면에서는 사회적 실학주의의 경향과 감각을 통하여 교육을 하여야 된다는 감각적 실학주의를 나타낸 로크는 의사로서의 일면도 가지고 있었다. 그는 소년은 소형의 성인이 아니고 인간은 태어날 때부터 알고 얻어서 태어나는 것이 아니고 모든 것을 경험에 의하여 습득할 수 있다는 자연의 이론에 입각하여 경험주의에 따라 생각하고 행동함으로 인하여 습관적으로 습득되고 교육되어야 된다고 말했다. 또한 그는 오늘날의 위생학을 성립시키고 병에 걸린 사람을 어떻게 치료하느냐가 아니고 병에 걸리지 않는 건강한 어린아이를 육성하기 위하여 어떠한 방법을 사용하는가를 문제시하였다.

체육 면에서는 신체의 단련과 위생을 통하여 정신의 건강을 도모하고 지식은 정신건강과 일치되는 덕으로 완성하지 않으면 안 된다고 말하여 단련주의의 교육을 취하고 신체훈련은 교육의 기초라고 강조하였다.

로크는 신체육성을 그의 「교육에 관한 고찰(Some Thoughts Concerning Education)」에서 최초로 취급하고 있는데 그것은 단련주의에 입각해서 건강 교육적인 사고로 오히려 기조가 되고 있는 것이다.

체육 사상적 관점에서 먼저 주목할 것은 머리말에 나오는 서문이다. 즉 "A Sound Mind in A Sound Body"(건전한 신체에 건전한 정신)은 세상에 있어서 행복한 상태를 가장 짧게 표현한 것으로 그 의미가 극히 풍부하다 하겠다. 이 두 가지를 다 지니고 있는 사람은 그 이상 더 희망하는 것이 없을 것이다. 그 어느 쪽이 결여되면 그 밖의 어떠한 것이 있다 하여도 좋다고는 할 수 없다. 인간의 행복과 불행은 자기가 만드는 것이다.

정신이 현명하게 움직이지 못한 사람은 올바른 길을 택하지 못하였을 것이다. 신체가 허약한 사람도 역시 옳은 일을 행하지 못하였을 것이다. 심신의 천성이 착실한 사람은 타인의 조력이 대체로 필요치 않을 것이다. 이러한 사람은 뛰어난 단계를 거침없이 진행할 것이며 또 이것은 당연하다고 할 것이다. 그러나 10명 중 9명은 교육에 의하여 선하게 되기도 악하게 되기도 하며, 또 유용한 사람으로 되기도 하고 무용한 사람으로 되기도 하는 것이다.

로크는 체·덕·지론에 대해서 건전한 정신과 건전한 신체는 연마에 의하여 저항력을 배양함으로써 가능한 것이라고 하였다. 로크가 체력을 교육이라는 피라미드의 기저라고 생각한 이유는 신체의 특질과 힘이 인격의 형성과 발달의 한계를 대폭적으로 규정하고 있다는 점을 깨달았기 때문이다.

아동들에게 체육은 강하게 단련된 체격을 만들며 건전한 생활습관을 유지하고 정신을 상쾌하게 하는 레크리에이션의 경험을 갖게 하여 상류사회에 있어서 신사에게 필요한 특수한 능력을 발달시키는 것이라고 했다. 그는 "우리들이 업무와 행복을 위해서 건강이 얼마나 필요하며 또 곤란과 결핍과 피로에 견딜 수 있는 강력한 체력이 필요 불가결한 것인가는 이 세상의 그 누구라도 다 알고 있는 사실이다."라고 말하였다.

로크는 의학적 관점에서 단련주의를 주장하였으며 건강과 행복의 관련성을 강조하면서 신선한 공기, 적당한 운동, 필요한 수면, 소금, 설탕을 절약한 담백한 음식물을 섭취하도록 하며 주류 등 자극적 음식을 피하고 의복은 활동성과 방한을 소홀히 하지 말고 자연적 발육을 권하고 뜨겁고 추운 곳에서 견디는 습관을 길러주도록 한다. 가능한 한 약을 멀리하고 충분한 수면, 건전한 정신과 신체를 길러 나갈 것을 권하고 있다.

덕의 목적은 자신의 욕망을 억제하고 이상에 따라 행동하는 데 있다고 했다. 자신의 의지를 타인의 이성에 복종시키는 습관이 없는 사람은 성인이 되어도 자기의 이성에 복종할 수 없게 된다고 보았다.

건전한 정신이란 의지의 도야에 중점을 두고 도리에 합치되는 행동을 하게 하는 것으로서 즉 자신의 욕망을 억제하고 이성에 흐르는 훈련을 쌓아야만 덕은 완성에 이르는 것이라 했다. 그리하여 그는 가혹한 훈련의 필요성으로 어린이의 지성과 행위의 발달에 따라 그것을 신뢰하는 태도를 취하고 그 명예심에 호소하여 체면을 존중하고 부끄러움을 알아서 자신을 선한 경지로 이끌고 나가야 된다고 했다.

학교교육은 경쟁에 의해서 대담성과 활발한 성격을 길러 자칫하면 거칠어지고 염치없는 나쁜 성격을 기르기 쉬우며 교사가 아무리 열성적이라도 몇십 명을 똑바로 감독한다는 것은 불가능한 것이므로 학교교육보다는 가정교사에 의한 가정교육이 더 영향력이 있음을 환기하고 있다. 교육방법은 체벌반대, 교사 솔선수범, 교사의 사랑, 친절과 충고로서 비행을 시정해야 한다고 했다.

로크는 지식과 교육을 동일시하는 것을 비난했으며 교육에서도 지육이 가장 그 비중이 낮다고 보았다. 인간의 진정한 평가에 있어서 도덕이 없는 사람의 지식은 결국 악용되는 것으로 덕이 지식에 앞서야 한다는 것이다.

지육의 목적은 학과를 완전히 전수하는 것이 아니고 탐구심, 즉 지식을 구하고자 하는 욕망을 양성시켜 과학을 받아들일 수 있는 능력을 계발해야 하며 특히 다양한 연습으로 사고하는 습관을 기를 것과 아울러 수학의 중요성을 지적하였다. 또한 민주생활에 필요한 부기 등 실용적 지식의 필요성도 인정하였으며 교수법에 관해서도 어린이의 활동성을 이용할 것, 자연의 법칙에 따를 것, 직관적으로 교수할 것, 유쾌하고도 유희적인 학습법의 구상 등은 주목할 만한 견해였다.

로크에 의하면 지식은 다만 신사에게 필요한 교양을 의미한다. 즉 Virtue(미덕), Wisdom(지혜), Breeding(품행), Learning(학습) 등을 말하며 그에 있어서의 지식은 오직 덕을 높일 수 있는 수단에 지나지 않았다.

지육의 일반에 대한 교육내용을 보면 모국어인 영어의 읽기와 쓰기, 프랑스어, 라틴어, 미술, 지리, 역사, 수학, 박물학, 자연과학, 의학, 수사학, 논리학 그리고 무용, 취미, 오락여행 등과 같은 실제적 학과목을 부과할 것을 주장하였으며 이러한 백과사전적의 학과목은 모두가 신사를 양성하는 데 필요한 것이라고 보았다.

로크는 신체육성을 그의 교육론에서 가장 큰 비중을 두고 중요하게 취급하고 있는데 그것은 단련주의에 입각해서 건강 교육적인 사고가 기조가 되고 있는 것이다.

체육 사상적 관점에서 주목할 것은 「교육에 관한 고찰」 머리말에 나오는 서문이다. 즉, "건전한 신체에 건전한 정신이 깃든다."라는 것은 신체와 정신에 대한 유기적 관계를 말한 것으로 세상에 있어 행복한 상태를 가장 짧게 표현한 것으로 그 의미가 극히 풍부하다 하겠다.

건전한 신체와 건전한 정신을 동시에 지니고 있는 사람은 그 이상 더 희망하는 것이 별로 없을 것이다. 그 어느 쪽이 결여되면 그 밖에 어떠한 것이 있다 하여도 좋다고는 할 수 없다.

인간의 행복이니 불행이니 하는 것도 실은 그 대부분이 자기 자신이 만들어 낸다고 할 수 있다. 정신이 현명하게 움직이지 못한 사람은 정도를 택하지 못하였을 것이고 신체가 허약한 사람 역시 바른길을 갈 수가 없는 것이다.

로크는 위와 같이 신체육성에 대해서 단련주의 습관형성을 주장하고 청소년을 지력, 신체적으로 단련하고 지력을 유지하기 위하여 신체를 발달시킴으로써 잘 훈련된 성격은 건전한 신체에 건전한 마음을 소유한 젊은이들만이 성취할 수 있다고 보았다. 로크에 의하면

성격의 발달은 단련주의교육의 주요 부분으로서 여기에는 제일 먼저 건강이 확보되지 않으면 안 된다고 하였다.

로크는 신체의 단련에 대해서 "신체는 너무 아끼면 못 쓰게 되기 때문에 단련하지 않으면 안 된다. 단련하면 습관이 되어서 하지 못할 것으로 생각되는 일도 참고 견디어서 할 수 있게 되는 것이다."라고 했다.

우리들의 얼굴은 추운 겨울날의 모진 찬바람이나 여름의 햇빛에도 견디어 낼 수 있다. 얼굴도 처음 태어났을 때는 신체의 다른 부분과 마찬가지로 살결임에 틀림없다. 그러나 우리의 얼굴은 사철 내어놓고 자연환경에 길들여져 있기 때문에 추위와 더위에 견딜 수 있는 것이다. 이것은 단지 습관인 것이다.

우리들의 신체는 습관이 되어 있으면 참을 수 있는 것이다. 즉 일찍부터 습관화하여 두면 그것은 능히 참을 수 있으며 태연자약하게 된다고 하였다. 연약하게 길러진 신체는 생애를 불행하게 살아가게 되므로 단련하지 않으면 안 된다.

단련되려면 길들여져야 하고 "길들여짐" 속에는 신체적 요소인 근력, 지구력 등과 정신적 요소인 인내력, 저항력 등을 몸에 익혀야 한다. 몸에 익힌다는 말은 경험을 통한 습관의 형성, 습관화를 의미한다. 강인한 신체는 건전한 습관을 끊임없이 단련함으로써 얻어질 수 있다고 보겠다.

로크는 "대부분의 어린 자녀들의 신체는 너무 귀여워하든가, 또 너무 걱정을 하여도 못 쓰게 되거나 해롭게 될 것이다."라고 했다. 신체에 대한 그의 "귀여워서"라는 말의 이면에는 "귀여워하기 때문에 못 쓰게 된다. 그렇기 때문에 단련하지 않으면 안 된다."라는 생각이 깃들고 있다고 보겠다.

로크는 당시 상류계급에 속하는 사람들의 자녀교육에 있어 무분별하고 지나친 애정이 과잉보호 현상으로 나타났다면서 그들의 자녀들이 연약하고 쓸모없는 사람으로 길들여지고 있는 실정을 지적하고 부모들에게 자녀들의 건강한 신체단련을 위해서 다음과 같이 신체육성의 목표를 제시하고 있다.

1. 옥외의 공기를 충분히 호흡할 것.(겨울철에도 난로에 가까이 있지 못하게 하며, 추위와 더위에도 익숙하게 할 것.)

2. 운동을 할 것.(수영이 좋다. 오래 달려서 숨이 차고 몸이 더워졌을 때 냉수를 마시거나

땅 위에 앉거나 눕는 것을 피해야 한다.

3. 수면(침대는 딱딱한 것이 좋고 일찍 자고 일찍 일어날 수 있도록 습관을 들이고 7-14세 사이에는 8시간 정도 재울 것. 큰 소리로 깨우지 말고 작은 소리로 깨울 것.)

4. 식사(산뜻한 것이 좋고 3-4세까지는 육류, 사탕 종류, 소스나 양념 등은 피하는 것이 좋다.)

5. 약(약은 되도록 혹은 전혀 먹이지 않는 것이 좋다.)

6. 의복(너무 더운 의복과 거북한 옷은 입히지 말 것.)

7. 냉수(머리와 발은 차게 하고 발은 때때로 냉수로 씻도록 할 것.)

위와 같이 로크는 자녀들의 건강유지와 증진을 위해 간단한 섭생법을 연구하고 신선한 야외의 대기, 운동, 수면 등을 중요시하였다.

아동들에 대한 로크의 체육에 대한 견해는 강건하게 단련된 신체의 육성과 건전한 생활 습관을 유지하고 정신을 상쾌하게 하는 레크리에이션의 경험을 갖게 하여 상류사회에서 신사에게 필요로 하는 특수한 재능을 발달시키는 것이다. 귀족주의 시대에는 체육은 사교적 목적을 지향했고, 귀족의 자제는 상류사회의 신사에 필요한 신체적 능력을 체육활동을 통하여 습득하였으며 학업과 서적으로부터 얻을 수 있는 것 이외에 신사로서의 자질도 운동에 의하여 얻을 수 있었다.

즉, 그것들은 대담성, 자신감, 세련된 태도, 우아한 몸짓, 건강, 힘 등이라고 했다. 특히 아동들의 신체를 튼튼히 하고 저항력을 기르는 데 빈틈없는 조치를 취하였는데 이는 자연적인 놀이를 전혀 못 하게 금지하는 것이 아니라 아동들이 즐기는 오락은 어떠한 것이라도 장려되었다.

그는 "아동들의 어린이다움이나 어린이다운 놀이, 어린이다운 행위는 방해되어서는 안 되며 모든 자유가 아동들에게 주어져야 한다. 그러나 나쁜 행위는 금지하지 않으면 안 된다."고 하였다.

또한 로크는 부모들의 주의를 환기시키면서 자녀들을 귀엽게만 여기어 얌전하게 교육시키면 그들의 신체는 아무 쓸모없이 되어버리거나, 병들게 되며 강인한 신체는 건전한 건강 습득을 계속 행함으로써만이 발달되는 것이라고 경고하면서 "대부분의 어린아이들의 신체를 너무 귀여워하든가 또 너무 걱정을 하여도 못 쓰게 되거나 해롭게 될 것이다."라고 했다.

로크는 운동 중에서도 수영, 승마, 무용, 펜싱과 같이 완전한 신사에게 필요한 특수한 기능을 중요하게 여기었다. 이 중에서도 특히 수영을 높이 평가하면서 수영은 사람의 건강에 매우 유익하여 생명을 연장시켜 주고 사람의 생명을 구할 수 있기 때문이다.

무용은 모든 생활에 우아한 동작을 길러주고 무엇보다도 젊은이들에게 남자다움과 자신감을 갖게 한다는 이유로 매우 찬성하였다. 그러나 무용은 가능한 능력과 연령에 도달하였을 때 배워야 한다고 생각을 했다.

승마는 스포츠로서의 가치보다 사회적인 필요 때문에 인정을 하고 승마는 소수의 사람에게 허용되는 운동이기 때문에 제약이 있다. 그러나 흥미 있고 품위 있는 이 운동은 타는 사람이 말을 달리게 하고, 멈추게 하고, 신속히 방향을 전환할 수 있게 되고 또한 말 위에서 휴식을 취할 수 있다면 승마야말로 전쟁 시나 평화 시나 가릴 것 없이 신사에게 유용한 것이다.

그러나 펜싱은 조건부로 인정을 하고 있다. 그 이유는 펜싱은 참다운 기술을 습득하기 위하여 상당한 기간의 훈련을 요하며 또한 젊은이들로 하여금 결투를 행하게 하여 불필요하게 생명의 위험을 가져온다고 여겼기 때문이다.

그리하여 로크는 아동들에게 위험한 펜싱보다는 차라리 레슬링을 시키겠다고 하였다. 또한 로크는 결투에 대한 사회적 반응의 변화를 상업상의 경쟁을 좋아하는 상인계급의 대두로 경쟁적 경기인 결투는 비난의 대상이 되고 엄격히 규제 받기 시작하였다고 말하였다.

로크의 체육목적은 고난을 잘 견디어 이겨낼 수 있는 신체를 발달시키는 데 있었다. 그러나 이 훈련과정의 스파르타식 특성은 건전한 젊은이들을 위하여 고려된 레크리에이션을 포함시킴으로써 평형을 유지하고 있다. 이와 같은 견해는 근대적 운동연습의 선구적 사상이었다고 볼 수 있다. 왜냐하면 오늘날 레크리에이션 활동은 일반적으로 건전한 인격을 육성하기 위한 최선의 수단 가운데 하나이며 긴장과 피로로부터 유기체를 보호함과 아울러 자기표현의 기회를 갖기 위한 최선의 수단으로 생각하고 있기 때문이다.

로크는 아동과 성인을 위하여 즐거운 놀이를 행하도록 거듭 강조하고 "자기 인생을 선용하려는 자는 많은 시간을 레크리에이션에 할당하여야 한다. 피로에 대한 심신의 작용을 인정하고 신체적 또는 정신적 노동으로 피로하였을 때 피로하여 있는 부분의 원기를 회복하여 주기 위해서는 다른 활동으로 전환하여야 한다."고 하면서 레크리에이션이란 모든 사람들이 언급하는 바와 같이 나태한 상태를 말하는 것이 아니고 일의 전환에 의하여 피로한 부분을 편하게 하는 것이라고 정의하고 있다.

로크는 육체적 혹은 정신적 노동으로 피곤하여졌을 때 그 지친 부분을 새롭게 하기 위해서는 다른 활동으로 방향을 돌려야 한다고 주장한다. 레크리에이션에 대해서는 광범위한 해석이 있긴 하지만 신체운동이 레크리에이션의 중요한 일부가 되었다.

운동은 신체를 단련하기도 하지만 또한 정신을 새롭게 함으로써 건전한 정신건강을 이룩하는 데 도움이 되기도 한다는 것이다. 특히 앉아서 하는 일, 정신노동이 심한 일로 피곤을 느낀 사람에게 균형을 주기 위해 신체활동을 권장하고 있다. 자신이 하는 일이 휴식과 원기회복을 필요로 할 때는 반드시 신체활동을 하여야 한다. 왜냐하면 운동은 마음의 긴장을 해소해주고 건강과 힘을 재확인시켜준다. 이처럼 로크는 신체적 레크리에이션을 강조하고 있다.

로크는 원예, 목공, 철공에 필요한 기술이나 노동에 의하여 이루어지는 수공업은 우리들에게 많은 이익을 가져다주며 특히 공기가 좋은 야외에서 행해진다면 건강에 도움이 된다고 하였다. 그리고 보다 바람직한 레크리에이션이란 사람을 즐겁고도 쾌활하게 하며 휴양시킴과 아울러 본래의 목적이었던 일에 도움이 되는 활동이라고 하였다. 이러한 이유로 해서 그는 당시의 상류계급 사이에서 성행하던 카드놀이나 주사위놀이는 사람을 오히려 피로하게 만들 뿐만 아니라 그들의 직업에서 느끼는 권태보다 더욱 많은 괴로움을 가져오는 원인이 된다고 반대하고 있다.

로크는 레크리에이션은 노동이나 음식물같이 필요한 것이지만 이성보다는 상상에 의한 기쁨이 없어서는 안 되기 때문에 레크리에이션은 아동들이 천진난만하게 즐기고 건강에 대한 편견이 없는 것이라면 자기 나름대로 행하도록 내맡겨두는 것이 좋다고 하였다. 또한 아동들은 자신들의 놀이에 기쁨을 갖지 않으면 안 되지만 너무 지나쳐도 안 된다고 하였다.

로크는 너무 많은 장난감을 소유하는 것은 그것을 가지고 노는 흥미보다도 소유의 양에 더욱 많은 관심을 쏟게 될 우려가 있다고 말하면서 아이들이 상상력으로 자기들의 장난감을 고안하도록 하는 것이 보다 현명한 방법이며 더욱이 놀이를 보다 지적 학습으로 재미있게 유도하는 수단으로써 할 수 있을 것이라고 확신하였다.

로크는 부모와 가정교사는 좋은 습관을 아동들에게 가르치는 것만으로는 불충분하다고 보고 학생을 바람직한 건강형의 인간으로 성장되도록 주의를 기울일 의무가 있다고 하였다. 부모와 교사는 놀이터에서 노는 아동들에 대한 주의 깊은 관찰을 통하여 이들을 관리하는 방법을 탐지할 수 있으며 아동들의 자연적 성향, 소질, 특성 등의 평가에 도움을 줄 것이라 하였다.

로크는 자신의 일생을 통하여 오로지 진리를 사랑하고 진리를 추구해 갔다. 그리고 그의 사상을 한마디로 말한다면 입체적이었다고 볼 수 있다. 즉 그의 흥미는 철학, 윤리, 종교, 정치, 교육, 의학 등 인간생활의 거의 모든 분야에 걸쳐 있다. 그리고 이와 같이 다양한 그의 진지하고 깊은 사색을 통해서 하나의 통일적인 체계를 이루고 있다고 보겠다. 로크의 "건전한 신체에 건전한 정신이 깃든다."는 교육론의 대전제는 인간의 행복은 육체의 건강과 정신의 건전한 기초 위에서만 건설될 수 있다는 진리라고 볼 수 있다.

V. 자연주의와 체육

18세기는 계몽주의 시대로 전통적 구속에서 벗어나 자유스럽게 지식을 보급시켜 일반 민중을 무지와 미신과 맹종에서 해방시키려 하였으며, 지성 및 이성의 존중과 비판적 정신이 나타난 시대였다.

선구적 과학자인 Copernicus(코페르니쿠스), Brahe(브라에), Kepler(케플러) 등이 자연의 법칙을 연구하여 우주의 진리를 어느 정도 명백히 하였으므로 이것이 계기가 되어 Voltaire(볼테르), Rousseau(루소, J.J.) 등이 철학보급의 길을 연 계기가 되었다. 당시의 학자들은 만일 Natural Law(자연법) 이론이 물리적 세계에 작용한다면 전 우주는 자연의 법칙에 의하여 작용하는 질서정연한 기계와 같을 것이라고 결론지었던 것이다. 그들은 또한 이러한 보편적 진리 내지는 자연법 이론이 정치·교육·경제에 적용될 수 있는 가능성을 탐구하기 위하여 사회를 고찰하기 시작하였던 것이다.

프랑스의 계몽주의자, 철학자, 작가인 Rousseau(루소, J.J. 1712-1778)는 스위스에서 시계공의 아들로 태어나 제네바에서 성장하였으며 다른 사상가와는 달리 전혀 정규교육을 받지 못했다. 이것이 그의 사상 형성에 커다란 의미를 주었다고 볼 수 있다.

1750년 디죵의 아카데미 현상 논문에 응모한 "학문 및 예술론"이 당선되어 명성을 날렸다. 계속해서「인간 불평등 기원론(1775)」「정치 경제론(1755)」을 쓰고 독자적인 자연관·사회관을 확립하였다. 그 후「신 에로이스(1761)」「사회 계약론(1762)」「에밀(1762)」 등을 잇달아 출판하였다.

루소는 "자연으로 돌아가라"를 신조로 하여 자연은 인간을 자유롭고 선량하고 행복하게 만들었으나 문명과 사회가 인간을 부자유와 사악과 불행에 빠트렸다고 단정하고 교육의 근본정신은 자연인을 길러내는 데 있다고 주장하였다. 루소는 자연주의 교육을 주장하고 아동은 성인이 되기 위한 준비가 아니고 아동중심으로 사회의 모든 속박에서 해방시키고 본질과 자연의 요구에 따라 자연적으로 활동시켜야 된다고 주장하였다.

루소는 "아동을 보라 그리고 자연을 가르치는 길을 찾아가거라. 자연은 쉬지 않고 자연을 단련한다. 자연은 모든 고난으로 인해 아동의 체질을 강하게 하고 일찍부터 고통이 어떤 것인가를 그들에게 가르친다."고 하였다.

루소의 자연주의 교육은 아동의 성장발달의 기초를 신체와 감각훈련에 두고 아동들은 모든 굴레에서 해방하고 그들 자신의 본성, 자력 그리고 자연적 성향을 완전히 발달시킨다고 보았다. 그는 근본적으로 생각하기를 사람은 본래 출생하는 순간부터 자유이고 평등이

▷ 출처 : 브런치 https://brunch.co.kr/@bahur/26
루소의 초상화, 〈에밀〉의 프랑스어 초판 표지, 자연을 경험하는 교사와 학생 삽화

어야 하며 이를 방해하는 것은 제반 사회적 제도밖에 없는 것이다. 그래서 그것을 타파하기만 하면 원시시대와 같이 자유와 평등이 실현될 수 있을 것이라고 보았다.

또한 그는 아동기에는 장래 자신의 직업생활을 준비하는 시기가 아니라 오히려 선하고 행복한 생활을 위하여 훈련되는 시기라고 하고 삶을 올바로 영위한다는 것을 학생들에게 가르쳐야 하기 때문에 우선 인간다운 인간이 되어야 한다고 루소는 주장하면서 교육이야말로 인간으로 하여금 변화하는 환경에 스스로 적응시키는 과정이라고 말했다.

루소는 교육을 인간, 자연, 사물의 3가지 작용으로부터 유도해낼 수 있는 것이라고 전제하고 개체의 구조에 있어서 영구불멸의 요소는 자연의 작용에 기인하는 것이기 때문에 교육의 다른 모든 작용도 자연과 동시에 일어나야만 된다고 생각하였다. 교육에 있어서도 자연주의 목적에 의하여 건강교육과 체육교육이 더욱 강조되고 있다.

루소는 "무척 소홀히 여겨온 신체훈련은 교육의 가장 중요한 부분이다. 그것은 아동들을 건전하고 튼튼하게 만들 뿐만 아니라 도덕적 효과에 있어서도 도움이 된다."고 말하고 아동들에게 인생의 충격적인 사태를 이겨내게 하려면 건강한 신체를 육성해야 한다는 로크의 이론에 찬성하였다. 이것은 자연법 이론에 의한 것이다. 왜냐하면 "자연은 아동들을 활동시키고 모든 고난에 의하여 단련시키며 고뇌의 의미를 빨리 가르쳐 준다."고 생각했기 때문이다.

루소는「사고력을 학습하기 위해서는 인체의 사지 그리고 여러 감각기관을 단련시켜야 되므로 지식의 도구인 신체가 강건하지 않으면 안 된다.」고 주장하고「당신이 담당한 학생의 지식을 발전시키려면 이를 지배하는 힘을 길러야만 한다. 선량하고 현명하게 하기 위하여 신체를 운동시키어 신체를 건강하고 강하게 하라. 인간이 이성적으로 강해지면 이성적인 사람이 될 것이다.」라고 한 말은 체육을 교육에 있어서 불가결한 요소로 보았기 때문이다.

신체관은 "신체는 정신의 명령에 따라 가려면 충분히 강장하지 않으면 안 된다. 신체는 정신의 충복이 되려면 강장한 것이 필요하다." 그리고 "허약한 신체는 정신을 약하게 한다. 그래서 약이 힘을 쓰게 된다. 이것이 인간에게 비상한 해를 입히게 한다."는 이 말은 로크에서 본 바 있는 약의 사용을 반대하는 것이다. 루소는 전통적인 학과목을 부정하고 자연적인 커리큘럼에 의한 학과가 소년의 사회적·신체적·지적 발달에 도움을 준다고 보았다.

루소의 교육에 관한 이념은 주로「에밀」에 나타나 있다. 가상의 소년 Emil(에밀)이 이상의 소녀 Sophie(소피)와의 결혼에 이르기까지 가정교사가 성장에 따라 교육하여 나아가는 과정을 이야기 형식으로 엮은 것이다. 루소는 발육의 5단계에 적합한 자연주의 학습과정을 에밀에서 서술하고 있다.

제1편 동물적 단계(출생-5세) 이 시기는 유아기로서 신체적 활동에 대한 욕구가 가장 강렬하다. 자연적인 신체적 욕구를 만족시키기 위하여 아무런 속박 없이 자유스럽게 운동하게 하며 그의 성장과 신체적 복지만을 위해 훈련과정도 이때부터 시작하였다.

제2편 미개의 단계(5-12세) 이 시기는 신체를 강하게 하며 온 감각의 식별 능력을 갖게 하는 광범위한 게임이나 놀이로 짜여 있어 자연스럽게 성장시키는 과정을 취급하고 있다. 아동들은 이론이나 덕과 진리에 관한 가르침을 받기에는 충분히 성숙되어 있지 못하므로 학문적 · 도덕적 학습은 전혀 부과되지 않았다.

제3편 전원생활 단계(12-15세) 이 시기는 청년 전기로 보고 이성과 판단의 힘이 비로소 나타나는 시기로 보아 지적교육이 가능한 시기라고 생각했다. 에밀은 흥미 있고 실제로 직접 도움이 되는 공부만을 택하였다. 농업과 수공업의 기술은 그를 성인의 신체노동에 익숙하도록 하여준다.

제4편 사회적 단계(15-20세) 이 시기를 청년 후기로 보고 이때 에밀의 추리력은 복잡한 개념의 파악이 가능하도록 충분히 성숙되어 사회적 · 도덕적 · 종교적 문제를 학습할 수 있는 시기로 보았다. 성교육은 숨기고만 있을 수 없으므로 빨리 배우는 것이 좋다고 생각하고 의문에 대한 응답도 숨기거나 적당히 넘겨버리지 말고 극히 간단히 밝혀주어야 하며 호기심을 주는 것이 그것을 충족시키는 것보다 위험하다. 또한 편안한 생활은 상상에 영향을 주어 욕정을 불러일으키게 하는 것으로 보고 에밀의 감각을 활발한 신체활동을 수반한 신체훈련에 의하여 전환시키려 하였다.

제5편 성인단계 이 시기는 여성교육 위주로 짜여 있는데 에밀은 이상적인 여성 소피와의 결혼을 끝으로 맺는다.

루소는 이상과 같이 모든 교육 기술은 특정한 성장단계에 따라 학생의 능력에 알맞게 선택되어야 하며 신체의 운동은 틀에 박힌 훈련방법에 따른 것이 아니고 자연적 성향대로 발육할 수 있도록 자유롭게 행해져야 한다고 했다.

프랑스에서는 자연주의 사조가 종교개혁 이후까지 불법으로 되어 있었기 때문에 18세기에 비로소 독일의 교육가들이 그 교육의 실험을 시도하기 시작했다. Basedow(바제도우, J.B. 1723-1790)는 독일 계몽기의 철학자로서 이탈리아의 계몽사상과 코메니우스의 영향을 받고 교육에서는 루소의 에밀에서 크게 감화를 받았다.

그는 교사로서 루소의 자연주의 사상에 많은 감화를 받고 그의 Philanthropinum(범애학교)에서 자연주의적 교육실천에 대한 최초의 시도를 기도하였다. 그의 교육에 관한 저서인 「방법론」과 「초등교육론」에는 자연주의사상에 입각한 교육개혁에 관한 그의 견해가 잘 나타나 있다.

18세기 후반에는 많은 학교들이 바제도우의 범애학교를 모방하여 건설되었다. 루소의 자연주의에 강한 자극을 받은 바제도우는 자연주의사상에 입각해 1774년 교육개혁을 실행하였다. 자연주의 철학에 기초를 둔 실제적인 학교 프로그램은 범애학교에서 입안되었는데 이 학교의 주목적은 "학생들을 쓸모 있고 공공정신에 바른 행복한 생활을 준비시키는 것."이라고 생각했다.

바제도우는 이 학교에서 부자의 자제에게서는 수업료를 받고 일반교양을 가르치고, 빈자의 자제는 소액의 수업료를 받고 조수라는 명목으로 교사로까지 양성하는 것을 목적으로 교육을 시켰다.

교육내용으로서는 고전어는 비중을 적게 하고 인체, 동식물, 광물 등 자연에 관한 지식을 주로 하여 실물모형 등을 사용하는 물리·산수·원예·공작 등을 가르쳤다. 또한 최초의 근대체육 프로그램을 마련하여 무용·펜싱·승마·체조·야외산보·구보·수영 등으로 단련주의적인 교육이 많이 취급되었다.

바제도우는 하루의 생활 중에서 오전 1시간, 오후 2시간, 모두 3시간은 게임, 체조, 스포츠, 레크리에이션 등에 주어져야 하며 2시간은 수공작업에 할당되어야 한다고 주장하였다. 바제도우의 범애학교 교사였던 Salzmann(살쯔만, C.G. 1744-1811)에 의하여 설립된 Schnepfental(시네펜탈)의 학교는 범애학교를 모델로 하여 자연주의에 기초를 둔 교육관을 실현하려 하였다. 이 학교 가운데 가장 유명한 학교는 살쯔만에 의하여 세워진 시네펜탈의 범애학교였다.

근대 체육의 아버지라고 불리는 Guts-Muths(구츠무츠, J.F.1749-1839)는 살쯔만 학교의 교사로서 50여 년간 뛰어난 지도를 하였으며 체육에 관한 저서로서 「청년을 위한 체조와 유희」

▷ 구츠무츠

「수영교과서」「청년과 성인을 위한 기계론」「조국 아들들을 위한 체육서」「체조문답서」 등을 남겼다. 이 시대에 체육은 활발히 연구되어 신체가 점차로 학문적 관심의 대상이 되기 시작했다. 의학자들은 신체를 지배하고 있는 법칙이 어떤 것인가를 알기 위하여 해부학과 생리학을 연구하기 시작했고 운동과 건강에 미치는 영향에 관한 많은 서적이 출판되었다.

1785년 구츠무츠가 살쯔만 학교의 체육 전담교사로 재직하면서부터 근대 학교체육이 본격적으로 괴도에 올랐다고 볼 수 있다. 구츠무츠는 건강을 교육의 기본으로 삼고 체육의 주목표는 건전하고 활동적인 심신의 조화적 발달을 가져오게 하는 것이라고 하였다. 그는 학생들에게 속박을 강요하였던 당시의 전형적인 교육에 분개하고 학생을 약간의 고통에 익숙하게 함으로써 자연의 힘에 대해서 강하게 적용할 수 있게 교육시켜야 한다고 하였다. 학생들에게 강인한 능력을 길러주어 위기에 직면하였을 때 침착성을 갖게 하여 용기와 불요불굴의 정신은 신체의 힘과 미를 증대시킴으로써 학생들은 명랑성, 자신감, 건전한 성격을 갖출 수 있다고 믿었다.

구츠무츠는 「청소년을 위한 체육」에서 당시 학생들의 허약한 신체상황을 기술하여 "신체단련의 결여가 그 허약함의 최대 원인이다."라고 당시의 체육부재의 실정을 지적하였다.

그리고 체육의 효과를 "우리들의 신체를 단련하게 되면 우선 신경을 강건하게 한다. 만일 운동을 하면 신체는 강건하여지고 활동적이 되어서 일층 정신적으로도 견고하여 약해지지 않고 용감하여진다. 이러한 것은 신체를 강하게 육성하는 데서 달성되는 것이다."라고 말하였다. 구츠무츠는 50여 년이란 장기간에 걸쳐 체육 전담교사로 재직함으로써 그 위업에 대하여 그를 근대 체육의 아버지라고 찬양하고 있는 것이다. 실로 그의 부단한 노력에 의하여 금일의 체육이 교육의 한 영역으로서의 위치를 획득하게 한 계기가 된 것이라고 할 수 있다.

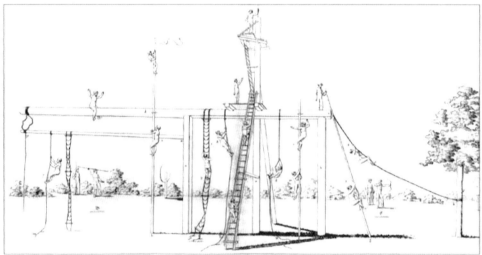

▷ 구츠무츠가 창안한 고정 체육시설

제4장

근대 및 현대 유럽의 체육

절대왕정은 16세기부터 시작된 근대적 발전의 소산이었으나 거기에는 아직도 많은 봉건적 잔재가 남아있었다. 18세기 후반에 이르러 이러한 봉건적 잔재를 제거하고 근대적 시민사회를 건설하려는 움직임이 모든 분야에서 활발해지며 그 가장 극적인 표출이 프랑스혁명과 같은 시민혁명이었다.

그러나 이보다 앞서 신대륙에서 발생한 미국혁명 또한 영국 식민지의 단순한 독립전쟁에 그치지 않고 민주주의 원리에 입각한 혁명이었고 새로운 근대적인 공화국을 탄생시켰다. 미국혁명과 프랑스혁명이 일어나고 있을 무렵 섬나라인 영국에서는 보다 더 조용하게 그러나 그것들에 못지않게 중요한 산업상의 큰 변혁이 시작되고 있었다. 이 산업혁명은 자본주의를 완성시키고, 농업적이던 유럽사회를 산업사회로 전환시킴으로써 유럽의 경제와 사회, 그리고 나아가서 정치에 심대한 영향을 미치게 되었다. 이 시민혁명과 산업혁명은 14-15세기에 싹트고 16세기 이후 본격적인 성장을 시작한 유럽의 근대적 발전, 즉 근대화를 완성시켰으며, 19세기 이후 오늘에 이르는 유럽의 출발점이 되었다.

유럽에 있어서 근대국가라는 정치적 개념과 조국에 대한 애착을 갖기 시작한 國家主義 (국가주의, Statism)[16]사상은 최근에 일어났다. 국가주의의 기원은 멀리 고대국가에서도 찾을 수 있으나, 18세기 후반부터 윤곽이 뚜렷해져 20세기가 되면서 전 세계에 퍼져나갔다.

---

16   국익을 개인의 이익보다 절대적으로 우선하는 사상원리.

▷ 그림 '민중을 이끄는 자유의 여신', 들라크루아의 1830년   조선일보(2021.10.12.)

영국의 시민혁명과 미국의 독립은 절대주의에 대한 시민계급의 투쟁의 승리였으나 이투쟁은 18세기 말 프랑스에 의하여 더욱 대규모로 전개되었다. 프랑스혁명은 유럽에서 최강의 절대주의 국가였던 프랑스의 사회를 근대사회로 변혁시킨 것으로서 자유민주주의의발전을 위하여 획기적인 사건이었다.

프랑스혁명은 뒤에 나폴레옹(Napoleon, 1769-1821)의 군사적 독재를 가져왔으나 그는 혁명의 원리와 정신을 피정복 국가에 심어주었다. 프랑스에서는 유혈의 정치혁명이 일어나고나폴레옹이 대륙에서 위세를 떨치고 있을 때 영국에서는 산업혁명이 진행되고 있었다. 이것은 영웅적인 혁명가에 의해서 추진된 것이 아니라 착실한 발명가의 노력의 결정이었다.

그러나 이것에 의하여 전 산업계는 변혁되고 나아가서는 인간의 사회생활의 전반에 걸쳐 획기적인 변화를 야기시켰다. 프랑스의 산업혁명은 혁명 후 비로소 본격화되었고 봉건세력이 강한 독일에 있어서는 반세기나 뒤떨어졌다. 프랑스혁명과 산업혁명은 비단 두 나라에서 일어난 사건만으로 그치지 않고 이것에 의하여 완전히 승리를 거둔 자본주의가 세계로 뻗어가서 후진 여러 지역에 자본주의를 심고 자유평등의 사상과 각처에서 정치적 변혁을 일으켰다.

특히 미국의 독립전쟁과 프랑스혁명은 전 세계의 국가주의나 자유주의 운동에 박차를 가했다. 중산계급이 시민으로서의 권리를 주장하면서 독재적 왕권에 대항하면서부터 군주에 대한 충성은 국가 즉 그들 자신의 국가에 대한 충성으로 변하였다.

국가주의를 한 말로 표현하기는 어려우나 국가를 지상 최고의 것으로 생각하고 그 권위와 의사에 절대적인 우위를 인정하는 주의로서 전체주의적인 경향이 있다. 국가이상에 근거를 둔 충성심은 국가주의의 필요조건이 되고 있으며 인종·언어·종교·문화·풍습 등의 공통성을 기반으로 하고 있다.

국가주의는 군사력의 과시, 군대, 민족의 우월성 이론과 선전교육에 의한 정치관 주입, 초 애국적인 국사와 문화의 연구, 國旗(국기)나 紋章(문장), 國歌(국가), 그리고 축제와 같은 감정적 상징, 국민문학, 민속무용, 민속음악의 찬미와 같은 가능한 모든 방법이 강력한 국가주의적 정신의 밑바탕이 되었다. 어느 정도의 혈연적인 공통성을 기초로 동일 거주 지역에서 공통의 사회·경제생활을 영위하고 같은 언어를 사용하며 동일문화·전통적 심리를 가지고 역사적으로 형성된 인간의 공동체가 민족이다.

그 성원은 동일집단에 속해 있다는 의식에 의해 결속하는 것이 보통이며 또 일반적으로 민족은 자기의 정치적 통일을 실현하여 국민적 단계에까지 도달하려는 의욕을 갖고 있다. 이 같은 민족을 기반으로 성립한 국가가 민족국가 내지 Nation-state(국민국가)이다. 이 같은 국민국가는 보편주의가 지배한 유럽 중세사회에는 존재하지 않았고 구체적으로는 중세 말엽 자연경제의 붕괴와 상업의 발달과 자본주의적 생산의 발전에 따라 출현하였다.

영국에서는 자본주의가 더욱 발전하여 자본가를 중심으로 하는 시민계급의 세력이 강해지고 의회제도는 더욱 손질되어 민주주의가 순조롭게 발전하고 있었다.

미국에 있어서도 광대한 자연과 풍부한 자원을 배경으로 자본주의의 발전과 민주주의의 신장을 가져왔다.

영국과 미국의 발전에 자극되어 프랑스는 여러 차례의 혁명을 겪었으나 제3 공화국이 성립됨으로써 민주주의의 정착을 보게 되었다. 독일과 이탈리아에서는 분열된 국토통일을

▷ 1883년 한 잡지에 실린 일러스트. 한 주에 6~11달러를 버는 노동자들 위에 앉아 이익을 독점하는 자본가들의 모습을 묘사 동아일보(2020.12.19.)

희구하는 국가주의 운동이 자유주의와 결부되어 소기의 목적을 달성하였다. 가장 뒤떨어진 러시아에 있어서는 19세기 후반에 농노해방을 계기로 근대화의 서광이 보이기 시작했다. 이리하여 19세기는 자본주의의 발전과 자유주의의 신장을 토대로 하여 근대 세계가 성립되었던 것이다.

최근까지 유럽의 학교제도는 대중을 위한 초등학교와 상류계급을 위한 중등학교의 이중적 성격을 띠고 있었다. 종교교육을 위시해서 읽기·쓰기·셈하기 등이 초등학교 교육과정의 대부분을 차지하고 있었다.

상류계급의 자제는 중학교에 들어가기 위해 가정교사나 특수 예비학교에서 준비교육을 받고 중등학교에 입학하면 주로 고전연구 등 엄격한 학습계획에 따라 학습하고 전체학습 상황에 대한 최종시험에 합격하면 진학을 하게 된다. 시기는 다소 차이가 있지만 국민의 복지를 증대시키는 수단으로써 교육을 모든 아동들에게 의무적으로 부과하는 공통된 경향이 대개의 국가에서 나타나기 시작했다.

체육의 상황에서 볼 때는 중세기의 기독교적 신체관은 근세에 이르러 타파되고 근대체육의 길이 열렸다. 또한 르네상스 이후 자유의 정신을 기초로 한 실학주의, 자연주의 그리고 개인의 교육을 중심으로 한 신체사상은 이상의 영역에서 벗어나지 못하였으나 18세기 후반 汎愛派(범애파)[17]의 체육으로서 실현이 되었다.

이 시대의 체육은 개인을 중심으로 하였고 지식계급의 생활을 바탕으로 하여 국가에 대한 개인의 군사적 의무를 다함을 볼 수 있다. 이것은 국가적 권위가 차차 강조되었고 국가가 군주를 중심으로 한 귀족에 의하여 대표되고 있었던 영향에 의한 것이라 하겠다.

그 후 국민국가 의식의 앙양과 더불어 각 국가가 나름대로의 체육을 발전시켜 나갔다. 그리하여 근대 국가적인 기초가 강화되고 국가관이 정립됨으로써 애국적·군사적인 관점에서 체육을 발전시켰다. 때문에 국민교육의 발전이 교육을 학교교육에 끌어들이고 자연과학의 발달이 체육을 과학적인 면에서 생각하게 되고 국제간의 교류가 스포츠의 발전을 자극시키게 되었다.

Ⅰ. 독일의 체육

독일은 중세 이후 신성 로마제국의 이름 아래 서유럽에서 최대의 지역을 차지하고 있었으나 사실상 연방국가의 집합체에 불과하였으니 이탈리아와 같이 19세기에 들어서도 통일국가를 형성하지 못하고 있었다.

영국과 프랑스의 자본주의는 자유주의에 의해 발달되었지만 독일의 자본주의는 자유주의를 따라 군국주의에 의해 발달되었고 그 힘은 독일 통일의 완수를 가능하게 하였던 것이다. 1861년 즉위한 Wilhelm, I(빌헬름 1세)는 Junker(융커) 출신의 Bismarck(비스마르크, 1815-1898)를 수상으로 Moltke(몰트게, 1800-1891)를 참모총장에 임명하여 이른바 철혈정책을 내걸고 의회를 무시하며 군비확장을 단행하여 프러시아를 중심으로 무력통일의 기반을 닦았다.

독일통일의 완수는 먼저 오스트리아를 타도하고 독일의 분열을 조장하던 프랑스와의

---

17 교육 인류애에 기초한 교육 사상을 주장하는 학파. 바제도우(Basedow, J. B.)가 중심이 되어 독일에서 일으킨 교육 활동으로, 루소의 영향을 받아 어린이의 행복한 생활을 목적으로 자발적이고 활동적인 학습을 중시한다.

대결이었다. 이리하여 전쟁은 때마침 야기된 에스파냐 왕위 승계문제를 도화선으로 보·불전쟁(1870-1871)이 발발하였다. 이 전쟁은 나폴레옹 3세가 비스마르크의 교묘한 책략에 걸려 아무 준비도 없이 국제적으로 불리한 조건하에서 선전포고를 하였던 것이다. 전쟁의 시작과 더불어 프러시아군은 파죽지세로 진격하여 불과 2개월 만에 나폴레옹 3세를 Sedan(세당)에서 항복시켜 프랑스 제2 제정을 허물어트렸다.

그러나 프러시아군은 진군을 계속하여 파리에 입성함으로써 Versailles(베르사유)에서 휴전조약이 맺어졌다. 베르사유 궁전에서는 독일연방 군주들이 일치하여 프러시아의 왕 빌헬름 1세를 독일제국의 세습황제로 추대함으로써 여기에 통일 독일제국이 탄생하였다.

독일제국의 왕조적 국가주의적 야망은 상업상의 필요와 결합되어 1914년 전 유럽을 상대로 제1차 세계대전을 일으키어 패전의 고배를 마시게 되었다. 1차 대전 이후에 설립된 Weimarer Republik(바이마르)공화국은 독재적 제국과 전체주의적 사회주의국가 사이에서 이루어진 짧은 민주주의의 실험 시기라 할 과도기였다.

극심한 인플레이션·경제공황·실업 등의 당면문제는 독일인이 힘들게 얻은 자유와 자치의 권리를 보다 강력한 세력에 다시 넘겨버리는 결과를 초래했다. Hitler(히틀러, 1889-1945)의 등장과 함께 나치스는 빠른 속도로 권력을 장악하고 민주적 정치를 국가사회당이 지배하는 전체주의국가로 전환시켜버렸다.

독일의 철학자인 Fichte(피히테, 1762-1814)는 1807년 침입한 프랑스군의 감시하에서 "독일 국민에게 고함"이라는 강연에서 당시의 허약하기 짝이 없는 독일인의 정신에 자유와 독립의 이상을 환기시켰다. 피히테는 국가구제의 방법으로 교육을 이용하고 그것을 디딤돌로 하여 생활에 활용하도록 각계에 설파함으로써 독일 청소년에게 조국해방을 위한 신체적·도덕적 능력을 양성하는 데 심혈을 기울였다. 그리고 체육은 독립을 쟁취하고 유지하려는 국가에 있어서 빠트릴 수 없는 요소이기 때문에

▷ 피히테

▷ 얀

지적 교과와 마찬가지로 고려되어야 한다는 점을 강조하였다.

　체육에 있어서 가장 두드러진 경향은 Jahn(얀 F.L. 1778-1852)에 의하여 시작되었으며 강조되었다. 얀은 청년시대에 나폴레옹이 인솔하는 프랑스군에 의하여 철저하게 패배를 당한 독일 민족의 위기에 대해 자극을 받아 독일의 장래를 부흥시키는 원동력이 되는 구심점은 강건하고 용감한 청년을 교육시켜야 한다고 생각하였다. 얀은 Berlin(베를린) 교외 Hasenheide(하젠하이드)에 체조장을 만들고 장래성 있는 젊은 청년들을 체육을 통하여 훈련시킴으로써 애국심 앙양과 고도의 신체능력 육성과 강한 의지 교육을 목적으로 하여 기계체조, 경기, 유희, 도보여행 등 보다 광범위하고 실질적인 독일 체조를 만들었다.

▷ 베를린 Hasenheide의 체조 경기장, 1817.　© 독일 역사박물관

그는 신체의 우위성을 강조하여 "인간이 육체를 소유하고 있는 한 신체를 육성하는 것은 지육의 경우와 마찬가지로 우리들의 의무이다. 따라서 체조는 교육에 있어서 빠져서는 안 될 것이다."라고 하였다.

얀의 체육의 특징은 일부 학생에게만 그치지 않고 각계각층을 망라하여 지도하였고 1811년 200여 명의 학생이 그다음 해에는 500여 명으로 증가하고 흰 바지와 회색 상의로써 복장을 통일하고 체조를 실시하였다.

학생 중심의 체조가 차차 교사, 관리, 사무원, 상인 등 사회인이 참가하게 되고 체조의 조직체로서 일종의 국민운동으로 전개되었다. 한편 독일의 자유와 통일을 부르짖는 애국학생동맹이 중심이 되어 조국애에 불타고 민족의 장래를 생각하는 젊은이를 훈련하는 수단으로서 체조단체와 체조장을 만들어 민족애를 함양하였던 것이다.

얀의 체조가 학교교육을 초월하여 국민적 운동으로 전개됨에 따라 위정자들의 관심이 커지고 보호와 장려를 받았지만 일면 정치적 위협을 느껴 탄압당하는 운명을 가져왔다. 즉 통일과 자유를 부르짖는 체조에 참가한 사람들을 탄압하고 체조에 금지령을 내렸고 체조인의 일부는 정부에 대한 혁명적 음모자라고 주목되고 정부와의 충돌에 의하여 불상사가 야기되고 프러시아정부는 1820-1842년까지 체조의 금지령을 내렸다.

그러나 이 금지령 시대에도 프러시아 이외에 독일의 국가들 및 자유도시에서는 여전히 체조가 실시되었다. 이와 같이 프러시아 정부의 체조금지령은 근대체육이 단지 오락에 그치는 것만이 아니고 일종의 정치적·사회적 문제로서 위정자들이 관심이 있다는 것을 나타낸 것이다.

◎ 얀의 체육사상

1) 국가주의(Nationalism)로서의 체육사상

얀의 체육사상은 국가주의 체육사상의 하나의 전형이었다. 주목표는 독일 청소년에게 조국해방을 위한 도덕적·신체적 능력을 양성하는 것이었다. 얀에 의하면 〈국민성〉이라고 하는 것은 "그것은 국민(민족)의 공통성이고 그것에 내재하는 본질이고 그 활동력과 생명이고 그 재생능력 번식력이다."라고 하였다. 그것은 또 국민의 결합력이다. 이 책의 기초는 독일의 통일을 말하는 것에 있다. 연방국가로 분산한 독일의 통일을 강하게 주장하고 있다. 여기에 얀의 국가주의가 강렬하게 표현되고 있다.

2) 자국어로서의 투르넨(Turnen)

얀에 의하면 체육을 의미하는 Gymnastics(짐나스틱)이라는 용어는 외래어이다. "독일의 언어로 독일의 사물을 독일어로 독일의 가치 있는 것을 명명함은 당연한 권리이다."라고 말하면서 Turnen(투르넨)이라는 용어를 선택한 것이다.

3) 평등주의

얀은 국가주의는 자유주의 · 민주주의가 결합한 것이다. 그는 국민성은 자유에서만 발전할 수 있다고 하였다. 신앙과 출신지와 신분의 차이를 없애고 공통된 복장을 규정하고 서로가 "군"이라고 부르는 것과 같이 신분적 차별 없이 서로 부르게 하였다. 여기에서 그의 공동체의식의 육성지도와 평등주의를 발견할 수 있다.

4) 표어 · 운동의 종류 · 연습의 요일

체조장은 전체 독일인의 결합으로 가는 가교였다. 거기에는 도덕적 성실성과 엄격한 것이 전제이며 생생하게, 자유롭게, 즐겁게, 경건하게 노래를 부르며 유희한다는 것은 공동체의식을 강하게 하는 것이라 했다.

운동의 종류로는 철봉 · 평행봉 · 평균대 · 등반대 · 뜀틀 · 레슬링 · 줄타기 등이 있고 투르넨 활동은 수요일과 토요일 오후에 한하여 행해진다. 이것은 자유의지에 의한 활동과 규정된 활동으로 양분하여 이 사이에 휴식시간이 있다. 활동에 참가하는 자는 연령과 능력에 따라서 반별로 편성하여 각 반에 한 사람의 지도자가 있어 대오의 정돈과 연습의 지도를 담당하였다.

독일학교 체조의 특색 있고 훌륭한 프로그램은 Spiess(스피이스 A. 1810-1858)와 그의 제자들의 공헌에 힘입은 바 크다. 스피이스의 영향은 전 독일에 전파되었으며 학교체육 특히 "여자 체육의 창시자"라는 칭호가 주어졌다.

그는 지적 교과와 같은 기반 위에서 Curriculum (커리큘럼)에 신체운동을 포함시키려 하였으며 체육교사는 남자뿐만 아니라 여자도 맡아야 한다고 믿고 있었다. 그는 1852년 Hesse(헤세)에 새로운 체조장을 건설하고 실내와 야외에 시설이 고루 갖추어져서 날씨로 한 지장을 받지 않도록 하였다.

그는 체육을 전인적 교육의 일환으로서 신체운동의 교육적 가치, 레크리에이션적 가치 도덕적·사회적 훈련을 강조하였다. 따라서 기계를 이용하는 체조 외에 도수체조, 행진체조, 음악, 유희를 교재로 하여 여자와 아동들에게 적합한 운동을 실시하였다.

▷ 스피이스

스피이스는 "체육은 신체의 완전한 발달을 도모하고 신체의 미와 기품을 길러 신체와 정신을 융합하여 이상적 사회생활에 참여할 수 있는 완전한 조화로운 신체로 만드는 데 있다." 그리고 "교육의 궁극적 목적은 학생의 인간성 전체에 미치는 결코 분리될 수 없다. 지능은 신체를 합쳐 하나의 인간을 구성하고 있다."라고 하였다.

학교가 지적으로나 신체적으로 아동의 전 생활에 관여하여야만 된다는 원칙은 점차로 널리 전파되어 독일제국의 교육당국은 스피이스의 체조를 학교의 기본 프로그램으로 채용하였다. 얀을 독일 국민체조의 아버지라고 부른다면 스피이스는 독일학교 체육의 아버지라고 불려야 할 것이다.

Rothstein(로트시타인 H. 1810-1865)은 육군사관으로서 Ling(링)의 스웨덴체조를 독일에 소

▷ 로트시타인

개한 사람이다. 1851년에 국방성과 교육성의 관리로 개교된 Royal Central Institute of Gymnastics(왕립 중앙체조학교)의 교장이었던 로트시타인은 육군사관과 학교교사 양성을 위한 두 과정을 설치했다.

즉 유연체조, 군대식체조, 펜싱, 총검술, 사격훈련, 교정훈련, 미용체조 등을 수업에 도입했다. 그러나 그는 평행봉운동은 신체적으로 유해하다는 이유로 부정하고 얀의 체조를 경시하여 모두 스웨덴의 링식으로 행하여야 한다고 주장하였다.

그러자 얀과 스피스를 추종하는 제자들과 로트시타인의 계획이 너무 군사적이라고 비난하는 체조운동의 지도자 그리고 생리학적·해부학적 측면에서 공격하는 의사들로부터 격렬한 반대를 받았다.

얀의 체조에 대한 로트시타인의 부정적 태도 특히 평행봉운동은 청소년 교육상 유해한 것이라는 그의 지론은 얀의 체조를 신봉하는 사람들의 반감을 사게 되자 양자의 지지자 사이에 이론 투쟁이 벌어졌다. 그러나 정부는 이 결정을 의사위원회에 일임하였고 그 결과 투르넨 지지파의 승리로 끝이 났다.

평행봉논쟁은 결과에 있어서 독일체조의 승리에 돌아갔지만 종래 하등의 비판과 반성 없이 행해진 독일체조의 특질과 결함이 이론적으로 설명되어 독일체조의 과학적 연구에 커다란 영향을 주었다.

1870년 play ground movement(플레이그라운드운동)의 개척자들은 체육의 프로그램을 확대하려고 노력하였다. 그들은 교육의 수단으로 게임이나 스포츠를 행하고 있는 영국의 제도에 감명을 받아 독일에서도 자유스러운 오후 시간에 아동들을 야외에서 게임이나 영국의 Soccer(사커)와 Criket(크리켓) 같은 운동을 지도하였다. 야외 플레이그라운드운동과 함께 일어난 스포츠에의 관심은 드디어 운동경기를 진흥시키기 위한 민간 및 공공기관을 설립하기에 이르렀다.

1896년 올림픽경기가 부활하였을 때는 별로 열성을 나타내지 않았으나 올림픽위원만은 임명을 하였다. 1912년 올림픽경기에서 독일은 매우 저조한 성적을 얻었으므로 훈련방법을 개선하려는 국가적 요망이 열렬히 일어났다.

미국이 올림픽에서 좋은 성적을 나타냈기 때문에 1913년 연구위원을 미국에 파견하여 미국의 체육계를 시찰하도록 하였다. 파견단장이었던 Karl Diem(칼 다임)은 미국 여러 도시에 있는 플레이그라운드 조직에 깊은 감명을 받았다. 그리하여 미국의 코치를 초빙함과 아울러 미국에서 얻은 많은 지식으로 1916년 베를린의 스타디움에서 개최될 예정인 올림픽 경기에 대비한 선수들을 훈련시켰다.

세계 1차 대전 후 사상적 혼란과 경제적 공황 속에서 히틀러는 권력을 장악하자마자 게르만 민족을 위하여라는 목표 아래 체육정책을 국가적으로 관리하기 시작하였다. 나치스는 모든 스포츠, 운동경기 그리고 청소년단체 더욱이 공화국시대부터 존재하던 학교체육 프로그램을 중앙집권적 체육행정기구에 예속시켰다.

그들은 정치조직을 확보하기 위하여 각종 체육을 정부의 지배하에 두고 그것을 전체주의적인 형태로 조절하여 일치시키는 것이 절대 필요하다고 믿었다. 나치스의 목적은 "창백하고 영리한 젊은이보다는 육체적으로 강건하고 선량한 강한 성격을 가진 결단력과 의지력이 충만한 젊은이"를 육성하는 데 힘을 기울였다.

그리하여 체육은 나치스의 정책수단으로 조직화되어 발전되었다. 이 결과 1936년 제11회 베를린올림픽경기대회에 나타났고 처음으로 올림픽선수촌을 건설하고 독일은 자기 나

▷ 출처 : flickr 1936년 베를린 올림픽 스타디움에서 행진하는 독일 올림픽 팀

라의 국위를 과시하였다.

그 후 베를린올림픽의 선수촌은 병사의 막사로 변하고 선수촌과 메인스타디움에 직결되는 넓은 도로는 군수품을 운반하는 도로로 변했다는 사실은 나치스 독일이 스포츠를 정치적으로 이용했다는 너무나 유명한 사실이다.

German Youth Movement(독일의 청소년운동)은 1896년 베를린 교외의 Steglitz(스테글리쯔)에 있는 체조장에서 배양되었다. 학교교사인 Fischer(피셔)가 지도하는 일단의 소년들이 하이킹이나 야외활동 가운데서 자유를 추구하는 것이었다. 이로부터 8년 후에 Wandervogel(청년도보여행 장려회)운동이 일어나 급속히 발전하였다. 1911년 제정된 법령은 도보여행자가 자유롭게 사용할 수 있는 건물을 짓도록 각 단체에 장려하였고 같은 해에 프러시아 의회에서는 이 사업을 추진시키기 위하여 350만 마르크의 예산을 의결하여 Youth Hostel(유스호스텔)이 전 독일에 세워지게 되었다.

2차 대전 후 서독·동독으로 양분되어 정치·경제·사회·문화가 미국과 구소련의 영향을 받는다고 하지만 그들의 강력한 조국애와 민족성과 근면성은 체육훈련에 태만하지 않고 올림픽경기대회에서 서독과 동독의 메달 수는 놀라울 정도로 많은 것으로서 각 종목에 걸쳐 세계최고의 수준을 유지하고 있다. 독일의 체육진흥개혁을 말한다면 1956년 독일올림픽협회가 발표한 Golden Plan(골든 플랜)이며 이와 아울러 스포츠 소년단을 창설하여 대중체육의 보급에 가일층 주력함으로써 스포츠 강국으로 부상하게 되었다. 청소년의 신체적·도덕적·정신적 교육을 목적으로 독일체육회(D.S.B)가 1950년 조직되었으며 산하에 총회원이 1,800여만 명이나 된다.

각국의 근대체육은 학교를 중심으로 발전하여 스포츠도 학교교육과 클럽활동을 기점으로 발전하였다고 할 수 있으나 독일의 경우는 사회 민간단체의 자발적인 활동에 의하여 발전되었다. 사회의 체육클럽은 오히려 학교체육의 내용이나 지도방법의 개선에 큰 역할을 하였고 이 활동은 스포츠의 영역뿐만 아니라 국민의 교육적·정치적 활동과 깊은 관련을 가지고 있다.

독일은 각 지역에 여러 가지 클럽이 있어 사람들은 각자가 자유의사에 따라 클럽에 참여하고 체육활동을 하고 있는데 개개의 클럽은 지방스포츠협회와 지방종목별 경기연맹을 통해서 상부조직인 독일체육회에 가입하고 있다. 독일 스포츠조직에서 더욱 특징적인 것은 독일체육회는 최고의 상부조직으로서 독일 스포츠계를 대표하며, 실제활동 및 운영조직이 강력하다는 것이다.

독일체육회는 스포츠 진흥과 저변확대를 위하여

1) 스포츠시설의 건설계획과 스포츠 강령을 작성하며, 스포츠 연구소를 두고

2) 모든 청·장년과 소년·소녀에게 스포츠장 제도를 실시하여 명예로운 표시로 인식하게 하며

3) 모든 국민이 스포츠클럽에 가입하여 단체활동의 습성을 기르게 하고

4) 청소년들의 국토편력운동을 장려하며

5) 각 주(州)마다 스포츠학교를 설치하는 것 등에 역점을 둔다.

독일체육회는 각 가맹단체, 정부 및 일반대중의 주요 관심사항들을 대변하고 한 종목이나 한 지방에서 해결이 어려운 문제들을 해결하기 위하여 설립되었는데, 특히 레저사회에 있어서 레크리에이션 스포츠 확대, 연방과 각 주(州)및 지역사회와의 스포츠관계, 학교와 고등교육기관의 스포츠개발, 스포츠과학연구개발, 시민 개개인을 위한 스포츠, 새 프로그램 및 레크리에이션 스포츠개발 등 다목적을 위한 신축성 있는 시설개발 같은 분야에 역점이 주어진다.

산업혁명에 의한 사회의 산업화에 따라 스포츠 및 오락이 생활의 종합체로 인식되고 이를 위한 일정한 공간과 시설의 대중적 요구가 나타나면서 1912년 독일의 Karl Diem(칼 다임)교수가 대도시와 주변도시 안에 주민을 위한 최소한의 스포츠 및 오락시설을 둘 것을 골자로 한 입법을 시도하였으나 성공하지 못했는데 많은 지방 도시들 사이에 이 아이디어가 호응을 얻게 되고 20년대와 30년대에 많은 시설이 각 지방자치단체 및 州(주)정부에 의해 건설되자 이를 계기로 각급 지방자치단체에서 체육시설을 본격적으로 건설하기 시작했다. 제2차 세계대전 동안 폐허화된 체육시설을 재건하기 위해 독일올림픽협회는 1910년대의 칼 다임 교수가 생각한 스포츠 및 오락시설에 관한 기준을 각종 체육단체별로 제고토록 요청함으로써 체육시설 보급을 위한 Guide Line(가이드라인)을 만들고 이 가이드라인이 골든 플랜의 바탕이 되었다.

구분	라이프치히 재활스포츠 클럽	건강·체험파크 옥토푸스
위치	독일, Jahnallee 59, 04109 Leipzig	독일, Zeitstrabe 110, 53721 Siegburg
지자체인구	579,530명	41,016명
운영주체	RSL 사무국	필른 시 인근 지크부르크 시
주요시설 및 운영 프로그램	• 재활스포츠 : 신경스포츠(파킨스 환자, 정형외과 질환, 내관질환, 심장스포츠, 정신질환 등) • 예방스포츠 : 킨더스포츠(1~3세 부모님과 함께 하는 체조수업), 예방운동코스(아쿠아조깅), 체중감량 목표 M.O.B.I.L.I.S그룹 • 장애인스포츠 : 휠체어농구, 휠체어럭비, 휠체어 활동성 증가그룹	• 실내수영장(25m, 비수영자구역, 아쿠아 휘트니스구역, 가족구역, 매점) • 실외수영장(50m 8레인, 1·3·5m 점프탑, 2개 비치발리볼 공간, 매점) • 미끄럼틀센터(65m, 45m, 42m) • 실내 원통형 잠수센터(깊이 20m, 얕은 수심 연습공간 확보) • 휘트니스센터, 사우나, 호텔시설 등 • 잠수 장비 수리 및 점검, 잠수여행 상담, 건강코스 프로그램 운영, • 로만 수영학원 운영(일반 수영, 장애인수영 및 다양한 수중스포츠)
특징	대학교 스포츠시설을 빈 시간에 스포츠클럽에서 공동으로 사용하고 있고 클럽 강사진 또한 체육학과 학생들로 구성되어 있음	실내·외 수영장 운영과 동시에 잠수스포츠를 도입시켜 유럽 최대 규모의 실내 원통형 잠수시설을 설치해 시의 랜드마크로 홍보하고 있음
시설현황		

▷ 독일 복합체육시설 현황   국민체육진흥공단 포스트 2019.06.27.

  현재 독일 스포츠클럽의 운영 철학은 페어플레이와 관용에 대한 가치를 전달하는 것으로 저렴한 비용으로 스포츠에 참여할 수 있고, 남성과 같이, 소녀, 여성, 청소년의 동등한 스포츠 참여를 지향하고 있다. 독일은 스포츠클럽 활동이 많은 대표적인 국가로 2017년 말 기준 90,802개의 스포츠클럽에 2,780만 명의 회원을 보유하고 있다.

  한편 공공체육시설을 사용하고 있는 스포츠클럽이 55,200여 개에 이르고 있으며, 공공체육시설을 관리 운영하는 주요한 주체로 스포츠클럽이 있음을 알 수 있다.

II. 스웨덴의 체육

Sweden(스웨덴)은 Scandinavia(스칸디나비아)[18]반도 동남부에 있는 왕국으로서 17세기에는 핀란드를 위시한 북구의 광대한 영토를 소유하고 있었다. 18세기 초기에 국왕 Karl XII(칼 12세)는 러시아의 Peter(피터)황제와의 북방전쟁에서 많은 영토를 잃었다.

그 후 약 100년 후에 나폴레옹 전쟁에 참전한 결과 스웨덴은 남 발틱에 남아있는 영토까지 포기하게 되었다. 게다가 러시아가 1808년에 핀란드 전체를 정복하게 되자 스웨덴은 영토의 1/3을 잃게 되었다.

19세기에는 철공업과 조선업을 중심으로 하는 공업 및 해운업이 발달하였으며, 20세기에 들어와서 제1차, 제2차 세계대전 중에는 모두 중립을 유지하였다. 1886년 의회제도를 비롯하여 선거법과 민주적 개혁이 실시됨으로써 협동조합과 사회보장제도가 크게 발달한 나라이다.

정식 명칭은 Kingdom of Sweden(스웨덴왕국)으로, 스칸디나비아반도 동남부에 위치하며, 해안선의 길이가 3,218km에 달한다. 현재는 980여만의 인구가 45만 평방 km에 살고 있다. 종족구성은 게르만족인 스웨덴인이 95%를 차지하며, 핀란드인이 4% 정도이다. 스웨덴어가 공용어이며, 전 국민의 87%가 기독교의 한 분파인 복음루터교를 믿으며, 가톨릭교가 1.5% 이고, 수도는 Stockholm(스톡홀름)이다.

스웨덴은 1809년 러시아에 패배한 이래 러시아의 압박과 피해에 시달리면서, 스웨덴 국민의 마음속에는 강한 애국심이 생겨나게 되었다. 스웨덴 국민이 조국의 위신과 명예를 재건하려는 염원에서 체육을 군사력을 키우기 위한 방편으로 보고 심혈을 기울였다. 이 같은 정세 속에서 Ling(링 P.H. 1776-1839)은 국력회복을 위해 강건한 국민을 양성하지 않으면 안된다는 목적하에 하나의 체조체계를 조직했다.

링의 체조는 그 당시의 생리 · 해부학이 과학적으로 충분하지 않다고 하나 운동이 인간의 신체에 미치는 영향을 기초로 하여 그 목적에 따라서 체조를 교육체조, 병식체조, 의료체조, 미용체조 등 4부분으로 나누었다. 실제로는 병식체조와 의료체조가 중심이었으며 교

---

18   스칸디나비아반도(Scandinavia Peninsula) 스웨덴, 덴마크, 노르웨이, 핀란드.

▷ 링

육체조나 미용체조는 하나의 응용에 지나지 않았다.

링은 1779년 덴마크의 수도인 코펜하겐에 유학을 했다. 5년간 코펜하겐에 유학하면서 철학가와 시인의 영향을 받고 스칸디나비아의 문화적 유산에 깊은 존경의 마음을 갖게 되었다. Nachtegall(나하테겔, 1777-1847)의 체조학교에서 펜싱을 배움으로써 1804년 귀국하여 Lund(룬드) 대학의 Fencing(펜싱)교사로 임명이 되었다.

그의 체육이론에 관한 저서는 1836년 「체조교본」「총검술교본 1838년」「체조 총검술교본」그리고 1831년에 시작하여 그의 사후 제자들에 의하여 출판된 「체조원론」 등이 잇다. 그는 허약해진 Goths(고드)인 자손에게 체조와 문학을 통해 새로운 힘을 넣어 주어야 한다고 생각하고 룬드대학에서 해부학과 생리학의 연구를 시작하여 체조의 체계를 인간 유기체의 법칙에 따르도록 세워야 한다고 확신하였다.

1808년 그가 구츠무츠의 기구를 사용하는 운동에 첨가하여 행하는 맨손운동은 링의 체계에서 핵심을 형성하는 것이라 하겠다. 링은 1813년 스톡홀름 근교에 있는 육군사관학교에서 펜싱교사의 지위를 얻은 동시에 같은 해에 교육위원회에 체육교사 양성을 위한 학교설립을 제안하였다. 정부는 이전부터 학교체육의 장려에 힘써왔기 때문에 링이 제안한 Central Gymnastic School(왕립 중앙체조학교)가 개설되어 링은 25년간 이 학교에서 학생들을 지도하고 이론적·실제적으로 체육을 발전시키는 데 전심전력하였다.

링은 의사의 협력을 얻는 데 주력하면서 "체육의 르네상스는 만일 의사와 체육에 종사하는 사람이 그것에 과학적으로 접근할 것을 생각하지 아니하였다면 바로 소멸하여 버렸을 것이다."라고 하였다. 그는 운동의 효과에 대해 실험과 관찰에 의해 경험적으로 실천하였을 뿐만 아니라 의학적 지식을 응용하기 위해 해부학과 생리학을 공부하였던 것이다.

그리하여 그는 체육과 의학은 同盟者(동맹자)이고 체육교사는 실제 능력과 같이 이론적 지식을 가지고 있지 않으면 안 된다고 하였다.

▷ 출처 : Wikimedia 1900년경 스톡홀름 왕립 중앙 체조 협회의 스웨덴 체조

링은 신체의 조화적 발달과 정신과 신체의 조화적 발달을 목표로 한 체육의 일반적 원칙을 다음과 같이 제시하고 있다.

① 체조의 목적은 인간의 신체를 올바른 운동에 의해서 올바르게 교육하는 데 있다.

② 올바른 운동이란 지도되고 신체의 조직에 응한 것을 말한다.

③ 신체의 각 부분이 서로 완전한 조화를 유지할 때 비로소 신체는 올바르게 교육된 것이라고 할 수 있다.

④ 신체의 교육은 선천적 소질 이상으로 나타낼 수는 없다.

⑤ 인간의 소질은 운동의 결핍에 의해서 충분히 발현할 수는 없지만 소실하는 것도 아니다.

⑥ 틀린 운동은 소질의 발달을 방해하기 때문에 올바르지 못한 운동은 신체교육상 도리어 유해하다.

⑦ 편파적 교육은 운동을 습득하는 데 지장을 주며, 이와 반대로 다면적 교육은 운동을 용이하게 한다.

⑧ 어느 신체의 부분적 경직성은 편파적 노력이 초래되며 이것은 신체의 다른 부분에 있어서 이에 해당하는 약점으로서 나타난다.

⑨ 신체의 강약을 정하는 표준은 신체 각 부의 크고 작은 것과 관계없이 각 부분의 조화 또는 부조화에 있다.

⑩ 체조는 간단하고 쉬운 동작으로부터 시작하여 차츰 난이도를 높이도록 하면서 실시하면 운동의 어려움이나 위험이 없이 의도하는 목표에 도달할 수 있다.

또한 링은 맨손체조의 有益性(유익성)을 다음과 같이 설명하였다.

① 1인의 교사가 다수의 학생을 동시에 운동시킬 수 있다.

② 장소에 구애됨이 없다.

③ 기계를 보급하고 수리하는 등 번거로움과 비용이 절약된다.

④ class(반원) 전원이 일제히 운동함으로써 근력의 민첩성을 증대시키고 신체의 발달을 조속히 이룩한다.

⑤ 호령으로 체조를 실시함으로써 엄격한 군사훈련의 효과를 나타낸다.

⑥ 맨손운동은 개개인의 신체특질에 용이하게 적용될 수 있다.

⑦ 기형적이고 굳어진 신체를 개선하는 데에는 기계체조보다 더욱 좋다.

이와 같이 링의 맨손체조에 대한 정열은 군사적 요구에 크게 영향을 받은 것이었다.

1842년 스웨덴에서는 국민교육제도를 창설하고 교육법에 의한 학교가 설치됨에 따라 링의 체육 시스템을 용이하게 사용하였던 것이다. 링은 스웨덴에서 체육을 체계적으로 이룩하는 기초가 되었던 것이다. 그가 사후 Branting(부란팅, L.G. 1799-1881) Georgil(게오르그, C.A. 1801-1881) Nyblaeus(니부레우스, G. 1816-1902) Hialmar Ling(할마링, 1820-1886) Hartelius(하르테리우스, T.J. 1818-1896) Torngren(토룬쿠렌, L.M. 1839-1912) 등의 후계자들에 의해 발전되었다. 이 중에서 부란팅과 하르테리우스는 의료체조, 니부레우스는 병식체조를 링의 아들인 할마링이 교육체조를 발전시켰다고 볼 수 있다.

왕립 중앙체조학교는 설립 이후 줄곧 스웨덴의 중요한 교사양성 센터로서 중 · 고등학교의 체육전문 지도자들은 거의 이 학교 졸업생들로 충당되었다. 수업연한은 2년으로 수업료는 면제되었다.

왕립 체조학교는 1866년 College of Gymnastics and Sports(스포츠대학)으로 바뀌어 수업

연한도 4년으로 되었다.

스포츠분야의 교육코스는 스톡홀름 근교의 Lidingo(리딩고)시에 있는 Boson Sport Institute(보원)에서 실시되는데 이 학교는 스웨덴 스포츠연맹 학교로서 정부가 축구경기의 복권수입으로 건립한 학교이다. 이 학교에는 훌륭한 스포츠시설을 갖추고 있으며 교사양성, 코치재교육, 상업스포츠 지식, 각 종목 단기강습교육을 시키고 일반인에게도 모든 스포츠시설을 공개하고 있다.

스포츠 · 운동경기 · 체조를 지원하기 위한 독자적인 수입원은 축구경기의 복권추첨에서 얻어진다. 원래 이 복권추첨은 민간인 회사가 시작한 것이었으나 대부분이 외국인 경영의 회사였기 때문에 스웨덴 화폐의 국외 유출을 방지하기 위하여 1934년에 정부는 엄중한 국가통제하에 복권추첨 전매회사를 설립하여 운영하고 있다. 축구경기 복권 추첨에서 얻은 수입은 운동장건설, 용구공급, 스포츠경기나 체조교사양성 등에 사용되도록 각 스포츠협회에 분배된다.

1903년 Sweden Sports Federation(스웨덴 스포츠연맹)이 창설되고, 1909년 Sweden Military Sports Association(스웨덴 군사스포츠협회)를 계기로 스웨덴 스포츠연맹 산하에 58개의 각 종목별 협회가 가맹해 있고 58개의 각 협회와 1,314개의 지방협회에는 40,000개의 Sports Club(스포츠클럽)이 각자가 돈을 내어 자기가 좋아하는 운동을 즐기고 있다. 이 스포츠클럽에 가입된 스포츠 인구는 약 250만 명에 달하고 있다.

스웨덴에서 가장 인기가 있는 종목은 축구로서 1904년 축구협회가 발족되어 지금은 약 3,100여 개의 클럽이 협회에 등록하고 있다. 1908년에 스키협회가 탄생되어 축구 다음으로 스웨덴국민의 사랑을 받고 있다. 이 협회에 등록된 클럽은 약 2,000여 개에 달한다. 그다음은 체조로서 약 2,000여 개의 클럽을 소유하고 있다.

스웨덴에서 탄생한 스포츠로는 Orienteering(오리엔티어링)이 있는데 이 운동은 1938년에 탄생한 스포츠로서 등산법 달리기시합으로서 남녀노소 구별 없이 출발점에서부터 지도와 자석을 이용하여 CP(Check Point)를 정확하게 발견, 경유하여 빨리 목적지에 당도하는 것을 겨루는 스포츠로서 지능, 근력, 지구력 발달에 좋고 자연과 더불어 살 수 있는 목적 있는 길 찾기 운동으로서 1961년에 International Orienteering Federation(국제 오리엔티어링 연맹)이 창설되었다. 약 1,000여 개의 클럽이 등록되어 있다.

▷ 출처 : Wikimedia 오리엔티어링

▷ 2022 VASA Nordic Ski Race ⓒRECORD EAGLE

스웨덴의 전통적인 Swedish Classic(스포츠 행사)로는 스키경기의 대명사로 불리는 Vasa race(바사 레이스)는 1922년에 시작되어 지금까지 해마다 10,000여 명의 선수들이 참가하여 85km를 달린다. 이 외에 Lidingo race(리딩고 레이스)는 30km의 마라톤 경기로서 매년 약 9,000여 명이 참가하고 있으며 300km를 2일에 달리는 Cycling(자전거)경기에도 약 10,000여 명이 참가한다. 3km 수영경기에도 약 2,000여 명이 참가하여 성황을 이루고 있다.

스웨덴은 1945년에 Sports for All(스포츠 확장운동)을 실시하였고, 1976년에 올림픽에서 메달획득을 위해 소수에 투자하기보다는 국민 전체를 보다 더 건강하고 잘살게 하기 위하여 국민체질향상운동(신체적성운동 physical fitness)을 전개하고 있다. 스웨덴은 사회복지제도가 잘되어 있지만 기후의 영향(여름은 낮이 길고 겨울은 밤이 길다) 약물중독, 알콜 중독, 편식, 다이어트 등으로 국민보건 향상에 위배되는 저해요인이 문제점으로 지적되기도 한다.

스포츠단체들은 잘못된 식생활, 술, 담배, 마약 등 풍요사회의 유혹으로 나쁜 건강에 빠진 수많은 청년·중년들에 관심을 두고 있다. 운동프로그램을 통하여 예방건강에 큰 비중이 주어지며, 신체단련과 예방건강 개념이 성공할 수 있는 가장 중요한 요건은 운동이 즐겁고, 흥미롭고, 시설접근이 용이해야 한다는 것이다.

스웨덴 당국은 운동시설건설을 위하여 장기간 노력을 해왔다. 옥내·옥외 수영장시설은 물론 조깅코스와 스키코스를 많이 만들고 특히 전기조명장치는 스웨덴의 긴 겨울철의 한

▷ 출처 : visitstockholm Lidingöloppet은 세계 최대의 크로스 컨트리 달리기 경주

특징이 되었다. 테니스, 배드민턴, 스쿼시코트를 제공하는 공공체육관과 인근의 골프코스 수가 증가하고 있고 보트 및 카누를 임대 받을 수 있다. 또한 장거리 자전거코스를 만들어 도시 사이클 리스트의 위험을 줄여주고 있다. 시의 시설이 충분하지 못한 곳에서는 스포츠 연합들이 그들의 체육관, 레크리에이션센터 혹은 경기장을 제공한다.

스웨덴 체육회는 신체부자유자에게도 크게 배려를 하고 있는데 그들이 선천적 혹은 후천적 불구자이건 간에 유용한 신체 레크리에이션을 제공하고 있다. 스웨덴의 수많은 숲, 호수, 해안, 산들은 국민들이 야외신체활동을 위한 천혜의 자원이며, 스포츠를 즐기는 국민들의 역사적 전통과 자연환경은 스웨덴 체육활동의 기반이다.

스웨덴은 자연이 제공해주는 스포츠자원 외에 5,000여 개의 축구경기장, 3,000개 이상의 야외 테니스코트, 3,000여 개의 스포츠 홀, 180여 개의 아이스하키장, 700개 이상의 실내외수영장, 500개의 리프트시설을 갖춘 스키장 등이 있다.

스웨덴 스포츠연맹은 민간의 자발적인 스포츠조직으로서 특별스포츠연맹, 지역연맹, 그리고 클럽으로 구성되어 있으며, 스웨덴 스포츠연맹의 주요한 활동 중의 하나는 생활체육운동의 추진이다. 스포츠연맹은 스포츠를 "운동, 레크리에이션, 혹은 경쟁을 통해 얻을 수 있는 결과를 추구하는 신체적 활동"이라고 정의하고 스포츠의 목적은 다음과 같다고 하였다.

① 개인의 신체적, 심리적, 사회적, 문화적인 면의 발달을 적극 도모함.

② 개인과 모든 사람의 가치에 부합되고, 모든 참가자를 만족시킬 수 있으며 모든 사람에게 유용한 형태로 스포츠를 조직화함.

③ 일상생활에 있어 책임감 고취를 위하여 민주적 원칙에 따라 스포츠를 조직화함.

④ 스포츠는 국제교류의 한 수단이며, 세계 모든 국민의 인간적 가치는 동일하게 존중되어야 함을 깨닫게 함.

스웨덴은 생활체육을 위한 특별한 조직을 가지고 있지는 않다. 스웨덴 스포츠연맹 산하에는 58개의 특별스포츠연맹, 4만여 개의 클럽과 약 250만 명의 회원이 있다. 각각의 스포츠연맹은 각자의 생활체육프로그램을 가지고 있으며 이 프로그램을 통하여 체육활동이 보급된다. 58개의 특별스포츠연맹 중에는 운동종목과 관련 없는 연맹이 있다. 즉 직장스포츠연맹, 대학스포츠연맹, 학교스포츠연맹, 군(軍)스포츠연맹, 장애자스포츠연맹이 그것이다.

이들 중 일부는 엘리트 스포츠육성에도 관여하고 있지만 생활체육활동에 더 많은 노력을 투입한다. 직장스포츠연맹은 2,000개의 클럽을 산하에 거느리는 가장 큰 규모의 연맹으로서 대규모 경쟁스포츠 활동과 더불어 생활체육 홍보활동에 전력을 기울이고 있다.

생활체육진흥을 위해서는 여러 가지 이유로 정상적인 방법으로 스포츠 활동에 참여하기 어려운 사람들에게 특별한 관심을 집중시켜야 한다. 장애자스포츠연맹은 올림픽에서의 메달획득과 같은 높은 수준의 스포츠와는 완전히 별개인 이 어려운 일을 성공적으로 수행하고 있으며, 이 나라의 많은 장애자들의 신체활동을 지원한다. 스웨덴 스포츠연맹이 다양한 스포츠 활동을 통해 추구하는 궁극적 목표는 개인의 건강관리와 건강증진이다.

III. 덴마크의 체육

Denmark(덴마크)는 11세기 Knut(크누트)대왕 시절에는 영국을 점령한 것을 비롯하여 노르웨이 및 스웨덴 일부를 점령하여 영국으로부터 스칸디나비아에 이르는 일대 해상제국을 건설하기도 하였다. 그러나 30년 전쟁과 북방전쟁에 개입하여 영토를 잃고 다시 나폴레옹전쟁에 프랑스 측으로 참전하여 노르웨이를 스웨덴에 양도하였다.

1848년 자유주의적 헌법이 발포되고 내각책임제가 성립됨으로써 경제적으로는 농업의 발전이 현저해졌다. 1873년 미국과 러시아의 값싼 곡물의 유입으로 한때 큰 타격을 받았으나 곧 낙농업으로 전환하여 협동조합의 발달을 계기로 기초가 튼튼해졌다.

제1차 세계대전에서 독일군의 침입을 받아 전 영토를 점령당하였다가 전쟁이 끝난 후 주권을 회복하였다.

18세기 말까지 덴마크는 모든 의미에서 봉건귀족의 지배하에 있었다. 그러나 귀족계급은 많은 전쟁의 영향으로 인해 정신적으로 쇠퇴하여 차츰 지배적 지위를 잃었으며 그 결과 정치적으로 약체였던 농민계급이 서서히 지도력을 나타내기 시작하였다.

유럽 여러 국가와 마찬가지로 덴마크의 체육은 국가주의적 목적에 지배되어 제1차 목표는 병사로서의 능력과 국가주의적 애국심의 발달에 있었다.

덴마크는 독자적인 체육 프로그램을 가지고 있지 않았기 때문에 체육활동은 독일·스웨덴·영국의 영향으로 발전할 수 있었다.

덴마크 체육의 선구자라 할 수 있는 Nachtegall(나하테갈, F. 1777~1847)은 전쟁의 소용돌이 속에 있었지만 대학생시절에 이미 뛰어난 체육사상가였다. 구츠무츠의 저서에 접하게 된 것이 그를 체육의 영역으로 나아가게 한 계기가 되었다. 그는 최초 대학생클럽에서 체육을 지도하고 후에 바제도우의 학원과 유사한 자연주의적인 학교에서 체육교사가 되었다. 1799년 Copenhagen(코펜하겐)에 사설 옥외 체육의 장을 마련하였는데 이것은 근대 유럽에 설치된 최초의 체육연구기관이라고 볼 수 있다.

▷ 코펜하겐

1804년 덴마크는 육·해군을 확장하고 또 강화할 필요를 느끼기 시작하였다. 그때 당국은 군대의 교육에 체조의 연습을 필수의 요소로 해야 함을 깨닫고 육군체조학교를 창설하고 나하테갈을 교장에 임명하였다. 이것은 근대체육지도자 양성학교의 최초의 것이며 이 학교에 1808년 시민을 위한 체육학교가 병설되었다. 1809년 중등학교는 모두 신체운동의 지도자를 두어 신체운동을 지도하도록 시행하였다. 그로부터 5년 후 초등학교도 체조교사를 두고 체조의 연습에 적당한 운동장 및 그 시설의 확보를 시달하였다.

체조는 1818년에 교원양성학교의 필수과목으로 채택되었으나 효과적인 프로그램은 작성되지 못하였다. 1821년 나하테갈은 시민과 군대체육의 주관자가 되어 공립학교 교사를 원조함과 동시에 초등학교의 참고서를 작성하여 1828년에는 이것을 공식적으로 배포하고 26년 후에는 중학교용의 책을 발간하였다. 이러한 나하테갈의 활동이 크게 기여한 바가 되어 덴마크는 체육지도자 양성기관의 개설, 학교교과로서의 체육의 채택, 체육지도용의 참고서제정 및 배포 등 체육의 제도화에서는 유럽에서 최초의 나라가 되었다.

나하테갈의 독창적인 사상은 어렸을 때부터 효과적으로 학교체육을 실천함으로써 강한 국민을 양성하는 것이었으나 전쟁의 긴급함이 그의 계획을 군사적으로 이용하게 하였다. 1864년 프러시아와 오스트리아의 전쟁에서 Schleswig Holstein(실레비히 홀시타인)국을 빼앗긴 데 자극을 받아 체육에 대한 관심이 새로이 일어났다. 덴마크는 국민에게 활기를 넣어주고 국가의 위신을 높이는 수단으로 체조를 이용하게 되어 독일과 마찬가지로 이 운동은 청년들에 의하여 추진되었다.

The Denmark Rifle Club(덴마크 사격클럽)과 민족고등학교가 민간인에 의해 세워졌는데 사격클럽은 조직 후 얼마 안 있어 체조협회의 형식을 갖추고 체조와 유희에 참가하고 다른 참가자를 권유해서 운동회를 개최하기도 하였다. 하지만 이 클럽의 주목적은 병역에 종사할 청년들이 무기의 조작에 익숙하여 무력에 의한 국가의 권리를 수호하고자 하는 데 있었다.

민족고등학교는 덴마크 독자적인 교육기관으로서 누구나 입학할 수 있었으며 주로 초등학교를 졸업한 농촌 청년을 위한 학교였다. 커리큘럼은 보통 국어 · 음악 · 문학 · 역사 · 체조 · 농업 · 상업 등이었다. 대부분의 민족고등학교는 일반 교양코스를 이수하지만 학교에 따라서는 체조 또는 양호에 중점을 두는 학교도 있었다. 나하테갈의 사후에는 처음으로 독일체조가 보급되었지만 1880년경부터 스웨덴의 링식 체조가 채용되기 시작하여 드디어 링식 체조의 가치논쟁을 통해서 학교체조위원회가 새로운 체조요람을 짜고 국가에서도 체육장려에 재정적인 원조를 해주었다.

▷ 사격클럽

1920년대에 들어서면서 민족고등학교는 Niles Bukh(닐스북, 1880-1950)의 지도하에 새로운 출발을 시작하였다. 닐스북은 링의 체조에 새로운 해석을 더해 체조의 목적은 불량자세의 습관이나 직업적 결함을 교정하는 데 있다고 생각하였다. 따라서 유연성을 높이고 전신의 조정을 꾀하는 데 있다는 생각에 의해 운동은 율동적으로 흐르게끔 해야 하는 것이라고 하여 탄력성 · 유연성 · 자율성을 추구하기 위하여 동작의 연속과 강한 신장운동을 강조하였다.

닐스북의 체조는 원래 덴마크의 농촌 청년들의 신체의 유연성 · 교정 · 발육촉진을 목표로 삼고 직업생활로 굳어진 성인을 위한 체조로서 획기적인 특색을 가지고 있었다. 이 체조가 재래의 체조와 상이한 것은 운동부분에서 그대로 억제되는 자세가 없고 또 운동의 정지가 없이 부드럽게 항시 흐르는 것과 같이 진행된다는 점이다.

닐스북의 체조는 덴마크뿐만 아니라 유럽과 미국을 위시하여 세계 각국을 순방하면서 체조를 보급시켰다. 1931년 9월 5일에 닐스북 일행 26명이 내한하여 훈련원(서울운동장)에서 시범을 보여주어 한국 체조계에 커다란 자극을 주고 돌아갔다.

▷ 닐스북의 기본체조

덴마크에서는 학교체육과 사회체육이 밀접한 관계에 놓여 있다. 이러한 면은 체육시설 면에서도 나타나는데 지방의 초등학교에도 난방과 샤워시설이 완비된 체육관이 있으며 밤에는 그것을 일반시민을 위해 자유롭게 개방하고 있다. 특히 겨울철 각 클럽의 체조는 이들 초등학교의 체육관에서 행하여지고 있다.

또한 각 지방별로 대형체육관, 종합체육관 등이 완비되어 각종 대회와 클럽 등에 의해서 이용되고 있다. 마을마다 종합체육관이 건설되어 있고 핸드볼·축구경기장도 여기저기 산재해 있다. 이 경기장들은 실제 경기를 위해 만들어졌기 때문에 관객석 등 설비가 제대로 갖추어지지 않은 것도 많다.

민중체육학교에는 체육·스포츠시설이 훌륭히 갖추어 있고 덴마크 특유의 기관으로 민중 체육학교가 5개나 있다. 코펜하겐에 있는 국립체육전문학교는 덴마크 특유의 국립체육학교로 코스는 1년제와 2년제가 있어 실기시험을 겸한 시험으로 입학을 결정한다.

1년제는 현역교사로 각 학교에서 입학한다. 남·여 각 30명 정도이며 실제 수업인원은 한 학급에 14-16명으로 하고 있고 이론시간에는 남·여로 구분 2학급으로 수업한다. 졸업

후에는 체육전문교사 자격을 획득한다.

2년제는 고등학교 졸업자로서 현역교사와 같은 수의 학급편성으로 교육을 받고 체육전문교사를 목표로 하며, 또한 코펜하겐대학의 체육전공생을 위한 선택코스이기도 하다. 국립체육학교에는 교사진이 3-4명의 전임 이외에는 강사로 편성되어 있다.

교과내용으로는 해부학 · 생리학 · 체육이론 · 지도법 · 구급법 · 공중위생 · 체육음악 등의 이론과 체조(음악체조 · 기계체조 · 여자는 기구체조) 구기(농구 · 핸드볼 · 축구 · 배구 등) 육상 · 수영 · 야외보행활동(자연관찰) 등의 실기를 배운다. 덴마크의 민중체육학교는 지역사회의 발전에 크게 기여하고 있는 덴마크 특유의 대중생활 교육기관이다. 24시간의 생활교육으로 기숙사제도이며 누구나 필요한 것을 배우고 익힐 수 있도록 되어 있으며 이른바 덴마크의 "만인을 위한 스포츠운동"에 크게 기여한 곳이기도 하다.

이러한 대중교육의 중심역할을 담당했던 민중학교에서 스포츠와 체조를 보다 강화하여 설립한 마을의 센터가 바로 민중체육학교이다. 대부분의 민중체육학교는 지역스포츠클럽의 운동지도자를 양성하고 있는데, 이들은 주로 체조, 구기, 육상, 수영 등의 스포츠 활동에 대한 이론과 실기를 비롯하여 해부학, 생리학, 지도방법론, 교육심리학 등의 과목을 이수한다.

덴마크의 여름도 해가 길어 저녁식사 후 10시경까지 스포츠를 즐길 수 있다. 덴마크의 일반적인 스포츠는 축구 · 핸드볼 · 체조인데 여름과는 반대로 겨울철은 밤이 길고 추위도 매섭다. 덴마크에는 산 같은 산이 없기 때문에 적설량이 없으므로 스키는 거의 행하여지지 않는다. 겨울에도 실내에서 행하는 핸드볼 · 배드민턴 · 체조 등을 즐기고 여름에는 요트 · 수영 · 카누 등 바다와 친한 국민성을 반영하여 물과 관계가 깊은 스포츠가 성행한다. 사이클은 스포츠라기보다도 생활의 필수품으로 보급되어 도로에는 사이클 전용도로가 설비되어 있는 곳이 많다. 이 나라의 스포츠는 소수를 위한 고도화 · 전문화된 스포츠보다는 많은 사람이 친하고 즐기면서 국민이 보다 건강하고 건전한 생활을 영위할 수 있게 하는 데 중점을 두고 있다.

스포츠조직에는 1864년에 만들어진 사격 · 체조스포츠협회와 1896년에 생긴 덴마크 스포츠연맹 그리고 1930년에 생긴 덴마크체조스포츠협회가 있다. 사격과 체조 이외의 대부분의 스포츠단체가 덴마크 스포츠연맹에 속하고 있으며, 여기에 가맹한 사람은 약 110만명이라고 한다. 이 회원의 수는 덴마크 전체인구의 약 25%에 해당하는 숫자가 된다.

Ⅳ. 핀란드의 체육

Finland(핀란드)는 숲과 호수의 혜택을 많이 받고 있는 나라로서 인구는 550만 명 정도이고 그중 스웨덴 사람이 6% 정도이다. 수도인 Helsinki(헬싱키)에 50만 명의 인구가 살고 있으며, 위성도시에 30만 명을 합해서 80만 명이 수도 부근에 살고 있다. 핀란드의 공영어로는 핀란드어(語), 스웨덴어(語), 영어로 3개국의 언어가 공용되고 있다.

핀란드는 북유럽 발트해 연안에 있는 스칸디나비아 국가로, 1155년 스웨덴 십자군에 정복되어 스웨덴 일부로 병합되었고, 1809년 러시아의 자치령인 대공국이 되었다. 1917년 러시아혁명 후 독립을 선언하였고 1918년에 공화제를 실시하여 처음으로 독립된 통일국가를 이룩하였다.

1906년 유럽 최초로 여성참정권이 주어졌으며, 루터계통의 신교가 92%를 차지하고 있다. 핀란드는 건축디자인으로 유명하며 Christmas(크리스마스)가 탄생한 나라이기도 하다.

핀란드의 겨울철 추위는 매섭지만 평야지역에는 눈이 많이 내려 이 때문에 스키는 극히 일반적인 스포츠로 되어 있다. 20세기 초엽에 독립한 새로운 나라이지만 스키를 위시해서 육상경기, 레슬링, 스케이트 등에서는 세계적으로 우수한 선수를 배출하였으며 그 밖의 스포츠도 잘 보급되어 있다.

▷ 핀란드의 산타클로스 마을 중앙일보(2019.12.21.)

▷ 출처 : Wikimedia 누르미

또한 핀란드는 Sauna(사우나)의 원산지이기도 하다. 그런데 이것은 인간생활과도 밀접한 관계가 있을 뿐만 아니라 스포츠 트레이닝과도 깊은 관계가 있는 점에서 주목된다. 특히 육상경기에서는 이 사우나를 이용하는 훈련으로 많은 명선수를 낳고 있다.

특히 1912년 스톡홀름 올림픽대회에서 고레마이넨은 육상 3종목에서 우승을 차지했으며, 1924년 파리 올림픽대회에서는 Paavo, Nurmi(누르미)가 1,500m 우승 후 70분 만에 5,000m에 출전하여 우승함으로써 4관왕에 올라 핀란드 육상강국의 면모를 유감없이 발휘하기도 하였다.

핀란드는 보다 많은 사람들이 체조나 스포츠와 친하면서 건강하고도 강건한 육체를 만듦과 동시에 정신적 · 사회적 · 도덕적으로 좋은 효과가 있도록 노력하고 있다. 또한 여름에는 여름방학이 길어 사람들이 자연과 친하고 태양광선을 충분히 흡수할 수 있도록 고려하고 있는 점도 겨울에 태양광선의 혜택을 받을 수 없는 이 나라의 자연스러운 모습일 것 같다.

스포츠조직으로는 핀란드 중앙스포츠연맹, 노동자 스포츠연맹, 핀란드 스웨덴 스포츠협회, 핀란드 축구협회가 있다. 핀란드 인구의 10%는 스웨덴 계통의 핀란드 사람으로서 스포츠 면에서도 그들만의 조직을 가지고 있는 것이 이 나라의 독특한 점이다. 위에서 언급한 연맹이나 혹은 협회의 등록 인구는 약 95만 명이나 된다. 수도 헬싱키에는 1952년의 올림픽을 개최한 올림픽 스타디움이 있으며, 그 밖의 도시에도 좋은 체육관계시설이 갖추어져 있다.

1866년에 초등학교에 체조가 소개되고, 1868년에 체조 책의 출판과 함께 사립 교사양성소가 생겼으며, 1882년 헬싱키대학에 체육학과가, 1963년에 University of Jyvaskyla(쟈바스킬라 대학)에 체육과와 건강교육과가 설치되었다. 1968년에는 헬싱키대학 체육학과가 없어지고 쟈바스킬라 대학에 통합되었다.

STUDY AT THE UNIVERSITY OF JYVÄSKYLÄ

▷ 출처 : University of Jyväskylä

핀란드에는 2년 과정의 스포츠대학이 10개가 있는데 1개교는 스웨덴어로 가르친다. 스포츠대학에는 각종 체육시설이 훌륭하게 갖추어져 있으며, 여기에서는 교사양성, 코치재훈련, 상업스포츠지식교육, 각 종목 단기강습교육을 실시하고 있으며, 이 시설은 일반 시민 누구나가 이용하도록 공개하고 있다. 입학자격은 고교졸업자로서 건강진단서와 이론과 실기를 본다. 스포츠대학에서는 40-45명의 학생을 매년 뽑는데 신체발달, 좋은 품성과 정신 건강증진, 도덕과 윤리, 스포츠기능발달 등을 목적으로 하고 있다.

초등학교 체육의 목표는 1-2학년은 동작하는 것으로 나둬라(놀이를 통해서), 3-4학년은 동작하는 것을 배워야 한다. 5-6학년은 기술을 배우면서 동작한다. 7-8학년은 신체향상을 위해서 배운다. 9학년은 재미를 위한 동작을 익힌다며, 모든 체육의 목표는 교육에 중점을 두어야 하며 특히 아동교육에 신경을 써야 한다고 했다.

핀란드의 숲과 호수는 아름다움의 극치를 이루고 있으며, 특히 60,000여 개의 호수에는 많은 곳에 Sauna(사우나)시설이 갖추어져 있어 수영과 사우나를 함께 즐기고 있다. 이 사우나 시설은 통나무로 되어 있어 더한층 운치를 더하고 있다.

실내수영장에도 사우나시설이 설치되어 있어 사우나가 인체의 컨디션을 조절하는 데 기여한다고 하겠다. 수도인 헬싱키에는 스포츠 박물관이 있어서 거기에는 과거 조상들이

▷ 사우나를 즐기고 있는 핀란드 국민들　조선일보(2022.09.30.)

사용하던 스포츠용구와 인물 등 역사적인 자료들이 잘 보관되어 있어 핀란드 체육의 역사와 발자취를 한눈에 볼 수 있게 한 것이 우리의 눈을 끌게 한다.

V. 노르웨이의 체육

　　북유럽 스칸디나비아반도 서쪽 반을 차지하고 있는 입헌군주국인 Norway(노르웨이)는 산과 협곡으로 이루어져 있으며 생활방식은 북부 이웃 나라와 바다의 영향을 많이 받고 있다. 남북으로 약 1,800km나 되는 기다란 나라로 국토의 약 30%는 북극권에 속한다.

　　노르웨이의 면적은 386,958km²(남한의 약 4배)이며, 전체적으로 겨울이 길고 여름이 짧다. 서해안은 멕시코 만류(난류)의 영향으로 겨울은 평균 기온 −1~−2℃로 온화하며, 여름은 평균기온 9~17℃. 내륙 산악지역과 북부는 대체로 서해안보다 한랭하고 바람이 강한 기후를 보이고 있다. 인구는 약 4,532만 명이 살고 있으며, 전체 인구의 74%가 루터 복음교에 속한다.

　　대서양연안에는 수많은 峽灣(협만)이 있어 좋은 항구가 많으며, 풍부한 어장과 더불어 옛날부터 세계적인 수산 국가·해운국가로 알려져 있다. 노르웨이는 산악 불모지대가 많으며, 農牧地(농목지)는 겨우 국토의 3%밖에 되지 않는다. 기후 또한 寒冷(한냉)하나 풍부한 수력자원으로 말미암아 근대공업이 활발해졌다.

국민생활수준은 일반적으로 높으며 사회보험과 사회보장제도도 북유럽의 다른 여러 나라와 마찬가지로 잘 정비되어 있다. 노르웨이는 8세기 말에서부터 11세기에 걸쳐 북유럽 해안지역을 기지로 하여 Viking(바이킹)이 활약을 했다. 9세기 중엽에 하랄왕이 노르웨이 왕국을 건설하였으며, 그 뒤 왕위계승문제에 따른 싸움은 그치지 않았고, 한때는 덴마크 왕 Knut(크누트)의 지배를 받기도 하였으며, 그 후 스웨덴의 지배하에 있었다. 그러나 12세기 후반에 들어서는 봉건제도에 바탕을 둔 중앙집권제도가 확립되었다.

노르웨이는 산업혁명으로 인한 근대공업의 발전과 해운업의 융성으로 말미암아 국력이 증대하였으며, 한편 봉건귀족의 약체 등의 원인으로 민주화가 싹터 1905년 국민투표에 의해 스웨덴으로부터 독립하였다.

▷ 바이킹

노르웨이는 제1차 세계대전 때에는 중립을 유지하였으나, 제2차 세계대전 당시에는 나치스 독일군의 경고 없는 침략을 받았다. 국왕과 정부는 영국으로 망명하여 국외에서 저항운동을 전개하였다. 1945년 독일의 패배와 더불어 독립을 회복하였으며, 이해에 국제연합

(U·N)에 가입하였으며, 1949년 북대서양조약기구(N·A·T·O)에 가맹하였다. 노르웨이는 1814년 제정한 헌법을 바탕으로 한 입헌군주국으로서 국왕은 내각의 보좌를 받아 행정권을 행사한다.

19세기 노르웨이의 체육은 덴마크, 스웨덴, 독일의 것을 많이 모방하였다. 노르웨이는 1870년 Oslo(오슬로)에 체조와 병기사용 목적의 독자적인 체조학교를 설립하였으며 이 당시는 Basedow(바제도우), Guts Muths(구츠무츠), Jahn(얀) 등이 영향을 미쳤다.

1848년과 1860년에 통과된 초기의 법안은 초등학교 소년들에게 체조를 실시할 것을 규정하고 있었다. 중등학교에서는 1869년에 체육이 정식과목으로 채택되었다. 학교체육의 목적은 학생들이 자기들의 신체를 자각함으로써 이를 능률적으로 사용시키자는 데에 있었다.

저학년 학생들은 1주일에 3시간의 수업으로 매트·마루·흔들기·매달리기·균형 잡기·기어오르기·던지기·달리기·도약·구르기 등을 행한다. 체조는 자세훈련을 중시하며, 스케이팅·스키·수영·농구·배구·핸드볼 등의 기초과정을 배운다. 학교시설 이외에도 강, 호수, 바다에서 수영을 즐기며, 최근에는 놀이 위주의 개별지도가 강조되고 있다.

▷ 밴디

▷ 2018 평창동계올림픽 노르웨이, 왜 이렇게 스키를 잘 타지? 한국일보(2018.02.12.)

고학년들은 축구 · 핸드볼 · 농구 · 배구 · 육상 · 체조와 인명구조법을 배우며, 리듬체조 · 포크댄스 · 스웨덴의 Orienteering(오리엔티어링)이 인기를 끌고 있다. 또한 영국의 Circuit Trainning(서키트 트레이닝)이 도입되었으며 하키 · 피겨 스케이팅 · 크로스컨트리 · 스케이팅 · Bandy(밴디) 등의 동계스포츠는 상급학년에서 행해진다.

스키의 용어가 노르웨이의 지명에서 유래될 만큼 노르웨이에 있어서 스키의 역사는 오랜 전통을 가진 스포츠다. 옛날 인간생활의 실용도구였던 것이 발전하여 국가적 스포츠로 옛날부터 채택되어 왔다. 이 나라의 스키발달사는 그대로 스키역사의 근본이라 할 것이다.

스키경기의 노르딕종목, 특히 점프에 있어서는 지금도 세계의 정상을 차지하고 있는 나라라 할 수 있으며, 스케이트에 있어서도 동계올림픽에서 뛰어난 성적을 올리고 있다. 때문에 스칸디나비아반도 국가 중에서 유일하게 동계올림픽대회를 두 번(1952 · 1994)이나 개최한 전력이 있다.

그 밖에 요트와 사격에서도 과거에는 올림픽에서 많은 금메달을 획득하였는데, 이것 역시 긴 해안선과 무수히 많은 좁은 灣(만)을 지니고 있는 지리적인 조건과 오랜 수렵의 전통

을 지니고 있는 국민성이 그대로 스포츠에 나타난 것이라 할 수 있다. 이 밖에도 일반에게 보급되어 있는 스포츠로서는 북구의 여러 나라와 마찬가지로 축구·핸드볼·육상·체조 가 보편화되어 있다.

스포츠관계의 교육시설로는 수도 오슬로에 있는 국립체육학교 이외에는 특별한 체육전 문의 학교는 없으며, 상당수의 학생들이 덴마크의 체육학교로 진학하고 있는 실정이다. 그 러나 스키경기의 강국답게 스키학교의 역사는 꽤 오래되며 그 數(수)도 상당수에 이르고 있다.

노르웨이에서는 사회복지의 프로그램은 오랫동안 진보된 정책을 취하고 있으며, 50세 이상의 병약자·재해자·노인·실업자를 위하여 사회사업을 하여왔으며 보험은 종업원이 돈을 부어가며 고용주는 강제적으로 분담금을 책임진다. 전 노동자에게는 매년 3주간의 유 급휴가를 인정하는 Holiday Act of 1947(1947년의 휴일법)이 제정되었다.

학교에서는 전체 학생들에게 특별한 서비스로 급식을 제공하며, 독특한 무료조식도 취 하고 있다.

노르웨이는 스포츠 애호국민이기 때문에 스포츠단체가 많다. 지방의 스포츠단체는 1800년 이후 사격, 체조, 스키의 順(순)으로 창설되기 시작하여 전국적인 협회는 1861년에 설립되어 전국체육보급협회라고 하였다.

　체육과 스포츠의 관심은 제2차 세계대전 이후 더욱 높아져서 재정적으로 지방당국의 원조와 사적인 기부, 정부보조가 있어서 스포츠의 실시와 연구발달을 위하여 유익하게 이용되고 있다.

VI. 영국의 체육

　The United Kingdom of Great Britain and Northern Ireland(영국)은 서유럽의 북해의 서쪽에 위치한 입헌군주제 국가이다. 수도는 London(런던)이고 국토의 면적은 24만 3,610km² (한반도의 1.1배)이며, 한때는 해가 지지 않는 나라라는 별명을 가지고 있었다.

　크게 영국 본토인 잉글랜드, 스코틀랜드, 웨일스와 바다 건너 아일랜드섬의 북아일랜드 네 지역으로 나누어진다. 이 외에도 영국 왕실 영지인 맨섬, 저지섬, 건지섬이 존재하고 지중해, 카리브해와 아프리카 지역에 몇몇 해외 영토를 가지고 있다.

　인구는 2023년 통계청자료에 6,773만 6,802명 세계 21위로 기록되었으며, 해외에서 주

▷ 영국 London, The Big Ben

거하는 영국계 이주민까지 포함하면 2억 명을 넘는 것으로 추산된다. 6,600만 명 정도로 잉글랜드에 5,300만 명이 주거하고 스코틀랜드에 530만, 웨일스에 300만, 북아일랜드에 180만 명이 거주하는 것으로 알려져 있다.

영국을 흔히 老大國(노대국), 또는 斜陽國家(사양국가)라는 말이 연상된다. 틀림없이 이 전의 영국은 대국이라고 불리기에 적합하였다. 영국은 세계에서도 가장 빨리 산업혁명을 실현하고 무역·외교를 통하여 전 세계를 무대로 활동하였다. 그러나 이제는 옛 식민지들의 독립과 함께 제국은 붕괴되고, 영국은 그 발전방향을 비유럽지역에서 서유럽으로 바꾸려 하고 있다.

영국이 서양의 노대국으로까지 몰락한 이유로 지적되는 것은 이 나라에 낡은 정치적·사회적인 관행, 특히 계급·신분의 제도가 뿌리 깊게 남아있다고 하는 것이다. Gentleman(젠틀맨)이라고 하면, 곧 영국을 떠올리게 되고 신사를 양성하는 public school(퍼블릭스쿨)[19]제도나 학생의 태반이 상·중류계급의 자제로서 정치·경제·교육계 등에 많은 인재를 배출한 Oxford(옥스퍼드)·Cambridge(케임브리지) 두 대학과 같은 오랜 전통이 있는 대학의 배타적 성격 등은 그와 같은 낡은 습관과 제도의 표본으로 널리 알려져 있다.

또한 자유주의와 개인주의, 혹은 정당정치와 의회제 민주주의 등, 이 나라에 옛날부터 뿌리박아 온 전통적인 습관과 제도는 전 세기에서 세계 모든 나라가 배워야 할 모범이 되어 왔고, 지금도 그 개개의 측면이 좋은 선례로서 예시되고 있는 것도 결코 부인할 수 없다. 일반적으로 지니고 있는 英國觀(영국관)으로는 영국은 오랜 전통의 나라이므로 좋기는 하지만 전통이라는 것 때문에 새로운 세계에 적응하지 못하고 있다고 간주되고 있다.

그리고 영국인의 국민성을 "낡은 부대에 새 술을 담는다."라고 한 말은 영국 국민의 생활태도를 가리키기 위한 말인 듯하다. 옛 제도와 생활양식 그리고 낡은 집, 몸에 밴 헌 옷에 대한 애착과 존경은 일찍이 가장 철저한 사회의 산업적 개선을 이룩한 나라가 영국이라고 하는 이미지와 기묘한 대조를 이루고 있다.

근검·절약의 미덕은 낡은 세대의 생활태도에 대한 반항으로서 나타난 미니스커트와 그룹사운드 등으로 상징되는 소비문화의 경향에도 불구하고, 특히 하층계급 속에 뿌리 깊

---

19 영국에서 주로 상류층 자제를 위한 대학 진학 예비 교육 또는 공무원 양성을 목적으로 하는 사립 중등학교. 엄격한 신사 교육을 한다.

게 박혀있다. 청년층에서의 소비문화의 발전은 영국의 산업구조가 전통적인 수출산업에서 대중 소비물자 제조로 전환했다는 것, 그리고 이른바 복지국가 정책의 완전고용과 최저 임금보장에 의하여 청년층의 소득수준이 높아진 것에 의존하고 있다.

이와 같은 복지정책에도 불구하고 스스로의 힘과 책임에서 생활을 세우는 이른바 자조의 정신은 그것에 의하여 비로소 개개인의 자유를 보장하는 것으로써, 사회의 일반적 윤리의 기준이 되고 있는 듯하다. 국가권력뿐만 아니라 사화와 타인으로부터의 간섭도 싫어하는 영국인은, 만일 민주주의와 개인의 자유 어느 하나를 택하라고 한다면 아마도 후자를 택할 것이다.

영국의 노동자가 매우 계급의식이 강하고 끈기 있는 투쟁에 의하여 강력한 노동운동을 발전시켜 온 것도, 노동자 계급의 권력쟁취에 의하여 국가와 사회를 전면적으로 개조하려고 하는 것보다도 오히려 계급으로서의 기득권을, 그때그때의 상황에서 거의 무의식중에 재해석하면서 지켜온 결과이다.

영국인은 "바른 논리"보다는 "상식"을 존중한다고 한다. 이와 같은 태도는 철학적으로는 영국의 경험론에서 정치적 · 사회적으로는 혁명이 아니라 개혁에 의하여 진보하여 온 漸進性(점진성)에 잘 나타나 있다.

영국의 산업혁명으로 인하여 갑자기 닥쳐온 기계시대는 영국 국민 각 계층에 새롭게 레저생활을 가져다주었으며, 결과로 스포츠인구를 증가시켰다. 또한 다른 나라들에 앞서 산

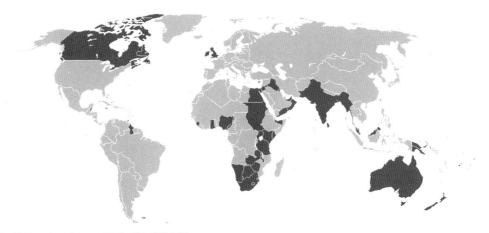

▷ 출처 : wikipedia 1921년의 대영 제국 판도

업혁명을 추진해나간 영국은 세계 7개의 바다를 지배하면서 식민지로부터 富(부)를 흡수하여 세계무역의 왕좌를 차지하였다. 이로 인해 국민의 생활수준이 향상되었으며, 이것은 마침내 「놀이」의 취미가 세련된 형태로 나타나 스포츠를 위한 스포츠를 즐기는 신사적인 정신이 高揚(고양)되었다. 한편 정치, 산업, 경제를 통하여 대규모의 조직이 급속하게 성장하였는데, 이것이 스포츠 면에서도 조직화를 이루는 계기가 되었다.

명문교의 校風(교풍)으로 대표되는 영국 上流社會(상류사회) 사이에는 남성다운 야외운동을 사랑하는 기풍이 일어났다. 이것이 한층 세련되어 淸廉剛直(청렴강직)을 숭상하는 소위 신사도의 기풍이 넘쳐흐르게 되었다. 이러한 것들이야말로 sportsmanship(스포츠맨십)[20]의 관념을 배양케 한 중요한 요소가 되었다.

근대 스포츠정신은 19세기 세계의 제패를 내세운 영국 상류사회의 전통에서 온 바가 매우 많다. 영국은 그 후 제2차 세계대전을 거쳐 국가의 입장이나 성격이 크게 달라졌다. 그러나 스포츠를 사랑하는 국민성에는 하등의 변함이 없었으며, 순수스포츠와 Gamble Sports(갬블스포츠)[21]를 통해서 스포츠는 영국인의 생활 속에 깊이 침투하고 있다.

근대 스포츠의 모국이라 할 수 있는 영국의 스포츠는 독일이나 스웨덴이나 덴마크와 같이 의식되어 구성된 학교교육이나 군사교육으로서의 체육이 아니고 각 계층들의 자유로운 취미·오락에 따라 자연발생적으로 발생하였다. 즉 귀족과 기사계층의 토너먼트, 水球戱(수구희), 무용, 가장무도회, 야외극 등이 유행하였다. 그러나 시민들이 열광하는 해머 던지기, 레슬링, 뜀뛰기, 鬪鷄(투계) 등의 스포츠는 하층계급의 스포츠라고 상류계급으로부터 천시되었다. 그러나 귀족들 간에도 시민들이 좋아하는 스포츠의 애호가가 되어 자진하여 시민 스포츠대회에 참가하는 경우도 있었다. 이와 같이 흐름에 따라 귀족, 기사, 시민들이 한 장소에서 관람하고 즐기게끔 되어 오늘날 영국식 스포츠의 싹이 텄다고 볼 수 있다.

영국의 근대적 스포츠에는 4가지의 흐름이 있다고 본다. 첫째는 상류계급의 귀족적 스포츠이고, 둘째는 도시를 기반으로 하는 7개 바다에 세력을 발휘한 시민계급의 스포츠이

---

20 스포츠맨이 지녀야 하는 바람직한 정신자세. 훌륭한 스포츠맨십을 가진 선수는 공정하게 경기에 임하고, 비정상적인 이득을 얻기 위해 불의한 일을 행하지 않으며, 항상 상대편을 향해 예의를 지키는 것은 물론 승패를 떠나 결과에 승복한다.

21 금품을 걸고 승부를 다투는 일.

다. 셋째는 귀족과 시민을 대상으로 하여 상금을 다투었던 프로스포츠이고, 넷째는 오래전부터 향토에 뿌리를 내리고 있는 농촌스포츠이다.

농촌부락이나 마을단위로 클럽을 형성하고 있는데 부락클럽은 학교동문이나 졸업생들이 모여서 클럽을 구성하고 있으며, 개별적이면서도 자치적으로 운영되고 있다. 따라서 지방체육활동조직은 클럽조직이 중추를 이루고 있다. 그리하여 이와 같은 흐름은 상호영향을 주어 관계를 맺는 가운데 발전하였다.

이러한 배경 밑에 발전한 영국스포츠는 그것이 사회적·자연발생적이고 학교체육이나 汎愛學校(범애학교)와 같이 우수한 체조교사에 의하여 계획되고 지도된 것도 아니다. 학교에서는 도리어 스포츠를 좋아하지 않았고 16-17세기경에는 학교에서 스포츠를 금지하기도 했었다.

이와 같은 상황하에서 영국은 학교에서 스포츠를 조직적으로 시작한 것은 그 훗날이었다. 학교에서 스포츠를 금지했다는 사실은 스포츠가 실제 성황이었다는 사실을 뒷받침하여주는 것이고 귀족적 야외스포츠나 궁중의 활기찬 오락생활에 젖었던 젊은 학생들은 학교 측의 규정을 어겨가면서까지 운동을 하였다.

즉, 금지된 하천에서 수영을 하고 학교 근처에서 펜싱, 크리켓, 축구 등을 하였다. 또한 부유층의 학생들은 교칙을 위반하고 펜싱 칼과 긴 칼을 몸에 지니고 다녔다. 그리고 술집에서 카드놀이, 주사위, 투계 등의 좋지 않은 놀이를 하여 건강을 해쳤고 이때까지도 스포츠가 인간교육에서 올바른 인격을 육성한다는 것을 몰랐었다. 그리고 축구는 하층계급의 운동으로서 신사로서는 품위가 떨어진다 하여 헨리 4세에 의하여 금지되기도 했었다.

지방교육당국은 문부성을 대리하며 각 주(州)의 사정을 고려하여 체육지도요령을 작성하고 일선 학교장에게 보내고 있는데, 각급 학교장은 지도요령대로 실행하는 것이 아니라 자기 학교의 역사와 전통을 참작하여 교육방침을 시설이나 환경에 맞추어 지도요령 중에서 선정하여 실행함으로써 학교장이 절대적인 권한을 가지고 있는 것이다.

학교장의 권한은 지도요령뿐만 아니라 인사교육과 훈육전면에 걸쳐 독자성을 가지게 된다. 종합학교의 설립 이후 체육교육의 과정이 상당히 변모하고 있는데 각 종목의 실내·외 경기 선택중심에서 야외활동과 여가시간 등 일상생활에 필요한 과정의 비중이 커지고 있으며 개성적이고 의욕적인 성격형성에 이바지하고 있다.

학생들의 신체단련은 체조중심으로 이루어지는데, 교사는 수업계획에 대하여 두 가지 측면의 사고를 가져야 한다. 제1은 해부학적 지식에 기본을 둔 운동이라야 한다는 것으로 신체각부를 순차적으로 훈련한다는 것이고, 제2는 일반적으로 민첩성을 기르는 목적하에 고찰된 운동이라야 한다는 것인데, 해부학적 분석에서 도출된 운동의 효과에 만족하지 않고 가동성과 근력, 민첩성을 조합하여 운동의 흐름이 무리가 없고 합리적이며 리듬적이고 정적에서 동적으로 흐르는 것이 특징이다.

스포츠가 규칙이나 제도상으로 조직화된 것은 19세기 후반이다. 수상경기로 boat race(보트레이스), yacht(요트), 수영이 실시되고, 겨울에는 언 하천이나 호수에서 speed skating(스피드 스케이팅)과 figure skating(피겨 스케이팅)이 성행하였다.

19세기 중반 육상과 복싱은 프로화 하였고 육상경기 그 자체는 사회적인 인기를 얻고 있었다. 학생들의 amateur(아마추어) 경기대회에도 도박은 항상 붙어 다녔다. 엄격한 amateurism(아마추어리즘)이나 fair play(페어플레이) 정신을 존중하는 영국에서 이와 같은 사실이 있었다는 것은 이상하게 생각되지만 학교스포츠가 장려되고 엄격하게 아마추어 정신이 지켜지고 교육적인 성격육성에 가치가 있다고 생각한 것은 19세기 후반이다.

Rugby School(럭비학교)의 교장인 Thomas Arnold(토마스 아놀드, 1795-1842)는 스포츠에 의하여 건전한 스포츠와 집단적 생활에 의하여 생활의 의의를 찾고 학교생활에 새로운 질서와 환경을 만들려고 생각하였다. 아놀드는 청소년들에게 적합한 조직적인 스포츠를 채택하여 낡은 전체주의를 타파하고 새로운 자치 기숙사제도를 수립하려고 하였다.

그는 스포츠의 가치를 인정하고 적극적으로 권장함으로써, 학생들의 불만을 해소시키고 스포츠를 오락으로부터 한층 높은 교육적 차원에서 생각하였고, 새로운 학교의 질서와 감각적 생활을 실현하도록 노력하였다. 그리하여 아놀드의 이와 같은 교육적 정책에서 생긴 스포츠교육은 성공하였고 지식인이 아닌 인격자, 학식 높은 사람이 아닌 인물육성을 중심으로 하는 교육이 실시되었다.

아놀드는 학교의 교육이 과학적이냐 아니냐, 지도자가 합리적이냐 아니냐가 문제시되는 것이 아니고 인물교육과 성격육성이라는 도덕적 관점에서 중요시되었다. 그리하여 스포츠에서 바라는 것은 일체의 비열한 행동, 그리고 부정에 대하여 정정당당하게 싸울 수 있는 무협 정신이라고 보았다.

▷ 럭비스쿨의 럭비경기

public school(퍼블릭스쿨)에서는 잘못된 영웅주의를 타파하고 악습에 따른 스포츠를 순환시키는 데 중점을 두었다. 여기에서는 한두 명의 천재보다 지도력을 갖춘 사람이 중요하다고 생각하였으며, 한 명의 학자가 영국의 평화와 번영을 가져다준다는 낭만성을 갖지 않게 하였다.

스포츠 중심의 기숙사생활은 대영제국의 지도적 인물을 양성하고 늠름한 생활인을 육성하는 근간이 되었다. 퍼블릭스쿨에서 행하여졌던 크리켓, 럭비 등의 구기는 스포츠 중의 스포츠로서 높이 평가되었다. 그것은 개인을 팀에 융합시키고 전체를 위하여 투쟁하는 자기희생적 태도가 가치 있는 것이라 하였다.

퍼블릭스쿨은 부유한 중·상류계층 이상의 자녀들이 입학하는 학교이고 푸른 잔디밭에 넓게 깔린 운동장에서 대영제국을 양어깨에 지니고 젊은이의 의기와 정신을 쏟아 지치지 않고 스포츠를 행하는 태도는 중세 기사들의 태도와 흡사한 것으로 이것이 영국 국민의 품격을 나타내고 있다.

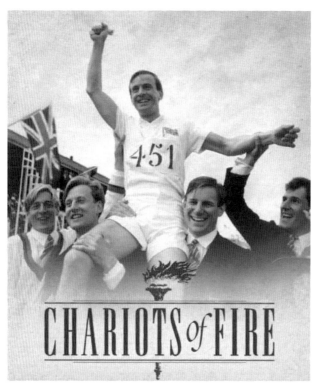

▷ 불의 전차 영화 포스터

　　스포츠 정신이 살아있는 최고의 클래식 명작으로 제8회 파리 올림픽 육상 영국 대표로 선발된 해럴드 에이브라함과 에릭 리델 두 청년의 삶이 영화로 제작된 2016년 영화 Chariots Of Fire(불의 전차)[22]는 차별과 편견을 이겨내기 위해 승리를 향한 투지 그리고 종교적 신념을 걸고 피나는 노력을 거듭하는 숙명의 경쟁자인 두 선수의 이야기를 소재로 하고 있다.

　　스포츠가 신사를 육성한다든가 스포츠는 승리하는 데 있는 것이 아니고 페어플레이 정신에 있다는 말들은 스포츠가 학교 교육 속에 인정을 받은 19세기 후반이다.

　　영국의 체육교사양성은 2개의 코스를 가지고 있다. 그 첫째는 4년제의 대학과정이고 그 둘째는 3년제의 교원양성 전문학교이다. 체육교사 양성전문학교에서는 학과로서 생리, 심

22　불의 전차(Chariots Of Fire) 2016년 개봉 영국 영화.

리학, 교육방법 등이 있고 카누, 소형요트, 캠프, 수영, 체조, 육상 등 각종 경기를 학습하는 데 초기에는 40%만 체육의 학문적 측면이고 나머지는 실기 측면이 유리하게 구성되어 있지만 3학년에 그 비율이 바뀌며 계속해서 각 이론과 실기코스는 평가된다.

학교 대항경기의 효시라고 할 수 있는 Oxford(옥스퍼드)대학과 Cambridge(케임브리지)대학의 보트레이스는 1826년에 처음 시작하여 매년 세계인의 관심 속에 거행되고 있다. 이 경기는 매년 3월 말경이나 4월 초에 런던 Thames(템즈)강변 4.25mile(마일)의 코스에서 실시되고 있다. 영국인들은 양 대학의 조정경기가 없이는 영국의 봄이 오지 않는다고까지 말하고 있다.

영국의 스포츠는 대륙에 있어서의 체조형식과는 달리 의식적으로 계획·구성하지 않고 국가의 보호와 원조 없이 발전하였다. 이 나라에서는 스포츠가 국민교육으로서가 아니라 선진 자본주의 국가로서의 생활의 여유로부터 발전하였다. 이들은 민족적 자각이나 애국심에 호소하여 체조를 하지 않아도 되었고 자유롭게 스포츠를 즐기며 국가를 발전시켰다.

섬나라인 영국은 전쟁터는 외국에 있었고 국내는 대륙에 비하여 평화롭기 때문에 귀족들이 좋아하였던 수렵, 무역상인들이나 관리들이 좋아하였던 경마와 투계, 외교관과 군인들이 식민지에서 즐겨 하던 스포츠 등은 모두 취미나 오락으로서 행하여졌다.

▷ Oxford–Cambridge Boat Race 2022 © BBC(3 April 2022)

영국 국민은 세계 어느 나라 국민들보다도 스포츠를 현대적으로 발전시켰고 또 친밀하게 이것을 실천하는 국민들이다. 이 나라에 있어서는 스포츠가 국민들 생활 속에 확고한 기반을 가졌고 아마추어리즘 또는 스포츠맨십과 같은 스포츠에 관한 정신적인 태도를 확립하였다.

따라서 영국은 현대 스포츠의 모국이라 부르고 있고 지금도 스포츠 국가로서의 전통을 유지하고 있다. 원래 스포츠나 게임은 유희나 수렵을 뜻하는 것이었는데 이것을 오락이나 체육으로 시작한 것은 귀족적 부유층 간에 행하여졌고 자연적으로 귀족적 취미나 인격을 갖게 되었다. 이러한 스포츠는 점차 사교적인 역할을 하게 되고 거기에는 자연적으로 엄격한 예의가 요청되었다.

이와 같은 연혁과 역사를 가진 영국의 스포츠는 자연적으로 신사적인 스포츠가 되었고 스포츠맨십이란 필연적으로 신사적인 태도와 기품을 의미하는 신사정신을 뜻하게 되었다.

영국의 스포츠는 두 가지의 방향으로 커다랗게 발전하였는데, 하나는 교육의 수단으로서 학교에서 국가에 대한 충성심과 신사를 육성하는 데 그 목적을 둔 것이고, 또 하나는 부유층들의 클럽 조직체를 통한 사교적인 스포츠이다. 즉 장차 이 나라의 신사를 배양하기 위

▷ Women's Rugby World Cup 2022　© theguardian (6 Oct 2022)

하여 국가에 대한 忠誠者(충성자)를 육성하기 위하여 또한 지도 계층의 지도자 육성을 위하여 嚴冬雪寒(엄동설한)에도 무릎을 노출시킨 짧은 운동복을 입고 신체와 정신을 단련시켰다.

그리고 영국에 있어서 스포츠클럽 조직은 유명한 것으로서 귀족들이나 부유층들만이 자기들끼리 각종 스포츠클럽을 통하여 사교적인 의의를 가지고 스포츠를 행하여 왔다. 영국의 스포츠가 이러한 역사적·사회적 사정에 처해 있다고는 하지만 영국인들의 현실주의적이고 공리주의적인 성격은 스포츠를 생활화하였고 국민 전체의 생활 속에 널리 보급 발전되고 있어 실로 세계 제일의 스포츠 국민이란 호칭을 받게 된 것이다.

스포츠가 단순한 오락 위안일 뿐만 아니라 그들의 생활에 대한 활력소요, 영양분인 것이다. 영국적 스포츠의 대표적인 종목은 축구, 럭비, 골프, 테니스, 하키, 크리켓, 조정 등인데 이 종목들은 모두가 아마추어리즘에 의하여 신사적인 태도로 행하여진다. 즉 영국의 스포츠는 심판에게 절대복종하고 선수들의 교대가 없고 작전타임을 얻는 시간도 없고 연장전을 하지 않는 리그전 형식을 택하고 개인경기보다는 단체경기를 더 높이 평가하고 있다. 그리하여 승리를 초월하여 정정당당히 기술 대 기술로서 최후의 일각까지 善戰奮鬪(선전분투)하는 철저한 운동정신으로 일관하고 있다.

또한 이들은 노동과 오락운동에 대하여 엄격한 구별을 두고 있어 토요일이나 일요일에는 소위 「Weekend(위크앤드)」라 하여 당일치기 혹은 일박 예정으로 운동이나 오락여행을 떠난다. 그리하여 근로의 피로를 잊고 元氣旺盛(원기왕성)하게 여러 가지 운동이나 오락에 참가한다.

국내에는 도처에 각종 경기장이나 플레이 그라운드가 많고 주택난이 심한 런던시의 경우에도 시민을 위한 공원과 운동장이 여러 곳에 있어 시민들은 이곳에서 각종 운동과 여가를 즐기고 있다.

대규모 시설로는 「국민종합운동장」이 있다. 이것은 전후에 만들어진 것인데 런던 교외의 Crystal Place National Recreation Center(크리스탈 팔레스) 등 전국에 5개소가 있다. 각각 각종의 훌륭한 시설을 갖추어 대중이 이용하도록 제공하고 있는 동시에 선수나 트레이너의 양성도 하고 있다.

▷ The National Sports Centre (NSC) © Crystal Palace Park Trust 2022

일부에 대해서 국가의 보조를 받았지만 대부분 민간기금으로 세워졌다. 그 밖에 교육부의 감독하에 있는 전국의 공립학교는 일정한 체육시설을 갖추도록 규정되어 있다. 큰 도시의 도심지 학교에 대해서는 인근의 공원을 학교체육을 위해서 사용할 수 있도록 법률로 명시하고 있다.

또한 대중위생법, 대중레크리에이션법에 의해서 시·군·면은 일정 규정의 체육시설을 갖추도록 의무화되어 있다. 이 나라의 체육은 또한 전국적인 조직의 중심기관인 교육부차관(스포츠 담당)을 의장으로 하는 sports council(스포츠회의)가 구성되어 있다.

정부는 직접 관여하지 않으나 단지 회의의 권고에 따라 아마추어 스포츠 및 체육전반에 대한 지도 및 원조를 하는 동시에 또한 민간단체에 대한 보조금을 지출하는 데 그친다. 이 회의 산하에 있는 민간단체는 다음과 같다.

Central Council of Physical Recreation(중앙체육 레크리에이션회의)는 각종 스포츠단체의 전국적 연합체이며, The National Playing Fields Association(국립운동장협회)는 주로 운동장시설의 건설, 정비 및 운동장 시설에 대한 출자와 융자를 맡아서 하는 단체이다. British Olympic Association(영국 올림픽협회)는 올림픽에 관한 제반사항을 다루는 단체이다.

이상의 단체 산하에는 전국 41개 종목의 단체 및 16개의 야외운동단체 그리고 16개의 체육댄스단체 및 34개의 청년단체가 있다.

올림픽협회와 두 단체는 서로 밀접한 상호관계를 유지하고 있으며 임원도 상호겸임하고 있다. 이러한 민간단체들은 민간으로부터 기부금을 중심으로 운영되고 있다.

영국에 있어서 스포츠란 私的(사적) 활동이라는 의식이 강하다. 때문에 우리나라의 전국 체육대회와 같이 국가가 주최가 된 종합경기대회는 열리지 않는다. 영국의 대표적인 경기 는 역시 축구라고 할 수 있다.

▷ Premier League Homepage　©PREMIER LEAGUE 2023

풋볼 리그(FL) 산하의 90개 프로팀은 지구별 리그전 및 잉글랜드, 스코틀랜드, 북아일 랜드, 웨일스 각 지역 대결의 International Match(대항전)이 있으며, 아마추어로는 Foot Ball Association(축구협회) 주최의 FA컵 쟁탈전이 최대의 행사로 되어있다.

크리켓 역시 영국에 있어서 여름에 빼어 놓을 수 없는 이벤트의 하나이다. 런던의 왕립 구장에서 벌어지는 카운티선수권대회를 위시하여 명문대학의 대항전 그리고 1877년 이후 계속되고 있는 영국연방 각국대항전 등은 수많은 관중을 모아들인다.

테니스는 6월 말부터 시작되는 윔블던 선수권대회가 가장 큰 행사이다. 결승전이 벌어 지는 날에는 14,000명을 수용할 수 있는 관람석이 꽉 차버린다. 그 밖에도 全英(전영)하드코 트, 전영주니어, 카운티 파운데이션 컵(여자)의 각 토너먼트가 유명하다. 또한 영국과 미국의 여자대항의 와이트먼 컵쟁탈전도 있다. 골프는 전영 오픈이 1860년부터 계속되고 있으며

▷ Royal Ascot Horse Racing © Ascot Racecourse 2023

그 이외에도 워커 컵 및 프로의 라이더 컵 쟁탈전이 유명하다.

경마는 6월 초부터 시작되는 Derby(더비)는 Surrey(서리)州(주)의 Epsom Downs(에프솜) 경마장에서, Royal Escort(로얄 에스코트) 등 커다란 행사가 있다 이들 경기에는 왕족들도 배석하여 관람석은 그해의 Mood(무드)를 결정한다고 할 만큼 화려한 사교장이 되어 버린다. 이들이 레이스를 벌이는 날에는 온통 영국 전체가 축제의 기분으로 들뜬다고 하여도 지나친 말이 아니다. 그 밖에도 전통 있는 레이스들이 많이 있다.

Ⅶ. 프랑스의 체육

France(프랑스)에 있어서 국가주의적 경향은 혁명 이전에도 존재하였으며, 혁명을 계기로 더욱 고조되었다. 외국세력에 대하여 새로운 자유를 지킬 필요성은 애국심을 불러일으켰으며, 특히 나폴레옹이 군사적 성공을 거둔 이래 더욱 국가적 힘을 과시하기 위하여 힘써왔다.

유럽 대륙의 서부, 지중해와 대서양 사이에 위치하며, 유럽에서 3번째로 큰 나라이다. 987년 프랑크 왕국이 멸망하고 카페 왕조 창시로 최초의 국가가 형성되었다. 절대왕정과

▷ 출처 : pixnio 프랑스의 에펠탑

제정, 공화정을 반복하다가 1871년 공화정부 수립 이후 오늘에 이른다.

수도는 Paris(파리)이고 국토의 면적은 67만 5,417km²(한반도의 2.5배)이며, 전체적으로는 대각선이 1,000km인 육각형에 가까운 모양을 갖추고 있다. 서쪽으로는 대서양, 남쪽으로는 지중해, 북쪽으로는 북해와 접해 있다. 프랑스는 광대한 영토와 다양한 기후대를 바탕으로 역사적으로도 유명한 곡창과 농업의 중심지였다.

유럽대륙에서의 오랜 항전, 특히 독일과의 전쟁은 끊임없이 국가주의적 사상을 강조하여왔으며, 혁명시기에는 국가적인 안정과 안전을 위하여 청소년들을 국가에 의하여 교육하지 않으면 안 된다는 원칙을 채택하였다.

나폴레옹이 권력을 장악하자 그는 이와 같은 원칙에 입각한 중앙집권적인 교육제도를 확립하였으며, 애국적 교과가 교육과정을 지배하고, 모든 교과의 수업은 국가주의를 주제로 하여 가르쳤다. 그리하여 초등학교 입학 첫날부터 징병되는 날까지 청소년들에게는 철저하게 애국적 국가관과 교훈이 주입되었다.

17세기의 프랑스는 고전주의적인 문화의 융성기를 이루어 Baroque(바로크)미술이 꽃피웠으며, 18세기에는 Rococo(로코코)문화도 전개되었다.

18세기에도 전쟁과 호사스러운 궁정생활로 인해 재정난이 계속되고 영국과의 식민지 전쟁에서 북아메리카와 인도식민지의 태반을 잃었으며, 미국의 독립전쟁을 후원하여 더욱 재정이 악화되었는데 이는 프랑스혁명의 원인의 하나가 되었다.

1719년 프랑스혁명으로 시작하여 1815년 나폴레옹 몰락까지의 시대는 절대왕정의 타도와 공화제의 수립, 봉건제의 일소, 입헌의회의 수립 등이 이루어지고 근대적 중앙 집권국가와 나폴레옹의 침략전쟁으로 말미암아 빚어진 국가주의 사상은 앞으로의 세계를 움직이는 대 조류의 주류를 이루었다. 나폴레옹이 권력을 장악하자 그는 국가적인 안정과 안전을 위하여 청소년들을 국가에 의하여 교육하지 않으면 안 된다고 생각을 하였다. 이로 인해 중앙집권적인 교육제도를 확립하고 모든 교과과정과 교육은 국가주의를 원칙으로 하여 실시되었다.

1947년 교육개혁위원회는 광범위하고 보다 민주적인 교육목적을 실시하도록 권고하였다. Langevin Commission(랑즈방 위원회)는 모든 아동에게 사회적·경제적 지위 여하에 관계없이 그 재능을 최대한으로 개발시킬 기회가 부여되어야 하며, 또한 학교는 지적 기능과 마찬가지로 수공업이나 기술적·공예적 기능의 발달을 도모하여야 한다고 강조하였다.

프랑스의 체육은 오랫동안 전적으로 청년의 군사적 능력을 함양시키는 데에 그 목적을 두었다. 신체운동에 대해서 자발적인 흥미를 갖지 못한 것이 프랑스의 특징이라고 볼 수 있다. 그럼에도 불구하고 국가안전을 위협하는 적국의 군대에 대해서 항상 충분한 대비책을 서두르고 있었기 때문에 그들은 체육을 국가방위에 절대적으로 필요한 것이라 생각하였다.

프랑스는 최근까지 체육의 가치를 군비의 수단으로서 인정하였을 뿐이며 체육을 미래의 시민 육성을 위한 교육적이며 사회적인 바람직한 방법으로서 이해하지는 못했다. 그리하여 프랑스는 체육의 필요성을 인정하기 시작하였을 때에 독자적인 발전을 이루지 못하여 외국의 이론과 실천을 받아들였고 외국인 교사를 고용하였던 것이다.

Amoros(아모로스, F. 1769-1848)와 Clias(클리아스, P.H. 1782-1854)는 Waterloo(워털루)전쟁과 1848년 2월 혁명 사이에 프랑스에 있어서 체조 프로그램을 작성한 체육지도자였지만 그들의 목적은 오직 군사적 목표에 한정되어 있었다. 스페인에서 망명해 온 아모로스는 프랑스 근대 체육의 최초의 지도자로서 1817년 Durdan(두르당)사립학교에 파리 최초의 체육관을 개설하고 병식체조 지도에 힘을 기울였다.

1820년에 아모로스는 야외에 체조장을 갖춘 육군 및 시민체조학교를 설립하여 교장이 되었다. 체조의 지도는 본래 군인을 대상으로 한 것이었으나 일반인도 입학하였고 또한 왕립학교나 전문학교의 학생도 배울 수 있었다.

1831년에 아모로스는 프랑스 체조 감독관에 임명되었으나 정부와의 불화로 그의 활동은 중단되었다. 아모로스의 체조는 일정한 조직적 순서에 따라 진행시켜 가는 운동이었다. 먼저 신체를 유연하게 하는 운동부터 시작하였다. 이 운동은 어떠한 경우에도 기구를 사용하지 않고 중간에 약간씩 노래를 부르면서 체조를 실시하기도 하였다. 다음에는 행진, 도약, 평균운동, 아령체조, 그네뛰기, 씨름, 등반, 목마 등이 행하여졌다.

체육의 합리적인 기반을 갖지 않은 프랑스의 체조에는 신체를 위한다는 고려가 없는 운동이 여러 가지로 혼합되어 있었다. 영국의 Maclarn(메클라렌)은 프랑스식 체조를 "신체운동이기는 하지만 신체훈련이 아닌 체조방식"이라고 특색을 말하였다.

스위스와 영국의 체육을 경험하였던 클리아스는 프랑스에 초청되어 사립학교, 사범학교, 군부대의 체육지도자로 활동하였다. 그 후 파리의 초등학교 체조 감독관으로 1848년 혁명 때까지 봉직한 다음 스위스로 돌아갔다.

그의 저서인 「체조 연습의 초보」는 구츠무츠와 얀의 영향을 많이 받았는데 그는 체조의 훈련은 신체에 유능한 힘을 육성할 뿐 아니라 원만한 성격형성에 있어서의 기본적인 도덕적 자질, 그리고 사회적 기풍을 함양하는 것이라고 확신하였다. 훈련방식에 있어서는 군대식

▷ 클리아스

으로 구성하고 병사에 있어서 가장 중요한 근력, 기동성, 민첩성 등의 신체적 요소를 확보할 것을 강조하였다. 1848년 아모로스가 세상을 떠나고 클리아스가 스위스로 돌아가 버리자 프랑스의 체육은 침체기에서 벗어나지 못했다.

1870년부터 1871년까지 프러시아와의 비참한 전쟁으로 인해서 프랑스 국민은 의기를

상실했으나 국력재건의 수단으로 체육의 가치를 이용하게 되어 체육의 부흥기를 맞게 되었다. 독일의 체조가 융성기에 있을 때 프랑스도 독일의 체조운동제도를 모방하였으며, 전국에 15개에 불과했던 체조단체가 1886년에는 870개로 증가하였다. 이러한 부흥운동은 대도시에 있어서 학교체육의 재건을 가져왔으며, 1872년과 1880년에는 남자학교에서 체조는 필수과목으로 정해졌고 이 제도는 여학교에도 적용되었다.

고대 올림픽경기의 부활을 제창한 사람은 프랑스의 역사연구가인 Coubertin(쿠베르탱, P. 1863-1937)이다. 쿠베르탱은 프랑스의 귀족으로 출생하여 그의 청년기인 1871년 보·불전쟁에 참가했다. 그는 전공인 역사를 연구하던 중 고대 올림피아경기가 왕년의 그리스 문화의 중심이었고, 그리스 민족의 융합과 통일에 공헌이 많았다는 중요성을 인식하는 동시에 당시의 프랑스가 보·불전쟁에 참화를 입어 문화전반이 극도로 위축되고 침체된 것을 탄식하였다. 이러한 난국타개의 방법으로서 고대 그리스를 본받아 체육운동을 장려하여 국민을 신체적·정신적으로 개조하지 않으면 안 된다고 생각하였다.

▷ Pierre de Coubertin (1863 – 1937) © 2021 Upaninews

쿠베르탱은 독일인에 비하여 프랑스인이 체조에 대하여 무관심하고 또 영국에서 전개되고 있는 것과 같은 스포츠의 융성이 프랑스에서는 전혀 볼 수 없다고 느끼고 있었다. 영국의 학교에서 그는 풋볼, 크리켓, 육상경기 등의 시합에 큰 감명을 받고 이러한 활동이야말로 거대한 대영제국의 지배자를 육성할 신체적 활동력과 도덕적 규율의 근원이라고 느껴 프랑스에서도 이와 같은 활동을 일으켜야 된다고 생각을 하였다. 그러나 그의 평화주의적인 견해는 다만 프랑스만의 좁은 범위에 그치지 않고 나아가서 세계 여러 민족을 위한 국제적 운동제전을 개최하여 세계평화에 이바지하려고 하여 마침내 1896년 제1회 근대 올림픽 경기대회를 고대 올림피아의 발상지인 그리스의 수도인 아테네에서 개최하게 되었다.

프랑스는 1900년 제2회 파리올림픽대회와 1924년 제8회 파리올림픽대회를 개최하였고, 2024년 제33회 파리올림픽대회 개최가 예정되어 있다. 1924년에 처음으로 시작된 동계올림픽대회도 Grenoble(그레노블)에서 개최되었다.

▷ 2024 파리올림픽 로고　ⓒ 파리올림픽조직위원회 SNS

1920년 4월 27일 반포된 법령에 의하여 학생스포츠 경기단체에 대한 면세, 운동장시설과 교사양성 그리고 교원면허에 관한 문제가 논의되었으며, 1922년 4월 6일 體育審議會(체육심의회)가 체육의 방법, 시간, 체육교사 양성, 학교스포츠의 진흥방안 등을 모색하기 위하여 구성되었다.

1927년 대학은 지도자 양성을 위하여 체육 분야의 전공 코스를 설치하기 시작하였는데 최초의 코스는 단기간이었으나 점차 늘렸고 오늘날에는 많은 종류의 전문가를 양성하는 학교가 있다. 즉, 고등사범학교, 사범학교, 각 대학에 소속한 체육연구소, 16개의 지방체육 스포츠센터에서 체육지도자를 양성하고 있다.

1929년에는 체육부가 문부성에 설치되어 후에 체육청으로 승격하였으며, 1966년에 청소년 스포츠 餘暇省(여가성)으로, 1981년에 스포츠 省(성)으로 개칭되었다. 중앙조직은 청소년운동과 사회교육지도부, 스포츠지도부, 체육지도부 등 3부서로 나누어져 있다. 이들 3부서는 하부 지방행정단위의 시, 군, 읍, 면을 통하여 지부를 두고 있다. 시설이나 지도자의 결정적인 부족과 교육제도상의 학교체육에 대한 경시가 프랑스 스포츠계에 커다란 결함이었다.

그러나 1960년대에 들어서서 정부는 직접·간접으로 체육진흥과 올림픽선수양성에 앞장서게 되면서 정세는 점차 변화하기 시작하였다. 이렇게 체육에 관심을 쏟게 된 것은 올림픽대회에서의 부진한 탓도 있었지만 한편으로는 전후의 출생률이 높아져 인구의 25%가 청소년 세대였기 때문에 여기에 대응할 체육정책이 필요하였기 때문이다.

정부는 학교를 중심으로 전국의 체육시설을 확충하는 1차 5개년 계획(1961-1965)을 실시하고, 이어서 1966년부터 제2차 5개년 계획으로 돌아갔다. 주요한 건설목표를 보면 경기장(400m 트랙)이 3,000개소, 체육관이 1,500개소, 옥외 풀이 700개로 되어 있다.

한편 체육지도자의 양성에 있어서도 1968년 중에 14,500명에 달하여 1958년에 비해 2배 이상으로 증가하였다. 정부는 일반체육과 병행하여 올림픽선수를 강화하기 위한 특별예산을 세웠으며 선수강화 담당자까지 임명하였다.

올림픽 유망선수에 대해서는 국비로 모든 편의를 제공하고 1968년 올림픽대회가 평균표고 2,000m 이상인 멕시코로 결정되자 즉각 그와 맞먹는 높이의 트레이닝 센터를 만들었다. 파리에는 각종 설비가 잘되어 있는 국립체육연구소가 설치되어 이곳에서 체육지도자 양성과 아울러 일류의 육상 및 수영선수를 조직적으로 육성해 내고 있다.

전국 스포츠위원회는 46개의 경기단체가 가맹해 있고 프랑스에서 국민의 사랑을 받는 스포츠는 축구와 사이클이다.

프랑스는 사이클과 축구가 국민의 절대적인 지지를 받고 있으며, 특히 사이클은 우수한 프로가 되면 상당한 보수를 받고 이웃 나라와 국경을 일주하게 되는 프랑스 일주에서 우승을 하면 국민적 영웅으로 대접을 받는다.

4,000km의 대장정으로 지옥의 레이스라 불리는 Tour de France(투르 드 프랑스) 사이클은

▷ Le Tour de France 2022 © 2023 Sports Travel International Limited

전 세계 사이클 팬을 열광시키는 가운데 매년 힘겨운 레이스를 펼치고 있다. 루앙을 출발하여 피레네와 알프스 산악지역을 지나 3,950km를 달리는 이 대회는 유럽에서 월드컵 못지않게 높은 인기를 누리고 있다. 사이클선수라면 누구나 이 대회에 참가하는 것을 최고의 영광으로 생각하며, 우승자에게는 사이클 영웅의 칭호가 주어진다.

프랑스는 매년 7월이 되면 온통 흥분의 도가니로 변한다. 매일 수백만 명이 영상을 통해 이들의 역주 모습을 지켜보고 1천여만 명이 연도에서 열렬한 박수를 보낸다. 유럽 전역에 생중계되는 이 대회는 3,000여 명의 극성팬이 사이클과 자동차를 타고 레이스 전 구간을 뒤따르기도 한다.

이 대회는 1903년부터 지옥의 레이스라는 별명과 함께 해발 2,000m를 넘는 고산지대 등 험난한 코스를 달려야 하기 때문에 200여 명의 도전자들 중에 완주에 성공하는 선수들은 60-70여 명에 불과하다. 상금은 라이더가 시즌 중에 얻게 되는 금전적인 액수로는 큰 부분이 아니지만 투르 드 프랑스 상금은 약 2,000,000유로 이상이 되었다. 2021년에는 총 상금 2,228,450유로가 각 구간에 걸쳐서 수여된다.

투르 드 프랑스 통합 우승자는 500,000유로(한화 약 6억 7000만 원)를 받게 되며, 탑 20위 라이더들에게 순차적으로 적은 금액이 수여된다. 160위의 라이더에게도 1,000유로라는 상징적인 상금을 수여한다.

각 구간 승리자들은 11,000유로(한화 약 1,500만 원)를 받으며, 포인트 경쟁 부분 우승자들은 128,000유로(1억 7000만 원), 킹 오브 마운틴 우승자는 108,700유로(1억 5000만 원), 팀 경쟁 우승팀은 178,800유로(2억 4000만 원), 베스트 영 라이더는 66,500유로(9,000만 원), 그리고 가장 전투적인 라이더는 56,000유로(7,500만 원)를 받으며 각 분야의 하위권 라이더들도 순차적으로 적은 금액을 받는다.

제16회 프랑스 월드컵대회가 본선진출 참가국 32개국이 참가한 가운데 1998년 6월 10일 파리 생드니의 스타드 드 프랑스경기장에서 전 세계 160개국에 생중계 된 가운데 10억 인구가 지켜보는 가운데 개막식이 거행되었다.

프랑스 월드컵의 Mascot(마스코트)인 Footix(푸틱스)는 수탉을 의미하는 것으로서 패기 있고 활력 넘친 젊은이들의 축제인 월드컵을 대변하기 위해 남성다움과 새벽의 신선함을 상징하는 동물로 알려져 있다. 특히 수탉은 15세기 이후 프랑스와 프랑스인을 대변하는 상징적인 동물로 인식돼 왔다.

▷ 1998 프랑스월드컵 로고와 마스코트 푸틱스

1998 FIFA 월드컵 프랑스는 3회 1938년 이후 60년 만에 프랑스에서 개최된 월드컵으로 이 대회부터 본선 진출국이 24개국에서 32개국으로 늘어나, 각 조 4개국이 8개조로 편성되어 조별라운드를 거쳐 상위 2개 팀이 16강에 진출하는 체제로 바뀌었다.

프랑스는 1930년 우루과이 월드컵대회 이후 지금까지 준결승에 3번 올랐던 팀으로 또한 86년 이후에는 아예 월드컵 본선무대에 한번도 진출하지 못했었다. 그러나 프랑스는 주최국답게 결승전에 진출했는데 내세울만한 무기는 준결승전까지 2실점한 수비와 두터운 미드필드 진영 정도이고, 반면 상대는 5번째 패권을 노리는 브라질로서 50년대 이후 '결승 무패'를 기록한 강호이기 때문에 전문가들은 자연스럽게 브라질의 2연속 우승을 점쳤다.

그러나 삼바축구의 브라질은 프랑스의 저돌적인 공격에 맥없이 무너져버렸다. 부동의 세계 랭킹 1위인 브라질이 월드컵 16번 출전 만에 사상 최대 점수 차인 3:0으로 패배를 맛보는 치욕의 순간을 맞이하여야만 했다.

2006 FIFA 독일 월드컵 결승전에서는 이탈리아를 상대로 양팀은 한 치의 양보 없는 공격 축구를 벌였으나 120분 동안 승부를 가리지 못했다. 결국 승부차기에서 프랑스는 (PK 3-5)로 이탈리아에게 월드컵을 넘겨주고 말았다.

▷ 2018 러시아 월드컵 프랑스 우승 2018.7.16 ⓒ 로이터=뉴스1

2018 FIFA 러시아 월드컵 결승전에서 프랑스 선수들은 크로아티아를 상대로 경기에서 4대2로 승리를 거둔 뒤 우승컵을 들어 올렸다. 20년 만에 월드컵에 우승한 프랑스에게는 우승상금으로 431억 원이 지급되었다.

VIII. 이탈리아의 체육

지중해 중앙에 長靴形(장화형)으로 북으로부터 남으로 뻗어있는 반도와 島嶼群(도서군)으로 이루어진 공화국으로서 이탈리아란 말은 중세부터 사용되고 있었으나 한 국민국가로서의 이탈리아가 성립된 것은 1861년, Camillo Benso de Cavour(카브르)와 Giuseppe Garbaldi(가발디)의 지도하에 근대국가가 탄생하게 되었다.

Italy(이탈리아)는 남유럽과 지중해의 반도에 위치하고 있으며 수도는 로마이고, 인구는 5,887만 762명으로 세계 25위의 나라이다. 제국의 중심지였던 국가라 고대 유럽 문화의 핵심이었고 라틴 문자의 발상지다.

▷ 밀라노 대성당

Italy(이탈리아)를 태양의 나라, 정열의 나라, 예술의 나라, 또는 이민을 많이 내보내는 가난한 나라라고 말했듯이 가끔 이 나라는 몇 마디의 말과 연결되어서 사람들의 머리에 떠오르곤 한다. 이러한 말은 분명히 이탈리아의 일면을 표현하고 있다.

알프스 북쪽의 유럽 主部(주부)에 비하면 지중해성 기후에 속한 이탈리아는 맑은 날이 많고, 고대 로마나 르네상스시대의 문화유산을 풍부하게 가지고 있으며, 현재도 음악 · 미술 · 건축 · 영화 · 디자인 등의 면에서 세계의 주도적 지위에 서 있다. 또 약 100년 전 영국이나 프랑스의 열강에 비해 경제적으로 뒤떨어졌던 단계에서 근대국가로서의 발전이 시작되었기 때문에 근대 이탈리아의 사회는 여러 가지의 모순을 짊어지게 되었다.

근대공업이 북부에 편재해 발전하였기 때문에 가난한 남부에서는 신대륙이나 알프스 북쪽의 나라들에게 많은 이민이나 用役(용역)으로 나가지 않으면 안 되었다. 그러나 같은 이탈리아에서도 Lombardia(롬바르디아)를 중심으로 하는 북이탈리아는 그 경제적 발전의 수준에서 보아 유럽의 선진국과 같은 수준에 있다.

이와 같이 문화적 특색, 혹은 사회적 성격이란 점에서 보더라도 이탈리아는 지역의 격차가 몹시 크다. 그러나 이 큰 지역의 차이에도 불구하고 통일 이탈리아의 기초가 된 것은 라틴어와 Catholicism(가톨릭이즘), 혹은 고대 로마로부터 르네상스를 거쳐 현재에 이르는 문화적 전통 등 문화적 배경의 공통성이라고 할 수 있겠다.

제2차 세계대전 후의 이탈리아의 경제적 · 문화적 발전은 눈부시어서 지난날의 후진국 이탈리아란 이미지는 현재 급속도로 소멸되어 가고 있다. 우수한 공업기술, 높은 경제성장률, 외국과의 활발한 문화교류에 의해 현재의 이탈리아는 유럽 공동체 국가의 주요 멤버로서 새로운 유럽의 중심이 되어가고 있다.

19세기 전반기의 체육은 군사체조 위주였는데, 독립 이후 체조는 군사적 성격을 탈피하였으며 1878년 통과된 법령에 의해 체육이 학교교과의 필수과정이 되었다. 1909년 통과된 법령은 모든 중등학교는 체육관과 운동장을 의무적으로 구비하도록 되어 있다.

이탈리아의 첫 번째 스포츠조직은 1893년 발족된 Genoa Cricket and Football Club(제노아 크리켓 · 축구클럽)이었는데 크리켓은 곧 제외되었고 축구가 국민들의 인기종목이 되었다.

이탈리아의 Youth Games(소년체전)에는 6살부터 13세까지의 250만 명 이상의 청소년들이 전국적으로 지정된 장소에 모여 각 종목 경기에 참가한다. 소년체전을 통하여 수천 명의

▷ 1898년 제노아 크리켓 및 축구 클럽의 최초 공식 결성　© 2023 Eurosport

청소년들이 각 종목의 경기연맹에 소속된 클럽에서 경기를 계속할 수 있게 되었다. 그러나 보다 의미 있는 것은 매년 개최되는 이 소년체전을 통하여 체육활동에 적극적으로 참가하게 된 청소년의 대부분이 스포츠의 고유한 가치를 자신의 것으로 만들고 스포츠를 생활의 일부로 받아들이게 된 데 있다.

　대중스포츠는 현재만이 아니라 1969년부터 이탈리아의 사회적·문화적 요소의 일부로 존재해 왔다. 이러한 관점은 Council of Europe(유럽회의), 유네스코의 스포츠 및 체육과학위원회(ICSSPE)와 같은 정부 간 또는 비정부 간 기구에 의해서도 인정되었으며, 이제는 국제올림픽위원회까지 대중스포츠의 중요성을 크게 인정하고 있다.

　소년체전의 도입으로 이탈리아는 큰 모순을 제거하게 되었다. 그것은 사회적 변화와 1960년 로마올림픽 이후에 스포츠에 대한 관심의 증대로 나타난 스포츠욕구의 증대와 당시의 체육시설 및 스포츠문화의 후진성과의 모순이었다. 이러한 모순은 장비의 부족, 체육과 스포츠의 문제에 대한 학교 측의 소극성, 그리고 스포츠 및 스포츠 진흥에 대한 정부기관의 이해부족에 기인했던 것이다.

　이탈리아 소년체전은 다음과 같은 4가지 주요 목표를 가지고 있다.

① 스포츠 활동에 적극적으로 참여하지 않았던 수백만 명의 청소년들이 스포츠 활동에 참여하도록 유도하여야 한다.

② 소년체전은 조직이나 기술의 문제에 영향을 받지 않는 체육활동의 모델이 되어야 한다. 이 모델은 누구든지 할 수 있고 구조적으로 危弱(위약)한 지역이나 대도시의 변두리, 그리고 스포츠가 아직 보급되지 못한 농촌지역의 작은 장소 등 어디서든지 할 수 있는 활동이어야 한다는 것을 의미한다.

③ 참가자의 동원은 클럽이나 학교 그리고 다른 기구나 스포츠 매체 내에서의 스포츠 진흥에도 유리한 결과를 가져오도록 추진되어야 한다.

④ 지방자치단체, 지방정부 및 중앙정부는 스포츠의 사회 문화적 가치를 받아들여 자체의 스포츠 진흥정책을 시행하여야 한다.

이탈리아에서의 스포츠보급이 소년체전만의 결과라고 보지는 않지만 소년체전이 스포츠의 모든 분야에서 주요 추진력의 하나였으며, 스포츠 진흥에 크게 공헌하였다는 것은 분명한 사실이다. 객관적으로 보면 이탈리아 스포츠의 발전은 그 외의 외부적 요소들의 결과이기도 하다. 예를 들면 전반적인 사회 문화적 변화, 건강과 생활에 대한 태도 변화로 인한 체육활동에 새로운 욕구의 폭발적 대두가 그것이다.

Istituto del Credito Sportiv(이탈리아 체육기금)도 체육시설 신축에 자금을 보다 많이 투자하였다. 각 州(주)는 스포츠 진흥을 위하여 새로운 법률을 제정하였으며, 이러한 법률들 중 가장 중요한 점은 1987년부터 스포츠를 초등학교에서부터 가르치도록 규정한 것이다. 이런 새로운 상황은 아동들이 체육활동을 하도록 지도하고, 클럽에서의 생활을 보다 새롭게 풍부하게 하며, 학교와 스포츠클럽과의 관계를 발전시키는 등의 광범위한 효과를 가지고 새로운 대중 스포츠 진흥정책이 이탈리아에서 행하여지고 있다는 것을 보여주고 있다. 그리고 대중매체의 지원 아래 대도시, 중소도시나 농촌을 막론하고 전국 어디에서든지 스포츠 붐이 확산되고 있다.

소년체전은 매년 종목과 계절에 따라 시기를 달리하여 열리고 이탈리아 올림픽위원회의 강력한 지원을 받고 있다. 소년체전에는 매년 150억 리라의 재정보조가 행하여지며 문교부에서도 방과 후의 체육활동에 종사하는 교사들에게 120억 리라를 보조하고 있다. 그리고 공공기관의 지원으로 어떤 분야에서든지 필요한 지도자, 교사, 기술자들이 바로 확보될 수 있다.

이탈리아 올림픽위원회의 사업에는 아래와 같은 몇 가지 특징이 있다.

① 조직의 단순화 행사의 조직은 최대한 단순화하여야 한다. 특히 지방에서의 경기일 경우에는 더욱 단순해야 한다.

② 규칙의 신축성을 최대한 유지 아동이 스포츠를 최초로 접할 때 엄격한 절차는 바람직한 것이 못 된다. 소년체전은 선수권대회가 아니다.

③ 참가기관(자치단체, 스포츠클럽, 학교 등) 상호 간의 협력유지 이러한 협력이 특히 지방단위에서 이루어질 때 보다 나은 결과를 얻을 수 있다. 일반적으로 이러한 협력은 아동이 스포츠활동에 지속적으로 참여할 수 있는 기반이 된다.

④ 축제의 개최 스포츠가 즐겁고 유쾌한 것이기는 하지만 소년체전 행사가 끝날 때마다 축제행사가 같이 열리고 있다.

이러한 축제행사는 아동의 단체정신을 높여주며 나이에 따라 다양한 아동의 흥미를 만족시키고 있다. 그리고 아동의 흥미의 다양성은 반드시 고려해야 할 요소이기도 하다. 따라서 소년체전 프로그램 속에는 통상 영화상영, 사진 찍기, 민속놀이, 그림 그리기, 웅변대회, 음악 등과 같은 행사가 포함되고 있다. 그리고 이러한 프로그램운영은 문화적으로도 가치가 클 뿐 아니라 일상생활에서 아동이 스포츠와 조화되는 실제적인 이익을 얻게 하는 장점도 있다. 즉 그것은 재미가 있기도 하지만 다른 측면에서도 무언가를 성취하게 하고 있다.

이탈리아의 소년체전 운영경험은 그것이 이탈리아의 사회적 환경과 스포츠의 여건에 따라 이루어지는 것이기 때문에 그대로 다른 나라에서 활용될 수 있는 것은 아니다. 그러나 소년체전의 기술적인 조직이나 기본 이상에 관한 이탈리아의 경험은 비슷한 행사를 계획하는 다른 나라에게도 유용할 것이다. 대중스포츠를 진흥하고자 하는 노력은 여러 가지 방법으로 추구될 수 있으나 사회 문화적 여건에 맞도록 추진되어야 한다. 다시 말하면, 어떤 행동이든지 그 지역과 여건에 맞도록 추진되어야 한다는 것이다.

그리고 대중스포츠를 진흥하려면 반드시 모든 사람이 그의 성별, 연령, 사회적 지위를 불문하고 자신의 삶의 질이나 건강을 위해 무언가를 이루기 위하여 스포츠에 참여할 수 있도록 이에 필요한 여건들을 만들어 나가야 한다는 것이다.

현재 이탈리아에 있어서 스포츠의 비중은 프로스포츠 혹은 프로스포츠에 관계가 되는 경기에 더 기울어져 있다. 그러나 로마에서 올림픽대회를 개최한 것이 자극이 되어 아마추어 스포츠에 대해서 관심을 갖게 되었다. 그리하여 1942년 이탈리아 올림픽위원회(CONI)가 결성되어 정부의 원조를 받아 경기인구의 확대를 위해서 노력하고 있다. 전국의 주요도시에 청소년을 대상으로 한 스포츠학교가 세워져 육상, 수영에서 야구까지를 포함하여 가르치고 있으며, 기능에 따라 스포츠 배지를 수여하는 제도를 택하고 있다.

청소년의 육성을 비롯한 아마추어 스포츠활동을 위한 자금은 대부분 totocalcio(토토칼치오 : 축구복권)에서의 수익금으로 충당하고 있다. 법률에 의한 이 축구복권의 연간 매상의 20%가 올림픽위원회에 교부되고, 그것은 다시 30개의 경기단체 및 학교를 비롯한 군대체육의 조직에 재교부된다. 이탈리아 올림픽위원회는 이 때문에 자유주의국가 가운데 가장 재정적으로 윤택한 위원회로서 각국의 선망의 표적이 되고 있다.

이탈리아의 Totocalcio(토토칼치오)는 '축구 토털라이저'의 약자로 1946년에 시작된 이탈

▷ 토토칼치오(totocalcio)

리아 축구 경기 결과에 대한 베팅 시스템으로 AAMS(자치 행정국)에서 관리하고 있다. 이 게임은 각각 홈 팀의 승리, 무승부 및 방문 팀의 승리를 나타내는 1, X 또는 2를 나타내는 미리 설정된 축구 경기 목록의 결과를 예측하고 추측하는 것으로 구성되었다.

상금은 개별 대회에서 진행된 총 금액의 약 1/3에 해당하며, 당첨이 없을 경우(모든 결과가 정확하게 추측된 경우) 잭팟은 다음 대회의 상금과 함께 누적된다. 매주 일요일 전국에서 실시하는 축구시합 중에서 13조를 골라 1주일 전에 공표하여, 시합 전날까지 예상 투표를 접수한다.

참가료는 1종류의 투표마다 50리라이며, 한 사람이 몇 종류를 투표해도 제한은 없다. 시합 종료 후 참가료 총액의 45%를 상금으로, 13조 전부 또는 12조의 시합 결과가 적중한 투표자에게 1/2씩 고루 나누어 지불한다. 13조 또는 12조 적중자가 없을 때에는 11조의 적중자에게 상금 전액을 나누어 지불한다.

이것은 경마 · 경륜 등의 토털라이제이터 시스템의 도박과 lottery(로터리)의 중간적인 성격의 것으로서, 각각 장점을 따고 단점을 보완해서 축구 발전에 수반하여 공공사업을 위한 자금조달의 수단으로 공인하는 나라들이 늘어나고 있다. 한국에서는 실시되지 않고 있다.

이탈리아인들은 기질적으로 기민함과 스피드경쟁을 좋아한다. 그들은 축구, 펜싱, 사이클, 스키, 봅슬레이, 자동차 경주, 보트 경주에서 우수한 성적을 보이고 있다. 특히 Boccie(보치에)라는 야외 잔디 볼링게임은 인기 있는 국민적 경기다.

이탈리아는 스포츠의 과학적 접근에 큰 공헌을 했다. Angelo Mosso(안젤로 모소)는 "피로"에 관한 연구로 유명하며, 아동들의 성장에 따른 신체활동을 전문적으로 다룬 Maria Montessori(몬테소리) 여사는 전 세계에 산재하는 보육학교의 교육에 큰 도움을 주었다.

그녀는 놀이활동과 감각훈련에 큰 업적을 남기었는데, 형식위주의 체조를 배척하고 어린이의 성장발달에 맞는 다양한 기구를 개발해냈다. 그녀는 또한 신체불구 아동에 대한 특별훈련과 개개의 아동들의 신체조건에 적합한 방법으로 자연적 활동을 강조하고 있다.

▷ **보치에** © 2023 Greenstone Homes

이탈리아 축구 국가대표팀은 1930년 불참, 1958년 예선탈락, 2018년 예선탈락으로 3번의 대회를 제외한 모든 FIFA 월드컵 본선에 모습을 드러냈다. 이탈리아는 월드컵에서 4회 우승을 기록한 팀으로 브라질에 이어 독일과 함께 세계에서 월드컵 우승을 2번째로 가장 많이 한 팀이기도 하다.

2006 FIFA 독일 월드컵 결승에서 이탈리아는 전·후반과 연장전을 1-1로 비긴 뒤 결국 승부차기(PK)에서 5-3으로 프랑스를 꺾고, 24년 만에 통산 네 번째 월드컵을 거머쥐었다. 1982년 스페인월드컵 이후 24년 만에 정상을 탈환한 이탈리아는 1934년, 1938년, 1982년에 이어 통산 네 번째 우승을 차지하였다.

이탈리아는 과거 월드컵 대회에서 승부차기까지 가는 경기 세 번을 모두 패배한 바 있으나(1990년 아르헨티나전, 1994년 브라질전, 1998년 프랑스전) 네 번째 경기에서 결국은 승리를 거두었다.

▷ 2006 독일 월드컵 이탈리아 우승   2006.7.10 ⓒ 베를린=연합뉴스

IX. 러시아의 체육

Russian Federation(러시아 연방)의 수도는 모스크바로 국가의 면적은 1,709만km²(한반도의 78배 미국의 1.8배)로 세계에서 국토 면적이 가장 넓은 나라이다. 러시아는 1945년 UN 창설 당시부터 원년 회원국이며, 1991년에 러시아가 기존에 있던 Soviet(소비에트 사회주의 공화국 연방 : 社會主義共和國聯邦)[23]의 모든 권리와 의무를 책임지고 연방을 승계한 이후 현재 UN 상임이사국이며, G20의 참가국으로 기존 G8의 마지막 멤버이기도 했다.

Kremlin(크렘린)은 원래 러시아어로 城砦(성채) 또는 城壁(성벽)을 가리키는 일반명사로 사용되지만 대문자로 시작할 때는 모스크바의 크렘린궁전을 의미한다. 모스크바 크렘린 궁전은 오랫동안 러시아 황제의 거처이자 러시아 정교회의 중심지였으며, 현대에 와서는 구

---

23   1917년의 10월 혁명이 성공하여 생긴 최초의 사회주의 국가이다. 옛 제정 러시아의 대부분과 우크라이나를 비롯한 15개 공화국으로 이루어진 다민족 국가였으나 1991년 사회주의가 붕괴되고 연방이 해체되었다.

▷ 러시아 크렘린궁전과 붉은 광장(Kremlin and Red Square)

소련 정부 청사로 활용되고 있다.

크렘린궁전 북동쪽으로는 길이 약 700m, 폭 약 100m의 붉은 광장이 펼쳐져 있다. 15세기 말부터 존재했으며, 처음에는 교역장소로 활용되어 시장이라고 불렀다가, 16세기 화재로 점포들이 불타버린 후 화재광장이라고 불렀다. 17세기에 들어와 붉은 광장으로 불리게 되었다. 러시아어 '크나스나야'는 원래 '아름답다', '붉다'는 뜻을 동시에 가지고 있었으므로, 애초 '붉은 광장'은 '아름다운 광장'이라는 의미였다.

러시아는 Piter(피터)대제 이래 전형적인 노동자 농민의 국가로서 황제의 전제정치와 귀족적 관료제도하에서 민생은 도탄에 빠지고 근대화는 가장 뒤떨어졌다. 그러나 1890년대 이래 공업의 발달로 공장 노동자가 늘고 이에 따라 사회주의사상이 전파되었는데 특히 1898년 공산당의 결성 아래 혁명의 기운이 태동하기 시작하였다. 1904년 러 · 일 전쟁을 일으켰으나 전황은 도리어 러시아에게 불리하였고 국내에서는 산업의 부진과 민생고의 가중으로 불안이 조장되어 전쟁반대와 헌법제정의 소리가 높아갔다.

한편 러시아는 제1차 세계대전에 참가하였으나 대전이 장기화하는 동안 전제정부의 약점이 폭로되고 강제노동과 물자의 결핍으로 대중생활은 극도의 困窮(곤궁) 속에 빠지게 되었다. 이리하여 1917년 3월 Petersburg(페델스브르그)의 노동자들이 전쟁반대의 구호 아래 총파업을 단행하자 이를 진압하기 위하여 출동한 군대도 이에 가담하게 되었다.

이것이 3월 혁명으로서 황제를 퇴위시키고 노동자, 농민, 병사들을 구성원으로 하는 Soviet(소비에트)임시정권이 수립되었다. 3월 혁명 후 임시정부는 시민적 개혁으로 민중의 지지를 얻어 전쟁을 계속하고자 하였으나 프롤레타리아 독재와 유혈혁명을 주장하던 Bolscheviki(볼셰비키)들은 Lenin(레닌)을 중심으로 11월 7일 武裝蜂起(무장봉기)하였다. 이 혁명은 마침내 성공하여 1918년 3월 처음으로 黨大會(당대회)를 열어 러시아 공산당이라 칭하고 수도를 Moscow(모스크바)로 정했다. 이어 7월에는 러시아 사회주의 연합 소비에트 공화국을 수립하고 헌법을 제정하였다. 內政面(내정면)에서는 사회주의 실현에 착수하여 토지, 공장, 교통기관의 국유화와 외국무역의 국가 관리를 단행하고 농업은 개인농업 이외에 집단농장의 사회화·기계화 등을 이룩하였다.

1923년에는 주위의 연방공화국을 합쳐 The Union of Soviet Socialist Republic(소비에트 사회주의 연방, U·S·S·R)이라 했다. 이것이 우리가 흔히 말하는 소련이다. 1986년 2월 25일부터 3월 6일까지 모스크바 크렘린 궁에서 소련 공산당 제27차 대회가 열렸다. 5년 만에 열린 이 대회에서는 perestroika(페레스트로이카)[24] 정책이 처음으로 구체화되어 나타났다.

개혁의 골자는 경제제도 개편과 스탈린식 관료주의 극복이다. 식료품을 사기 위해 줄지어 늘어선 사람들, 돈은 있어도 살 물건이 없는 만성적인 물자부족과 상품 품귀현상, 실업자는 없지만 아무도 열심히 일하지 않는 무사 안일주의와 형식주의의 만연 등등 소련이 안고 있는 모든 문제들이 스탈린식 사회주의라는 왜곡된 형태에서 비롯된 것인 만큼 마르크스-레닌주의로 되돌아가 제대로 된 사회주의를 해보자는 것이다.

이후 페레스트로이카(개혁)와 글라스노스트(개방)는 고르바초프의 개혁정책을 대변하는 용어가 되어 버렸다. 그의 개혁정책은 사회주의권은 물론 자본주의권에도 지대한 관심거리이자 중대한 변수가 되어 버렸다.

---

24 1986년 이후 소련의 고르바초프 정권이 추진하였던 정책의 기본 노선. 국내적으로는 민주화·자유화를, 외교적으로는 긴장 완화를 기조로 한다.

소련의 개혁과 개방정책으로 인하여 동유럽 사회주의는 결국 무너졌으며 공산당은 군소정당으로 전락하고 시장경제가 도입되었다. 동유럽 최강의 부국인 동독은 서독으로 흡수 통합되어 지도상에서 그 이름이 사라지게 되었다. 그뿐만 아니라 소련은 각 공화국의 분리 독립운동으로 인해 연방이 해체되고 'Commonwealth of Independent States(독립국가 공동체)'가 창설되었다. 이로 인해 소비에트연방은 역사 저편으로 사라졌다. 1917년 세계에서 최초로 사회주의 혁명을 성공시키고 노동자와 농민의 국가로 당당히 출범한 지 꼭 74년 만인 1991년 12월 8일이었다.

사회주의에서는 체육이라는 말은 광범위하게 사용되고 있다. 이 말은 청소년의 체육은 물론 노동자의 건강향상, 노동, 방위훈련, 신체의 강화 및 신체적 운동을 통한 의지의 개발로 사용되고 있으며, 스포츠는 체육으로부터 분리시켜 기록향상을 위한 경쟁과 투쟁에만 쓰이고 있다. 사회주의에서는 스포츠 그 자체를 위한 스포츠를 장려하려는 생각, 단순히 개인적 만족이나 즐거움을 가져다주는 것, 신체적 우아함을 추구하려는 사고방식 등은 존재하지 않는다.

공산주의 입장에서 볼 때 위와 같은 생각은 너무나 개인주의적인 사고방식인 것이며 그들의 목표는 대중의 참가를 바라며 국민 전체의 체력을 향상시키고 개인주의적인 사고방식을 배제하며 전 국민에게 공산주의적 가치관을 주입시키는 것이다. 사회주의 국가는 체육의 목표를 국가의 국방력 강화와 생산력증강에 두고 있으며 국제시합에서는 국력과시인 선전수단에 그 목표를 두고 있다.

이 나라의 체육은 개인의 요구라든가 자유로운 참가 같은 것은 무시되고 전체적인 입장, 즉 사회공산주의를 수행하기 위한 목적달성을 위하여 행하여진다. 즉 공장 노동자나 농민을 대상으로 하는 대중적인 집단체육이라 하겠고 또한 이 나라의 스포츠는 개인생활의 행복에 그 목표를 둔 것이 아니고 국가의 경제적 목표인 생산증강과 노동력향상에 직결되어 있는 체육이라 하겠다.

교육과 체육을 국가계획에 의하여 대규모적으로 장려하고 있다는 사실은 체육의 기능이 사회주의 건설의 요소로서 필요 불가결한 것이라는 사실을 암시하고 있는 것이다. 이 나라는 체육의 집단참가를 실시하는 한편 1인이 2인 운동을 장려하고 있다. 이것은 한 사람이 한 종목의 운동을 배우면 그 사람이 책임지고 두 사람에게 자기가 하는 운동을 소개하고 지도하는 제도다.

1948년 공산당 중앙위원회는 세계 스포츠의 최고 실력자가 되자는 결의안을 통과시키고 전 지역에 다음과 같은 지령을 내렸다.

① 대중적인 체육·스포츠를 발전시키고 운동선수들의 기술을 향상시켜라.

② 스포츠의 발전과 기술향상을 토대로 하여 스포츠의 주요 종목에서 세계 최고의 위치를 차지하고 또한 세계 기록을 수립하라.

1966년 사회주의에 합당한 국민육성의 중요한 사회적 요인으로서 국민의 건강강화, 노동생산성의 향상, 근로자의 합리적 여가이용 등 이와 같은 방법을 정하고 현재까지 실시하고 있다.

이러한 스포츠의 진흥책은 정부와 당이 아래와 같은 조사에 의해서 밝혀진 결과다.

① 통계적으로 보면 스포츠를 한 근로자는 하지 않은 근로자에 비하여 평균 3-5% 노동생산성이 높다.

② 스포츠를 한 사람은 자기에 대하여 준엄하고 불합격품을 생산하지 않는다.

③ 스포츠를 한 사람은 스포츠를 안 한 사람보다 질병에 걸리는 확률이 적다.

위에서 말한 바와 같이 이 나라의 스포츠는 국가 방침과 시책에 의하여 인민과 국방 그리고 생산에 직결되는 것이고 국가선전을 위하여 방침에 따라 많은 선수를 올림픽 경기대회를 비롯하여 많은 국제경기에 파견하였고 국내에 외국선수단을 초청하여 경기를 갖기도 하였다.

이 나라의 스포츠는 2차 대전 후 급속히 발전하여 미국과 실력의 우열을 가리게 되었다. 1952년 Helsinki(헬싱키)올림픽대회에 처음으로 참가하여 공인득점 계산에서 미국에 패하여 2위를 하였지만 그 실력은 대단한 것으로서 전 세계를 경악하게 하였다. 그러나 이러한 사실은 우연한 것이 아니고 이렇게 되기까지는 국가의 정책과 그에 따르는 사회체제 그리고 노력의 결과라 하겠다.

러시아는 1980년 모스크바 올림픽을 앞두고 Afghanistan(아프가니스탄)을 무력으로 침공하여 세계의 비난을 받은 결과 미국을 위시한 서방국가들과 우리나라도 모스크바 올림픽대회에 불참함으로써 1980년 제22회 모스크바 올림픽경기대회는 반쪽경기대회로 몰락하고 말았다.

▷ 1980년 소련 모스크바 올림픽 개회식　조선일보(2021.12.22.) / IOC

　　공교롭게도 제23회 올림픽대회가 미국의 Los angeles(로스앤젤레스)에서 거행키로 되었는
데 대회를 앞두고 구소련은 선수단의 안전을 이유로 제23회 로스앤젤레스 올림픽대회에
불참을 통고함으로써 쿠바를 위시한 사회주의 국가들이 여기에 동조하고 나섰다.

　　올림픽의 근본 원칙을 보면 「올림픽 대회에서는 인종·종교 또는 정치상의 이유에서 국
가 또는 개인을 차별대우 할 수 없다.」라고 명문화되어 있는데 바야흐로 올림픽은 정치의
제물이 되어가고 있는 느낌이었다.

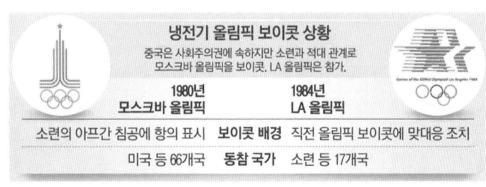

▷ 보이콧 냉전과 올림픽　매일경제(2021.04.07.)

사회주의국가 스포츠의 특징은 Amateur(아마추어)와 Professional(프로페셔널)의 구별이 없는 데 있다. 즉 이 나라의 스포츠는 영국과 미국과의 스포츠와도 다르고 북구의 스포츠와도 다르다.

구소련의 스포츠는 프로라고 보면 전부 프로이고 아마라고 인정을 한다면 전부가 아마라고 할 수 있는 그러한 스포츠체제다. 스포츠가 국가와 직결되어 있어서 그 시설 및 용구를 국가가 부담하고 유능한 선수들은 국가기관에서 그 재능을 충분히 발휘할 수 있게끔 돌보아주고 있다. 그리하여 노력의 결과 스포츠에서 좋은 성적을 올리고 기록을 수립한다는 것은 국가에 대한 공적이라고 생각하며 그 공적의 결과에 의하여 급별로 표창을 받게 되며 생활도 국가에서 보장하여 준다.

한편 조직적인 스포츠 활동에 관심을 갖게 하여 코치와 경기자 상호 간의 협력강화를 목표로 하고 있다. 세계기록이 높아짐에 따라 각 등급의 기준기록도 올리고 있다. 기록을 잴 수 있는 종목에 대해서는 일정 횟수의 기준기록 달성을 기록과 관계가 없는 종목에 대해서는 공식경기에 있어서의 승패의 수와 상위 입상의 수가 문제가 된다. 주어지는 명칭은 국제급 소련스포츠 마스터, 소련스포츠 마스터, 1급 스포츠맨, 2급 스포츠맨, 3급 스포츠맨으로 수준에 따라 구분되어 있다.

공인되어 있는 전 종목에 대해서 등급이 정해져 있으며 원칙으로는 18세 이상의 남녀를 대상으로 하고 있으나 수영, 다이빙, 테니스, 탁구, 체조, 피겨스케이팅에 대해서는 18세 이하에게도 대상이 된다.

15세-18세의 남녀에게는 쥬니어 1급, 2급, 3급의 등급이 정해져 있고 고도의 업적을 거두고 스포츠 발전에 적극적으로 노력한 자에게는 공로 스포츠마스터의 칭호가 주어진다. 이와 같이 스포츠를 중시하고 그 수준을 향상시키는 데 전력을 경주하고 있는 이유는 스포츠를 사회주의 수행의 하나인 교육으로 생각하고 있고 외국에 대해서는 국력시위와 국방력 강화를 스포츠에서 기대하고 있기 때문이라 하겠다.

구소련의 특유시책으로는 G·T·O(체력검정제도)가 있는데 이 제도는 국민의 체력을 국가에서 관리하기 위하여 만든 제도로서 1931년에 제정되었으며 목적은 국가의 안전보장상 필요할 때 군사적인 면에서 개인의 신체적 가치를 이용하자는 것이라 하겠다.

G·T·O의 내용을 보면 (G·T·O 1급)16-18세 소년소녀를 대상으로 하여 여자는 7

종목, 남자는 8종목(체조, 100m, 넓이뛰기나 높이뛰기, 수류탄, 원반, 창 또는 포환, 스키, 수영, 사격, 장거리)(G·T·O 2급)19세 이상을 대상으로 하고 종목은 1급과 같지만 기준기록이 높다.

수검은 경기형식으로 행하여지며 소정의 점수를 획득한 청소년에게는 G·T·O 인증 휘장을 수여하고 있다. 그리고 14-15세의 남녀를 대상으로 하는 B·G·T·O 제도가 있다. 학생들의 계통적인 스포츠 활동에 대한 관심을 높이고 건강을 증진시키려는 것이 주요한 목적이라 하겠다.

체육교육과 운동경기의 조직은 두 가지 방법으로 시행된다. 첫째, 국가프로그램에 따라 의무적인 체육훈련이 보통, 특별 및 고등교육기관에서 행해진다. 둘째로, 자발적인 체육참여가 다양한 스포츠 집단, 클럽 등에 의해 촉진된다. 경기시합은 체육문화와 대중스포츠의 선전, 발전에 중요한 역할을 한다.

▷ 출처 : 2023 SovietPosters.com   Spartakiada Nations USSR! 1955

Spartakiada(스파르타키아다)는 각종 스포츠의 종합 경기 대회를 뜻하며, 소비에트 연방에서 근대 올림픽에 대해 대항 또는 보충하기 위해 만들었던 국제 운동경기이다. 명칭은 BC 73

년 노예해방의 반란을 일으킨 로마의 劍鬪士(검투사)인 스파르타쿠스에서 유래되었다고 한다. 소련 당국에 따르면, 고대 올림픽의 귀족적 성격을 계승한 근대 올림픽의 "자본주의적" 성격에 반대하여 창설되었다고 하며, 첫 대회는 1928년 소련 모스크바에서 개최되었다.

하지만 Spartakiada(스파르타키아다)는 이후 소련이 올림픽 대회에 참여하게 되자, 국제 대회는 중단되었으나, 국내 대회로서는 여전히 남아있게 되어, 소비에트 인민의 스파르타키아다(Спартакиада народов СССР, Spartakiada narodov SSSR)로 대회 이름이 바뀌었다.

최초의 스파르타키아다는 1955년 6월 23일 프라하의 스트라호프 스타디움에서 열렸다. 그러나 夏季(하계) 경기는 1991년 3~9월에 열린 제10회 대회를 마지막으로 소비에트 연방이 해체되어 이 대회는 더 이상 열리지 않게 되었다.

러시아 체육연구기관으로서 특히 규모가 큰 것은 모스크바에 있는 〈중앙종합 체육연구소〉로 알려져 있다.

(1) 자연과학적 연구

① 텔레미터에 의한 심장기능 연구
② 低酸素(저산소)환경하의 운동능력 연구
③ 발육발달의 연구
④ 스포츠 의학에 의한 트레이닝의 종합적 연구

(2) 인문과학적 연구

① 체육의 역사
② 국민체력향상의 역할로서의 체육
③ 스포츠 기능의 향상
④ 생산력 향상의 체력

한편 구 레닌그라드 체육과학연구소에서는 스트레스로서의 트레이닝 체제의 연구와 저산소하의 스포츠 능력의 연구, 뇌파에 의한 트레이닝 과정의 연구 등을 해왔다.

당시 냉전시대의 국제사회의 분위기가 어땠는지를 간접적으로 살펴볼 수 있는 영화 록키4(Rocky IV)[25]는 무명 복서에서 진짜 권투선수가 된 이야기를 다룬 영화로 냉전시대에 미국과 소련의 이야기를 소재로 진행된다. 우선 두 선수의 체격도 확연한 차이를 보이고 있었으며, 훈련 방식 역시 대조적이다.

▷ 록키 4 영화 포스터

---

25 록키 4(Rocky IV) 1985년 개봉 미국 영화. 국내에서는 1987년 상영됨.

제5장

미대륙의 체육

Ⅰ. 미국의 체육

United States of America(미국, USA : 美國)는 북아메리카 대륙과 태평양지역에 위치한 연방 국이다. 러시아와 캐나다에 이어 세계에서 3번째로 큰 영토의 국가이며, 하와이와 알래스 카를 제외한 본토 면적만으로는 중국에 이어 4번째이다. 2020년 기준 3억 3천만 명 이상의 인구를 보유하고 있어 인구 규모 면에서 중국과 인도에 이에 세계 3위의 국가이다.

1607년 영국이 제임스강 연안에 식민지를 조성한 이후 영국의 식민 상태였다가 1775 년 미국독립혁명 후 1776년 독립을 선언하고 1783년 파리조약에서 독립이 승인되었다. 제 2차 세계대전 이후 군사 · 정치 · 경제 · 문화 등에서 강대국으로 자리하고 있으며, 다인종, 다민족 국가이다.

미합중국은 독립혁명의 성공으로 영국의 지배에서 벗어났으나 경제적으로는 아직 원료 생산국단계를 벗어나지 못하여 영국을 비롯한 신진공업국에 의존하고 있었다. 그러나 영 · 미전쟁(1812-1814) 이후 북부에서는 산업혁명이 진전되고 이와 병행하여 서부의 간척사업도 크게 진척되어 국내시장이 확대됨으로써 자본주의가 눈부시게 성장하였다.

American Civil War(미국은 남북전쟁 : 1861-1865) 후 국가적 융합을 완수하고 자본주의적 발 전을 이룩하였다. 이 전쟁은 처음 영국의 남부원조로 북부가 불리하였으나 1863년 1월 Abraham Lincoln(링컨, 1809-1865)의 奴隸解放令公布(노예해방령공포)로 전세는 역전하여 1865년

4월 북군은 Richmond(리치몬드)를 함락함으로써 북부의 승리로 끝을 맺었다. 남북전쟁에서 북부의 승리는 미국 자본주의의 승리이며 동시에 민주주의와 국민주의의 승리였다. 이로써 자유, 평등, 박애와 인도주의를 기본으로 하는 미국 민주주의의 기틀이 확립된 것이다.

▷ 미국 남북전쟁 150주년, 전쟁 의지가 평화를 보장한다. 중앙일보(2011.06.18.)

새롭게 탄생한 미합중국은 독립한 직후에는 견고한 통일 국가라기보다 13개 州(주)의 집합체에 불과했다. 그리하여 중앙정부의 권한을 강화하여 국가적인 통합을 추진시키는 聯邦主義者, federalists(연방주의자)와 반대로 州權(주권)의 존중을 주장하는 分離主義者, separatists(분리주의자)의 대립이 있었다. 그러나 그러한 대립은 초대 대통령 Washington(워싱턴, 1786-1797 재임)의 지도 아래에 표면화되지 않고 서서히 통일국가로의 기반이 다져져 갔다.

이렇게 국가적 통합이 다져지면서 아메리카의 민주주의 또한 그 기반을 갖추게 되는바, 그것은 Jefferson(제퍼슨, 1800-1809 재임)과 Jackson(잭슨, 1829-1837 재임) 대통령에 의해서였다. 두 사람이 다 서민출신으로서 그때까지 실질적으로 정치에 큰 발언권이 없던 민중의 지지로 대통령에 당선되었으며 또한 그들의 정책은 그러한 정치적 배경에 부응하는 것으로서 민주주의의 확고한 기반을 구축하게 된 것이다.

제1차 세계대전 당시는 미국은 처음에는 중립을 유지하려고 노력하였으나 결국 참가하기에 이르렀다. 제1차 세계대전을 승리하게 됨으로써 미국의 국제적 발언권은 강대해졌으며, 경제적으로도 우월한 힘을 과시하며 1928년까지 영원한 번영의 시대를 맞이하게 되었다.

제1차 세계대전을 거쳐 전후까지의 채무국이었던 미국은 일약 채권국으로 약진하여 세계 금융의 중심도 영국의 런던에서 미국의 뉴욕으로 옮겨가게 되었다. 석유, 철강, 석탄, 원동 기계 등 산업발전으로 인하여 해외투자가 활발해짐으로써 미국의 투자와 차관에 의해 구제된 라틴아메리카에서의 미국의 지배적 지위는 더욱 확고해졌다.

미국의 교육은 1900-1930년대에 비상한 성장을 보게 되었다. 학교의 확장, 교육관의 혁신, 교육내용, 교육방법 등을 개선하였다. 체육도 이 시기에 현저한 발전을 보게 되어 일반적으로 널리 받아들이게 되었다.

미국은 초창기 개척시대에는 강한 청교도사상에 의하여 모든 신체적인 쾌락을 죄악시하고 스포츠 같은 것은 악마의 유혹이라고 생각하던 시기도 있었다. 제1차 대전 후 체육이나 스포츠를 중요시하게 되어 현대적인 미국체육의 기초를 이룩하게 되었던 것이다.

미국에서 체육에 대한 견해를 최초로 밝힌 사람은 미국 건국의 아버지로 Benjamin Franklin(벤저민 프랭클린, 1706-1790)이다. 그는 미국의 아카데미에 있어서 건강과 체육의 문제를 가장 먼저 거론하였는데, 즉 1749년에 「Proposals Relating to the Education of the Youth in Pennsylvania(펜실베이니아의 청년 교육에 관한 제언)」 중에서 "경기연습으로 체력을 조장하고 발육 중의 골격을 강화한다는 것은 젊은이의 의무가 아니면 안 된다."고 말하면서 "대학은 청년에게 사회생활에 대한 준비를 시키는 것을 목표로 하지 않으면 안 된다. 학교는 놀이터, 운동장, 광장을 보유하여 학생들이 게임이나 달리기, 뜀뛰기, 레슬링, 수영 등을 할 수 있게 준비하지 않으면 안 된다."고 하였다.

또한 "Never leave that 'till tomorrow which you can do today."(오늘 할 수 있는 일을 내일로 미

▷ Benjamin Franklin(1706 – 1790)   © 2023 Look and Learn

루지 마라)라는 벤저민 프랭클린의 명언은 오늘 할 수 있는 일을 내일로 미룰수록 내일의 일은 더 많아질 뿐이라는 것을 설명하고 청년들에게 게을러지기 않도록 독려하였다.

당시 대학의 유일한 체육수업은 아마스트 대학의 Edward Hitchcock(히치코크, 1828-1911)에 의하여 행하여졌다. 그는 1861년 아마스트 대학의 체육과 주임교수로서 전 학생에게 위생과 레크리에이션에 목적을 둔 수업을 행하였으며, 학생을 학습의 긴장에서 해방시켜 건강을 유지시키려고 노력하였다. 그는 83세의 나이로 사망하였으며, 미국에서 대학 체육교육을 담당한 최초의 의사였다.

미국 여명기의 체육인의 한 사람인 Dodley Allen. Sargent(사전트, 1849-1924)는 미국 대학체육의 개척자로서 Harvard(하버드) 대학에 근무하면서 체육에 관한 그의 생각을 소개하였다. 그는 신체훈련의 목적을 첫째는 위생적 목적, 둘째는 교육적 목적, 셋째는 휴양적 목적, 넷째는 치료적 목적 등 4가지로 분류하였다. 1883년에 출판된 논문에서 사전트는 근육을 단

런시키는 목적은 신체의 건강이나 미를 추구할 뿐만 아니라 "병적인 상태에서 벗어나고 의기소침을 없애주며 명랑한 정신을 갖도록 한다는 것이다."라고 기술하였다. 사전트는 체육의 근본목적과 최고의 이상은 개인을 체격이나 기능의 면에서 개량하는 것이라고 하였다.

오늘날의 근대적 체육의 기반이 된 체육의 목적이나 정의는 콜롬비아 대학의 Thomas Denison, Wood(토마스 우드, 1865-1951)에 의해서 주장되었다. 미국은 독일체조나 스웨덴체조에 의해 지배되었던 체육에 대하여 점차 불만이 나타났다. 우드는 다음과 같은 세 가지 점에 관하여 종래의 계획을 비판하였다.

▷ 토마스 우드　© 2023 Columbia University

첫째, 종래의 계획은 근육과 신체를 의식한 형식운동에 의하여 학급수업에서 충분히 얻을 수 있는 자세라든지 교정 등의 효과를 구하고 있었다. 이와 같은 효과는 의료체조를 제외하고는 더욱 자연적 · 자발적인 즐거운 운동에서 얻을 수 있다.

둘째, 종래의 계획은 신체에 지나치게 치중하여 심적 태도 및 성격과 인격에 미치는 영향을 충분히 고려하고 있지 않다.

셋째, 종래의 계획은 시간과 노력을 인간의 생활과 관계가 없는 여러 가지 형태의 능력을 발달시키는 데 소비되어 왔다.

우드는 "체육이 심리학적 · 생리학적으로 올바르게 그리고 교육학적으로 받아들일 수 있는 계획을 보일 때 전체로서의 교육 그리고 타 교과와의 분야와 유기적으로 관련하는 것이 명백하게 된다."라고 하였으며 체육이 다른 여러 학과에 의존할 필요성과 교육과의 관련성에 대해서 지적하였다.

Clark W. Hetherington(헤더링턴, 1870-1942)은 미국 놀이 운동의 선구자로서 대학 및 국가 차원에서 철학자, 교사 및 체육 행정가였다. Dr. Hetherington은 "Play(놀이)는 의지를 가능하게 하는 인간 본성의 계획에서 중심 요소입니다. Play(놀이) 없이 인간은 상상할 수 없습니다. Play(놀이)는 의지와 합리적인 삶을 가능하게 합니다. Play(놀이)는 인생에서 가장 중요한 활동이기 때문에 '단순한 놀이'라는 말에는 의미가 없습니다."라고 놀이의 중요성을 설명하였다.

▷ 헤더링턴

또한 체육의 새로운 운동을 新(신)체육이라는 명칭으로 바꾸어 부르고 "교육에 중점을 두고 정신뿐만 아니라 인간 전체의 활동이 교육적 동인이라는 의미로서의 체육은 신체적이라는 이해 위에서 新(신)체육이라 불러야 할 것이다. 왜냐하면 교육은 신체를 위한 것도 아니고 정신을 위한 것도 아니며 교육활동에 의해서 발달되는 인간의 전 능력을 위한 것이기 때문이다."라고 말하였다.

헤더링턴의 체육에 대한 정의를 보면 "체육은 먼저 개인에게 이익을 가져다주는 대근육 활동이며 다음으로는 개인의 건강과 그 성장에 기여하며 인간의 모든 면의 성장을 균형 있게 발달시켜주도록 촉진시켜주는 교육과정이다."라고 말하였다. 그는 또한 신체의 교육과정을 네 가지로 분류하였는데 첫째는 생체교육, 둘째는 정신운동의 교육, 셋째는 성격교육, 넷째는 지적 교육이다.

우드와 헤더링턴에 의하여 발전한 체육에 대한 개념이 차츰 체육의 목적으로 인정되고 지지를 받게 되었다. 이 개념을 적극으로 지지하고 주장한 사람은 콜롬비아 대학의 Jesse F. Williams(윌리엄스, 1866-1966)와 뉴욕대학의 Jay B. Nash(내시)였다.

체육을 교육의 일부로 생각하는 우드가 체육을 "Education of the Physical(신체의 교육)"이라고 한 데 반해 윌리엄스는 체육을 "Education Through the Physical(신체를 통한 교육)"이라는 유명한 말로 표현하였다. 윌리엄스에 의하면 "체육은 신체적으로 건강하고 정신적으로 생생하며 사회적으로는 건전한 상태에 있어서 개인이나 집단이 활용할 수 있는 기회를 주는 재치 있는 지도성과 적절한 시설을 공급하는 것을 목적으로 하여야 할 것이다."라고 하였다.

내시는 인체의 활동은 서로 상관관계가 있다는 것을 강조하고 "체육은 교육과정 중의 한 측면이며 개인의 활동측면을 이용하고 신경이나 근육을 정서적, 지적, 유기적으로 그 개인을 발달시켜주는 작용이다."라고 말하였다.

미국의 체육은 20세기에 들어서면서 스포츠를 중심으로 국제적 경기에 우위를 유지하고 스포츠에 대한 관심이 매우 높아졌다. 그러나 스포츠의 발달은 스포츠를 하는 사람보다 구경하고 즐기는 사람의 수가 대단히 늘어났다. 이에 대하여 Emmett A. Rice(라이스)는 "이기기 위하여 모든 것을 결정하는 정신이 참다운 경기의 목표지만 전 국민의 심신단련은 파괴되어 가고 있다."고 통탄하고 하는 스포츠보다 보는 스포츠의 발달에 대한 경계를 역설하였다. 그러나 경이적인 에너지를 가지고 발전한 경제력과 개인의 흥미 및 재능을 존중하는 사회사상 속에서 자라게 되자 스포츠는 미국문화에서 빼놓을 수 없는 중요한 것이 되어버렸다.

미국은 국민들의 운동에 대한 열렬한 관심과 적절한 제도의 확립으로 불과 반세기 동안에 모든 스포츠시설과 경기기술이 크게 발전하여 국제올림픽대회나 세계선수권대회에서 뛰어난 성적으로 체육·스포츠 선진국의 지위를 확보하게 되었다. 이와 같이 짧은 기간에 놀라운 진보·발전을 하게 된 원인은 각 학교에서는 물론 일반사회에서도 레크리에이션과 스포츠가 광범위하게 보급되고 생활에 침투되어 있기 때문이다. 즉 각 주(州)마다 곳곳에 경기협회, 단체, 클럽 등이 설치되어 남녀노소를 불문하고 여가를 각종 스포츠에 이용함으로써 명랑하고 행복한 생활을 할 수 있었던 것이다.

▷ William H. Seward Park Playground 1908. © City of New York

미국의 사회체육에 가장 큰 영향을 끼친 것은 Playground Movement(플레이그라운드 운동)으로 1885년 Boston(보스턴)시의 운동장 설치에서 비롯되었는데, 이것은 운동장 설치운동의 종주국인 독일을 능가하는 추세였다. New York(뉴욕)에서는 1888년 대규모 운동장 3개를 건설했는데, 당시 시 당국은 30만 달러란 거액을 투자하여 아동과 일반시민의 오락·유희 시설을 갖추었고, 1890년대에는 Chicago(시카고), Philadelphia(필라델피아), San Francisco(샌프란시스코) 등지에도 일반시민을 위한 운동장이 건설되었다.

1908년에 Playground Association of America(미국 플레이그라운드 협회)는 맨해튼에 11개의 놀이터와 브루클린에 5개의 놀이터를 기록했다. Seward Park, Hamilton Fish, Tompkins Square, St. Gabriel's Park, Thomas Jefferson Park 및 Dewitt Clinton 놀이터는 모두 "크기와 장비 면에서 1순위"였다.

이와 같이 많은 운동장이 건설될 수 있었던 것은 국가가 청소년을 선량하게 키우고 범죄 방지에도 유효한 수단이 된다고 인정하였고 시민들이 신체적·도덕적·교육적 견지에서 그 설치의 필요성을 인식하였기 때문이었다.

미국의 스포츠는 남북전쟁 이전에도 조직적인 스포츠가 활발히 전개되었으나, 남북전쟁의 영향으로 미국 청년들의 체위가 몹시 떨어지자 이를 계기로 스포츠를 더욱 장려하게 되었다.

겨울철 실내스포츠로 전 세계인의 각광을 받고 있는 농구는 1891년 미국의 Massachusetts (매사추세츠)주(州) Springfield(스프링필드)에 있는 국제 YMCA훈련학교의 체육지도자인 James A. Naismith(네이스미스, 1861-1939) 박사에 의해서 겨울철 실내운동으로 창안된 경기다. 1861년 캐나다 온타리오주 알몬테 근처의 램지 타운쉽 출신으로 1861년 11월 16일에 태어난 Naismith는 McGill에서 체육을 공부했으며, 이 주제에 관한 최근 McGill Tribune 기사에 따르면 "1888년 체육에서 우등으로 학사 학위를 취득했습니다."고 전해지고 있다.

처음에는 복숭아 바구니를 벽에 걸고 축구공을 그곳에 던져 넣었고 경기자 수도 일정치가 못했다. 그러던 것이 점차로 연구 개선되어 오늘날과 같은 완성을 보게 되었다. 그리하여 1932년에 Federation International Basketball Amateur(세계농구연맹)이 창설되고 1936년 제11회 베를린올림픽대회에 정식종목으로 채택되었으며, 그 후 급진적인 발전을 보아 1976년 몬트리올올림픽대회부터는 여자농구도 정식종목으로 추가되었다. 오늘날 미국 농구 협회(NBA)는 그의 이름을 따서 명예의 전당에 이름을 올렸다.

▷ Dr. James Naismith ⓒ 2023 McGill University

농구의 원래 13가지 규칙(James Naismith 작성, 1891년 12월 21일)

① 공은 한 손 또는 양손으로 어느 방향으로든 던질 수 있습니다.

② 공은 한 손 또는 양손으로 어느 방향으로든 칠 수 있지만 주먹으로는 절대 칠 수 없습니다.

③ 플레이어는 공을 가지고 달릴 수 없습니다. 플레이어는 그것을 잡은 지점에서 던져야 하며, 빠른 속도로 달리는 사람을 위해 허용됩니다.

④ 공은 손으로 잡아야 합니다. 그것을 잡기 위해 팔이나 몸을 사용해서는 안 됩니다.

⑤ 어떤 식으로든 상대방을 어깨로 밀거나, 잡고, 밀거나, 때리거나, 발을 헛디뎌서는 안 됩니다. 어떤 사람이 이 규칙을 처음 위반하면 파울로 간주됩니다. 두 번째 선수는 다음 골이 성공할 때까지 실격 처리되거나 부상을 입힐 의도가 분명한 경우 경기 내내 실격 처리됩니다. 대체는 허용되지 않습니다.

⑥ 파울은 주먹으로 공을 치는 것, 규칙 3과 4의 위반, 규칙 5에 설명된 것과 같은 것입니다.

⑦ 어느 쪽이든 3회 연속 파울을 범하면 상대 팀의 골로 간주됩니다(연속이란 상대 팀이 파울을 범하지 않은 상태를 의미함).

⑧ 공이 그라운드에서 바스켓으로 던지거나 쳐서 그 자리에 머무르면 골로 인정되며, 골을 수비하는 사람은 골을 만지거나 방해하지 않습니다. 공이 가장자리에 있고 상대편이 골대를 움직이면 골로 간주됩니다.

⑨ 공이 아웃 오브 바운드가 되면 공은 필드에 던져지고 처음 터치한 사람이 플레이합니다. 분쟁이 있을 경우 심판은 공을 곧바로 경기장으로 던져야 합니다. 스로인은 5초가 허용된다. 그가 더 오래 잡고 있으면 상대방에게 갈 것입니다. 경기를 계속 지연시키는 편이 있으면 심판은 그들에게 파울을 선언한다.

⑩ 심판은 남자의 심판이며 파울을 기록하고 세 번의 연속 파울이 발생하면 심판에게 알립니다. 그는 규칙 5에 따라 남성을 실격시킬 수 있는 권한을 가집니다.

⑪ 심판은 공을 판단하고 공이 언제 인 플레이인지, 인바운드인지, 어느 편에 속하는지 결정하고 시간을 기록해야 합니다. 그는 득점이 이루어진 시점을 결정하고 일반적으로 심판이 수행하는 다른 임무와 함께 득점을 기록해야 합니다.

⑫ 시간은 전후반 15분씩 2회이며, 그사이에 5분의 휴식이 있습니다.

⑬ 그 시간에 가장 많은 골을 넣은 쪽이 승자로 선언됩니다.

야구경기는 남북전쟁 중에도 성행하였으며 전쟁 후 더욱 성황을 이루었고 점차 미국의 國技(국기)가 되었다. Yale(예일), Harvard(하버드), Princeton(프린스턴) 등의 여러 대학이 클럽을 조직하여 대항전을 벌이기 시작하였다.

최초의 프로 팀은 Cincinnati(신시내티)의 Red stockings(레드 스타킹즈)로서 이 팀은 1869년 전국을 순회하며 연승하였다. 2년 후 1871년, National Association of Professional Base Ball Players(프로 야구 선수 전국 협회)가 스포츠 최초의 "메이저 리그"로 설립되었다. 그러나 불행히도 이들 프로 야구 경기에서 선수를 매수하는 등 좋지 못한 현상이 나타나 프로 야구는 1875년에 폐지되고 말았는데, 이 위기를 구한 사람이 W.M.A.Hulbert(헐버트)와 A.G.Spolding(스폴딩)이었다.

▷ The 1871-75 Boston Red Stockings ⓒSABR

이들의 지도에 의해 야구는 점차 재건되고 1876년에 이르러 National League of Professional Baseball Club(미국 직업 야구연맹)이 조직되고 1876년 National League(내셔널 리그)가 창설되었고, 1882년에는 American Association(아메리칸 어소시에이션), 1901년에는 American League(아메리칸 리그)가 창설되었다. 1903년에는 제1회 월드 시리즈가 개최되었다.

▷ AL and NL League ⓒ1997-2021 SportsLogos.Net

테니스는 1874년부터 부녀자 사이에 최초로 행하여졌다. 1880년에는 필라델피아에서 정식 게임이 있었으며, 다음 해 The United States Lawn Tennis Association(합중국 론 테니스 협회)가 조직되었다. 이 경기는 꾸준한 발전을 계속, 미국은 세계의 테니스 왕국이 되었고 인기 있는 스포츠의 하나로 각광을 받고 있다.

골프는 1888년 설립된 뉴욕의 The St. Andrew Golf Club(세인트 앤드류스 골프클럽)이 최초의 클럽이다. 미국에서 가장 오래된 골프 클럽이자 USGA의 창립 회원인 Saint Andrew's는 골프의 역사적 명소 중 하나이다. 1888년 2월, John Reid라는 스코틀랜드 스포츠맨과 그의 몇몇 친구들은 "Golf" 친선 라운드를 위해 Yonkers의 목초지로 클럽 한 움큼, 구타페르카 공 몇 개, 그리고 열정으로 가득 찬 마음을 가져갔다. 그곳에서 어리둥절한 소들을 갤러리로 그들은 3홀 코스 주변에서 라운딩을 하였다. 이것이 미국에서 가장 오래된 골프 클럽인 세인트 앤드류스 골프 클럽의 탄생이었다.

▷ the Andrews Golf Club first-ever of America. ©Yonkers, New York, USA

1893-1894년에는 상당히 많은 클럽이 결성되어 합중국 골프연맹(합중국 골프연맹합중국 골프연맹)이 창설되었다. 이 경기는 처음에 부유층에서 즐기었으나 20세기 초에는 일반 대중도 즐기게 되었다.

볼링경기의 역사는 미국의 역사와 같다고 할 만큼 오래됐으며 국외에서 들어온 스포츠에도 불구하고 많이 보급된 스포츠다. 1875년 National Bowling League(내셔널 볼링 리그)가 창설되었고, 1895년에는 전국적 기관으로서 The American Bowling Congress(아메리칸 볼링 콩그레스)가 결성되었다.

이상은 비교적 대표적인 스포츠에 대한 것이며 미국 사람들은 일반적으로 여러 종목에 걸친 스포츠를 각자의 취향에 맞추어 다양하게 즐기고 있다. 그리고 미국인 정신을 배양하는 데 가장 적합하다는 미식축구를 고안, 인기 있는 스포츠로 정립시키고 있다. 미국의 국력이 강해짐에 따라 모든 스포츠의 세력판도가 바뀌어, 발생의 본고장인 유럽에서보다 미국에서 더 성황을 이루고 있는 형편이다. 또 경제적인 배경 외에도 미국이 세계 제일의 스포츠 강국이 된 것은 지구 도처에서 모여든 移民(이민)들이 각 나라의 모든 게임, 체조, 스포츠 등을 소개하였기 때문이라고 볼 수 있다.

미국은 영국의 스포츠를 수입하여 그 생각이나 활동이 영국을 모방한 것 같으나 이 나라는 광대한 국토와 자연적 환경에 거주하는 사람들의 생각에 따라 미국적인 스포츠로 발전시켰다. 넓은 국토는 남북은 萬年雪(만년설)의 Alaska(알래스카)에서 常夏(상하)의 Florida(플로리다)까지, 동서로는 태평양연안과 대서양연안 사이에 4시간의 시차가 있으며 한 나라 간에 온갖 종류의 지형과 기후를 갖고 있다. 또한 이 나라는 세계의 각 국민을 이민시켜 동화해 온 문화적 배경으로 인하여 많은 스포츠 활동이 있었고, 미국에서는 전혀 행하지 않는 스포츠를 찾아보기 힘들 정도다.

선조들이 이민해 오면서 가지고 들어온 세계 각지의 문화를 완전히 동화하여 새로운 형태의 것으로 바꾸어 버리는 것이 미국사회의 특징이라 할 수 있다. 크리켓에서 야구를 축구와 럭비에서 미식축구로 개화시켰다.

미국은 민주주의를 바탕으로 세계 민주주의의 선봉에 서 있으며 시민들의 자유로운 활동은 풍부한 자원과 경제력을 바탕으로 세계 제일의 스포츠시설과 오락산업을 발전시켰다. 세계적 경향인 기계화의 발달로 노동시간의 단축과 높은 생활수준으로서 결과적 현상인 레저 붐을 형성했다. 경기로서 행해지는 스포츠 이외에 즐기기 위해 행해지는 레저 스포츠가 고도로 보급되어 있어 수영, 낚시, 수렵, 볼링, 골프 등에 열중하는 사람들이 많이 있다.

미국은 프로스포츠의 頂上國(정상국)으로서 그 기술과 관람자를 최고로 수용하고 향상시켰으며, 스포츠 오락을 기업화시켜 경기 전후에 응원단 및 관람자들의 열광은 장관이라 할 수 있다. 미국의 프로스포츠는 각 종목마다 조직적으로 구성되어 있으며, 그 수준은 최상의 것으로서 관람자를 모으는 데 최선을 다하고 있는 실정이다. 그러나 아마추어 본산인 학교스포츠에끼지 프로스포츠의 상업근성이 피고 들어와 졸업생 선배들의 권유, 기기에 따르는 금품 수수 문제와 학생인 아마추어 선수가 프로스포츠 선수를 동경함으로써 야기되는 학업과 운동의 양립이 어렵고 대학에 있어서는 학교의 선전으로 스포츠를 생각하는 까닭에 거기에 대한 고민 등이 화려한 스포츠 이면에 안고 있는 미국의 커다란 고민거리라 할 수 있다.

윌리엄스는 오늘날 미국의 학교스포츠는 미국 문화의 기반을 형성하고 있는 경제상의 자유주의 및 개인주의를 반영한 것이고 그것을 움직이는 힘은 상업적 영리단체 및 사업을 하는 者(자), 그리고 돈벌이를 하는 者(자) 등이고 학교당국은 아무런 힘도 없다고 지적하고 있다. 이것은 학교스포츠의 건전한 발전을 위한 하나의 경고라고 생각할 수 있다.

미국의 체육연구는 크게 두 갈래로 나누어 생각할 수 있다.

첫째는 해군과 공군에 소속되어 있는 「체력 과학 연구소」에서의 연구다. 이들 연구소는 막대한 국가예산을 갖고서 연구에 몰두하고 있는데 주로 군사적인 목적에 관한 것이지만,

그 자료는 학교 등에서 널리 이용되고 있다. 예를 들면 ① 高熱(고열), 冷寒(냉한)에 대한 인간의 저항의 한계 ② 氣壓(기압)에 대한 한계 ③ 피로에 대한 생명의 한계 ④ 飢餓(기아), 水壓(수압), 音響(음향), 速度(속도), 睡眠(수면) 등 인간능력의 한계에 대한 탐구와 그 대책에 많은 연구 업적을 올리고 있다.

둘째는 체육지도자 양성을 위한 대학들의 연구다. 많은 대학들이 상당히 정비된 연구시설을 갖고 연구에 임하고 있는데 대표적인 것은 다음과 같다. ① Laboratory of Physiology, Springfield College(스프링필드 대학 체육생리학 연구소), ② Research Laboratory of Physical Fitness University Wisconsin(위스콘신 대학 체육연구실), ③ Fitness Research Laboratory, University of Illinois(일리노이 대학 체력연구소), ④ Laboratory of Physiology Research in Physical Education, George Williams College(조지 윌리엄스 대학 체육생리학 연구실), ⑤ Laboratory of Physical Education University of California(캘리포니아 대학 체육연구실), ⑥ Human Performance Building Penn. State University(펜실베이니아 주립대학 인체 작업능력 연구시설) 등이 유명하다.

미국 스포츠 활동의 커다란 특색은 시즌제도에 있다. 즉, 고등학교와 대학을 통해서 일정한 시즌 가운데 행해지는 스포츠종목이 한정되어 있다. 그리하여 시즌 이외에는 연습하는 일조차 허용되지 않고 있다. 가을에는 미식축구, 겨울에는 농구, 봄과 여름에는 야구와 육상경기 시즌이 된다. 시즌과 함께 종목이 바뀌기 때문에 미국의 운동선수는 두 종목 이상의 스포츠에서 선수경험을 가지고 있는 자가 많이 있다. 농구의 황제라 불리는 Michael Jordan(마이클 조던)도 프로농구선수 생활을 중단, 2년간 프로야구선수로 뛰다가 다시 농구선수로 복귀하여 NBA의 MVP가 되기도 했다.

또 하나 미국스포츠에서 엿볼 수 있는 특색은 주요 스포츠종목인 major sports(인기 스포츠종목)과 miner sports(비인기 스포츠종목)의 명확한 구분이 있다는 점이다. 지역에 따라서 다소의 차이는 있으나, 주요 스포츠는 미식축구, 농구, 야구, 육상경기로서 이들 스포츠 활동은 입장료 수입도 대단하여 비인기 스포츠의 활동을 원조하고 있는 형식이라 할 수 있다.

미국의 스포츠 활동에서 볼 수 있는 재미나는 특색은 대학을 비롯해서 고등학교나 프로팀 등 스포츠 팀이 구성되었을 경우 nick name(별명)을 가진다는 점이다. 이들 별명은 강한 이름이 있는가 하면 약한 이름, 우스꽝스러운 이름 등 실로 다양하게 붙여진다. 이 별명은 자기 지방의 유래가 있는 동물이라든가 자기 대학의 상징을 별명으로 갖는 경우가 많다. 유니폼에는 정해진 team color(팀 컬러)를 맞추어 학교 이름 대신 별명을 부착하고 경기에 임하며 졸업생들도 학교 이름 대신 별명으로 출신교를 말하는 경우가 흔히 있다. 유니폼의 색은 원정팀은 흰색에 반대되는 강한 색을 입어야 하며, 홈팀은 반드시 흰 유니폼을 착용하는 것이 관례로 되어 있다.

미국과 캐나다에서 성행되고 있는 SUNY Plattsburgh(State University of New York at Plattsburgh) 라크로스팀 일정이 타 대학 마스코트와 함께 홈경기와 어웨이경기로 표시되어 있다.

▷ Men's Lacrosse Announces 2023 Schedule ⓒ2022 SUNY Plattsburgh Athletics

미국정부는 스포츠 활동을 규제하거나 직접적인 원조를 하는 행동은 하지 않고 있다. 올림픽에 선수단을 파견하는 경우에도 국비는 전혀 사용되지 않고 있으며 모두가 민간 기금에 의해서 충당된다. 제23회 LA 올림픽도 역시 민간기금에 의해서 대회가 개최되었다.

미국의 스포츠조직은 지방의 동호자 모임이 완전히 자주적으로 활동하고 있으며 그들의 단체가 필요할 때에만 결속한다든가 혹은 협력하고 있기 때문에 매우 이해하기 어려운 점이 많다. 스포츠종목에 따라서는 지방의 말단 산하단체가 막대한 재산을 가지고 있는 데 비해 전 미국을 통괄하고 국제적 연락을 한 손에 쥐고 있는 중앙의 조직은 방 하나뿐인 사무실에 part time(시간제)로 일하는 사무직원이 하나뿐인 경우도 있다.

미국의 스포츠조직은 AAU(Amateur Athletic Union of the United States)와 NCAA(The National Collegiate Athletic Association)가 장악하고 있다고 볼 수 있다.

AAU는 1888년에 창설되었으며, 초기에 AAU는 국제 스포츠 연맹에서 미국을 대표하는 국제 스포츠의 리더 역할을 했다. AAU는 선수들이 올림픽 게임을 준비할 수 있도록 올림픽 운동과 긴밀히 협력했으며, 1978년 아마추어 스포츠법 이후 AAU는 풀뿌리 수준에서 시작하여 모든 연령대의 모든 참가자에게 스포츠 프로그램을 제공하는 데 주력해 왔다. "Sports for All, Forever"라는 철학은 720,000명 이상의 참가자와 150,000명 이상의 자원 봉사자가 공유하고 있다.

AAU는 올림픽위원회와 가장 가까운 관계에 있으며 올림픽선수 선발의 직접적인 모체이지만 반드시 전 미국 스포츠 활동을 통괄하는 조직은 아니다.

1906년에 13개 대학이 모여서 조직한 NCAA는 현재 600여 개 대학을 그 산하에 두고 있어 AAU를 훨씬 능가하고 있다. 많은 스포츠종목에는 AAU규칙과 NCAA규칙이 있는데 서로 많은 차이가 있으며 AAU선수권과 NCAA선수권은 제각기 별도로 진행된다.

AAU와 NCAA의 반목은 유명하며 AAU의 배타적으로 인하여 올림픽이 미국 최고 수준의 선수를 선발하지 못하고 있다는 비난이 일어나 정부에서 조정에 나서기도 하였다. 미국인들은 AAU 챔피언보다 NCAA 챔피언을 더욱 높이 평가하고 있다. AAU선수권은 프로에

▷ AAU · NCAA

진출하지 않았거나 혹은 진출하지 못한 사람들의 선수권인 데 반해 NCAA선수권은 이미 프로와 계약이 되어있거나 아니면 그러한 설이 있는 사람들의 선수권이라는 인상이 강하기 때문이다. NCAA산하의 대학에는 이웃끼리 여러 대학이 모여서 경기연맹을 구성하고 있는데 이것을 Conference(콘퍼런스)라 부른다.

미국의 스포츠시설은 그야말로 세계에서 가장 혜택을 받고 있는 나라라고 할 수 있다. 국립공원을 제외하고는 국영시설이 전무하지만 주, 시, 군에 속하는 공공적인 것으로부터 YMCA나 회원제도의 클럽과 프로스포츠에 속하는 시설 등이 각자 충실한 설비와 관리의 완벽함을 자랑하고 있다.

일반인을 대상으로 하는 전국적 조직으로는 National Parks and Recreation Association(전 미국 공원 레크리에이션협회)가 있는데 이 협회는 전 미국 어린이 놀이공원에 대한 올바른 이해 증진과 모든 지역사회에 보다 많은 어린이 놀이공원 및 운동장을 만들어 학교와 협력한다는 것을 목적으로 1960년에 설립되었다. 이 협회는 주로 전 미국 각 지역에 레크리에이션 활동의 보급과 진흥을 위해 음악, 미술, 수공예, 연극 활동을 주된 프로그램으로 삼고 있으나 사회체육의 일환으로 각종 스포츠 활동을 전개하는 것이 중요한 사업내용으로 되어 있다. 그리고 우리나라와 비교해서 특히 차이가 있는 점은 학교가 지역사회의 스포츠 활동 진흥에 대해서 취하는 적극적인 태도다. 미국의 시민들은 그 지역에 있는 학교를 완전히 자기들의 것으로 이해하고 있으며 독립채산의 學校稅(학교세)를 납부하고 있는 시민들의 스포츠 활동을 위해서 학교시설이 자유롭게 개방되어 있다.

미국의 행정기구는 自治州(자치주)聯邦制度(연방제도)이기 때문에 워싱턴의 연방정부가 직접 책임을 지고 있는 것은 주로 外交(외교)와 國防(국방)에 관한 사항에 한정되어 있으며, 기타의 문제는 거의 전면적으로 州政府(주정부)의 권한에 위임되어 있다. 특히 학교교육은 學校區, school districts(학교구)를 단위로 하는 완전한 지방자치와 독립채산을 확립하고 있다. 각 학교구의 교육위원회 아래 있는 敎育長(교육장)이 학교에 관한 모든 프로그램의 전권을 갖지만 최종적인 것은 각 학교의 교장의 판단에 의해서 결정되는 사항이 많다.

따라서 학교체육의 양상은 각 지방에 의해서 또는 각 학교에 따라서 크게 다르다. 물론 연방정부가 체육이나 스포츠에 전혀 무관심한 것은 아니며, 1956년에 잇따라 발표된 미국 청소년의 체력저하를 나타낸 조사결과에 대한 중대하고도 긴급한 대책으로서 大統領直屬

(대통령직속)의 體力向上諮問委員會, Presidents Council on Physical Fitness(체력향상자문위원회)를 설치하여 국민체력향상을 위해 활동을 하였다.

미국의 스포츠에 대한 연구가 얼마나 되어 있느냐고 묻는다면 아마 정확한 대답을 듣기가 어려울 것이다. 왜냐하면 미국의 생활체육이야말로 생활 스포츠, 문화 활동 혹은 생활체육이라는 말이 실감을 느낄 정도로 스포츠 활동을 미국인 거의 모두가 생활 속에 일부로인식하고 있기 때문이다. 이러한 것을 뒷받침할 수 있는 자료로서 갤럽 여론조사에 의하면미국인 중 96.3%가 어떤 종류든 정기적인 스포츠 활동에 참가하고 있으며, 그중 42%는 기본적으로 매일 그들 자신들이 스포츠 활동을 하는 것으로 나타나 있다.

미국에서는 초대형 체육관을 Arena(아레나)라고 부르는데 New York Medicine Square Garden(뉴욕 메디슨 스퀘어 가든)보다도 훨씬 대형의 체육관이 허다하게 많다. 미국은 스포츠 시설의 연구와 새로운 건축재의 개발이 한창이어서 전천후 트랙과 인공잔디도 실용화되고있다. 특히 새로 개설되는 스타디움은 주차장 용지를 해결하기 위해서 자동차를 타고 와서그대로 경기를 구경할 수 있는 형식을 취하려고 노력을 하고 있다.

많은 미국사람들이 연말부터 연초에 걸쳐 TV 앞에 고착된 생활을 하게 되는데 이것은미식축구의 PO(play off)시즌이 되기 때문이다. PO라고 하는 것은 시즌 중의 정규스케줄이완결된 후, 즉 시즌이 끝난 후 그 시즌의 각각의 리그 또는 지역에서 우승한 팀끼리 행하는경기를 말한다. 농구의 NBA, 야구의 World series(월드시리즈), 미식축구의 National league(내셔널리그)와 American league(아메리칸리그) 승자 간의 시합을 비롯하여 Rose Boul(로즈볼), Sugar Boul(슈가볼), Orange Boul(오렌지볼), Liberty Boul(리버티볼) 등이 있다. 그 가운데 매년 1월 1일 Los Angeles(로스앤젤레스) 근교인 Pasadana(파사다나)시의 로즈볼은 대전에 앞서 장미퍼레이드와 함께 토너먼트 로즈라 하여 미국의 신춘을 장식하는 스포츠다. 또한 골프의 매스터즈,전미오픈은 세계의 골퍼가 모여드는 저명한 경기다.

농구의 PO에서는 NCAA 각 지역의 우승교를 망라해서 행하는 NCAA 타이틀전은 최고의 화제가 되고 있다. 또한 프로농구의 NBA 올스타전은 미국뿐만 아니라 세계인의 이목이집중된 가운데 성황리에 거행된다.

▷ Kentucky State University 여자농구팀 감독과 저자

미국의 일급 체육인 가운데는 상당히 많은 흑인선수가 포함되어 있다. 이 사실을 설명하기 위해서는 많은 요소를 들 수 있으나 흑인들이 선천적으로 우수한 신체적 자질을 가지고 태어났다기보다는 사회심리학적 동기가 작용했다는 설이 더욱 유력하다. 흑인에게 있어 스포츠란 백인과 어깨를 나란히 할 수 있는 것이기 때문이라 할 수 있다.

관객들은 경기장에서의 선수를 인종의 차이를 인식하면서 보는 일이 없을 뿐만 아니라 뛰어난 선수의 묘기에 박수를 보낸다. 이러한 것으로 인하여 흑인 청소년들 사이에는 재즈 플레이와 함께 프로스포츠에 대한 동경이 강하게 나타나고 있다.

그러나 흑인에 대한 인종차별은 북부, 동부, 태평양연안은 거의 존재하지 않으나 이와는 반대로 남부에서는 아직도 공공연한 차별대우를 취하는 지방이 있다. 남부에 있는 많은 대학들이 흑인의 입학을 허용하지 않고 있으며, 흑인 학생이 있다고 해도 운동 팀에는 들어갈 수 없으며 흑인이 섞여 있는 팀과는 경기를 갖지 않는 팀도 있다.

Tommie Smith(토미 스미스, 1944년 6월 6일 ~)와 John Wesley Carlos(웨슬리 칼로스, 1945년 6월 5일 ~)는 미국의 전 단거리달리기 선수로 1968년 멕시코시티 올림픽 200m 금메달리스트와 동메

▷ '저항 정신의 상징' 토미 스미스(오른쪽)와 존 카를로스   연합뉴스(2021.07.23.)

달리스트이다. 그들은 메달 시상식에서 인종 차별에 대항하는 의미로 검은 장갑을 낀 주먹
을 들고 'Black Power Salute(블랙파워 설루트)'를 보여 선수촌에서 추방되었다.

ROOTS(뿌리)는 미국에 노예로 끌려온 흑인들의 역사를 조명한 드라마로 1976년 8월 17
일 알렉스 헤일리가 펴낸 역사소설 Roots : The Saga of an American Family. 그리고, 소설

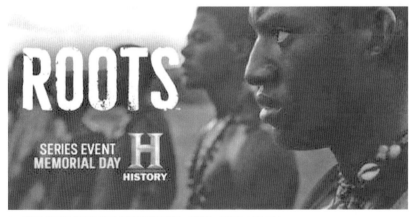

▷ 뿌리 주인공 (쿤타 킨테 역)말라치 커비   연합뉴스(2016.05.31.)

을 각색한 1977년 1월 ABC의 8부작 "뿌리"를 리메이크한 미니시리즈로 미국 건국 이전부터 남북전쟁까지 고통스러운 노예생활 속에서도 전사로서의 긍지를 잃지 않았던 만딩가 부족의 전사 '쿤타 킨테'와 그의 후손들, 4대에 걸쳐 겪은 흑인노예의 삶을 다룬 드라마이다.

1979년 국내에서도 방영되어 큰 인기를 끌었던 감동의 미국 드라마로서 아프리카의 평화로운 마을에서 '쿤타 킨테'라는 사내아이가 태어난다. '쿤타 킨테'는 성장하여 어느덧 성인식을 성공적으로 치르게 되고, 기념으로 '북'을 만들기 위해 숲으로 떠났다가 백인 노예상에게 잡히고 만다. 흑인 노예의 삶을 주제로 제작된 뿌리[26]를 통하여 당시 상황을 짐작해 볼 수 있다.

II. 캐나다의 체육

Canada(캐나다)는 북아메리카대륙 북부에 위치하고 있는 나라로서 국토의 대부분은 森林(삼림)과 Tundra(툰드라)[27]의 무인지대이고 한국의 약 45배나 되는 국토에 인구는 약 2,000만여 명뿐인데 인구의 약 80%가 Quebec(퀘벡)·Ontario(온타리오)의 남부 2주(州)의 5대호 연안

▷ 출처 : PxHere   Niagara Falls Canada

---

26   뿌리(ROOTS) 2016년 방영 미국 히스토리 채널과 A&E, 라이프 타임.

27   툰드라(tundra)는 지하에 계속 녹지 않는 영구동토(永久凍土, permafrost)가 있고, 강수량이 적은 지역을 말한다.

과 Saint Lawrence(센트 로렌스)강 유역에 집중해 있고 이 지역은 경제 · 산업 · 문화 등의 중심으로 이 나라의 심장부를 이루고 있다.

캐나다는 1867년 英國領(영국령) 북아메리카 법에 의해 英聯邦(영연방)의 일원으로서 독립하기 전까지는 프랑스 식민지 뉴 프랑스의 역사를 가지고 있다. 국토 면에서는 미국보다도 큰 캐나다는 인구의 약 44%가 영국계로서 영국의 문화 · 종교 · 습관이 계승되어 있고 또 프랑스 식민지 시대에 이주하여 영국령이 된 후에도 종교 · 법률의 특권이 인정되어 온 프랑스계 주민 약 30%는 프랑스의 전통이 계승되어 있다. 영어 · 프랑스어가 두 나라 공용어로 사용되고 있는 점에서도 명백하듯이 兩系(양계)주민 간의 대립은 캐나다연방 성립 후 지금까지도 끈질기게 남아있다.

거대한 삼림자원, 밀 경작지, 풍부한 광물은 어류자원과 함께 최근 눈부신 산업발전을 이룩하고 있으며, 미국과 극히 자연스러운 국경을 이루고 있어 미국 문화를 많이 받으면서 계속 성장세를 추구하고 있다. 캐나다 연방정부는 교육의 전담 부서가 없을 뿐만 아니라 교육에 관한 권한이 거의 없다.

교육행정은 州政府(주정부)에 일임되어 있기 때문에 주에 따라 교육제도 · 교육정책이 다르다. 초등교육은 보통 8년, 중등교육은 4-5년, 고등교육과 대학교육도 눈부실 정도다. 이 밖에 인디언 · 에스키모의 교육은 국가소관으로 특별한 학교가 설치되어 있다. 연방정부는 국민의 신체적 · 지적 · 정신적으로 성숙할 수 있도록 법령이나 보조금을 통하여 스포츠발전과 체육의 발달을 돕고 있는 것이다.

캐나다의 사회보장제도는 북유럽 국가와 영국 다음으로 잘되어 있으며, 1965년에 성립된 캐나다 연금제도는 노령자의 일생을 보장하고 있다. 사회복지에 대한 책임은 연방 · 주 · 시 · 읍 · 면으로 분담되어 있다.

캐나다에서 최초로 체육학과가 Toronto(토론토)사범대학에 설치되었으며, 이 시기에 이러한 학교와 밀접한 관련이 있는 사관후보생 훈련계획도 수립되었다.

1865년과 1900년 사이에 학교에서 체조훈련 · 미용체조 등의 진흥을 위해 정부에서 보조금이 지급되었고, 1890년대에는 온타리오의 몇 개 학교에서 체육을 필수적으로 이수케 하였다.

1906년에는 Canadian Intercollegiate Athletic Union(캐나다 대학 경기연맹)이 조직되어 1906

년부터 1919년까지 전국의 대학 캠퍼스에서 대학 스포츠가 발전하였다. 준국가 조직인 캐나다 대학 경기연맹(C·I·A·U)은 공통 규칙과 규정을 따르고 있으며 축구, 크리켓, 하키, Lacrosse(라크로스) 등 많은 클럽이 이 연맹에 속하게 됐다. 1922년 토론토 지방에 체육클럽이 창립되고 1923년에 Quebec Physical Education Association(퀘벡 체육협회)가 결성되었다. 이러한 단체의 일치된 노력에 의해서 1933년에 Canadian Physical Education Association(캐나다 체육협회)가 조직되었다.

1944년에서 1955년 사이의 급격한 성장으로 C·I·A·U는 학문적으로나 체육적으로 다양한 등록, 철학 및 관행을 가진 19개의 회원 대학으로 구성된 대규모 그룹으로 성장하였다. 하지만 그 결과 조직 내 갈등을 판단하기 위해 정책을 평가하거나 연구할 포럼이 없었기 때문에 C·I·A·U는 붕괴되었다.

해산 후 대학은 12개의 회원이 있는 온타리오-퀘벡 대학 체육 협회(OQUAA)와 오타와-성 8개의 회원이 있는 로렌스 체육 협회(OSLAA). Ontario Intercollegiate Athletic Association(OIAA)은 1959년 온타리오 출신의 회원들로만 설립되었다.

1950년대 후반에 대학 간 스포츠의 급속한 발전과 함께 미래의 성공적인 개발이 중앙 집중식 위치에서 조정되고 관리되어야 한다는 것이 분명해졌다. 캐나다 대학 간 운동 프로그램의 발전은 과학적 코칭 방법이 높은 수준의 운동 수행에 기여함에 따라 질 조직된 수준으로 발전하였다. 전국의 다양한 체육 협회는 체육과 관련된 공통 문제에 대한 토론과 교사, 코치, 운동선수 및 연구원 간의 의사소통 수단에 대한 규정이 필요하다는 사실을 발견하였다. 처음에는 컨퍼런스와 회원 상호 작용이 궁극적인 목표였기 때문에 누가 전국 챔피언십에서 우승했는지에 대한 관심이 제한적이었다. 기타 공통 관심사는 다음과 같습니다.

- 전국 선수권 대회에 참가하는 모든 팀을 위한 일관되고 수용 가능한 스포츠 규칙 및 규정의 공식화에 대한 인식된 필요성;
- 다른 국가 스포츠 조직과 상호 이익이 되는 계약;
- 국내 및 국제 경쟁 조정;
- 운동 스태프의 리더십과 시민의식 개발을 지원합니다.

▷ 캐나다, 미국을 7-2로 꺾고 2013년 이후 첫 FISU 금메달 획득　2023 © U SPORTS

　　C·I·A·U 회원들은 2001년 6월 조직의 이름과 로고를 Canadian Interuniversity Sport(C·I·S)로 변경하기로 결정하였고, 이후 U Sports로 2016년 10월에 다시 한 번 변경되었다.

　　캐나다의 스포츠단체는 대체로 다른 나라와 같이 민간 스포츠단체는 캐나다 체육발전에 깊은 뿌리를 내리고 해를 거듭할수록 많은 회원 수를 확보하기에 이르렀다.

　　최초의 체육교사를 위한 학위과정은 1910년 Margaret Eaton(마가렛 이튼) 학교에서 개설되었고 마침내 토론토 대학에서 체육대학으로 발전하였다. 그 후 McGill(맥길 대학)이 체육에 대한 프로그램을 조직화하기 시작하였다. 많은 학생들이 캐나다에서 학위과정을 이수하기 전까지는 학사 및 석사학위를 얻기 위해 미국으로 건너가 공부를 하여야만 하였다.

　　McGill University(맥길대학교)는 1821년에 설립된 캐나다 퀘벡주 몬트리올에 위치한 공립 대학교로 2021년 3월 31일 200주년을 기념하는 McGill University는 캐나다와 세계 최고의 대학 중 하나로 평가되고 있다. McGill University는 3개의 캠퍼스, 11개의 학부, 13개의 전문학교 및 약 300개의 학습 프로그램에 걸쳐 있다. 매년 McGill은 40,000명 이상의 학생

▷ 2022 Master's and Doctoral Graduates of KPE © 2023 McGill University

이 입학하며 150개 이상의 국가에서 30% 이상의 유학생을 유치하고, 캐나다 연구 대학 중 박사 학위 학생 비율이 가장 높다. 학생의 거의 60%가 프랑스어를 구사하고 있다.

캐나다의 정부기구는 영국의 책임내각제와 미국의 자치주연방제도의 절충형식을 취하고 있다. 학교교육은 지방자치주에 위임되어 있기 때문에 각 지방의 각각의 문화적 배경에 의해서 영국적인 學制(학제)를 갖는 깃과 프랑스적인 학제를 갖는 경우가 있다. 연방정부가 학교교육에 영향을 미치는 부분에는 특히 농업교육과 직업교육뿐이었으나 1943년 國民體力法, National Physical Fitness Act(국민체력법)을 통과시켜 健康福祉省, Department of National Health and Welfare(건강복지성)의 體力局, Physical Fitness Division(체력국)이 체육 · 스포츠진흥의 지도적 역할을 하게 되었다. 그러나 그 활동은 조사, 연구, 권고, 조정과 같은 것에 한정되어 구체적으로 학교의 커리큘럼에 작용하는 일은 거의 없다. 이 정책에 수반하는 커다란 국가예산이 체육 지도자의 양성, 혹은 스포츠 · 체육의 과학적 연구에 사용되고 있으므로 현재 캐나다는 세계 有數(유수)의 체육연구의 메카가 되어 있다.

캐나다의 스포츠 행정으로서 특기하지 않으면 안 되는 것은 공원관리와 레크리에이션 행정에 있다. 국립공원의 제도는 그대로 캐나다의 국가형성이라고도 할 수 있다. 私營企業(사영기업)이나 개인주택을 위해서 토지를 長期(장기)에 걸쳐서 빌릴 수는 있어도 결코 사유화하는 일은 없으며 연방정부의 國立公園局, National Park Bureau(국립공원국)에 의해서 정해

▷ 캐나다 건국 150주년, 국립공원 무료개방   © cbmpress.com

진 도시계획으로 건물은 물론 나무 하나를 자르는 데도 허가가 필요한 엄중한 규제를 행하여 자연과 미관을 보호하고 있다.

　캐나다에는 국립공원 말고도 各州(각 주)에서 관리하는 주립공원의 수는 무수하며 이들 모두가 국립공원에 준한 철저한 자연보호법 아래 세계에서 가장 철저한 공원관리를 행하고 있다. 그래서 캐나다의 산림경비대는 세계적으로 유명하다. 캐나다의 스포츠시설은 풍부하게 주어진 자연을 충분히 활용한 야외 레크리에이션 시설의 완비를 특색으로 하고 있으며, 공영의 캠프장, 수영장, 골프장, 테니스장, 보트하우스 등이 각처에 무수히 산재해 있으며, 요금도 저렴하거나 무료로 운영되고 있다.

　공영시설의 유지에 필요한 재원은 주로 이들 시설을 연결하는 유료고속도로의 통행요금이다. 무수한 호수와 급류에서의 보트놀이와 낚시가 행하여지지만 魚類(어류)를 보호하기 위한 양어장의 설비와 제도가 고도로 발달되어 있다. 또한 삼림에서의 수렵활동도 합리적으로 관리되어 있어 각처에 야생동물의 보호를 위한 전용공원이 설치되어 각종 동물의 충분한 번식을 보장하고 있다. 캐나다의 일반가정에는 여가활동에 필요한 수렵용 총, 보트, 낚시도구, 캠핑장비 등이 생활필수품처럼 마련되어 있다.

캐나다는 올림픽과 汎美大會(범미대회), 그리고 대영제국 및 영연방대회에 참여하고 있으며, 1967년에 Pan American Games(범미대회)를 주최하였고, 1934년과 1954년에는 The British Empire & Common Wealth Games(대영제국 및 영연방대회)를 주최하였다. 그리고 1976년 7월 17일 제21회 올림픽경기대회를 Montreal(몬트리올)에서 88개국 7,356명이 참가한 가운데 개최되었다.

인구 250만 명의 몬트리올은 원래 스포츠가 활발한 도시였다. 300여 개의 공원, 190여 개의 각종 스포츠경기장, 50여 개가 넘는 수영장 등 이러한 기존시설에다 7만 명을 수용하는 메인 스타디움, 9,200명이 관람할 수 있는 사이클 경기장, 3만 명이 관람하게 되어 있는 길이 2,200m의 인공호수가 boat race(조정)과 canoe(카누)경기를 위해 새로이 건설되었다.

몬트리올경기대회는 올림픽사상 처음으로 자체민간기금 조달에 의하여 대회가 개최되었으나 과대한 대회경비의 지출로 말미암아 엄청난 적자를 남긴 대회로서 올림픽 주최를 희망하는 다른 국가들에게 경종을 울렸다. 기념주화 발매, 복권판매 등 각종 수입 사업에도 불구하고 적자는 해소되지 않았다.

몬트리올대회는 IOC의 활발한 중재노력에도 불구하고 인종문제와 이데올로기 문제로 말미암아 수많은 국가들이 불참하거나 철수하는 사태가 발생하였다. 1976 몬트리올 올림픽은 아프리카 22개국의 불참으로 얼룩졌다. 당시 탄자니아가 주도했던 보이콧은 뉴질랜드 럭비 팀이 "아파르트헤이트"의 인종 차별정책에 빈대하는 아프리카 국가들은 남아프리카 공화국 투어를 진행한 것과 그 뉴질랜드가 올림픽에 참가한다는 사실에 아프리카 국가

▷ 출처 : Wikipedia / AP 통신 1976 몬트리올 올림픽의 포스터와 성화 점화 장면

▷ 보이콧과 '아파르트헤이트' 조선일보(2021.12.22.) / UN Photo

들이 항의의 뜻을 나타내며 발생했다.

또한 두 개의 중국문제는 중국과 타이완의 자유중국(중화민국)이라는 2개의 정부가 각각 중국의 주권을 대표하는 '유일한 합법정부'임을 주장하는 데 반하여, 현실 상황에서 중국을 2개의 국가로 보려는 국제사회의 대응 태도에서 나온 말로 자유중국의 국호 사용금지로 대만선수단의 철수로 일단락되는 등 올림픽 정신이 정치에 오염된 사례로 남아 앞으로 국제올림픽위원회가 해결해야 할 문제점으로 제시되기도 하였다.

캐나다의 문화적 배경에는 영국과 프랑스의 영향을 많이 받았지만, 스포츠 면에서는 영연방의 일원으로 강한 특색이 나타나 있다고 할 수 있다.

캐나다에서는 아직도 크리켓경기를 볼 수 있으며 북미와 중남미를 통해서 세계적 수준에 이르는 럭비 팀을 보유하고 있다. 캐나다에서는 4가지 축구를 즐기는데, Foot Ball, Soccer(축구), Rugby Foot Ball(럭비축구), American Foot Ball(아메리칸 축구), Canadian Foot Ball(캐나디언 축구)를 하고 있다.

세계 제1의 광대한 영토는 수많은 삼림과 호수가 있어 여름이 되면 시골의 별장과 야영지, 해변 그리고 아름다운 평원과 국립공원, 주립공원 등지로 여가여행을 떠난다. 눈 쌓인 산과 빙결하는 호수가 많은 이 나라는 알프스지방과 같이 스키를 즐길 수 있어서 야외 레크리에이션 천국으로 손색이 없다.

특히 Ice Hockey(아이스하키)는 캐나다에서 발생한 스포츠로 다채로운 전통을 자랑하면서 미국, 러시아와 함께 동계올림픽 등지에서 우승을 다투고 있다. 아이스하키를 캐나다의 國技(국기)라고 하는 사람도 있으나 대다수의 캐나다 사람들은 Lacrosse(라크로스)라고 불리는

▷ 라크로스

스포츠를 캐나다의 국기라고 생각하고 있다.

라크로스는 하키와 비슷한 매우 격렬한 경기인데 이것은 본래 15세기부터 북미 원주민들의 제례 때 거행되었던 Baggatway(바가트웨이)경기를 프랑스계이주민들이 계량하여 라크로스라고 이름 지었다. 1867년 캐나다의 라크로스협회가, 1892년에 영국 라크로스협회가 설립되었다. 국제라크로스연맹(ILF)이 설립되어 1904년 센트루이스 올림픽, 1908년 런던 올림픽에 정식 종목으로 채택되었고 그 후, 1928, 1932, 1948년에 시범 경기로 실행되었다. 올림픽 종목 부활을 목표로 움직이고 있지만 1984년 로스앤젤레스 대회가 마지막이 되었다.

Curling(컬링)은 얼음 위에서 반원형의 무거운 돌을 굴려 tee(표적)을 맞히는 것인데 이 경기는 본래 스코틀랜드에서 시작한 것으로 전해지고 있으나 캐나다의 겨울 스포츠로 대단한 인기를 차지하고 있다. Bandy(밴디)는 아이스하키의 일종으로서 11명이 행하는 경기인데 영국에서는 필드하키를 닮은 경기가 예부터 있어 왔다. 아일랜드에서는 Hurley(헐리), 스코틀랜드에서는 Shinty(신티), 잉글랜드와 웨일스에서는 밴디라 불리던 것이었는데 노르웨이나 스웨덴에서는 밴디가 그대로의 모습으로 빙상경기로 되어 각지에서 행해지게 되었고 캐나다에서도 실시되고 있다.

캐나다의 스포츠조직은 미국의 경우와 마찬가지로 본질적으로 자연발생적인 同好者(동호자)모임으로 각자가 돈을 내어 활동하게 되며 동호회의 재력가가 우승컵을 기증한다는 식의 기본적인 형식을 취하고 있다.

스포츠 종목별의 전국단체나 다시 그것을 통합하는 조직은 주로 국제적 필요성이 생겼을 경우의 행사중심의 활동에 그치며 항구적인 기능은 별로 가지지 않고 있다.

미국과 극히 자연스러운 국경을 접하고 있으므로 미국문명의 직접적인 영향은 어쩔 수가 없다. 캐나다의 많은 스포츠·체육지도자들이 미국에서 자랐으며, 학교스포츠의 프로그램에는 미국의 것과 거의 유사한 것들이 많다. 그러나 캐나다는 일방적으로 미국의 영향을 받아들이고만 있는 것이 아니라 그 반대로 캐나다가 미국에 영향을 끼치고 있는 면도 많다.

특히 미국의 체육지도자로서 역사적으로 이름을 남기고 있는 사람들 가운데는 캐나다 사람이 많다. 현재 전미 보건체육 레크리에이션 지도자연맹의 연차총회에서 행하여지는 초청강연을 「마켄지 기념강연」이라고 부르며, 이 강연회에 강사로 초빙되는 것을 학자들은 최고의 영예라고 생각하고 있다. Mckenzie(마켄지, R.T. 1867-1938) 박사는 미국보건체육의 전문분야를 키운 사람이며, 의사로서 또는 조각가로서도 불후의 명성을 가지고 있는 캐나다 사람인 것이다. 또한 농구를 미국의 매사추세츠 스프링필드 YMCA 훈련학교에서 고안해 낸 제임스 네이스미스 박사도 캐나다 사람이었다.

미국문명의 강력한 영향의 하나는 프로 스포츠에 대한 사고방식에도 잘 나타나 있다고 할 수 있다. 세계적으로 유명한 직업운동선수 가운데는 캐나다 國籍(국적)의 사람이 상당히 많다. 미국보다도 약 20% 넓은 국토에 미국의 10%도 안 되는 인구를 가지고 삼림이나 광산자원에 무한한 부를 보유하고 있는 이 나라는 생활에 매우 여유가 있는데다가 移民(이민)을 우대하는 정책으로 직업운동선수가 만년의 생활에 대한 근심이 없이 활약할 수 있는 사회적인 배경을 지니고 있는 것이다.

III. 멕시코의 체육

북아메리카 대륙의 남부에 위치한 中美(중미)를 대표하는 강력한 스포츠국가인 Mexico(멕시코)는 Rio Grande(리우그란데)강을 끼고 미국에 인접하는 국토는 상당히 넓으나 거의가 고원으로 되어 있어서 북부는 표고 1,500m, 남부는 3,000m에 달하고 일반적으로 온화하고

▷ 출처 : flickr 멕시코의 A pyramid at Chichén Itzá(치첸 이트사)

건조한 기후를 갖고 있는 나라다. 2020년 현재 면적은 1억 9,643만 7,500ha로 세계 13위이며, 2023년 현재 인구는 1억 2,845만 5,567명으로 세계 10위를 차지하고 있다.

멕시코 해안에는 자연적인 항구가 전혀 없고 대부분의 강은 航行(항행)이 불가능하여 톱 모양의 산맥과 건조한 황무지가 방대한 지역을 덮고 있다. 이러한 불리한 점을 극복하기 위하여 수력, 농업문제, 수송문제, 통산상의 문제, 기술의 부족 등을 타개하면서 부단히 노력한 결과 넓은 범위에 걸쳐 농업과 목축업이 활발히 개선되고 풍부한 매장량의 석유와 광물의 개발로 인해 점차 공업이 발전되어 가고 있으며, 제조업 분야에서도 괄목할 만한 발전을 이룩하고 있다.

멕시코혁명이 1810년에 시작하여 19세기에 걸쳐 계속됨으로써 사회는 불안하고 혼돈한 상태였다. 혁명계급의 투쟁결과 교회와 외국자본의 자본가 및 지주의 권력은 붕괴되고 모든 자원은 국유화되었으며, 큰 재산은 대중에게 분배되었고 노동자를 우대하게 되었다.

1910년의 혁명과 1917년 헌법이 제정된 후 멕시코 국민들은 새 사회체제를 형성하기 시작했다. 멕시코는 연방공화국이며 연방정부에 귀속되지 않은 권력은 전적으로 州政府(주정부)에 속해 있으나 연방정부가 정치권력을 지배하고 있다. 연방정부는 공중위생, 종교, 노동, 토지문제 등 주정부에 대하여 많은 통제를 가하고 있다.

1917년의 헌법은 교육이 연방정부의 직능이라고 선언하고 종교단체에서 세운 초등학교는 위법이라고 규정하였다. 1921년에는 문교부가 설립되어 대중에게 교육기회를 넓혀주기 위한 노력으로 6-15세까지 의무교육을 실시하고 있다. 멕시코의 교육조직은 민간인이 경영하는 보육학교와 유치원이 있고 초등학교는 6년간으로 이 과정이 끝나면 상업학교나 6년제의 사범학교 또는 5년제의 중등학교에 진학할 수 있다.

체육은 초등학교 과정부터 필수이고 중등학교, 사범학교에서는 주당 2시간, 농업학교에서는 주당 3시간의 체육시간을 갖도록 되어 있다. 학교체육의 목표는 체력의 증강과 정신적·사회적으로 안정된 생활습관을 길러주고 일단 유사시에는 군인으로서 의무를 다할 수 있게 준비하는 데 목표를 두고 있으며, 병역은 의무제이고 체육과 스포츠는 모든 군인에게 과하여지고 있다.

멕시코의 스포츠를 대표하는 기관으로서 The Confederation Department of Sports(스포츠 총연맹)이 있는데 이것은 사실상 정부의 직속기관으로 되어 있다. 이 스포츠 총연맹이 모든 스포츠조직을 통괄하여 완전한 중앙집권 아래 강력한 국가적 지도체제를 형성하고 있다. 국가적 지도체제하에 대부분의 스포츠대회가 열리며 주요 국제경기대회에 출전하는 원정비용도 거의가 국비에 의해 충당된다.

멕시코 총연맹에 가입하고 있는 것은 종목별 단체와 州(주)체육협회의 두 가지 계통이 있다. 각 주의 체육협회를 위시해서 말단의 클럽에 이르기까지 미치는 총연맹의 구속력은 철저하며 문교부와 연락하는 체육위원회와의 제휴는 매우 밀접하여 흔히 同一人物(동일인물)이 겸임하는 경우가 있다.

멕시코의 스포츠조직이란 행정부서의 조직과 같이 상부의 지시대로 움직인다. 멕시코의 「혁명 기념일 체육대회」는 우리나라의 전국체육대회와 같은 성격의 대회인데 정부주관으로 실시되고 있다. 이 대회의 프로그램 운영방식은 올림픽경기대회를 모방하여 거행하고 있다. 이 대회는 1941년에 처음으로 시작되었으며, 그 후 전쟁으로 인해 중단되기도 하였으나 1949년에 부활하였다. 멕시코가 미국이나 캐나다와 크게 다른 점의 하나는 대학의 스포츠 활동이다.

멕시코 대학의 스포츠 활동은 있기는 있으나 별로 조직적인 것이 못 되며 오히려 군대 훈련기관의 스포츠 활동이 커다란 힘이 되고 있다. 멕시코시나 Monterrey(몬테레이)시에는 공장이나 개인적 클럽단위로 많은 팀이 조직되어 있어 이들은 경기장, 수영장, 체육관, 음

▷ 1968 멕시코올림픽 로고와 포스터 © 2021 International Olympic Committee

악관, 옥외극장 등을 통하여 훌륭한 레크리에이션 계획을 세워 즐기고 있다.

멕시코는 1968년 제19회 올림픽경기대회를 멕시코시에서 115개국의 7,400명이 참가한 가운데 개최되었다. 지금까지 라틴아메리카 지역에서 올림픽이 열려 본 적이 없었고 이른바 제3세계의 개발도상국가에서 개최된 적이 없었기 때문에 이 두 가지 조건을 충족시킬 수 있는 지역으로 멕시코시가 선택되었다. 그러나 멕시코 올림픽은 국제적인 문제와 국내적인 문제로 인해 심한 진통을 겪어야만 했다. 국내적인 문제는 무엇보다도 멕시코가 해발 2,240m의 고산지대라는 점이었다.

고산지대의 대표적인 특징은 우선 산소가 부족하기 때문에 체력의 소모율이 평지보다도 훨씬 높다는 것이다. 따라서 체질의 적응에 오랜 시일이 걸리기 때문에 이러한 곳에서 체력의 소모가 극대화하는 운동경기를 치를 수 있겠는가가 반대의 핵심이었다. 이런 지역적 특성 이외에도 빈부의 차이가 극심하고 경제개발이 뒤처진 멕시코의 후진적인 형편에서 어떻게 대규모의 행사를 치를 수 있겠느냐는 부정론이 강력하게 대두되었다.

멕시코올림픽의 반대의 여론이 격화되자 Avery Brundage(브런디지, 1887-1975) IOC위원장은 "기후가 덥거나, 춥거나, 건조하거나, 습하거나, 높거나, 낮거나, 동서남북이거나 올림픽은 어디에도 속해 있다. 올림픽은 세계에 속해 있지 어느 특정한 지역에 국한되어 존재하는 것이 아니다."라는 말로 반대여론을 일축하고 멕시코올림픽의 개최를 강력히 지지했다.

고산지대에서 산소적응문제가 당면한 문제로 등장하자 각국은 과학자와 의료진을 멕시코시에 직접 파견하여 현지조사에 나섰다. 결론은 고도의 지구력이 요구되는 경기에서 고지민족과 평지에서 살던 민족이 함께 경쟁하는 경우 체력의 차이가 두드러지게 나타나고 따라서 해발이 높지 않은 지역에서 생활하는 선수들은 최소한 2주에서 4주까지의 사전 적응 기간이 필요하다는 것이었다. IOC는 문제의 해결방안으로 두 가지를 제시하였다.

첫째, 참가국은 대회예정일에서 4주일 먼저 멕시코시에 도착해서 고지적응훈련을 가지되 앞당겨 온 기간의 모든 경비는 IOC 측에서 부담한다.

둘째, 대회 연도에 앞서 3년 동안 매년 대회 기간과 같은 달에 올림픽주간을 설정하여 선수의 적응도를 시험한다. 이렇게 해서 1965-1967년까지 3년 동안 올림픽주간이 열려 예행적응 기간을 가지게 했다. 미국, 프랑스, 구소련 같은 국가에서는 자기 나라에 고지 특별훈련 캠프를 설치하여 선수들을 훈련시켰다.

고지대 산소 결핍증으로 멕시코올림픽이 논란된 것과는 대조적으로 멕시코 국내에서는 전혀 다른 정치적 문제로 대회가 시비의 대상이 되었다. 올림픽이 결정되고 대회가 임박해 오자 대학생들은 국민의 경제복지정책도 제대로 펴지 못한 나라에서 올림픽의 개최는 자원의 낭비일 뿐만 아니라 경제정책의 오도라고 하면서 정부에 대해 올림픽의 취소를 요구하고 나섰다.

학생들과 시민의 폭력적인 사태에 군대가 개입하여 많은 사상자를 낸 가운데 데모는 진압되었으며, 이러한 우여곡절 속에서 멕시코는 올림픽을 훌륭히 치러내었다. 멕시코는 Aztecs(아즈텍)문화의 발상지로서 역사와 전통도 찬란할 뿐만 아니라 정열의 멕시코라고 불릴 정도로 사람들의 기질은 정감에 예민하며 예술적이어서 음악과 미술에도 뛰어난 문화를 갖고 있다.

▷ Aztec calendar ⓒ 2013-2023 Publicdomainvectors.org

스페인과 미국문명의 혜택을 입어 스페인 군인의 무를 숭상하는 자랑스러움과 고원을 달리는 인디오의 혈통에서 펜싱, 복싱, 마술 등에 전통적으로 강하고 미국의 영향으로 농구도 성행하고 있다.

멕시코 제1의 스포츠는 축구이며 열광적인 관중들로 경기장이 채워진다. 전통적으로 고대 Mayas(마야)문명의 흐름을 계승한 볼게임, 폴로, 하키와 비슷한 스포츠 등이 여러 가지 행하여진 기록이 있으나 현재는 거의 사라져 버렸으며 다채로운 Folk dance(포크댄스)에 그 면모를 남기고 있다. 멕시코는 라틴 음악과 댄스의 보고로서 현재 각국의 학교체육에서 행하여지고 있는 포크댄스 가운데는 멕시코 원산의 것이 많다. 축구 다음으로 투우가 유명하며 카우보이들이 소의 등에 올라타는 묘기와 밧줄을 올리는 묘기와 올가미 기술 등을 보여주는 Rodeo(로데오)도 인기가 있다.

▷ 멕시코의 로데오

제6장

아시아 국가의 체육

Ⅰ. 일본의 체육

Japan(일본)은 동아시아에 있는 국가이다. 태평양에 있는 일본 열도의 네 개의 큰 섬(혼슈, 규슈, 시코쿠, 홋카이도)과 이들 주변에 산재한 작은 섬들로 구성되어 있으며, 일본의 전체 면적은 37만 7973km²이며(한반도의 약 1.7배), 인구는 2023년 현재 통계청 자료에 1억 2,329만 4,513명으로 세계 12위에 속한다.

▷ 후지산(富士山:부사산)과 츄레이토(忠靈塔:충령탑)

현재의 일본은 입헌군주제를 채택하고 있으며 상징적인 국가원수 역할을 하는 천황과 국민의 선거를 통해 선출되는 참의원(상원)·중의원(하원)으로 구성되는 국회가 공존하고 있다. 현재의 천황은 나루히토이며, 국회의 집권당은 자유민주당이며 내각총리대신은 기시다 후미오이다.

일본은 자본주의 경제체제로 옮아가기 위하여 富國强兵(부국강병), 殖産興業(식산흥업)의 방법을 택하여 維新初(유신초)에 여러 가지 구제도를 철폐하고 화폐제도를 개혁하여 근대산업을 육성하기 위한 여러 방법을 실시하였다. 1894년 청·일 전쟁 때에 경공업은 상당한 수준에 이르렀으며, 10년 후의 러·일 전쟁을 계기로 일본의 자본주의는 내부적으로 위기를 나타내어 일본의 제국주의의 성격이 뚜렷해졌다.

세계의 제국주의적 대립은 20세기에 들어와서 더욱 치열하여 1914년에는 제1차 세계대전을 일으키게 되었다. 1차 대전 후 국제협조의 시기에 일본의 국제적 지위가 중시되었는데 국내적으로는 여러 가지 복잡한 문제가 발생하였다. 明治維新(명치유신) 이후 급격히 성장한 자본주의는 여러 가지 모순을 나타내어 농촌문제, 경제공황, 대자본의 독점이 나타나고 러시아의 혁명에 자극을 받아 사회주의사상이 노동운동을 일으키게 되었다. 한때 괘도에 올랐던 의회정치도 독일의 Nazism(나치즘), 이탈리아의 Fascism(파시즘)의 영향으로 군국주의 영향을 받게 되었다.

1931년 만주사변을 계기로 일본의 군국주의는 노골화되어 국제연맹에서 탈피하고 1936년에는 독일, 이탈리아와 방공협정을 체결하여 미국, 영국, 소련과 대립하게 되었다.

1940년에 독일, 이탈리아와 삼국동맹을 맺었고, 1941년 12월 8일 진주만 공격을 감행하여 태평양전쟁을 일으켰다. 이 전쟁도 미국의 히로시마(Hiroshima)와 나가사키(Nagasaki)에 원자폭탄 투하로 1945년 8월 15일 일본이 무조건 항복함으로써 연합군이 일본에 들어와 무장해제, 전쟁범죄자 처벌 등 전쟁의 사후처리와 재벌을 해체하고 노동자의 권리를 존중하고 농지를 개혁하여 경제의 민주화를 꾀하였다.

일본은 1947년 새 헌법을 만들어 민주국가의 기본방향을 표시하고 민주교육을 실시하기 위하여 교육제도를 6·3·3·4 제로 편성하고 체육은 초등학교에서 고등학교까지 필수과목이 되었다. 명치유신과 더불어 일본의 체육 특히 학교체육은 서구의 체육과 밀접한 관계를 가지게 되어 많은 영향을 받았다.

▷ 출처 : Wikimedia Hiroshima Peace Memorial(Genbaku Dome)

1878년 아마스트 대학을 졸업한 G.A. Leland(릴란드)에 의하여 Dio Lewis(다이오 루이스)의 수구체조가 소개되었고 1912년경부터 형식적인 체조는 그 영향이 점차로 약해져 가고 미국과 유럽의 여러 나라에서 실시하고 있는 유희와 무용의 영향을 받기 시작하였다. 소화시대는 교육법의 중요한 변화가 있었던 시대로 교사 중심적인 교육방법과 학생 중심적인 교육방법으로 전환된 시대라고 할 수 있다. 이것을 교재의 관점으로 볼 때 흥미가 없는 체조에서 흥미 있는 경기와 유희로 관점을 옮겨 간 것으로서, 이것을 지도방법으로 볼 때에는 명령과 시범을 특징으로 한 감독적인 지도로부터 학생들에게 자기들의 프로그램을 자주적으로 실시할 수 있도록 장려하는 지도법으로 변화된 것을 말하는 것이다.

제2차 개정 교수요목은 1936년에 공포되었다. 이전의 요목은 건전한 신체의 발달만을 강조하였으나 개정요목은 건전한 신체의 발달과 아울러 인격도야가 중요하다는 것을 강조하였다.

체육활동은 달리기, 뜀뛰기, 던지기 등의 기본테스트와 각종 운동과 구기, 유희와 행진, 집단체조 등으로 이해하기 쉽게 분류하였으며, 일본 고유의 운동 즉 검도, 유도, Sumo(스모),

국궁 등을 요목에 추가하였다. 성별을 고려하여 해부학적·생리적 특징에 의하여 남녀별로 교재를 표시하였다.

제2차 대전과 더불어 정책이 전시체제로 변하여 1941년 학교령은 근본적인 개정을 하여 군사훈련이 체육계획의 중요부분이 되어 전쟁이 끝나도록 계속되었다. 2차 대전 이후 일본의 체육에 대하여 주목할 만한 특징은 체육의 민주화와 그에 따르는 과학적인 성격화다. 스포츠, 유희, 무용, 옥외활동 등 체육활동의 모든 계획은 학생의 건강과 체력, 인격, 운동기술의 발달과 레크리에이션에 공헌이 되도록 과학적 기반 위에서 입안되었다고 할 수 있다. 또 한 가지 특기할 것은 이전의 시대에 강조하지 못하였던 건강교육에 대한 주의를 많이 하였다는 점이다.

일본에 근대 구미스포츠가 도입된 것은 1878년 문부성에 의한 體操傳習所(체조전습소)의 설립이 계기가 되었으며 그 후 대학을 중심으로 하는 교육기관에 구미스포츠가 도입되었다.

1905년에 와세다 대학 야구팀이 미국 원정을 하였는데 이것이 국제 스포츠계에 진출하는 시초가 되었으며, 1906년 근대올림픽 10주년 기념 아테네 특별올림픽대회에 참가하도록 초청을 받은 것이 계기가 되어 1909년에 嘉納治五郎(가노지고로 : 1860-1939)가 IOC위원으

▷ 嘉納治五郎(Kano Jigoro) © ndl.go.jp

로 임명되었으며, 1911년에는 올림픽참가를 위하여 Japan Amateur Sports Association(일본 체육협회, JASA)가 결성되고, 1912년의 제5회 Stockholm(스톡홀름)올림픽대회에 처음으로 참가 하였다.

또한 가노지고로는 여러 가지 柔術(유술)의 技法(기법)을 이어받아 柔道(유도)라는 새로운 명칭을 붙였는데, 유술이라 하는 것이 실제로는 그 근본이 道(도)가 있고 術(술)이란 오히려 그 응용이란 사실을 알게 되었다. 때문에 가르침에는 먼저 道(도)로 시작하여 그 위에 응용 의 術(술)을 가르치는 것이 적당하다. 그러나 후꾸다(福田), 기(磯), 오꾸보(飯久保)의 3명에게는 쥬우쥬쯔(柔術)란 명칭으로 가르침을 받았기 때문에 전연 다른 이름으로 명칭을 변경시키는 것도 그렇고 하여 유(柔)의 한 자만을 쓰기로 하여 유도(柔道)로 하였다.

이로써 학생을 중심으로 하는 일본의 국제 스포츠계 진출은 궤도에 오르게 되었다. 그러 나 1936년 제11회 Berlin(베를린)올림픽대회 참가를 마지막으로 일본은 중·일 전쟁을 일으 킴으로써 군국주의로 전환되어 스포츠도 戰時體制(전시체제)로 바뀌게 되어 國粹化(국수화), 戰場運動化(전장운동화), 武道(무도)의 實戰化(실전화)의 지도체제를 확립하였다. 그러나 이러한 전시체제화는 급전하는 戰局(전국)을 뒤쫓을 뿐 주체성이 결여되어 있었으며, 1945년 제2차 세계대전의 종결과 함께 소멸되었다. 종전 후 조직적이고 항구적인 아마추어 스포츠계의

▷ 1964 도쿄올림픽 포스터　ⓒ MLBPARK

재건이 시작되었으며, 1948년에는 일본체육협회가 재건되었다.

1951년 인도의 New Delhi(뉴델리)에서 거행된 제1회 아시안게임에 참가하였으며, 1952년에는 제15회 Helsinki(헬싱키)올림픽대회에 참가함으로써 올림픽대회에 복귀하게 되었다.

1964년에는 아시아 지역에서 처음으로 제18회 도쿄올림픽대회를 개최하였다. 도쿄올림픽대회는 백인지역을 떠나 유색인종의 국가에서 최초로 열린 대회였다.

원래 도쿄가 올림픽개최지로 확정된 것은 1940년 제12회 대회였으나 제2차 세계대전으로 개최하지 못하였다. 일본도 처음에는 올림픽대회를 치를 만한 경제력과 책임감이 의문시되었으나 일본 국민들은 올림픽유치를 대대적으로 환영하고 도로망을 확충하고, 지하철을 착공하였으며, 공원의 조성과 공항의 확장, 아파트와 호텔을 신축하고 代代木(요요기)국립체육관을 새로 건설하는 등 올림픽행사에 만전을 기했다.

7만 5천 명을 수용하는 明治(메이지)스타디움은 연일 초만원을 이루고 입장식에는 3만 2백 석을 일반인에게 할당하였으나 3백6십5만 2천 명이 서면으로 접수하여 컴퓨터 추첨결과 100:1의 치열한 경쟁을 보임으로써 일본인들의 올림픽대회에 대한 뜨거운 열정을 느낄 수 있었다.

▷ 1964년 사카이 요시노리(坂井義則)　© 2023 JAPANESE OLYMPIC COMMITTEE

대회 개회식에는 당시 일본 천황인 쇼와 덴노가 참석하여 개회 선언을 하였다. 또한 개막식의 대미를 장식하는 성화 봉송 최종주자는 1945년 8월 6일 히로시마에서 태어난 사카이 요시노리(坂井義則 : 1945年8月6日-2014年9月10日)로 당시 19세이었으며, 3단뛰기 종목의 육상선수였으나 올림픽에는 출전하지 못하였다. 이러한 내용은 참가국으로 하여금 일본의 침략 및 전쟁범죄 책임을 희석시키고, 원자폭탄을 통한 전쟁의 피해자라는 이미지를 강조하려는 의도를 담은 것이라는 비판을 받았다. 또한 개막식 당시 원폭 피해자에 대한 묵념을 전 관객과 선수들에게 주문한 것도 이 같은 맥락에서 그날을 잊지 않겠다는 뜻으로 해석되기도 하였다.

1964년 18회 도쿄올림픽에서는 일본에서 인기가 높았던 유도와 배구가 정식종목으로 채택되었으며, 일본은 유도에서 3개의 금메달과 여자 배구에서 금메달을 거머쥐게 되었다. 또한 직전 대회였던 1960년 17회 로마 올림픽에서 마라톤을 맨발로 하여서 우승을 차지한 에티오피아의 아베베 비킬라가 이번 대회에는 운동화를 신고 뛰어서 세계신기록을 경신하면서 올림픽 2연승을 달성했다.

아베베 비킬라는 급성 충수염 때문에 수술을 해서 마라톤 훈련량이 줄었음에도 자신이 세운 기록에서 3분가량을 줄이면서 금메달을 목에 걸 수 있었다. 그런데 수술을 받고 바로 뛸 줄은 몰랐던 탓인지, 일본올림픽대회 조직위에서 그만 시상식에서 에티오피아의 국가를 준비하지 않아서 일본의 국가인 기미가요를 틀고 대강 시상식을 마무리하는 불상사가 발생하였다.

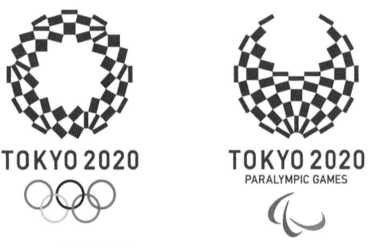

▷ 2020 도쿄올림픽과 패럴림픽 로고　ⓒ IOC

1972년에는 札幌(삿포로)동계올림픽대회를 개최하였으며, 1985년 神戸(고베)유니버시아드, 1995년 福綱(후쿠오카)유니버시아드대회, 2020년 도쿄올림픽은 코로나19 Pandemic(팬데믹)

상황으로 인하여 1년 연기하여 2021년 7월 23일부터 8월 8일까지 무관중으로 개최하였다.

일본은 1961년 스포츠진흥법을 제정하고 국가예산에서 막대한 금액을 투입하여 2만 명의 스포츠 지도원 양성, 스포츠교실, 스포츠의 과학적 연구 등의 획기적인 시책을 전개하였으며, 학교체육도 개혁하여 클럽체육을 중심으로 실시하게 하였고, 1962년 6월 스포츠 소년단을 결성하고 1964년 12월에 국민의 건강과 체력증진대책을 세웠다. 그러나 도쿄올림픽대회 수영부문에서 미국과 호주에게 참패를 당한 것을 분석한 결과, 일본인의 체력이 많이 뒤떨어져 있다는 것을 알자, 체력증강의 필요성을 더욱더 느끼어 국민체력추진협의회를 조직하고, 국민체력의 강화를 위해 힘썼고, 학교의 체육학습지도요령(초, 중고, 대학)을 전면 개편하고 학교체육에 중점적으로 체력향상을 강조하였다. 일본은 도쿄올림픽대회의 패인에 대하여 조사한 결과 다음과 같은 문제점을 보완하기로 하였다.

① 훌륭한 시설의 완비

② 우수지도자 양성

③ 성장기에 있는 청소년의 체력강화에 대한 과학적인 연구

④ 정신적 수련

⑤ 국비의 보조대책

⑥ 사회적 이해

⑦ 영양섭취 문제

⑧ 건강관리 문제

⑨ 일상생활의 태도

도쿄올림픽대회 이후 국회에서 "올림픽청소년기념센터법"을 제정하여 올림픽대회 때 사용하던 선수촌 및 시설들을 청소년들이 사용하도록 하여 건전한 심신의 발달을 도모케 하였으며, 국민체력추진회의에서는 문부성, 후생성 등 11개의 정부 부서와 168인의 민간단체대표가 참가하여 매월 7일을 건강의 날로 정하고, 춘·추 2회의 전국적인 기념행사를 벌여서 낙후된 일본인의 체력향상을 위하여 국민운동을 전개하기로 하였다.

일본의 스포츠행정을 총괄하는 행정기관은 文部省(문부성) 내에 있는 체육국 스포츠과에서 스포츠행정을 담당하고 있다. 문부성의 스포츠행정에 관한 주요 임무는 스포츠진흥에 관한 기본정책을 결정하고 이에 의하여 각종 스포츠진흥방안을 세우는 것인데, 기본정책

을 결정함에 있어서는 보건체육심의회의가 다루고, 스포츠에 대해서는 사회체육분과심의회가 다루고 있다.

지방의 스포츠행정은 교육위원회가 맡고 있는데 都・道・府・縣(도・도・부・현)과 일부 대도시에서는 체육과 또는 보건체육과를 두고 있으나, 대부분의 市・町・村(시・정・촌)에서는 독립한 기구를 두지 않고 사회교육 행정기구에서 맡는다. 도・도・부・현에서는 반드시 스포츠진흥위원회를 두어 지방 실정에 맞는 스포츠의 진흥계획을 결정하고, 시・정・촌의 스포츠진흥을 위해 체육지도요원을 두고 있다.

일본에 있어서의 스포츠조직은 재단법인 Japan Amateur Sports Association(일본체육협회)와 이를 정점으로 하여 체계화되어 있는 경기별 및 지역별 아마추어 스포츠단체의 조직이 있으며, 일본체육협회를 중심으로 하는 조직체계가 일본에 있어서 체육・스포츠의 중핵을 이루고 있으며 체육협회의 사업으로는 올림픽을 비롯한 국제경기대회에 선수단 파견과 국민체육대회 등 종합적인 스포츠행사의 개최, 체육・스포츠지도자의 양성, 스포츠소년단의 육성, 청소년 스포츠센터의 건설, 스포츠과학의 연구 등을 들 수 있다.

1946년 일본체육협회가 개최한 제1회 국민체육대회는 많은 국민들 사이에 스포츠를 보급하고, 스포츠 정신을 고양하고, 국민의 건강과 체력향상을 도모한 "국민스포츠의 제전"으로 계속되어 현재는 스포츠진흥법에 정해진 행사의 하나로 되어 있다. 국민체육대회는 일본체육협회와 문부성, 개최지 都・道・府・縣(도・도・부・현)이 주최자로 되고 국내를 통할하는 각 경기단체가 각각의 경기를 주관하며 매년 각 도・도・부・현이 개최지를 번갈아 가는 방식을 취한다. 이 대회는 겨울(스케이트, 스키) 여름(수영, 조정, 요트) 가을(나머지 27종목)의 3계절로 나누어 행하고 기간은 여름과 겨울이 4일간 가을이 6일간으로 되어 있다.

이 대회는 "친절운동과 환경미화 및 정화운동" 등 각종의 縣民運動(현민운동)을 통하여 지역사회의식의 고양에도 큰 공헌을 하고 있으며, 경기의 실시종목 및 경기방법 등에는 될 수 있는 한 많은 계층으로부터 참가할 수 있도록 연구개선 되어 왔다.

일본은 국민체육대회와 별도로 전국 고등학교 종합체육대회가 매년 하계와 동계로 나누어 개최되는데 이 대회는 경기종목별 전국 고등학교 선수권대회를 겸하는 경우가 많다.

올림픽 및 세계선수권대회 출전 경험을 가진 선수를 위시하여 우수선수와 지도자를 각지에 파견하여 지역주민들에게 직접 스포츠를 지도하게 하여 선수들의 훌륭한 기량이나 힘을 직접 보이도록 하는 것은 스포츠의 보급과 발전에 크나큰 효과를 가져왔다. 이를 위해 국가로부터 보조를 받아 각 가맹 경기단체와의 공동사업으로 우수선수 순회사업을 실시하여 좋은 성과를 거두고 있다.

직장 스포츠에 대해서는 기업의 규모와 지표, 종업원 수, 자본금에 따라 직장스포츠 그룹을 형성토록 하였는데, 규모에 따라 약간씩 그 내용과 성격이 달라지지만 300인 이상의 종업원을 가진 기업은 스포츠조직, 시설, 지도자를 각기 갖추도록 하고, 1,000인 이상의 종업원을 가진 기업에서는 운동부는 물론 레크리에이션 지도자를 배치하도록 하고 있다.

1963년 6월 23일 "스포츠를 통하여 청소년의 믿음과 신체를 육성하는 조직을 지역사회 간에 만들어 주자"고 하여 스포츠소년단을 발족시켰다. 현재 1만 7천 개의 단체에 60만 명의 단원으로 조직되어 있다. 등록제도를 유료로 하여 "자신들 조직의 경영과 활동은 자신들 손으로"를 원칙으로 하여 학교시설의 개방, 공설운동장의 우선 사용 등을 추진하였다.

스포츠소년단은 청소년들이 각 지역사회에 있어서 스포츠를 기본으로 하는 일상 활동을 자주적으로 행하는 것을 목적으로 하여 만들어진 것이다. 스포츠소년단에서는 유희적인 스포츠로부터 간이 스포츠라 불리는 것, 나아가서는 고도의 기술을 요하는 경기종목에 이르기까지 단원의 발달과정과 소년단의 실정에 따라 다양한 활동형태가 취해지고 있다.

일본체육협회 조직 밖에 있는 아마추어 스포츠의 대표적인 단체로는 일본학생야구협회와 일본사회인 야구협회가 있으며, 이 밖에 일본 아메리칸 풋볼협회, 일본 롤러 스케이트연맹 등이 있다. 프로스포츠 단체로는 야구의 Central League(센트럴 리그)와 Pacific League(퍼시픽 리그), 일본프로레슬링협회, 복싱커미션 등이 있다.

일본의 전통적인 스포츠로는 Sumo(스모)와 무도를 들 수 있다. 스모는 일본의 國技(국기)로서 그 역사가 오래이며 프로스포츠로서 국가의 막대한 지원을 받고 있다.

스모(相撲)는 두 사람이 서로 맞잡고 넘어뜨리거나 지름 4.6m의 씨름판 밖으로 밀어내거나 하며 힘과 기술을 겨루는 스포츠로서 개인전 경기이다. 일본인들은 이 스모를 한자로 표기할 때 '相撲(상박)'이라고 쓰며, 이 스모를 하는 씨름꾼을 力士[리키시:역사]라 하고 스모를 겨루는 장소를 土俵(도효)라고 하는 독특한 이름을 쓰고 있다.

스모에 대한 일본인의 관심은 지대하며 프로스포츠의 정상을 차지하고 있으며 아마추어 스포츠로서도 널리 보급되어 있다. 스모의 최고봉인 Yokozuna(요꼬즈나:橫綱), 요꼬즈나 다음으로 Ozeki(오제키:大関), Sekiwake(세키와케:関脇), Komusubi(고무스비:小結), Maegashira(메이가시라:前頭), 十両(쥬료), 幕下(마쿠시타), 三段目(산단메), 序二段(죠니단), 序ノ口(죠노구치) 1-10개 등급으로 구분되어 있다.

▷ 스모 경기 전 의식　© 1996-2023 japan-guide.com

　　프로 스모의 관리 기구는 일본 스모 협회로 매년 6개의 토너먼트가 개최된다. 도쿄에서 3개(1월, 5월, 9월) 그리고 오사카(3월), 나고야(7월) 및 후쿠오카(11월)에서 각각 하나씩 각 토너먼트는 15일 동안 계속되며 그동안 스모 선수는 더 적은 수의 시합에 참가하는 하위 순위 스모선수를 제외하고 하루에 한 경기에 참가한다.

　　또한 일본 고유의 무도라고 일컫는 유도와 검도가 있으나 제2차 대전에서 일본이 패전국이 되자 1946년에 일본 무덕회가 해산됨으로써 그 조직도 괴멸되었으며, 학교교과에서도 제외되었다. 그러나 1949년에 전 일본유도연맹이 재조직되고 일본체육협회에 가맹함으로써 스포츠로서의 요소를 갖추는 동시에 학교체육에 부활되었다.

▷ 출처 : flickr Kendo(劍道)　© All Japan Kendo Federation

　검도는 이보다 늦게 1956년에서야 학교체육의 종목으로 부활하게 되었다. 그리고 현재
에 있어서는 검도는 유도와 함께 스포츠와는 별도의 무도로서 독자적인 지위를 획득하려
는 움직임을 보이고 있으며, 유도는 1964년 도쿄올림픽대회에 정식종목으로 채택되어 각
광을 받고 있다.

II. 중국의 체육

　China(중국)은 아시아의 중국 대륙에 위치한 국가로 가장 오랜 역사와 찬란한 문화의 전
통을 가진 대국이지만 잦은 국내분쟁과 일본의 대륙침략과 2차 세계대전 등으로 인해 발달
과정은 다른 국가에 비해 침체돼 있었다. 수도는 北京(베이징)이며 국토의 면적은 9억 6천만
1,290*ha*(한반도의 44배)로 러시아, 캐나다, 미국에 이어 세계 4위, 2023년 현재 인구는 14억
2,567만 1,352명으로 세계 2위로 알려져 있다.

▷ 톈안먼(천안문)광장 : 天安门广场
© Ministry of Culture and Tourism of the People's Republic of China

19세기 말엽에는 열강들의 압력을 받아 반식민지 상태에 빠졌으나 국민의 자각이 높아져 1912년 淸朝(청조)는 전복되고 민주공화체제의 중화민국이 성립됨으로써 2,000년 동안의 군주전제정치는 소멸되었다. 그러나 이 시기는 아직 민주세력이 성장하지 못했으므로 실제로는 제국주의 세력과 결탁한 軍閥(군벌)의 혼전이 계속되었다. 그런데 제1차 세계대전 말기부터 중국인의 자각이 현저하게 높아져 반제국주의·반봉건주의 운동이 치열하게 전개되어 국공합작(국민당과 공산당)의 국민혁명을 일으켜 국민정부에 의한 통일이 일단 성공하였는데 도중에 국민당과 공산당의 분열로 국민정부는 위기를 맞게 되었다.

이 무렵 일본은 제국주의 정책을 추진하여 만주, 북중국 일대에 연속적으로 침략을 계속하여 1937년 중·일 전쟁이 발발하였다. 국민당과 공산당은 다시 합작하여 항일전선을 결성하여 투쟁한 결과 1945년 승리와 더불어 반식민지적 지위에서 해방되었다. 그러나 국민당과 공산당은 다시 분열되어 공산당이 승리함으로써 중국본토에는 마오쩌둥(모택동)이 지배하게 되고 공산당에 패한 장제스(장개석) 국민당 정부는 Taipei(타이베이)로 밀려나게 되었다.

타이베이로 옮긴 국민당 정부는 내정을 개혁하고 착실한 경제발전을 이룩하고 본토 수복을 노리는 한편 유엔에서도 계속 안전보장이사회 상임이사국으로 활약하였으나 국제정세의 변동으로 인하여 1971년 제26차 유엔총회에서 축출당하고 말았다.

▷ 장제스(蔣介石)와 마오쩌둥(毛澤東)   © 2023 더 핑퐁

중국의 학교제도는 초등학교(6년), 중학교(3년), 고등학교(3년), 대학교(4년)의 4단계로 확립되었다. 초등학교의 표준적인 체육도 작성되었으며, 활동종목은 교련, 행진, 도수체조, 리듬운동 및 운동경기가 포함되어 있다. 육상경기종목이 3학년과 4학년에서 실시되고 Tumbling(텀블링)은 전체 학년에서 실시되며, 5-6학년생이 되면 남녀별로 수업을 받았고, 구기도 교과과정에 포함되어 있으며 농구, 배구, 소프트볼과 축구 등이 널리 행하여졌다. 그리고 매일 아침에 15분간의 강제적 체조훈련이 실시되기도 하였다.

중학교 체육은 1940년 12월에 작성되었는데 시간배당을 보면 필수체육은 주당 2시간 아침체조와 전교생의 교련이 15-20분 그리고 주 3시간의 과외활동을 하였다.

고등학교의 체육은 시간 배당이나 교재의 배분은 중학교와 비슷하나 남자는 구기, 여자는 리듬운동시간을 약간 늘려서 할당하였다.

대학의 필수체육시간은 주 2시간이다. 이와 더불어 15분간의 아침 훈련과 최소한 50분간씩 2회의 과외스포츠에 참가하도록 되어 있다. 이 목표는 건전한 신체발달을 도모하고 시민정신을 길러 일상생활이나 국방에 관련된 일반적인 체력을 발달시키며, 레크리에이션의 습관과 태도를 배양하는 데 있다.

대학에서 권장하고 있는 종목은 농구, 축구, 배구, 소프트볼, 테니스, 육상경기, 수영, 핸드볼, 기계체조, kuoshu(국술), tumbling(텀블링), 유연체조, 리듬체조, 활쏘기, 소풍 등이다.

체육교사를 양성하기 위한 최초의 대학이 1916년 남경교육대학에 설치되었으며, 1917년에는 두 번째로 체육교사 양성의 과정이 국립 북경사범대학에 세워졌다. 1920년부터 1930년대에 걸친 시기에는 몇 개의 사립교원 양성기관이 발족하였으며, 1927년 국민정부의 수립 이후 모든 교원양성기관은 차츰 중앙정부의 통제하에 들어가게 되었다. 그러나 교원부족으로 인하여 1948년에는 체육교사양성기관이 19개로 늘어나게 되었다.

경기에 대한 열의가 고조됨에 따라 여성의 경기참가도 많아졌다. 중국의 여성들도 체육시간, 아침훈련, 경기대회에 참가하기 시작하였으며, 여성체육교사 양성을 위한 2개의 유명한 학교가 있었는데 그 하나는 상해의 양령여자전문학교와 남경의 금룡여자대학이었다. 양령여자전문학교는 경기에 치중하였고, 금룡여자대학은 무용과 학교교육에 역점을 두었다. 이 두 여자대학은 더욱 고도의 훈련을 받기 위해서 많은 졸업생을 미국에 유학시키기도 하였다. 중국의 북부에서는 북경여자문리학원에 체육과가 여자 체육지도자의 양성기관으로 주목을 끌었으나 1931년부터는 북경사범대학과 합병하여 처음으로 체육의 남녀공학이 시작되었다.

중국의 체육은 모택동 사상에 따라 지육 · 덕육 · 체육 등 교육의 3원칙을 지키고 스포츠의 본질은 인간교육에 있다는 교육정신을 따르고 있다. 또한 중국은 청년공산주의자 동맹 등 단체를 통해서 광범위한 청소년교육이 실시되고 있고 이들은 인민체육향상을 위한 스포츠라는 목표 아래 전체적인 국민향상의 체육을 위주로 실시하고 있고, 승리 제1주의로부터 우호 제1, 승부는 제2라는 정책으로 세계 각국과 스포츠외교를 펴나가고 있다.

1951년 이후 국가체육운동위원회에서 연령 · 직업에 따르는 17가지 라디오체조를 제정하고, 이 체조는 공장 · 광산 · 국가기관 · 학교 등에서 휴일 이외에 오전과 오후 15분간에 걸쳐서 라디오에서 흘러나오는 음악에 따라 체조를 실시하고 있다. 공원 · 운동장 · 빈터 등에서는 이른 아침부터 청소년에서 70세에 이르는 노인들까지 모여서 운동을 즐기고 있고, 이 나라에서는 돈이 들지 않는 농구, 배구, 탁구 등이 일반화되어 있고, 빈터에는 배구지주와 농구대가 있는 것을 볼 수 있다.

중국도 스포츠를 대중화시키고 있고 스포츠는 국방과 생산노동향상에 직결되고 있어 우호 제1, 승부 제2의 방침이 시대의 변화에 따라 중국의 사회 안정과 경제안정에 의하여 어느 시기에 승부 제1주의로 변할지 모른다. 이것은 북경체육학원 운동계 부주임 반지강의 말로 엿볼 수 있다. 그는 승부는 일시적이고 우호는 영원한 것이다. 올림픽경기는 참가한다는 자체보다는 우호국가와의 친선교류를 먼저 생각하지 않으면 안 된다. 그러나 상대방이 승부 제1주의 입장에서 투지를 발휘한다면 우리도 승부 제1주의로 대항하지 않으면 안 된다는 말로 보아 아시아에서는 물론 세계 스포츠의 강국으로 등장할 잠재력을 갖고 있다 하겠다.

중국이 1974년 테헤란 아시안게임에 처음으로 참가하여 온 이래 일본에게 우승을 빼앗기더니 1982년 뉴델리 아시안게임에서는 일본을 누르고 우승을 차지한 이래 줄곧 아시아의 정상을 차지하고 있다.

중국은 1975년에 IOC에 복귀함으로서 세계 스포츠계에 군림하게 되었다. 중국 전국 각지에 3,000개 이상의 소년 스포츠학교가 있어 전국에서 스포츠에 소질이 있는 소년들에게 특별훈련을 실시하고 있으며, 또 대중 스포츠를 위해 많은 체육관을 건립하였다. 그리고 대도시에는 체육 기자재 공장을 설치하여 각종 체육용품과 기자재를 생산·보급에 열을 올리고 있다.

중국의 체육조직은 국가기관으로서 중국체육운동위원회와 중화전국체육총회가 있다. 중국체육운동위원회는 지도기관으로서 체육 사업을 감독하고 스포츠발전에 책임을 지며 인민의 체위를 증강시키고 동시에 인민에게 용감한 정신을 배양하고 신체운동을 통하여 생산·노동교육과 공산주의교육을 향상시키고, 중화전국체육총회는 체육실시기관으로서 중앙정부와 공산당의 지도이념 아래 국민체육·스포츠를 추진하며 인민의 신체와 건강을 증진케 하고 체육정책을 발전시키는 업무를 담당하고 있다. 모든 체육정책은 국가방침에 따라 결정되어 각 省(성), 市(시), 地區(지구), 農村(농촌) 할 것 없이 각 산하단체에서 실시하고 있는데 인민 전체의 체력향상과 우수선수양성을 위해 소년체육학교를 비롯하여 청소년체육학교, 노동자 및 직원 체육학교 등을 설치하고 1956년 중국 운동원 등급제도 조례에 따라 체육운동의 발전을 추진하고 사회주의 건설을 위해 운동원(선수)등급제도를 실시하고 있으며, 우수한 지도자 양성의 한 방식으로 심판원 등급제도도 아울러 실시하고 있고, 스포츠 진흥을 위하여 10개년 계획을 수립하였다.

중국에서는 유년시절부터 리듬체조활동 등 체육활동을 익히며, 13개 체육대학과 24개 체육기관에서 훈련받은 3만 명의 체육교사를 포함한 약 23만 명의 체육지도자에 의해 체육기술 지도를 실시하고 있는데, 5,000명의 체육인들이 sports master(스포츠마스터)직함을 소유하고 있다. 중국은 일급체육인에 대해서는 적절한 스포츠 여건 및 특전을 제공하고 있다. 이른바 "체육인 10械(계)"인 「강훈, 페어플레이, 규율, 청결, 금연, 금주, 연애금지, 결혼연기, 자기비판, 질서」라는 고된 훈련을 감수해야 된다.

지도자 양성에 대해서는 1963년 教聯員(교련원)등급제도가 중국체육운동위원회로부터 발표되었는데 교련원(코치)의 등급은 국가급, 1급, 2급, 3급, 보좌 등 5개 급으로 되어 있으며, 국가급과 1급은 중국체육운동위원회가 2급은 省(성), 自治區(자치구), 市(시)체육운동위원회가, 3급과 보좌는 縣(현)체육운동위원회에서 각각 결정한다. 중국인민해방군에 대해서는 국가급과 1급은 중국체육운동위원회가 하고 2급, 3급과 보좌는 편법에 의하여 결정하며 중국체육운동위원회에 신청하게 된다. 특이한 것은 국가급을 비롯한 고위 교련원이 되려면 전문종목에 대한 이해, 이론과 실기뿐만 아니라 외국어 습득을 필수조건으로 하고 있다. 현재 13개의 체육대학과 24개의 체육연구소에서 훈련받은 3만 명의 체육교사를 포함한 23명의 체육지도자들이 있다.

1971년 국제정세의 변동으로 자유중국(타이베이)이 유엔 상임이사국 자리에서 축출되고 그 자리에 중국이 들어감으로써 정치적으로 타이베이는 고립되게 되었다. 정치적으로 고아가 된 타이베이는 스포츠에서도 인정을 받지 못하고 각종 국제연맹으로부터 축출을 당하고 말았다.

국명 표기문제로 제17회 1960년 로마올림픽 대회에서는 "항의 중"이라는 글자를 내걸고 행진하기도 하였으며, 제18회 동경올림픽 대회에서는 ROC(Republic of China)마크를 기수가 부착하고 행진하였다. 제21회 몬트리올올림픽 대회에서는 캐나다올림픽위원회가 타이베이는 ROC로 참가할 수 없다고 결정하였고, IOC집행위원회는 타이베이 명칭하에 오륜기를 들고 입장해야 한다고 결정함으로써 몬트리올 공항에서 타이베이 선수단은 철수하고 말았다.

1980년 중국이 최초로 미국의 Lake Placed(레이크 플레시드) 동계올림픽경기대회에 참가함으로써 두 개의 중국문제가 또다시 문제가 되었다. 중국의 입장은 타이베이가 Republic of China(중국)의 명칭이나 국기를 사용하지 않고 IOC가 지적한 명칭과 국기를 사용하여 참석하는 것은 잠정적으로 용인한다는 것이었다. 1979년 6월 IOC집행위원회는 중국에 대해서 Chinese Olympic Committee(중국올림픽위원회)로, 타이베이는 Chinese Taipei Olympic

Committee(중국타이베이올림픽위원회)의 명칭을 사용하고 타이베이는 새 국가와 새 국기를 사용할 것을 결의하였다. 이 결의는 그해 말 IOC위원들의 우편투표에 부친 결과 찬성 67, 반대 17, 무효 2표로 가결되었다.

중국은 이 결의를 환영하였으나 타이베이는 이 결의를 받아들일 수 없다고 반대하였다. 동계올림픽경기대회 개막 직전 타이베이 선수단의 올림픽선수촌 입소는 타이베이가 IOC의 결정을 승인하지 않았다는 이유로 거부되었다. 미국올림픽위원회가 타이베이 선수단의 올림픽선수촌 入村(입촌)을 거부함으로써 타이베이는 스위스의 국제사법재판소에 미국올림픽위원회를 제소하였으나 국제사법재판소는 관할권 부재라는 이유로 소를 기각하였다. 타이베이는 미국 법정에 제소하였으나 역시 참가를 인정받지 못하였다.

1984년 타이베이는 IOC의 요구를 받아들여 타이베이올림픽위원회 명칭 아래 오륜기를 들고 제23회 LA 올림픽대회에 참가할 수 있었다.

1986년 OCA(Olympic Council of Asia)에 가입함으로써 1990년 북경 아시안게임에도 참가하게 되었다.

▷ 中 제14회 전국체육대회 시안서 개막   © 2021 www.dspdaily.com

중국 전국체육대회는 중국에서 4년마다 개최되는 종합 스포츠경기대회로 경쟁적인 경기보다는 국민 체육을 활성화하고, 아마추어 선수들에게 즐거움을 줄 수 있는 경기를 만드는 데에 목표를 두고 있다. 대회 종목으로는 용주 경주, 사자춤, 중국식 레슬링, 트램펄린, 댄스 스포츠, 브리지, 골프, 에어로빅, 수상 스키, 낙하산, 보디 빌딩 및 휘트니스, 당구, 체스, 장기, 산악 및 암벽 등반, 스쿼시, 오리엔티어링, 하비 크래프트, wireless location hunt(와이어리스 로케이션 헌팅), 볼링, 롤러 스포츠, 야외 수영, 줄다리기, 핀 수영, goal ball(골볼), 불, 바둑 등이 있다. '전국체육 프로그램'으로 불리기도 하는 이 대회는 순수한 체육 진흥을 목표로 하기 때문에 메달 랭킹이 존재하지 않는다. 대회는 중국 국가체육총국에서 관장한다.

제1회 대회는 2002년 저장성 닝보시에서 개최되었다. 참가자 수가 크게 증가하여 약 3만 명에 이르는 선수들이 대회에 참여하였고, 34개 종목으로 구성되었던 이 대회에서는 새로운 시상 시스템을 적용하여 참가자의 60퍼센트가 상을 받을 수 있게 되었다.

최근 동포투데이[28] 자료를 살펴보면 중국 14회 전국체육대회가 2021년 9월 15일 산시성 시안 올림픽 스포츠 센터 스타디움에서 열렸다. 이번 전국체육대회의 주제는 '전민전운 · 동심동행(全民全運 · 同心同行)'이며 선수들의 투혼정신을 선보이는 한편 국민 건강 운동과 과학 건강 생활 지식을 보급하여 더욱 많은 사람들이 체육 운동에 참여할 수 있도록 유도한다고 설명하고 있다.

14회 전국체육대회는 9월 15일부터 27일까지 산시성에서 열리며 31개 성(자치구, 직할시), 신장생산건설병단, 기관차체육협회, 탄광체육협회, 전위체육협회, 홍콩특별행정구와 마카오특별행정구, 베이징체육대학, 톈진체육학원 등 대표단과 개인 선수들이 참가하며 본선에는 선수 1만 2,000여 명, 선수단 관계자 6,000여 명, 기술관 4,200여 명이 35개 종목, 409개 세부 종목에서 각축전을 벌인다고 전했다.

중국은 제29회 베이징 올림픽을 2008년 8월 8일부터 24일까지 베이징에서 개최하였다. 아시아에서 일본 도쿄와 대한민국 서울에 이어 3번째로 개최된 하계올림픽 대회로 기록되었다.

대회 주제는 '하나의 세계, One world(하나의 꿈, One dream)'이며 40개 이상의 세계 신기록

28 동포투데이 http://www.dspdaily.com/

▷ 2008년 베이징 올림픽 개막식   © 2008 IOC

이 수립되고, 130개 이상의 올림픽 기록이 경신되었다.

　미국의 수영 천재 마이클 펠프스는 이 대회에서 8개의 금메달을 획득하며 1972 뮌헨 올림픽에서 마크 슈피츠가 세웠던 기록을 뛰어넘었고, 육상선수 우사인 볼트는 100m와 200m에서 세계신기록을 수립했고, 자메이카 계주팀을 이끌고 4 x 100m에서 세 번째 금메달과 세계신기록을 달성하였다.

Ⅲ. 인도의 체육

　India(인도)는 아시아 대륙 남쪽의 인도반도에 위치하고 있으며 과거 수천 년간에 걸친 민족의 이동 혼혈에 의한 다민족국가로서 지리, 기후, 생물의 분포가 복잡하다. 민족과 언어에 있어서도 변화가 많고 종교, 풍속, 습관 등도 다양한 형태를 지니고 있으며, 반도 국가 중에서 가장 면적이 넓은 나라로 알려져 있다. 국토의 면적은 3억 2,872만 6천ha 세계 7위이며, 2023년 통계청 자료에 인구는 14억 2,862만 7,663명 세계 1위로 기록되어 있다.

▷ 타지마할(Taj Mahal)　ⓒ 2023 Pexels

　　인도는 농산물의 생산증가와 높은 교육수준에도 불구하고 여전히 가난과 질병, 영양실조, 문맹 등으로 고통을 받고 있다. 또한 여러 가지 언어를 사용하고 있으므로 언어만 하더라도 200종 이상에 이르고 있다.(헌법에 정해져 있는 표준어는 14종) 이러한 언어의 장해로 인하여 교과서의 편찬이나 교원양성이 어려운 형편이기 때문에 조속한 시일 내에 힌두어를 표준어로 통일하려고 노력하고 있는 실정이다. 수많은 작은 촌락들로 구성되어 있는 지리적 환경 때문에 교육에도 많은 지장을 초래하고 있다.

　　인도는 Caste system(카스트제도)에 의해 신분이 고정되어 있고 옛날부터 전해 내려오는 전통적인 금욕사상이나 지육편중, 여성참여에 대한 금기와 같은 편견과 빈곤은 전체 사회발전은 물론 체육발전에도 막대한 지장을 초래한 원인이 되었다. 또한 영국에 의한 식민지 정책, 직할령과 영주령에 의한 이중통치 등으로 서구화가 늦어졌으며, 빈부의 차이가 심하여 영국식민지 시대에는 스포츠도 일부 국한된 계층들에게만 기회가 주어졌다.

　　1947년 독립한 이후에도 이러한 경향은 여전하였으며, 문맹률이 높았고 경제적으로 윤택하지 못한 국민이 많았기 때문에 체육에 대해서도 부정적인 면이 많았다. 인도사회는 재정부족, 스포츠전통의 결여, 이외에도 종교철학에 의한 식이요법 등으로 인해 스포츠의 발전

Brahma and the origins of caste

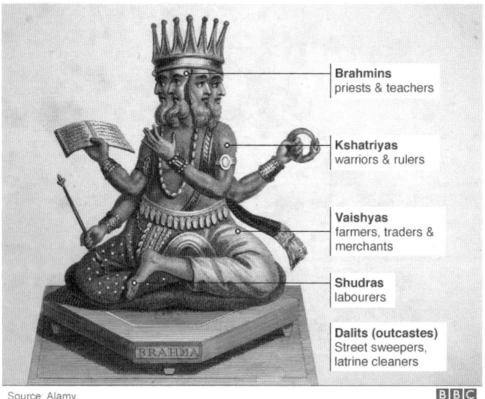

Brahmins
priests & teachers

Kshatriyas
warriors & rulers

Vaishyas
farmers, traders &
merchants

Shudras
labourers

Dalits (outcastes)
Street sweepers,
latrine cleaners

Source: Alamy

▷ What is India's caste system? © 2023 BBC

은 저해되었고, 스포츠를 할 수 있는 계층은 역시 소수의 부유층에 국한되어 있는 실정이다.

영국은 식민지 정치의 정책상 정치운동에 대해서는 엄격하게 다스리었으나 스포츠에 대해서는 장려책을 취하여 각지에서 영국의 훌륭한 스포츠시설을 인도 사람들을 위하여 만들어 이 시설들을 군대의 관리하에 두었다. 이러한 시설들은 영국인은 물론 인도사회의 상류계급의 사람들에게도 이용이 허용되었다.

인도의 교육행정은 州(주)의 교육국이나 지방의 시의회에 그 권한이 주어져 있으며, 각 주가 주의 실정에 맞는 특수한 교육을 실시하도록 되어 있다. 당시 지도자들은 체육을 교육의 한 부분으로서 대근육을 단련하든지 체조적인 자세를 만드는 것뿐만 아니라 그 결과로서 건강이라는 부산물, 즉 신경, 근육발달, 심미적 태도, 올바른 사회생활 등을 수반한 개인의 교육적 발달을 기도하는 것이라고 생각하였다.

체육은 초등학교 학생은 일반 교사가 맡고, 중학교는 체육교사가 맡고 있다. 최근에 체육교사가 초등학교 체육을 담당하도록 임명되었지만 이들은 전 과목을 가르치는 처지에 있다. 인도는 교원양성 시설을 확충하여 좋은 체육 프로그램을 실시하려고 노력하였지만 2-3개의 특별한 학교가 체육전문교육을 맡는 데 불과했다.

인도는 초등학교 체육시간표가 개정되었으며, 50개가 넘는 기관에서 1년 동안의 체육 연수과정을 제공하고 있으며, 자격획득과정은 고등학교 졸업생을 대상으로 하고 학위과정은 대학졸업생을 위주로 실시하고 있다.

1948년에 체육코스가 있는 Muzaffapur(무자파푸르)학교와 Padona(파도나) 대학이 공동으로 체육학위를 주었고, 1950년에는 YMCA대학과 Madras(마드라스) 대학이 역시 체육학위를 주었다.

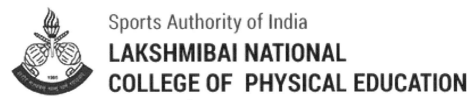

▷ © 2022 Lakshmibai National College for Physical Education

1985년 설립된 Lakshmibai National College of Physical Education(락심바이 국립 체육대학)[29]은 1차 독립 전쟁의 용감한 여주인공인 잔시의 라니 락슈미바이라는 이름을 딴 것으로 인도 정부, 인적 자원 개발부, 교육부에서 설립하였다. 이 대학은 자유, 용맹, 애국심의 끊임없는 정신에 대한 국가의 겸손한 찬사로 국가의 체육 및 스포츠 향상을 위한 우수한 시설을 제공하고 학부 과정을 제공함으로써 교사 훈련의 모범 기관 역할을 하는 것을 목표로 한다.

비전은 건강한 삶을 위해 직업, 지역사회 및 사회에 지속적으로 기여할 신체, 정신 및 정신의 전체적인 개발을 통해 높은 학업 능력을 갖춘 체육 지도자를 준비시킨다. 락심바이 국립 체육대학의 목표는 아래와 같다.

---

29 https://lncpe.ac.in/

- 국내 체육 및 스포츠 진흥을 위한 우수한 시설을 제공하고 학부 및 대학원/연구 과정을 제공하여 교원 양성의 모범 기관 역할 수행
- 체육 및 스포츠 분야의 매우 유능하고 숙련된 지도자 양성
- 체육 및 관련 분야 연구를 위한 우수 센터 역할 수행
- 다른 체육 교육 기관에 기술, 전문 및 학문적 리더십 제공
- 현장에 있는 사람들에게 직업 지도 및 배치 서비스를 제공하기 위해
- 대규모 신체 활동 프로그램 개발 및 홍보

인도는 교원연수과정 강화, 정부의 재정지원, 체육전문기관의 설치 등은 체육지도자의 질을 높이는 데 큰 역할을 하였다. 인도는 국민의 체력증진을 위하여 1960년 이래 문교부는 국민신체능력검사를 실시하고 있으며, 연령·성별에 따른 테스트가 행해지고 있다. 그리고 신체능력검사에 따라 여러 종류의 badge(기장)이 수여되며 유능한 선수들을 위해 국가표창제도가 마련되어 있다. 스포츠에 있어서는 영국의 식민지하에 있었기 때문에 영국에서 성행하는 축구, 테니스, 크리켓, 하키, 육상경기 등이 인도에서 성행하고 있다. 그러나 럭비축구는 인도에서 행하여지지 않고 있다.

▷ 인도 배드민턴팀이 방콕에서 열린 토마스컵 우승 후 환호   © 2022 HindustanTimes

Badminton(배드민턴)은 1820년대에 인도의 Poona(푸나)지방에서 행하던 놀이를 영국의 주둔군 장교가 1873년 본국으로 가져가 소개 발전시켰다고 전해진다. 또한 Field Hockey(필드하키)는 인도의 전통적인 구기로서 아시안게임이나 올림픽대회에서 항시 파키스탄과 자웅을 겨루었으나 현재에 와서는 많이 약화되었다고 할 수 있다.

인도의 올림픽대회 참가는 영국의 식민지하에 있던 1924년 제8회 파리올림픽대회부터 참가하고 있다. 그러나 1927년에야 The India Olympic Association(인도 올림픽 협회)가 결성되었으며 Sir Dorabji Tata가 창립 회장으로, Dr. AG Noehren이 서기로 임명되었다. 이후 대부분의 각 운동협회가 결성되었다. 창립과 같은 해인 1927년 인도 올림픽 협회는 국제 올림픽 위원회(IOC)로부터 공식적으로 인정을 받았다.

1946년 제1회 전 인도체육회의가 열려 여기에서 전국 레크리에이션협회가 발족되었으며, 1949년에는 National Sports Club of India(전 인도스포츠클럽)이 조직되어 그 첫 번째 사업으로 뉴델리 경기장인 Nehru stadium(네루 스타디움)이 건설되었다.

▷ 1942년 인도 올림픽 협회　© 2023 Indian Olympic Association

인도는 아시안게임의 창설국으로서 1948년 IOC위원인 Guru Dutt Sondhi(구루 더트 손디)의 제안으로 1949년 2월 뉴델리에서 9개국의 대표가 협의한 결과 The Asian Games Federation(아시아경기연맹)을 결성하고, 제1회 아시안게임을 1951년 2월 뉴델리에서 개최하였다.

▷ Guru Dutt Sondhi   © 2023 OlyMADMen

Guru Dutt Sondhi(구루 더트 손디)는 Punjab University에 다녔으며, 1911년에 그 학교의 880야드와 크로스컨트리 선수권 대회에서 우승하면서 선두적인 장거리 주자였다. 그 후 그는 Cambridge University에 재학하였고 결국 런던에서 변호사가 되었다. 1939년에 그는 라호르에 있는 정부 대학의 교장이 된 최초의 인도인이었다.

구루 더트 손디는 1932년 3월에 IOC에 선출되어 34년 동안 근무했으며, 1961년부터 65년까지 이사회의 일원이었다. 인도에서 그는 인도 올림픽 협회 사무총장(1928-52), 펀자브 올림픽 협회 회장(1927-38), 인도 아마추어 육상 연맹 회장(1938-45), 1946년 Fédération Internationale de Hockey(FIH) 부회장을 역임하였다.

인도의 두 번째 아시안게임 개최는 제9회 아시안 게임으로 1982년 11월 19일부터 1982년 12월 4일까지 인도 뉴델리에서 33개국 3,411명의 선수들이 참가하였다. 시범 종목은 승마, 골프, 핸드볼, 조정, 여자 필드하키였으며, 아시안게임 마스코트는 아기 코끼리인 Appu였다.

▷ 1982 뉴델리 아시안게임 엠블럼과 마스코트 아푸 © OCA

제7장

국제경기대회

Ⅰ. 올림픽 경기대회

1. 올림픽 경기의 부활

근대 올림픽 경기가 부활된 원인의 하나는 19세기 초 유럽 각지에서 오랫동안 버림받았던 그리스의 경기활동이 성행되었고 올림픽 유적의 발견과 함께 고대 그리스의 연구가 성행하게 되고 드디어 고대올림픽 유적과 함께 고고학자 Ernst Curutius(에른스트 · 쿠르티우스)에 의하여 발굴되어 고대 그리스의 찬란한 문화와 호화로운 고대 올림픽 경기의 모습이 근대인의 마음속에 자리를 잡게 되었다.

이러한 시기에 프랑스의 역사연구가인 Pienne de Coubertin(쿠베르탱, 1863~1937) 남작이 고대올림픽 경기의 부활을 제창하고 나섰다. 그는 프랑스의 귀족으로 출생하여 그의 전공인 역사를 연구하던 중 고대올림픽 경기가 왕년의 그리스 문화의 중심이었고 그리스 민족의 융합통일에 공헌이 많았다는 중요성을 인식하는 동시에 당시의 프랑스가 보불전쟁의 참화를 입어 문화전반이 극도로 위축되고 침체된 것을 탄식하여 이러한 난국타개의 방법으로서 고대 그리스를 본받아 체육운동을 장려하여 국민을 신체적, 정신적으로 개조하지 않으면 안 된다고 생각하였던 것이다.

쿠베르탱은 독일인에 비하여 프랑스인이 체조에 대하여 무관심하고 또 영국에서 전개되고 있는 것과 같은 스포츠의 융성이 프랑스에서는 전연 볼 수 없다고 느끼고 있었다. 영국의 학교에서는 그는 풋볼, 크리켓, 육상 경기 등의 시합에 큰 감명을 받고 이러한 활동이야말로 고대한 대영 제국의 지배자를 육성할 신체적 활동력과 도덕적 규율의 근원이라고 느껴 프랑스에서도 이와 같은 활동을 일으키려고 하였다. 그러나 그의 평화주의적 견해는 프랑스만의 좁은 범위로 그치지 않고 나아가서 세계 여러 민족의 친선평화 운동을 기도하려고 하였다. 그리하여 쿠베르탱 남작이 이 의도를 최초로 발표한 것은 1892년 11월 25일 파리 Sorbonne(소르본) 대학에서 개최된 프랑스 운동경기 연맹회의 석상에서였다.

▷ 1896년 제1회 올림픽

쿠베르탱 남작은 1893년에 세계 각국의 스포츠 권위자에게 올림픽 경기부활에 대한 서신을 발송하여 그들의 의견을 구하였다. 그러나 올림픽 경기의 참다운 정신을 잘 이해하지 못하여 적극적으로 찬성하는 자는 극히 소수로 매우 실망적이었다. 소수나마 열렬한 동조자를 얻었기 때문에 그는 다시 1894년 1월에 영국, 미국을 비롯하여 각국의 스포츠 단체에 올림픽 경기부활의 서신을 발송하였다. 그리고 미국, 영국, 독일, 스웨덴 등을 직접 방문하여 열심히 설득하였다.

쿠베르탱의 열성적 노력은 드디어 결실되어 1894년 6월 23일 파리의 소르본 대학에서 미국, 영국, 프랑스, 이탈리아, 그리스, 스웨덴, 벨기에, 스페인 그리고 헝가리, 독일, 체코, 네덜란드, 오스트리아는 대리인이나 공문으로 대신하였다. 소르본 대학 강당에서 개최된 올림픽을 위한 국제회의는 올림픽부활은 가능한가 하는 것이었는데 토의가 진행되면서 처음 우려했던 것과는 달리 찬성론이 회의장을 압도했다. 여기에서 올림픽에 관한 모든 것을 준비하고 통제하기 위하여 「국제올림픽 위원회 I · O · C = International Olympic Committee」를 설치하기로 결정하고 초대 IOC위원장에는 그리스의 Demetrius Vikelas(디메트리우스 비켈라스)를 추천하였다.

이 회의에서 올림픽대회를 거행하기 위한 기본원칙이 결정되고 1896년 근대 올림픽 경기대회를 그리스의 수도 아테네에서 거행하기로 결정되었다. 그다음부터는 4년마다 세계의 주요 도시로 옮겨가며 열고 경기는 현대적으로 진행하기로 했다.

쿠베르탱 남작의 노력에 의하여 세계 문화사상 또 세계 스포츠 사상에 특기할 만한 근대 올림픽 경기대회가 부활되었다.

2. 올림픽 경기의 이상

올림픽경기는 평화적인 행사로서 근대 올림픽경기의 창시자 쿠베르탱 남작도 "올림픽의 목적은 스포츠 그 자체인 것이 아니라 스포츠의 회합이며 스포츠의 제전이다"라고 말하고 "사람이 성공하고 못 하는 것을 결정하는 것은 어떻게 노력하느냐가 문제다. 인생으로서 가장 중요한 것은 성공하는 것뿐만 아니라 분투하는 것이다. 올림픽경기도 승리한다는 것뿐만 아니라 참가하는 것 자체가 커다란 의의가 있다"고 말하였다. 또한 "올림픽은 단지 세계선수권대회가 아니라 4년마다 모이는 세계청소년의 제전이고 청춘의 제전이며 순결한 젊은이의 공명심과 정렬의 전 당 각 세계를 통한 신선한 화원이다"라고 말하고 있으며 고대 올림픽 정신을 그대로 계승한 쿠베르탱의 말을 추측하더라도 근대올림픽 정신의 진수를 이해할 수 있다.

그의 말은 "올림픽 경기의 의미에는 육체의 즐거움, 미의 교양, 가정과 사회에 봉사 이 3대 요소가 하나로 된 것이다"라고 하며 심신의 조화, 생활의 조화 그리고 평화로운 세계 인류의 행복 이것을 별개의 입장에서 실현하는 것이 올림픽경기의 목적이라고 할 수 있다. 그리고 올림픽의 "Citius(보다 빠르게) Altius(보다 높게) Fortius(보다 굳세게)"의 slogan(슬로건) 아래 세계 사람들이 스포츠를 통하여 서로가 손을 잡고 인류의 행복을 기원하면서 세계의 평화를 진심으로 희구하지 않으면 안 된다.

올림픽의 이념이 특정한 지역이나 문화권에 국한되지 않고 모든 인종과 모든 국민들에게 범세계적으로 확산됨에 따라 구체적인 변화가 요청되었다. 일반적으로 말해서 올림픽 이념은 두 가지의 행동을 포용하고 있다. 즉 올림픽 활동과 경기인 것이다. 이 두 가지는 동일한 철학을 위해 기여하지만 전개방식은 서로 다르다.

올림픽 활동은 올림픽경기보다 훨씬 광범위하다. 올림픽 활동은 모든 종류의 스포츠를 포괄하면서도 국가를 초월해서 모든 세계의 인간과 모든 수준의 스포츠적 성취를 대상으로 하고 있다.

그 기본목적은 누구나 스포츠에 참여할 수 있도록 보장하는 것이다. 올림픽 활동의 목적을 한마디로 간결하게 표현한다면「모든 사람을 위한 스포츠」이념이고 세계 어디에서도 받아들여져야 한다. 올림픽활동에 참여하는 사람은 단순한 육체적 운동보다 훨씬 많은 것을 얻는다.

첫째, 그는 노력의 가치를 배운다. 그의 동료를 존중하고 명예롭게 경쟁하는 법을 배운다.

둘째, 그는 하나의 목표를 위해서 자발적으로 그리고 이해타산 없이 헌신하는 법을 배운다.

셋째, 그는 광분하지 않고 사회에서 올바르게 행동하는 법을 배운다.

넷째, 그는 자기에 대한 책임감을 지닌 사회인으로 완성되어 개인적으로나 사회적으로 긍정적인 차원에서 기여한다. 이렇게 해서 세계 어느 지역에서 참가했건 그는 올림픽 활동이 지닌 우호적인 원칙의 테두리 안에서 자기의 이익을 찾는다. 올림픽이 지니고 있는 또 하나의 이념은 매 4년마다 열리는 올림픽 경기다. 세계 모든 나라에서 선발된 선수가 경쟁해야 하기 때문에 경기 참가는 제한되어 있다.

올림픽 이념이 급격하게 보급됨에 따라 올림픽 철학의 구체적인 원칙들을 가르칠 조직의 창설이 필요하였다. 그래서 1961년 국제올림픽 Academy(아카데미)가 창설되었고 올림픽경기의 요람인 그리스 고대올림피아에 본부를 두고 있다. 국제 올림픽 아카데미는 I·O·C와 그리스 올림픽 경기위원회에 의해 운영한다. 해마다 전 세계 국가올림픽 위원회에서 선발한 올림픽 활동 관계자들이 모여 3개월 동안 각 분야에 걸쳐 전문가들한테 배우게 된다. 올림픽 아카데미 주변에는 쿠베르탱 동산이 만들어졌다. 쿠베르탱의 유언에 따라 그곳에는 그리스 올림픽 경기 위원회에서 대리석으로 쿠베르탱의 기념비를 세워 놓았다.

3. 올림픽 헌장

근대 올림픽 경기는 모두 국제올림픽 위원회와 국내올림픽 위원회(N·O·C National Olympic Committee)에 의하여 운영되는 것이며 그 기본적 조건을 말하면 올림픽헌장 국제 올림픽 위원회 규칙, 올림픽 경기개최에 관한 규칙 및 의정서, 올림픽경기일반규정, 올림픽회의 규칙 등이다. 이 중에도 특히 Charten of the Olympic Games(올림픽헌장)은 운영상의 기본 방침을 가리키는 것이며 그 개요를 들면 다음과 같다.

① 올림픽 경기는 4년마다 개최한다. 각국의 아마추어 경기자는 공평하고 평등한 입장에서 대회에 참가할 수 있다. 대회에서는 인종, 종교 또는 정치상의 이유로 국가 또는 개인을 차별하여 대우하지 못한다.

② 원칙적으로 올림픽에 있어서 경기대회를 개최하지마는 부득이한 경우에는 반드시 개최하지 않아도 무관하다. 그러나 순서 및 4년이란 간격은 변경할 수 없다. 국제올림피아드는 1896년 아테네에서의 제1회 올림픽 경기대회로 가산한다.

③ 올림픽대회 개최지 선정은 국제올림픽 위원회의 권한에 속한다. 올림픽대회 개최를 신청하는 도시는 N·O·C의 승인을 받아 그 시장이 행한다. 신청서에는 I·O·C의 의향에 맞도록 대회를 조직한다는 것을 보증하지 않으면 안 된다.

④ 동계대회는 올림피아드와 별도로 제8회 1924년 파리에서 개최된 대회를 제1회로 해서 실지로 거행된 횟수에 따라서 순번을 붙인다. 동계대회는 올림피아드란 말은 사용하지 않으나 하계대회와 같은 해에 연다. 이 대회에는 동계 스포츠의 각 경기가 포함된다.

⑤ 올림픽경기의 공식 프로그램은 다음 경기에서 선발된다. 육상경기, 조정, 농구, 복싱, 카누, 사이클, 펜싱, 축구, 체조, 역도, 핸드볼, 필드하키, 유도, 레슬링, 수영, 다이빙, 수구, 근대 5종 경기, 승마, 사격, 양궁, 배구, 요트 등 개최지에서 15종목 이상을 선정하게 되어 있다.

⑥ 올림픽대회에서는 그 나라의 국민만이 국가를 대표하는 자격을 갖는다. 대회는 개인 사이의 경기이지 국가 간의 경기가 아니다.

⑦ 개인이나 단체를 막론하고 올림픽 경기에는 수익을 얻을 수는 없다. 올림픽 경기에서의 이익은 반드시 Amateur Sports(아마추어 스포츠)를 선정하여 혹은 올림픽 운동경기 발전을 위하여 사용하지 않으면 안 된다.

4. 올림픽 의정서

I·O·C는 헌장상의 권한에 따라 입후보 도시를 선정한다. 이 선정은 특별한 사정이 없

는 한 개최시기의 6년 이전에 한다.

I·O·C는 대회가 열리는 나라의 N·O·C대회의 조직을 위임한다. 이 N·O·C
는 위임된 권한을 올림픽조직위원회(O·O·C Olympic Organizing Committee)에 위임할 수 있다.
O·O·C는 I·O·C와 직접 연결할 수 있는데 그 권한을 경기종료와 더불어 소멸하는
것이다. 대회운영을 위임받은 O·O·C는 대회에 대한 책임을 짐과 동시에 대회에 필요한
일체의 준비를 갖추어야 한다.

그러나 그 사업 수행에 관한 모든 문서 및 각국에 대한 공식의 초청장발송은 I·O·C
실행위원회의 승인을 얻어야 한다. 모든 경기는 평등하게 취급되며 어떤 경기가 다른 경기
보다 우대되지 않도록 한다.

5. 오륜기

올림픽기는 흰색바탕에 테두리가 없고 중앙에 5개의 원이 일정한 틀에 의하여 짜여
지고 각각 채색하게 되어 있다. 그 원은 왼쪽부터 청·황·흑·녹·적의 순서로 되어 있
다. 이 올림픽기의 원 간자는 쿠베르탱 남작이다. 5색의 원을 서로 연결시킨 것은 올림픽
게임을 통하여 5대주가 친밀하게 결합한다는 것을 상징한 것이다. 이 올림픽기는 1912년
stockholm(스톡홀름)의 I·O·C총회에서 채택키로 결의를 보았고 1914년 파리회의 종료 후
각국의 I·O·C 위원들이 자기 나라에 가지고 돌아가서 의식과 원정 때에 사용하여 급속
도로 보급되었다.

▷ 올림픽 오륜링

올림픽기는 쿠베르탱 남작이 고안하여 자비 부담으로 파리의 Bon Marche(봉 마르세) 백화점에서 만든 것이다. 이 기는 제1차 세계대전 중 스위스의 Lausanne(로잔) I·O·C 본부 옥상에 게양되었다고 전해진다. 그리고 대전 직후 1920년 제7회 Antwerp(앤트워프) 대회 때 Belgium(벨지움)의 N·O·C가 자수로 만든 큰 기를 기증하였다.

이것이 그 후 I·O·C의 공인기로 쓰게 된 것이다. 올림픽기에 대해서는 헌장 속에 다음과 같이 규정하고 있다.

경기장 내 및 그 부근에 올림픽기 및 참가국의 기를 게양하지 않으면 안 된다. 올림픽 대회 기간 중 올림픽기를 중앙 Mast(마스트)에 게양하여야만 한다. 이것은 경기대회선언과 동시에 게양하고 폐회식 선언과 함께 하강된다.

6. 올림픽 성화

Peloponesos(펠로폰네소스)반도에 있는 올림퍼스산에 그리스의 12신이 살고 있는데 이들을 신앙하는 사람들은 주신인 Zeus(제우스)와 여러 신을 모시는 제전을 벌였다.

그리스의 4대 제전의 제우스를 모시는 올림피아와 Nemea(네메아) Appollo(아폴로)를 모시는 Pythia(피치아)를 모시는 Isthmia(이스트미아) 아울러 올림퍼스산의 모든 신을 모시는 제전이 있었다. 이러한 제전에는 불이 신성한 것으로 숭앙되었는데 이는 불이 정화의 힘을 갖고 있다고 믿어졌기 때문이다. 불은 인류생활에서 필요 불가결의 것으로 여겨져 왔기 때문에 예부터 여러 민족 간에 널리 숭배를 받아 왔다. 특히 그리스인들은 불을 숭상하여 집의 화로를 제단으로 삼았다. 이러한 풍습이 올림픽에 채택되어 올림픽 주경기장에 대회 기간 중 성화가 계속 불타오르게 하고 있는 것이다.

올림픽에서 성화라는 말은 1956년부터 사용하게 되었는데 이것을 처음으로 시작한 대회는 1928년의 제9회 Amsterdam(암스테르담) 대회였다.

한편 1936년 제11회 베를린 올림픽대회부터 독일의 이상주의 철학가이며 그리스 연구가인 칼디엠 박사의 창안으로 고대올림픽의 정신을 지킨다는 의미에서 1936년 7월 20일 정오 올림픽 산꼭대기에 태양으로부터 확대경으로 올림픽 최초의 성화가 채화됐다. 검붉게 타오르는 올림픽의 횃불은 올림피아를 떠나 그리스, 불가리아, 유고슬라비아, 헝가리, 오스트리아, 체코를 거쳐 독일 땅에 들어왔고 8월 1일 베를린올림픽 스타디움 점화대에 옮겨졌다. 이 성화를 3천75명의 선수가 대회장까지 운반하였는데 이러한 성화 Relay(릴레이)는 베를린 대회가 처음이었다.

4년마다 올림픽성화를 운반하는 첫 주자는 쿠베르탱 기념비 앞에서 근대올림픽 창시자에게 경의를 표한다.

이러한 성화 릴레이의 기원은 고대 그리스에서 제전에 필요한 성화를 빨리 제전에 옮기는 것을 목적으로 한 의식적인 것에 둔다. 이러한 성화경주는 점화를 끄지 않고 옮긴다는 것과 부족별로 주자를 내어 대항적으로 행하였다는 데서 큰 인기를 끌었으며 달리는 가도에는 많은 주민들이 모여서 주자를 격려하였다. 성화가 올림픽의 상징처럼 알려지기 시작한 것은 스포츠인들이 힘을 모아 고대의 스포츠 정신을 되살리자는 결의가 굳어졌을 때 성화는 새로이 인식되어 다시 제 빛을 찾기 시작한 것이었다.

7. 올림픽의 의식

올림픽 경기의 개회식 승자에 대한 메달수여식 폐회식 등은 모두 일정한 형식으로 규정되어 있다.

전 세계인의 관심과 이목을 끄는 이 스포츠 제전에서 거행되는 의식은 다음과 같다.

① 개회식

I·O·C 위원장과 조직위원장은 각각 그 회를 대표하여 올림픽대회가 개최되는 나라의 국왕 또는 대통령과 그의 수행원을 귀빈석에 안내한다. 그때 그 나라의 국가가 연주된다.

공식 유니폼을 착용한 각국의 참가선수단은 그 나라의 국명을 기록한 표식기를 선두로 하고 그 나라의 국기를 그다음으로 하여 선수가 입장하게 된다. 각국의 입장순서는 Alphabet(알파벳) 순서로 행진하되 단 그리스는 행진의 선두에 서며 개최국은 최후에 선다.

경기에 참가하는 선수와 임원만이 참가한다. 행진에 참가하는 사람은 국왕 또는 대통령에게 주목하고 인사를 한다. 참가 각국의 국기는 조직위원회에서 준비하고 그 기의 크기는 동일하게 한다.

대표단은 주경기장을 한 바퀴 돈 뒤 중앙필드에 표지와 국기를 선두로 하여 귀빈석을 향해 종으로 정렬한다.

다음에 국제 올림픽위원 및 조직위원은 귀빈석 정면 필드에 설치된 연단에 올라가 2분 이내의 적당한 말로 I·O·C 위원장을 소개하며 I·O·C 위원장에 대해서 국왕 또는 대통령에게 개회선언을 의뢰하도록 요청한다. 이어 I·O·C 위원장이 연단에 올라가 간단한 환영사와 함께 "쿠베르탱 남작에 의해 1896년에 부활한 근대 제○회 올림피아드 대회 선언을 부탁드립니다." 여기서 국왕 또는 대통령은 다음과 같이 선언한다.

"나는 근대 제○회 ○(도시이름) 올림픽을 축하하며 개회를 선언합니다." 곧이어 팡파르가 울리며 올림픽 찬가가 연주되는 가운데 경기장 중앙 마스트에 올림픽기가 서서히 게양된다.

이어 개최도시의 시장이 연단에 올라가 I·O·C 위원장과 나란히 서서 전회의 대회를 개최한 도시의 대표자가 올림픽기를 I·O·C 위원장에 건네주면 위원장은 이 기를 시장에게 인계한다.

이때에 비둘기를 날린다. 이어 한 사람의 주자가 그리스 올림피아로부터 운반해온 성화를 들고 트랙을 일주한 후 성화대에 불을 붙인다. 만약 종교적 의식을 거행할 경우 이때에 한다. 이어서 선서가 시작된다. 각국의 기수는 연단주위에 반원을 지어 늘어선다. 개최국의 선수 1명이 기수와 함께 연단에 오른다. 왼손으로 기의 끈을 쥐고 오른손을 들어 다음과 같이 선서한다. "모든 선수들의 이름으로, 우리 팀의 명예와 스포츠의 영광을 위하여, 진정한 운동선수 정신에 입각하여 규칙을 준수하며 경기에 임할 것을 선서합니다." 여기서 개최국의 국가가 연주 또는 합창되며 그 후 대표단은 최단거리를 통해서 경기장으로부터 퇴장한다.

② 폐회식

폐회식은 마지막 경기 종료 후 주경기장에서 거행된다. 참가 각국의 기와 국명을 쓴 표지를 선두로 개회식과 똑같은 순서로 경기장에 입장하여 개회식 때와 같은 위치에 정렬한다. 기수는 연단 뒤에 반원형으로 늘어선다. 이어 I·O·C 위원장이 연단 아래로 향함과 동시 그리스 국가와 취주에 맞추어 우승자용으로 정한 중앙 게양대의 우측에 그리스 국기가 계양된다. 다음에는 개최국의 국가가 연주되는 동안에 그 국기가 중앙 게양대에 계양된다. 마지막으로 다음 올림픽대회를 개최하는 도시가 소속되어 있는 국가의 국기가 국가의 연주에 맞추어 계양된다. 이어서 I·O·C 위원장은 연단에 올라가 다음과 같은 말로써 대회의 폐회를 선언한다. "나는 I·O·C의 이름으로 우선○○○(원수의 명칭) 그 나라의 명칭의 국민과 시(개최 시) 당국 및 O. O. C에 대하여 심심한 사의를 표하며 제○회 올림픽대회의 폐회를 선언합니다. 그리고 전통에 따라서 제○회 올림픽대회를 거행하기 위해서 모든 나라의 청년을 4년 후에 개최 장소에 모이도록 초대하겠습니다. 바라건대 이 대회가 기쁨과 친선이 되어 충실하게 그리고 진지하게 각 세대를 통하여 전하여지기를 바랍니다." 여기서 팡파르가 연주되며 올림픽의 성화가 꺼진다. 이어 올림픽 찬가의 연주와 함께 올림픽기가 게양되고부터 서서히 내려지며 제복을 입은 5명에 의해서 수평으로 유지되어 경기장 밖으로 옮겨진다. 이때 5발의 예포가 울리고 합창이 시작된다.

③ 메달 수여식

메달은 I·O·C 위원장(혹은 위원장이 지명하는 I·O·C위원)이 해당 경기의 연맹회장과 함께 대회 기간과 함께 대회 기간 중 가능하면 그 종목이 끝나면 그 종목이 거행된 장소에서 아래와 같은 방법으로 수여한다.

제1위, 2위, 3위가 된 선수는 운동복을 입고 경기장에 설치된 시상대 위에 올라가 정면을 향해 선다. 우승자는 그 우측에선 제2위자 좌측에선 제3위자보다 약간 높은 위치를 차지한다. 우승자가 속해 있는 나라의 국기는 중앙에 위치한 게양대에 경기장을 향해서 게양된다. 우승자의 국가(짧게 편곡)가 연주되는 동안 시상대 위에 서 있는 선수와 관중들은 국기를 주목한다.

8. 올림픽 실시현황

① 하계 올림픽

횟 수	연 대	대 회 개 최 지	개 최 국	참가국	참가선수
제1회	1896	아테네	그 리 스	14	241
제2회	1900	파리	프 랑 스	24	997
제3회	1904	세인트루이스	미 국	12	651
제4회	1908	런던	영 국	22	2,008
제5회	1912	스톡홀름	스 웨 덴	28	2,407

횟 수	연 대	대 회 개 최 지	개 최 국	참가국	참가선수
제6회	1916	베를린	독 일	1차 세계대전으로 무산	
제7회	1920	앤트워프	벨 기 에	29	2,626
제8회	1924	파리	프 랑 스	44	3,089
제9회	1928	암스테르담	네덜란드	46	2,883
제10회	1932	로스앤젤레스	미 국	37	1,332
제11회	1936	베를린	독 일	49	3,963
제12회	1940	동경	일 본	2차 세계대전으로 무산	
제13회	1944	런던	영 국	2차 세계대전으로 무산	
제14회	1948	런던	영 국	59	4,104
제15회	1952	헬싱키	핀 란 드	69	4,955
제16회	1956	멜버른	호 주	72	3,314
제17회	1960	로마	이탈리아	83	5,338
제18회	1964	동경	일 본	93	5,151
제19회	1968	멕시코시티	멕 시 코	112	5,530
제20회	1972	뮌헨	서 독	121	7,170
제21회	1976	몬트리올	캐 나 다	92	6,028
제22회	1980	모스크바	소 련	80	5,179
제23회	1984	로스앤젤레스	미 국	140	6,829
제24회	1988	서울	한 국	159	8,391
제25회	1992	바르셀로나	스 페 인	169	9,356
제26회	1996	애틀랜타	미 국	197	10,320
제27회	2000	시드니	호 주	199	10,651
제28회	2004	아테네	그 리 스	201	10,625
제29회	2008	베이징	중 국	204	11,028
제30회	2012	런던	영 국	204	10,500
제31회	2016	리우데자네이루	브 라 질	207	11,239
제32회	2020	도쿄	일 본	206	11,235
제33회	2024	파리	프 랑 스	(예정)	-
제34회	2028	로스앤젤레스	미 국	(예정)	-
제35회	2032	브리즈번	오스트레일리아	(예정)	-

② 동계올림픽

횟 수	연 대	대 회 개 최 지	개 최 국	참가국	참가인원
제1회	1924	샤모니	프 랑 스	16	258
제2회	1928	샨모리츠	스 위 스	25	464
제3회	1932	레이크 프레시드	미 국	17	252
제4회	1936	가르미쉬 파르텐 키르헨	독 일	28	668
제5회	1948	샨모리츠	스 위 스	28	669
제6회	1952	오슬로	노르웨이	30	694
제7회	1956	코르티나담페초	이탈리아	32	820
제8회	1960	스쿼어빌리	미 국	30	665
제9회	1964	인스브르크	오 스 트 리 아	36	1,091
제10회	1968	그레노블	프 랑 스	37	1,158
제11회	1972	삿포로	일 본	35	1,006
제12회	1976	인스브르크	오 스 트 리 아	37	1,123
제13회	1980	레이크플레시드	미 국	37	1,072
제14회	1984	사라예보	유 고	49	1,274
제15회	1988	캘거리	캐 나 다	56	2,600
제16회	1992	알베르빌	프 랑 스	64	4,050
제17회	1994	릴레함메르	노르웨이	67	3,805
제18회	1998	나가노	일 본	72	3,516
제19회	2002	솔트레이크	미 국	77	2,399
제20회	2006	토리노	이탈리아	80	2,508
제21회	2010	벤쿠버	캐 나 다	82	2,566
제22회	2014	소치	러 시 아	88	2,873
제23회	2018	평창	대한민국	92	2,920
제24회	2022	베이징	중 국	93	2,874
제25회	2026	밀라노-코르티나담페초	이탈리아	(예정)	-

③ 우리나라 올림픽대회 참가기록

1) 하계올림픽

횟수	연 대	대 회 개 최 지	나 라 명	참가인원		결 과	
				종목	인원	메달획득	순위
1	1896	아테네	그 리 스	–	–	미참가	–
14	1948	런던	영 국	7	50	동2	24위
15	1952	헬싱키	핀 란 드	6	21	동2	37위
16	1956	멜버른	오스트레일리아	7	35	은1 동1	29위
17	1960	로마	이 탈 리 아	9	36	–	–
18	1964	도쿄	일 본	16	165	은2 동1	27위
19	1968	멕시코	멕 시 코	10	55	은1 동1	36위
20	1972	뮌헨	독 일	8	46	은1	33위
21	1976	몬트리올	캐 나 다	5	50	금1 은1 동4	19위
22	1980	모스크바	소 련	–	–	불참	–
23	1984	로스앤젤레스	미 국	18	210	금6 은6 동7	10위
24	1988	서울	한 국	25	477	금12 은10 동11	4위
25	1992	바르셀로나	스 페 인	23	247	금12 은5 동12	7위
26	1996	애틀랜타	미 국	26	312	금7 은15 동5	8위
27	2000	시드니	호 주	24	284	금8 은10 동10	12위
28	2004	아테네	그 리 스	24	267	금9 은12 동9	9위
29	2008	베이징	중 국	27	267	금13 은11 동8	7위
30	2012	런던	영 국	26	248	금13 은9 동9	5위
31	2016	리우데자네이루	브 라 질	24	204	금9 은3 동9	8위
32	2020	도쿄	일 본	29	238	금6 은4 동10	16위

2) 동계올림픽

횟수	연 대	대 회 개 최 지	나 라 명	참가인원		결 과	
				종목	인원	메달획득	순위
5	1948	장크트모리츠	스 위 스	1	3	–	–
7	1956	코르티나담페초	이 탈 리 아	1	3	–	–
8	1960	스퀘벨리	스 퀘 벨 리	3	7	–	–
9	1964	인스부르크	오 스 트 리 아	3	7	–	–
10	1968	그레노블	프 랑 스	4	8	–	–
11	1972	삿포로	일 본	2	5	–	–
12	1976	인스부르크	오 스 트 리 아	2	3	–	–
13	1980	레이크플래시드	미 국	4	10	–	–
14	1984	사라예보	유고슬라비아	3	10	–	–
15	1988	캘거리	캐 나 다	2	10	–	–
16	1992	알베르빌	프 랑 스	6	25	금2 은1 동1	10위
17	1994	릴리함메르	노 르 웨 이	6	25	금4 은1 동1	6위
18	1998	나가노	일 본	7	38	금3 은1 동2	9위
19	2002	솔트레이크시티	미 국	9	48	금2 은2 동0	14위
20	2006	토리노	이 탈 리 아	9	40	금6 은3 동2	7위
21	2010	밴쿠버	캐 나 다	12	46	금6 은6 동2	5위
22	2014	소치	러 시 아	13	71	금3 은3 동2	13위
23	2018	평창	대 한 민 국	15	146	금5 은8 동4	7위
24	2022	베이징	중 국	13	65	금2 은5 동2	14위

9. IOC위원

IOC는 세계 스포츠계를 이끌어 가는 올림픽운동의 최고 권위기관으로 1894년 Pierre de Coubertin(쿠베르탱, 1863-1937) 남작이 주도한 파리의 올림픽 부활운동 모임에서 비롯되었다. 올림픽운동의 최고권위기관으로서 올림픽 정신과 페어플레이 정신을 수호하고 스포츠의 발전을 촉진하며, 스포츠를 통해 세계 평화에 기여한다는 취지 아래 운영되고 있다.

현재 IOC는 세계 206개국 국가올림픽위원회(NOC)와 국제경기연맹(IF)를 총괄하고 있으며, 산하 조직으로 총회와 집행위원회 및 사무국, 윤리분과위원회, 올림픽 대회 조정분과위원회 등 분과위를 두고 있다. 집행위원회는 위원장과 더불어 부위원장 4명, 10명의 위원 등으로 구성되며, IOC 주요 정책 결정에 실질적 권한을 행사한다. 총회는 매년 1회 열리며, 올림픽 개최지 선정과 임원 선출, 위원 선정, 수익금 배분, 헌장 개정 등을 결정하게 된다.

IOC위원장은 현재 독일의 Thomas Bach(토마스 바흐)가 9대·10대 위원장을 맡고 있다. 토마스 바흐는 1953년 12월 29일 독일 뷔르츠부르크에서 태어났으며, 직업이 변호사인 그는 경기장 안팎에서 스포츠 분야에서 성공적인 경력을 쌓았습니다. 그는 1976년 몬트리올에서 열린 제21회 올림피아드 게임에서 펜싱(팀 플뢰레) 금메달을 획득하면서 올림픽 챔피언이 되었고, 2006년에는 독일 올림픽 스포츠 연맹(DOSB)의 창립 회장으로 지명되었습니다.

토마스 바흐는 바덴바덴에서 열린 제11회 올림픽 대회(1981)의 선수 대표이자 IOC 선수위원회의 창립 멤버였으며 1991년 IOC 위원이 되었고 1996년 IOC 집행위원으로 선출되었으며 10년 이상 IOC 부회장으로 재직했다. 그는 또한 여러 IOC 위원회의 의장을 역임했다.

토마스 바흐는 2013년 9월 10일, 제9대 IOC 위원장으로 선출되었고, 그는 2021년 3월 10일에 두 번째 4년 임기로 재선되었다.

2023년 현재 IOC위원은 99명이고, 명예위원은 44명이 있다. 우리나라는 류승민 위원이 활동 중에 있다. IOC위원회는 올림픽 헌장이나 IOC 집행위원회에서 제정한 특정 규정에 명시적으로 규정된 경우를 제외하고, 회장은 위임 사항을 설정하고 모든 구성원을 지정하며 권한을 다했다고 판단되면 해산을 결정한다. 올림픽 헌장 또는 IOC 집행위원회가 제정한 특정 규정에 달리 명시적으로 규정된 경우를 제외하고 어떠한 위원회나 실무 그룹의 회의도 회장의 사전 동의 없이 개최될 수 없다. 회장은 모든 위원회 및 실무 그룹의 직권 회원이며 회의에 참석할 때마다 우선권을 갖는다.

현재 IOC에는 다음과 같은 위원회가 있다.

- 선수위원회
- 선수 측근위원회
- 감사위원회 위원회
- 조정위원회
- 문화 및 올림픽 유산 위원회
- 디지털 참여 및 마케팅 커뮤니케이션 위원회
- 징계위원회
- 윤리위원회
- 금융위원회
- 올림피아드 게임을 위한 미래 호스트 위원회
- 동계 올림픽을 위한 미래 호스트 위원회
- 성평등, 다양성 및 포용성 위원회
- 인적 자원 위원회 위원회
- IOC 위원 선거 위원회
- IOC 텔레비전 및 마케팅 서비스 – 이사회
- 법무위원회
- 의학 및 과학 위원회
- 올림픽 방송 서비스 – 이사회
- Olympic Channel – 이사회
- 올림픽 교육 위원회
- 올림픽 프로그램 위원회
- 올림픽 연대 위원회
- 올림피즘 365 위원회
- 홍보 및 기업 커뮤니케이션 위원회

- 수익 및 상업 파트너십 위원회
- 지속 가능성 및 레거시 위원회
- 기술 및 기술 혁신 위원회

IOC의 재원은 개인의 기부와 올림픽경기 TV방송권 및 IOC의 독점적 권리 사용 인정에 따른 수익금에 의존하고 있다. 지금까지 IOC는 국제사회에서 정치적으로 풀 수 없는 난제들을 해결하는 등 UN 이상의 막강한 영향력을 행사하여 왔으며 갈수록 지구촌에서 그 위상을 높여가고 있다.

10. 역대의 IOC위원장

▷ 제1대 위원장 Demetrius Vikelas(디메트리우스 비켈라스)

그리스인으로 제1회 아테네 올림픽대회 개최결정과 함께 초대 IOC 회장(1894-1896)이었으며 2년 임기로 최단 기간 재임한 회장이었다. 1908년 9월 20일 별세.

1893년에 Vikelas는 그리스의 비 아테네 지역에서 유치원 교육을 돕기 위해 형성된 Institut Melas를 만들었다. 그는 충성스러운 그리스인이었고 런던에 그리스 학교를 설립하

는 데 협력했다. 그리스와 그리스 문화에 대한 그의 지식과 헌신은 협상을 처리하고 1896
년 아테네 게임의 세부 사항을 조직하는 데 있어 영향력 있고 중요했다.

Vikelas는 스포츠계에서 거의 알려지지 않았지만 파리에서 근무하는 동안 Pierre de
Coubertin의 우정을 얻었다. 이로 인해 그는 1894년 파리에서 열린 소르본 대회에 그리스
와 범그리스 체조 협회를 대표하여 초청을 받았고, 그곳에서 쿠베르탱은 현대 올림픽 게임
계획을 공식화했다.

의회는 1896년 아테네에서 올림픽을 개최하기로 합의한 후 초기 올림픽 운동의 의장을
선출해야 했다. 초기 올림픽 사상은 IOC 위원장이 다음 대회를 개최하는 국가에서 오는 것
이 중요하다고 생각했고, 따라서 Vikelas가 그 역할에 임명되었다. 스포츠 관리에 대한 경험
이 부족했음에도 불구하고 그는 1896년 올림픽이 성공적으로 끝난 후 Coubertin에게 사무
실을 넘기기 전까지 유능하고 열정적인 위원장이었음을 입증했다.

▷ 제2대 위원장 Pierre de Coubertin(피에르 드 쿠베르탱)

프랑스인으로 올림픽운동의 개척자로 평생을 올림픽운동에 바친 사람으로 IOC를 설립
한 국제올림픽경기대회의 창시자이다. 재임 기간은 1896-1916년과 1919-1925년이다.

1937년 9월 2일 별세. 遺體(유체)는 IOC본부가 있는 스위스의 로잔에, 심장은 그의 遺志
(유지)에 따라 올림피아의 유적에 묻혔다.

Baron Pierre de Coubertin은 키가 1.62m에 불과했지만 여러 면에서 20세기의 거인이었다. 1863년 1월 1일 프랑스 귀족 집안에서 태어난 그는 젊은 시절 프랑스 제3공화국의 자유, 평등, 박애의 가치를 받아들이며 서민의 옹호자가 되었다.

Coubertin은 영국 학생들이 이미 가지고 있는 교육의 스포츠를 프랑스 어린이들에게 제공하기 위한 탐구에 착수했다. 25세에 그는 프랑스 교육 개혁의 지도자가 되었다.

1889년 파리 만국 박람회에서 그는 세계 최초의 체육 회의를 조직하고 그의 올림픽 꿈을 실현하는 데 도움이 될 교육자, 정치인, 귀족, 상업, 문화 및 스포츠의 국제 네트워크를 구축하기 시작했다. 5년 후인 1894년 6월 23일, 소르본 대학의 대 원형 극장에서 2,000명의 사람들이 올림픽 게임을 부활시키겠다는 그의 제안에 환호하며 일어났다.

많은 공상가들처럼 그에게도 맹점이 있었다. 그는 스포츠에 대해 "모든 남성, 여성, 어린이에게 자기 계발의 기회를 제공한다."고 말했지만 평생 동안 엘리트 육상 경기에 여성이 참여하는 것을 공개적으로 반대했다. 그럼에도 불구하고 여성의 올림픽 참가는 Coubertin 위원장 재임 기간 동안 6배로 증가했다. 시간이 지남에 따라 올림픽 게임은 남성과 여성 모두에게 다양성의 승리가 되었으며, 세계 최대의 인류 축제에서 스포츠를 통해 모든 국가를 우정과 평화로 통합했다.

▷ 제3대 위원장 Henri de Baillet Latour(앙리 드 바리에 라투르)

벨기에인으로 제1차 세계대전 후의 최초 올림픽대회인 제7회 대회(1920년)를 앤트워프에 조치하여 전쟁후의 어려운 상황에서 성공리에 치른 공로로 쿠베르탱의 후임으로 IOC위원장에 선임되었다. 재임 기간은 1925-1942년이다. 1942년 별세.

Baillet-Latour는 쿠베르탱의 IOC에 대한 신사 클럽 이미지와 잘 맞았고, 그는 1903년에 IOC 위원으로 선출되었다. 그는 1905년 브뤼셀에서 개최된 제 3차 올림픽 대회를 조직하는 데 도움을 주면서 올림픽 문제에 처음으로 중요한 관여를 했다. Baillet-Latour는 1908년 런던 올림픽과 1912년 스톡홀름 올림픽에 벨기에의 참가를 조직했다.

1914년 제1차 세계대전이 발발하자 1916년 베를린에서 예정대로 올림픽이 열리지 못했다. 벨기에 사람들은 전쟁 중 대부분이 그들의 땅에서 싸웠기 때문에 끔찍한 고통을 겪었다. 전쟁 전에 벨기에는 올림픽 개최 가능성에 대해 간청했고, 1919년 표면적으로는 전쟁 중 국가의 고통으로 인해 벨기에 앤트워프가 1920년 올림픽 개최권을 획득했다. 준비하는 데 1년이 걸렸고 전쟁 박탈로 많은 국가가 가난하고 굶주린 1920년 올림픽 게임은 기껏해야 금욕적이었지만 조직위원회 위원장인 Baillet-Latour 백작의 노력 덕분에 성공을 거두었다.

이듬해(1921년) Baillet-Latour는 새로 구성된 IOC의 5인 집행 위원회에 임명되었다. 1923년에 그는 벨기에 올림픽 위원회의 위원장으로 선출되어 죽을 때까지 19년 동안 그 직책을 맡았다. 그리고 1925년 프라하 올림픽 대회에서 두 차례의 투표 끝에 Baillet-Latour는 은퇴한 Coubertin의 뒤를 이어 8년 임기의 위원장으로 선출되었다.

올림픽 게임의 여자 스포츠는 Baillet-Latour가 직면한 첫 번째 문제였다. 1929년에 그는 IOC 집행위원회에 여성을 피겨 스케이팅, 체조, 수영, 테니스와 같은 "엄격하게 여성적인" 스포츠로 제한 할 것을 제안했다. 그때까지 여성들은 펜싱과 1928년에는 육상 경기에도 참가했다. 1930년 올림픽 대회에서 Baillet-Latour는 여자 육상 경기를 1932년 올림픽 프로그램에서 제외할 것을 제안했다. 올림픽 프로그램에서 남자 육상을 제외하기로 투표하여 여자 육상을 프로그램에서 제외시키려는 모든 노력을 종식시켰다.

1931년, 1936년 하계 올림픽은 베를린이, 1936년 동계 올림픽은 가르미슈 파르텐키르헨이 개최하기로 결정되었다.

▷ 제4대 위원장 Sigfrid Edrtram(지크프리드 에드트롬)

스웨덴인으로 1931년 IOC부위원장이 되었으며, 라투르위원장이 별세한 뒤 IOC위원장이 됨. 1952년 82세의 고령으로 위원장을 사임하였다. 재임 기간은 1946-1952년이다. 1964년 3월 18일 별세.

Johannes Sigfrid Edström(요하네스 시그프리드 에드스트룀)은 제4 대 IOC 위원장으로서 상대적으로 짧았지만 중요한 재위 기간을 가졌다.

1912년 올림픽 게임에서 Edström은 조직위원회의 이사 겸 부회장이자 경기장 건설 위원회의 위원이었다. 스톡홀름 게임 기간 동안 Edström은 또한 국제 아마추어 체육 연맹을 육상 관리 기구로 설립한 그룹을 조직했다. 그의 노력으로 그는 IAAF의 초대 회장이 되어 1913년부터 1946년까지 그 직책을 맡았다.

스포츠 관리 분야에서의 그의 명백한 능력 때문에 Edström은 1921년에 IOC 위원으로 선출되었고, 결국 31년 동안 IOC에서 봉사하게 되었다. 그는 또한 같은 해 새로 구성된 IOC 집행위원회에 임명되었다. 에드스트룀은 이후 1921년과 1925년 올림픽 대회의 의장이 되었고 1937년 IOC 부회장으로 임명되었다.

1942년 앙리 드 바예 라투르 IOC 위원장이 벨기에 브뤼셀에서 뇌졸중으로 사망했다. 올림픽 헌장에는 위원장 승계에 대한 조항이 없었기 때문에 부회장으로서 Edström이 사실상의 IOC 회장직을 이어받았다.

▷ 제5대 Avery Brundage(에버리 브런디지)

미국인으로 대학시절부터 만능선수로 활약하였으며, 1928년 미국체육회 회장, 1945년
에는 IOC부위원장이 되었다. 올림픽정신의 신봉자로 끝까지 아마추어리즘을 고수하였다.
재임 기간은 1952-1972년이다. 1975년 5월 8일 별세.

Avery Brundage는 1952년부터 1972년까지 제5대 국제올림픽 위원회 위원장을 역임했
다. 그는 올림픽이 세계에서 가장 유명한 행사 중 하나로 발전한 정치적으로 격동의 시기에
봉사했다.

Brundage는 1910년에 Chicago Athletic Association에 가입했으며, 10종 경기의 전조가
된 10종 경기인 종합 경기를 전문으로 했다. 그의 다재다능한 재능으로 Brundage는 10종
경기와 5종 경기 모두에서 1912년 미국 올림픽 팀에 출전할 자격을 얻었다. 그는 스톡홀름
에서 열린 5종 경기에서 5위를 했지만 10종 경기를 완주하지 못했다. 그는 실제로 올림픽
에 출전한 최초의 IOC 위원장이었다.

1928년에 그는 아마추어 체육 연맹(AAU)(1933년을 제외하고 1935년 가을까지 봉사)과 미국 올림
픽 위원회의 전신인 미국 올림픽 협회(AOA)의 회장으로 선출되었다. 그는 1952년 IOC 위
원장으로 선출될 때까지 AOA 및 그 후속 조직의 회장직을 계속 수행했다.

Brundage는 1936년 7월 베를린에서 열린 제35차 IOC 총회에서 IOC 위원으로 확인되
었다. 1년 이내에 그는 집행 위원회에 지명되었다. Henri de Baillet-Latour IOC 위원장이

1942년에 사망 했을 때 Swede J. Sigfrid Edström이 제 2차 세계대전이 끝날 때까지 사실상의 위원장직을 맡았다. 그의 첫 번째 조치 중 하나는 Brundage를 부위원장으로 임명하는 것이었다. Edström과 Brundage는 함께 전 세계 회원들에게 편지를 써서 전쟁 중에 IOC를 함께 유지했다. Brundage는 1952년에 IOC 위원장으로 선출되었다.

Brundage의 IOC 위원장 임기는 IOC에게 정치적으로 어려운 임기였다. IOC는 두 개의 독일, 두 개의 한국, 두 개의 중국, 남아공과 로디지아에서 스포츠의 아파르트헤이트 문제, 올림픽 운동에 대한 전문적인 잠식 문제, 아프리카계 미국인 선수들의 정치적 시위, 마침내 Brundage 임기 마지막 날, 1972년 뮌헨 올림픽에서 11명의 이스라엘 선수와 코치가 학살당했다. 이러한 문제는 주로 IOC를 1인 쇼로 운영했던 Brundage에 의해 거의 전적으로 해결되었다.

Brundage는 가능한 타협이 없는 순수하고 단순한 아마추어리즘을 믿었다. 그는 특히 알파인 스키 선수들이 자신의 스키 광고를 공개적으로 과시하고 그들 중 많은 사람들이 옷장 전문가로 알려진 동계 올림픽에 괴로워했다. Brundage는 전문성 때문에 동계 올림픽을 취소하거나 적어도 동계 올림픽 프로그램의 하이라이트로 간주되는 알파인 스키 이벤트를 취소할 것을 제안하기도 했다.

▷ 제6대 Michael Killanin(미카엘 킬러닌)

기자출신으로 Sir Michael Morris, Lord Killanin, 더블린과 Spiddal의 세 번째 남작 Killanin은 1972년 8월 21일 Avery Brundage의 뒤를 이어 국제 올림픽 위원회의 여섯 번째 위원장이 되었다. 재임 기간은 1972-1980이다.

당시 그는 22년(1950년 이후)의 IOC 위원이었고, 8년 임기를 단 한 번만 하게 되지만 파란만장한 시기였다.

킬라닌은 1950년에 아일랜드 올림픽 평의회 회장으로 임명되었고, 1952년에는 국제 올림픽 위원회에 가입하라는 요청을 받았다. 1965년에 그는 IOC 의정서 위원장 겸 언론 위원회 위원장으로 임명되었으며, 후자는 이전 기자에게 자연스러운 역할이었다. 1967년에 그는 IOC의 3대 부회장으로 집행위원회에 임명되었다. 1970년에는 제1부회장으로 임명되었다.

1972년 위원장으로 선출된 킬라닌은 더블린에 있는 자신의 집에서 전화, 팩스, 비서로 IOC를 운영했다.

위원장으로서 킬라닌의 주요 업적은 중국 본토와 타이페이 모두에 대한 인식을 촉진하여 중국 문제를 해결한 것이다. 킬라닌 위원장의 또 다른 주요 성과는 올림픽 게임에서 아마추어리즘에 대한 규칙을 완화한 것이다. Killanin은 서방 국가의 운동선수가 공산주의 국가의 운동선수에게 제공되는 것과 동일한 국가 또는 사업 지원을 누릴 수 있도록 일부 제한을 해제하려고 시도했다.

1973년 킬라닌은 불가리아 바르나에서 43년 만에 처음으로 올림픽 대회를 조직했다. 1975년에 그는 IOC, NOC 및 IF 간의 연합인 노사정 위원회를 구성하고 초대 위원장을 역임했다.

킬라닌은 1976년과 1980년에 보이콧에 대처해야 했다. 1976년 아프리카 국가들은 최근 남아공 뉴질랜드 럭비 투어에 항의하기 위해 보이콧을 발표했다. 럭비는 더 이상 올림픽 스포츠가 아니었고 IOC는 이를 통제할 수 없었지만, 아프리카 국가들은 단호했고 결국 22개 국이 1976년 올림픽을 보이콧했다. Killanin은 국가가 스포츠에서 아파르트헤이트 사용을 끝낼 때까지 남아프리카를 올림픽 운동에서 제외시키기 위해 부지런히 싸웠다. 남아공은 정치 체제로서의 아파르트헤이트가 몰락한 1991년까지 올림픽에 복귀하지 않았다.

▷ 제7대 Juan Antonio Samaranch(후안 안토니오 사마란치)

스페인인으로 1966년 IOC위원이 되어 IOC의 전 담당위원으로 활약하였으며, 1977년 부터 소련 주재 스페인대사를 역임하였고, 1980년 8월 16일 제83차 IOC총회에서 킬라닌 위원장 후임으로 IOC위원장이 되어 2001년까지 21년간 장기 집권하였다.

그의 스포츠 관심은 "Kid Samaranch"라는 이름으로 싸운 후 롤러 하키 선수로 단명 한 복싱 경력으로 시작되었다. 1943년에 그는 왕립 스페인 체육 클럽의 코치가 되었고, 2년 후에는 스페인 롤러 하키 연맹이 국제 롤러 하키 연맹에 가입하도록 노력했다. 1950년에 그는 국제 연맹 집행위원회에 합류했다.

1954년까지 Samaranch는 국제 롤러 하키 연맹의 부회장, 스페인 롤러 하키 연맹의 회장, 바르셀로나 시의원이 되었다. 1955년 제 2회 지중해 경기 대회 조직위원회 부회장 겸 지방 하원의원이 되었다. 1956년에는 스페인 올림픽 위원회에 임명되어 그해 이탈리아 코르티나 담페초에서 열린 동계 올림픽에서 셰프 드 미션으로 스페인 대표팀을 이끌었다. 그는 또한 1960년과 1964년 올림픽 게임에서 스페인 팀의 Chef de Mission(셰프 드 미션)이었다.

Avery Brundage 는 1966년 사마란치를 IOC 위원으로 제안했고, 1967년에는 스페인 올림픽 위원회 위원장으로 임명되었다. 1968년 사마란치는 IOC 의정서 책임자로 임명되었다. 그것은 1970년 집행위원회에 선출되기 위한 서막 이었다 . 1974년에 그는 IOC 부회장으로 선출되었고 1980년에는 조직의 7대 위원장으로 선출되었다. 199개 IOC 회원국 중

사마란치 위원장의 중요한 측면 중 하나는 남아프리카 문제에 대한 그의 작업이었다.

수년간의 아파르트헤이트가 1991년에 끝난 후, 사마란치는 남아프리카 올림픽 위원회가 올림픽 운동에 재입장되고 남아프리카인들이 1992년 바르셀로나 올림픽에 다시 참가할 수 있도록 재빨리 일했다.

Samaranch는 아마추어와 전문가 사이의 국제 스포츠 분리를 종식시키고 많은 스포츠의 전문가에게 올림픽 게임을 개방하기 위해 노력했다. 그의 재임 기간 동안 "아마추어"라는 단어는 올림픽 헌장에서 제거되었으며, 이제 진정한 프로가 존재하는 거의 모든 스포츠에서 프로가 올림픽에 출전했다.

사마란치는 올림픽 무브먼트와 올림픽 게임을 수익성 있는 벤처로 만들었다. 캐나다 IOC 위원인 Richard Pound의 도움을 받아 Samaranch는 올림픽 게임, 올림픽 무브먼트, 올림픽 이름과 상징의 마케팅을 시작했다. 올림픽 프로그램 (TOP – 나중에 올림픽 파트너 프로그램이 됨)이라는 성공적인 마케팅 프로그램을 추가함으로써 IOC는 수익성을 얻게 되었다.

올림픽 운동의 윤리 원칙을 보호하기 위해 Samaranch는 윤리 위원회와 IOC 2000 위원회를 구성 했다. 두 위원회의 목적은 시스템의 결함을 해결하고 다음 세기로 이동하는 IOC 구조와 개최 도시 선택 프로세스를 변경하는 것이었다. IOC는 독립적인 윤리위원회를 설립한 최초의 스포츠 조직이다.

▷ 제8대 Rogge, Jacques(자크 로게)

Jacques Rogge는 2001년 사마란치의 뒤를 이어 8번째 IOC 위원장이 되었으며, 3번의 올림픽[멕시코(68년) 뮌헨(72년) 몬트리올(76년)]에서 벨기에를 대표해 요트 대표선수로 3회 연속 출전했고 세계선수권대회에서는 통산 금 1·은 2개를 따내기도 했다. 이로써 그는 올림픽 게임에서 스포츠 경기에 참가한 두 번째 IOC 위원장(Avery Brundage 이후)이 되었다.

IOC 위원장이 되기 전 Rogge의 경력은 벨기에에서 정형외과 의사였다. 그는 또한 이전에 국제 요트 연맹(ISAF) 의료 위원회 위원장이었다.

스포츠 행정가로서 Rogge는 1989년에 벨기에 올림픽 및 연방간 위원회의 수장이 되었고 1990년에는 유럽 올림픽 위원회(EOC)의 회장이 되었다. 그는 1991년에 IOC 위원으로 선출되었고, 1998년에는 집행 위원회에 임명되었다. 그는 2001년 7월 16일 모스크바에서 열린 제110차 IOC 총회에서 IOC 위원장으로 선출되었다.

Rogge의 주요 유산 중 하나는 Youth Olympic Games(YOG) 이였다. 모든 것은 그가 1991년 유럽 올림픽 위원회(EOC)의 회장으로 재직하면서 (유럽)청소년 올림픽의 날을 만들면서 시작되었다. 유럽 NOC를 위해 이 청소년 대회를 준비한 후 그는 YOG를 위해 올림픽 세계의 지원을 받을 기회를 얻었고, 아이디어는 즉시 받아들여졌다. 결정적으로 Rogge의 의도는 혁신을 경기장으로 제한하지 않는 것이었다. YOG에 대한 그의 비전은 전 세계 젊은이들이 스포츠에 참여하도록 영감을 주고 그들이 올림픽 가치를 채택하고 그에 따라 생활하도록 격려하며 올림피즘의 대사가 되는 것이었다. YOG의 이면에 있는 아이디어는 어린 선수들과 다른 젊은 참가자들을 교육하고, 참여시키고, 영향을 주는 행사를 조직하는 것이었다.

게임의 범위, 비용 및 복잡성을 살펴보는 것 외에도 Rogge는 자신의 임기 동안 IOC가 어떤 이유로든 게임이 개최되지 않는 경우 무브먼트가 살아남을 수 있도록 충분한 재정 준비금을 확보했는지 확인했다. 그는 또한 비용 및 규모 확대를 방지하기 위해 올림픽을 개최하는 데 드는 전체 비용을 조사하기 위해 올림픽 게임 연구 위원회를 구성했다.

Rogge의 감시 아래 IOC는 World Anti-Doping Agency에 대한 지원을 확대했다. 그는 또한 올림픽 프로그램 위원회에 각 올림픽 경기 후 올림픽 프로그램을 체계적으로 검토하는 프로세스를 수립하고 시행하는 임무를 맡겼다. 이 원칙은 멕시코시티에서 열린 특별 IOC 총회에서 승인되었다.

Jacques Rogge는 2021년 8월 29일에 사망했다.

▷ 제9 · 10대 Thomas Bach(토마스 바흐) 출처 : ⓒ IOC / 크리스토프 모라탈

독일인으로 1976년 몬트리올 올림픽 펜싱 선수로 출전하여 플뢰레 단체전 금메달을 획득했다. 1991년부터 IOC위원을 맡았으며, 1886년부터 2000년까지는 집행 위원, 2000년부터 2013년까지는 IOC 부위원장을 역임했다. 2013년 9월 10일 아르헨티나 부에노스아이레스에서 열린 IOC 총회에서 IOC 위원장으로 선출되었다.

토마스 바흐는 1953년 12월 29일 독일 뷔르츠부르크에서 태어났다. 결혼했고 직업이 변호사인 그는 경기장 안팎에서 스포츠 분야에서 성공적인 경력을 쌓았다. 그는 1976년 몬트리올에서 열린 제21회 올림피아드 게임에서 펜싱(팀 플뢰레) 금메달을 획득하면서 올림픽 챔피언이 되었고, 2006년에는 독일 올림픽 스포츠 연맹(DOSB)의 창립 회장으로 지명되었다.

Thomas Bach는 바덴바덴에서 열린 제11회 올림픽 대회(1981)의 선수 대표이자 IOC 선수 위원회의 창립 멤버였다. 1991년 IOC 위원이 되었고 1996년 IOC 집행위원으로 선출되었으며 10년 이상 IOC 부회장으로 재직했다. 그는 또한 여러 IOC 위원회의 의장을 역임했다.

2013년 9월 10일, 토마스 바흐가 제9대 IOC 위원장으로 선출되었다. 그는 2021년 3월 10일에 두 번째 4년 임기로 재선되어 두 번째 위원장직을 수행중이다.

11. 한국의 역대 IOC위원

한국의 초대 IOC위원 재임 기간(1955-1960)

정치인으로 미국 아이오와주 레이버 대학 인문과를 졸업하고 서울시장과 국방장관을 거쳐 제3대와 제4대 국회의원을 거쳐 의장에 선출되었다. 1955년 파리에서 거행된 제50회 IOC총회에서 IOC위원으로 선출되었으며, 같은 해에 세계아마추어 경기 발전에 대한 공로를 인정받아 미국 Helms(헬름즈)재단 체육공로상을 받았다.

▷ 이 기 붕(1896-1960)

제2대 IOC위원 재임 기간(1964-1966)

일본 와세다 대학을 거쳐 동 대학원 사회학과를 졸업하고 서울대학교 사회학과 교수를 지냈으며, 동 대학 박물관장을 역임했다. 동 대학에서 1955년 문학박사 학위를 취득하였다. 사회학자로서 체육인으로서 크게 활약한 한국 근대 체육의 선구자이다. 1930년 일본이 처음으로 농구경기단체를 조직할 때 뛰어난 역량을 발휘함으로써 28세에 일본체육회 이사, 일본농구협회 상무이사로 선임되었으며, 1932년 제10회 LA 올림픽대회 일본선수단 본부임원, 1935년 일본체육회 전무이사, 1936년 제11회 베를린올림픽대회 일본선수단 총무 등 일본체육계의 중진으로 활약했다.

▷ 이 상 백(1903-1966)

해방 직후인 1945년 9월 "조선체육동지회"를 결성하여 회장에 취임했으며, 같은 해 12월 조선체육회 상무이사, 1948년 올림픽 위원회 명예 총무, 1961년 대한체육회 부회장 등을 역임했다. 그 후 올림픽대표선수단 총감독, 단장, 아시아경기연맹 집행위원이기도 하였으며 1964년 우리나라 출신으로는 2번째 IOC위원에 피선되었다.

▷ 장 기 영(1916-1977)

제3대 IOC위원 재임 기간(1967-1977)

서울에서 태어나 선린상업 학교를 졸업하고 금융계에 투신, 8 · 15해방 후 당시 '조선은행'을 '한국은행'으로 정립시키는 데 크게 공헌하고 1950년에는 한국은행 부총재를 역임하면서 혼란했던 전시금융을 수습하는 데 큰 공적을 남겼다. 1952년 조선일보 부사장을 거쳐, 한국일보를 창간, 뒤이어 코리아 타임스, 서울경제신문, 주간한국, 일간스포츠를 창간하여 사장을 역임하였다. 1961년 대한체육회 부회장, 1964년 부총리 겸 경제계획원 장관, 1967년 IOC위원에 피선되었으며, 1968년 대한체육회 명예회장을 지냈다.

▷ 김 택 수(1926-1983)

제4대 IOC위원 재임 기간(1977-1983)

정치인으로 서울대학교 법과대학을 졸업하였으며, 1979년 고려대학교에서 명예 법학박사학위를 수여 받았다. 6 · 7 · 10대 국회의원을 지냈으며, 국내에서는 대한 아마추어 복싱연맹회장, 대한체육회 회장, KOC위원장, 국민체육진흥재단 이사장 등을 지냈으며, 국제적으로는 아시아 아마추어 복싱연맹 회장, 국제 아마추어 복싱연맹 집행위원 · 부회장을 지냈고, 1977년 IOC위원에 피선되었다.

제5대 IOC위원 재임 기간(1984-1985)

군인으로써 박정희 대통령 경호실장을 지냈으며, 1970년부터 대한 사격연맹 회장, 아시아사격연맹 종신 명예 회장, 1979년 세계 사격연맹 부회장, 1979-1980년 대한체육회 회장, 1982년 아시아 경기총연맹 회장을 지냈으며, 태능의 국제 사격장 건설과 1978년 제42회 세계 사격선수권대회를 서울에서 개최케 한 공로로 1979년 정부로부터 체육훈장 청룡장을 받기도 했다. 1984년 미국LA올림픽대회 때 IOC위원에 피선되었다.

▷ 박 종 규(1930-1985)

제6대 IOC위원 재임 기간(1986-2005)

서울출신으로 미국 텍사스 웨스턴 대학 및 연세대학 정외과, 동 대학원과 미국 조지 워싱턴 대학을 거쳐 미국 메리빌 대학에서 법학박사학위를 받았다. 1971년 대한 태권도협회 회장, 1973년 세계 태권도 연맹 총재로 피선되어 전 세계의 태권도를 이끌게 되었다. 그동안 대한체육회 부회장, KOC 명예총무·부위원장, AGF(지금의 OCA:아시아 올림픽 평의회)평의원 등을 역임했으며, 서울 아시안게임과 서울올림픽에 즈음해서는 대회조직위원회 부위원장으로 있으면서 양 대회의 성공적

▷ 김 운 용(1931-2017)

개최를 위해 크게 기여하였다. 1986년에는 IOC위원과 GAISF(국제 경기연맹 총연합회)회장에 선출되었으며, 1992년에는 IOC 부위원장에 피선되었다. 이와 같이 국제 스포츠기구의 요직을 맡아 활약을 하는 한편 1993년부터는 대한체육회 회장 겸 KOC 위원장으로 피선되어 국내외 스포츠계에서 막강한 영향력을 발휘하게 되었다.

1994년에는 그의 오랜 숙원이던 태권도가 올림픽 정식종목으로 채택되어 1996년 미국 애틀랜타올림픽대회에서 태권도가 정식종목으로 시행하게 되었다.

▷ 이 건 희(1942–2020)

제7대 IOC위원 재임 기간(1996–2017)

경제인으로 일본 와세다 대학을 졸업하고 삼성그룹 회장으로 한국 스포츠발전에 크게 기여한 점이 인정되어 1996년 7월 18일 미국 애틀랜타에서 열린 제105차 IOC총회에서 이건희 회장이 IOC위원으로 피선되어 박용성 IOC위원과 함께 2명의 IOC위원을 보유한 스포츠 강국으로 자리 잡게 되었다. 이건희 IOC위원은 한국 아마추어 레슬링협회회장을 지냈으며, 한국올림픽위원회 부위원장으로 재임하였다.

▷ 박 용 성(1940–   )

제8대 IOC위원 재임 기간(2002–2007)

1999년 총회에서는 국제경기단체(IF)대표 가운데 15명과 각국 올림픽위원회(NOC) 위원장 가운데 15명을 새로이 IOC위원으로 뽑기로 했다. 2002년 2월 선출된 박용성 위원은 세계유도연맹회장 자격으로 IOC위원에 선출되었다. 이들은 해당 단체장으로 재직하는 동안에만 IOC위원의 자격을 갖는다.

제9대 IOC위원 재임 기간(2008-2016)

경기도 인천시에서 태어나 구월중학교까지 인천에서 다녔고 리라공업고등학교, 부산광역시 소재한 동아대학교 태권도학과를 졸업했다. 국군체육부대에서 군 복무를 마치고 출전한 2002 부산 아시안 게임에서 금메달을 획득했고, 2004년 아테네 올림픽에서는 그리스의 202cm 거구 알렉산드로스 니콜라이디스 선수에게 뒤돌려차기를 날려, 올림픽 태권도 경기에서 그동안 좀처럼 볼 수 없었던 화끈한 KO승을 거두며 금메달을 따면서 당시 국민에게 상당한 인기를 얻었다.

▷ 문 대 성(1976-)

한편 니콜라이디스는 2008년에도 차동민에게 막판에 져서 은메달을 따 진정 콩라인에 등극하였다. 문대성은 아테네 올림픽이 끝나자 현역 은퇴를 선언하고 모교 동아대학교에서 석·박사 학업과 태권도학과에서 교수 일을 했으며, 박사학위를 받기 전인 2006년 교수로 임용되었다. 2007년 박사 학위를 받고 2008 베이징 올림픽에서 IOC선수위원에 선출되었다.

제10대 IOC위원 재임 기간(2016-2024)

대한민국 前 탁구 선수이며, 현역 시절에는 삼성생명 탁구단 소속이었다. 은퇴 후 삼성생명 여자탁구단의 코치를 역임했으며, 2016 리우데자네이루 올림픽에서 IOC선수위원에 당선됨에 따라 2024년까지 직책을 맡게 되었다. 한때 한국에서 활동이 가능한 유일한 IOC 위원이었다가 지금은 이기흥 대한체육회 회장이 IOC 위원에 선출되어 해소되었다. 2018 평창 동계올림픽 선수촌장을 거쳐 현재는 대한탁구협회의 회장과 팀유승민 탁구클럽의 단장을 맡고 있다.

▷ 유 승 민(1982-)

제11대 IOC위원 재임 기간(2019~2025)

1985년에 신한민주당 이민우 총재 비서관으로 정치에 잠깐 몸을 담았다. 1989년에는 ㈜우성산업개발을 창업하여 기업인으로도 활동하였다. 이후 대한카누연맹 회장, 대한수영연맹 회장을 거쳐 2016년부터 대한체육회 회장과 IOC 위원을 맡고 있다.

▷ 이 기 흥(1955-)

월드와이드 올림픽 파트너

airbnb   Alibaba Group   Allianz   Atos   BRIDGESTONE

Coca-Cola 蒙牛   Deloitte.   intel.   OMEGA   Panasonic

P&G   SAMSUNG   TOYOTA   VISA

공식 파트너

THE NORTH FACE   NAVER

공식 스폰서

한진관광   OAKLEY   bb·q   CJ

공식 공급사

 «PAULMADE»   SOMUNSA   롯데홈쇼핑   율촌

▷ 2023년 현재 대한체육회(K · O · C) 파트너 및 스포츠와 공급사

II. 아시아 경기 대회(The Asian Games)

1. OCA

아시아 경기대회는 스포츠를 통하여 아시아 각국 간에 평화와 친선을 도모하기 위하여 "Even Onward"(영원한 전진)이라는 표어 아래 1951년 3월 인도 뉴델리에서 제 1회 대회를 개최한 이래 4년에 한번 씩 올림픽대회 중간년도에 개최되고 있다.

본래 아시아 지역의 경기대회로는 미국 Y·M·C·A의 지도자였던 브라운의 제창에 의해서 개최된 The Fan Eastern Championship Games(극동 선수권대회)는 1913년부터 2년마다 열리고 있었으나(1930년 이후 4년마다 열림) 1934년 마닐라 대회 시 만주국 참가를 둘러싸고 중단되고 말았으며 1938년 일본과 필리핀 양국사이에 동양체육협회를 조직하여 1938년 동경에서 동양선수권 대회를 개최하였고, 1942년 마닐라에서 개최키로 되어 있던 2회 대회는 태평양전쟁으로 말미암아 그 실현을 보지 못한 채 중단된바 있다.

서아시아 경기대회는 1934년 제 1회 대회가 뉴델리에서 개최되었으며 인도·아프카니스탄·실론·팔레스타인 등이 참가했다. 이 두 대회가 통일되어 아시아 경기대회가 열리게 된 것이다.

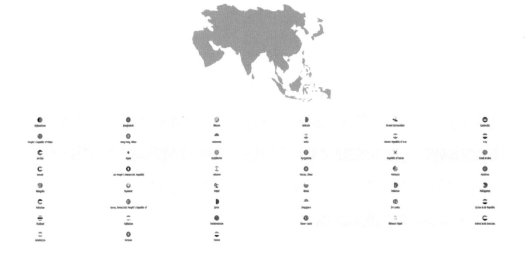

제 2차 세계대전이 끝을 보자 인도의 주선으로 종래의 극동 선수권대회와 서아시아 경기대회를 하나로 묶어 아시아 경기대회의 실현을 보게 된 것이다.

1948년 인도의 I · O · C 위원인 손디가 아시아지역 13개국에 초청장을 보내어 아시아 경기대회 개최에 관한 협의회를 열고 이에 참가한 각국의 찬성을 얻어(한국, 필리핀, 중국, 인도, 세이론, 미얀마) 한국, 중국, 필리핀, 인도 4개국의 대표로서 위원회를 구성하고 헌장을 기초케 하였다. 그러나 각국사이에 의견이 엇갈려(인도의 당초계획은 육상경기에 한해서 초청경기로 한다는 것이 였음) 성과를 거두지 못하다가 1949년 2월 다시 인도의 뉴델리에서 9개국이 참가 협의한 끝에 The Asian Games Federation(아시아 경기연맹)을 결정하고 제 1회 대회를 1950년 2월 뉴델리에서 개최하기로 결정을 하였다.

그러나 제 1회 대회는 경기장 사정으로 동년 11월로 연기되었다가 다시금 다음해인 3월로 연기 개최되었다.

이와 같은 연기는 대회개최 연도를 올림픽 개최 년도의 중간을 택하여 4년마다 개최한다는 헌장에 어긋나는 것이므로 적지 않게 물의를 일으켰으나 결국 제 1회 대회는 해를 넘어 개최하지만 제 2회 대회는 원칙대로 1954년에 개최한다는 결정을 보고 제 1회 대회는 1951년 3월 4일부터 11일 까지 8일간 뉴델리에서 11개국 600여 선수가 참가하였다. 그러나 한국은 당시 6.25전쟁으로 인하여 참가를 하지 못했다.

2. 대회헌장

영원한 전진을 이상으로 하는 아시아 경기대회 헌장은 아시아 경기연맹 평의회 회의에서 정한 의정서 거행에 관하여 적용되는 일반규정 5부 58조로 되어있고 그밖에 개회식 표창 폐회식에 관한 규정으로 되어 있다.

3. 경기 종목

아시아 경기대회의 정식종목은 아시아 6개국 이상이 실시하고 있는 경기 중에서 4개국 이상의 참가신청을 필요로 하고 있다. 당초의 경기종목은 육상경기, 테니스, 하키, 농구, 배구, 축구, 복싱, 레슬링, 역도와 예술 전시였으며 동계대회도 포함하고 있었다.

현재에는 여러 차례 개정되어 아시아적인 내용으로 변모하였다.

4. 대회개최 년도와 기간

아시아 경기대회는 세계올림픽대회와 같이 4년마다 개최하고 올림픽대회의 중간 년도에 개최키로 되어 있다.

대회기간은 개회식 일을 포함하여 16일을 초과하지 못하도록 되어 있다.

5. 대회의 참가자격 및 참가신청

아시아 경기대회의 참가자격은 아시아경기 가맹국으로서 아마추어일 것으로 되어 있고 참가 신청서는 조직 위원회에 송달한다. 참가 경기종목은 대회 6주전에 제출하여야 하고 선수의 성명은 그 경기 최초의 종목이 행하여지는 14일전에 도착하여야 한다. 개인종목은 1개국에서 1개 종목 당 2명으로 하고 단체 종목에는 1개국에서 1개 팀씩으로 한다.

6. 상임위원회

OCA 상임위원회는 경우에 따라 OCA GA, OCA EB 또는 회장에게 자문을 제공할 목적으로 구성되었다. 위원회는 다음과 같은 위원회를 갖는다. 의장 또는 의장은 GA에서 선출하고 EB는 위원회 구성원을 임명한다.

- 자문위원회
- 선수위원회
- 조정위원회
- 문화위원회
- 교육위원회
- 측근위원회
- ESPORTS & E 무술 위원회
- 윤리위원회
- 재정위원회
- 양성평등위원회

- 정보통계위원회

- 국제협력위원회

- 언론위원회

- 의료위원회

- 스포츠를 통한 평화 위원회

- 규칙 위원회

① 역대 아시안 게임 참가 및 기록

횟수	연대	개최지	종목	인원	참가국	금	은	동	계	순위
1	1951	뉴델리			11					
2	1954	마닐라	6	57	18	8	6	5	19	3
3	1958	동경	13	119	20	8	7	12	27	3
4	1962	자카르타	10	137	18	4	9	10	23	6
5	1966	방콕	14	181	18	12	18	21	51	2
6	1970	방콕	11	131	18	18	13	23	54	2
7	1974	테헤란	15	177	25	16	26	15	57	4
8	1978	방콕	17	203	27	18	20	31	69	3
9	1982	뉴델리	20	4,500	33	28	28	37	93	3
10	1986	서울	25	4,839	27	93	55	76	224	2
11	1990	북경	28	6,122	37	54	54	73	181	2
12	1994	히로시마	31	6,824	42	63	56	64	185	3
13	1998	방콕	36	6,554	41	65	46	53	164	2
14	2002	부산	38	11,000	44	96	80	84	260	2
15	2006	도하	39	12,000	45	58	53	82	193	2
16	2010	광저우	42	9,704	45	76	65	91	232	2
17	2014	인천	36	13,000	45	79	70	79	228	2
18	2018	자카르타–팔렘방	40	11,300	45	49	58	70	177	3
19	2023	항저우	40							
20	2026	아이치–나고야								
21	미정	도하								
22	미정	리야드								

III. 세계대학경기대회

Fédération Internationale du Sport Universitaire(국제대학스포츠연맹)은 1949년 창립 이래 전 세계적으로 대학스포츠의 역할과 영역을 확장하는 핵심 동인이다. FISU는 스포츠 가치와 스포츠 연습이 대학 공부 내에서 완벽한 동시성으로 작용한다고 믿는다.

▷ 출저 : https://www.fisu.net

FISU는 전 세계 학생들에게 스포츠를 즐길 수 있는 기회와 영감을 제공하며, 학생들이 스포츠를 통해 얻는 건강, 복지 및 경험은 그들이 글로벌 사회에서 활동적인 구성원이 되도록 돕는다.

이 격언에 따라 FISU는 세계적 수준의 스포츠 및 교육 행사를 조직하며, 이 모든 것은 대학생들에게 협력적이고 경쟁적인 환경에서 전 세계 학생들과 연결하고 교류할 수 있는 기회를 제공한다는 사명을 가지고 있다. 이를 달성하기 위해 FISU는 FISU 글로벌 전략 2027을 통해 목표와 이를 달성하기 위한 경로를 확인했다. 이 10개년 전술 게임 계획은 여기에서 찾을 수 있다.

FISU Healthy Campus 프로그램은 또한 전 세계 대학 캠퍼스에서 신체 건강 및 정신 건강에 대한 국제적 벤치마크를 만드는 것을 목표로 개발되었다. 이 프로그램은 UN 지속 가능한 개발 목표를 구현하는 데 도움이 되는 동시에 학생과 교직원에게 도움이 되도록 설계되었다.

대학 스포츠 운동의 중심에는 FISU의 스포츠 행사 인 FISU 세계 대학 대회 하계, FISU 세계 대학 대회 동계, FISU 세계 대학 선수권 대회 및 FISU 대학 월드컵 이 있다. 전체 이벤트에서 FISU 스포츠 프로그램은 60개 이상의 스포츠를 다룬다.

FISU World University Games는 학생 선수들을 위한 가장 큰 글로벌 스포츠 이벤트이다. 전 세계 여러 도시에서 2년마다 개최되는 이 대회에는 150개국 이상에서 온 수천 명의 선수들이 모여 하계 15개, 동계 10개 등 25개의 필수 스포츠가 포함된 프로그램이 있다.

FISU 세계 대학 선수권 대회는 FISU 스포츠 프로그램을 보완하고 완성하는 단일 스포츠 대회이다. 또한 2년마다 개최되어 전 세계의 다양한 개최 도시에 주요 국제 스포츠 이벤트를 개최할 수 있는 기회를 제공한다. 2020년 FISU 세계 대학 선수권 대회 일정에는 29개의 이벤트가 있었다.

FISU 대학 월드컵은 학생 운동 선수들이 내년 가을 샤먼으로 돌아가는 6번째 3x3 토너먼트와 함께 국가 대표팀이 아닌 대학 팀을 위해 경쟁하는 독특한 국제 스포츠 이벤트이다.

특별한 분위기, 광범위한 스포츠 프로그램, 다양성, 성평등 및 높은 수준의 경쟁을 특징으로 하는 FISU 스포츠 이벤트는 국제 및 대륙 수준에서 다른 주요 이벤트를 위한 디딤돌로 인정받고 있다. 대회 참가 자격은 대회 출전 시점에서 대학 또는 대학원에 학적이 등록되어 있거나, 혹은 국가로부터 대학(원)과 동등한 자격을 인정받는 기관의 과정을 이수한 만 25세[30] 이하의 자이다. 2년에 한 번 대회가 열리기 때문에 대회가 열리는 해를 기준으로 2년 이내에 이미 대학을 졸업한 자도 출전할 수 있다. 간간히 대학을 이미 졸업한 프로 혹은 실업 선수들이 보이는 이유는 이 때문이며, 이규혁[31]의 경우 1997년 동계 유니버시아드 대회 때 고등학생 신분으로 출전하기도 했다. 이는 이 당시 고려대 입학예정자 신분이었기에 가능했다.

---

30   2017년 대회까지는 만 28세 이하였다.

31   대한민국의 前 스피드 스케이팅 선수. 한국 선수 중에선 유일하게 20년 이상 국가대표로 활동했고, 2014 소치 동계올림픽을 끝으로 현역에서 은퇴.

스포츠를 통한 교육(Education Through Sport)

스포츠 대회 외에도 FISU는 학생들에게 개인 개발, 네트워킹, 아이디어 교환 및 공동 학습의 기회를 제공하는 교육 행사 및 프로그램을 개최한다. FISU 세계 포럼 및 FISU 세계 회의 와 같은 이러한 행사 는 다양한 주제를 다루고 다양한 직업의 고도로 숙련된 사람들을 끌어들인다. FISU 교육은 학생과 학생 운동 선수가 사회 참여 수준을 향상시키기 위해 리더십 기술을 습득하고 개발하도록 돕는 데 중점을 둔다.

1. 유니버시아드 경기대회

세계대학경기대회의 대회명칭이 사용되기 전에는 유니버시아드대회로 대회명이 있었다. Universiad(유니버시아드)경기대회는 1959년 이탈리아 토리노에서 시작되었고, 그 이념은 미래의 세계를 위한 젊은 대학생들의 지성과 우정의 교환을 위하여 개최되었다. Universiard(유니버시아드)는 영어의 University(유니버시티) 경기대회라는 의미의 그리스어를 영어로 「ard」를 붙인 합성어이다.

▷ 2020년까지 사용한 Fédération Internationale du Sport Universitaire 로고

경기대회는 여름과 겨울 나누어 행하며 하계대회는 홀수의 해 동계대회는 짝수의 해에 개회된다.

이대회의 특징은 횟수를 붙이지 않고 연도만 붙여 부르기로 하였다. 즉「충청2027년 하계대회」라고 부르는 방식을 취한 것이다.

유니버시아드 대회는 대학스포츠의 발전과 세계 각국의 학생들 간에 우호증진을 위한 국제 종합스포츠대회이고 아마추어 스포츠의 이상을 전달함으로써 인류 일반교양에 공헌함을 목적으로 하고 있다. 출전자격에 대해서는 제각기 그 나라의 교육당국에 의해 대학 또는 그에 준하는 학교라고 인정된 학교의 재학생 또는 유니버시아드가 개최되는 해의 2년 전 졸업생으로서 그해의 1월 1일을 기하여 만 17세~만 27세까지로 되어 있다.

이것은 유럽의 교육제도를 참작하여 제정한 규칙인 것이다.

이 대회는 유럽에서 개최되었던 국제학생 경기대회가 1939년 제 10회 빈 대회를 마지막으로 2차대전으로 인하여 조직되어 새로운 Federation International du sports Universitairy(국제대학 스포츠연맹)이 1957년에 탄생하여 2년 후 현재의 유니버시아드대회가 1959년 이탈리아의 Torino(토리노)에서 개최되었다.

각종의 표창은 3위까지 입상한자를 금, 은, 동메달로 수영하고 각각 국기를 계양하며 대회 찬가를 연주한다.

유니버시아드 대회에서는 올림픽경기 대회시에 국기계양과 동시에 그 나라의 국가가 장엄하게 연주되는 경우와는 달리 유니버시아드 대회에서는 경쾌한 대회찬가가 흘러 퍼진다.

이것은 국위선양과는 달리 정답게 학생 스포츠를 즐긴다는 것이 이대회의 특색이다.

F · I · U · S의 가맹국은 약 50 여개국이 가맹하고 있는데 아시아권은 한국, 일본을 비롯한 수개국에 불과하며 한국도 1967년 대회부터 참가하기 시작하였다.

유니버시아드 대회에 참가하는 모든 제반사항은 우리 나라에서는 K · U · S · B(Korea University Sports Board)가 맡아 하고 있다.

대한민국 광주광역시에서 개최되었던 2015 하계 유니버시아드 대회는 1997년 무주/전주에서 열린 1997 무주 · 전주 동계 유니버시아드와 대구광역시에서 열렸던 2003 대구 하계 유니버시아드에 이은 한국의 3번째 유니버시아드 대회이자 두 번째 하계대회였다. 대회 결과는 대한민국이 하계 유니버시아드 역사상 최초로 종합 우승이라는 쾌거를 이루어 냈다.

광주유니버시아드 마스코트 누리비는 세상을 뜻하는 우리말 '누리'와 파리를 뜻하는 '비'를 합친 이름이다. 누리비는 빛의 메신저이자 세계 청년들의 소통의 다리라는 뜻을 가지고 있다.

광주유니버시아드대회의 'EPIC' 비전인 친환경, 평화, IT, 문화를 소개하는 상징적 역할을 하였고, 또한 '광주의 빛'을 세상에 전하기 위해 펼치는 창조의 날개를 의미하기도 한다. 엠블럼과 마스코트는 빛의 도시 광주를 대표하는 일관된 빛의 아이덴티티를 형성하고 있다.

UNIVERSIADE
GWANGJU 2015

▷ 출처 : 2015 광주하계유니버시아드 홈페이지

2015 하계 유니버시아드 대회는 2015년 7월 3일부터 7월 14일까지(12일간) 광주 유니버시아드 주경기장(월드컵경기장) 외 광주, 전라남도, 전라북도, 충청북도 전역에서 진행되었다. 21개 경기종목(의무 13종목과 선택 8종목)에 170개국 2만여 명(선수 관계자 포함)

▷ 2015 광주 하계유니버시아드 여자농구 대표팀 사진촬영 한필상

　　저자는 여자농구 대표팀 감독으로 코치 김성은(용인대), 트레이너 한유림, 선수 강계리 (삼성생명), 최정민(단국대), 박시은(수원대), 박현영(용인대), 우수진(광주대), 정유림(극동대), 조은정 (용인대), 차은영(전주비전대), 장혜정(한림성심대), 이수연(하나외환), 박찬양(수원대), 최정민(용인대) 와 함께 대회에 출전하여 1차전 – 7. 5(일) 15:00/광주대 : 한국 vs 모잠비크, 2차전 – 7. 6(월) 17:30/영 광 : 캐나다 vs 한국, 3차전 – 7.7(화) 20:00/동강대 : 한국 vs 헝가리와 경기에서 아 프리카의 모잠비크를 이기고 첫 승을 하였으나 아쉽게도 메달권에는 들지 못하였다.

　　순위 결정전에서는 중국, 우간다, 브라질을 대표팀을 상대로 누적 된 피로에도 불구하 고, 선수들의 부상투혼을 발휘하여 우간다에게 두 번째 승리 결과를 가져오게 되었다.

　　대회 기간 동안 선수 및 임원카드는 항상 패용하고 다녀야 했으며, 대회시설 접근 코 드에 따라 경기장 및 훈련장, 선수촌, ITO빌리지, 메인미디어 센터, 본부호텔 등의 시설 에 출입 할 수 있었다. 저자의 경우 선수촌 전 구역, 본부호텔 및 경기장 내 접근 코드는 Competition Area 경기구역, Athlete preparation Area 선수 준비구역, Administration & Operation Area 관리 운영 구역, Mixed Zone 믹스트 존에 해당하였다.

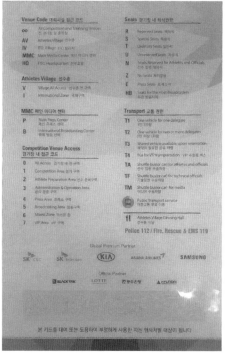

경기장 내 좌석권한은 Seats Reserved for Athletes and Officials 선수 임원 예약석, 교통권한은 Shuttle bus(or car)for athletes and officials 선수 임원 수송차량, Public transport service 대중교통 무료이용, Athletes Village Dinning Hall 선수촌 식당 이용 권한 등이 제공 되었다.

① 하계 유니버시아드(세계대학경기대회)

회 수	연 대	개최도시	개 최 국
제1회	1959	토리노 하계 유니버시아드	이탈리아
제2회	1961	소피아 하계 유니버시아드	불가리아
제3회	1963	포트알레그레 하계 유니버시아드	브라질
제4회	1965	부다페스트 하계 유니버시아드	헝가리
제5회	1967	도쿄 하계 유니버시아드	일본
제6회	1970	토리노 하계 유니버시아드	이탈리아
제7회	1973	모스크바 하계 유니버시아드	소련
제8회	1975	로마 하계 유니버시아드	이탈리아

회 수	연 대	개최도시	개 최 국
제9회	1977	소피아 하계 유니버시아드	불가리아
제10회	1979	멕시코시티 하계 유니버시아드	멕시코
제11회	1981	부쿠레슈티 하계 유니버시아드	루마니아
제12회	1983	애드먼턴 하계 유니버시아드	캐나다
제13회	1985	고베 하계 유니버시아드	일본
제14회	1987	자그레브 하계 유니버시아드	유고슬라비아
제15회	1989	뒤스부르크 하계 유니버시아드	서독
제16회	1991	셰필드 하계 유니버시아드	영국
제17회	1993	버팔로 하계 유니버시아드	미국
제18회	1995	후쿠오카 하계 유니버시아드	일본
제19회	1997	시칠리아 하계 유니버시아드	이탈리아
제20회	1999	팔마 하계 유니버시아드	스페인
제21회	2001	베이징 하계 유니버시아드	중국
제22회	2003	대구 하계 유니버시아드	대한민국
제23회	2005	이즈미르 하계 유니버시아드	터키
제24회	2007	방콕 하계 유니버시아드	태국
제25회	2009	베오그라드 하계 유니버시아드	세르비아
제26회	2011	선전 하계 유니버시아드	중국
제27회	2013	카잔 하계 유니버시아드	러시아
제28회	2015	광주 하계 유니버시아드	대한민국
제29회	2017	타이베이 하계 유니버시아드	중화 타이베이
제30회	2019	나폴리 하계 유니버시아드	이탈리아
제31회	2023	청두 하계 세계대학경기대회(22에서 코로나로 인해 연기)	중국
제32회	2025	라인-루르 하계 세계대학경기대회	독일
제33회	2027	충청 하계 세계대학경기대회	대한민국
제34회	2029	노스캐롤라이나 하계 세계대학경기대회	미국

② 동계 유니버시아드(세계대학경기대회)

회 수	연 대	개최도시	개 최 국
제1회	1960	샤모니 동계 유니버시아드	프랑스
제2회	1962	빌라스 동계 유니버시아드	스위스

회 수	연 대	개최도시	개 최 국
제3회	1964	슈펜틀레류픔린 동계 유니버시아드	체코슬로바키아
제4회	1966	세스트리에 동계 유니버시아드	이탈리아
제5회	1968	인스브루크 동계 유니버시아드	오스트리아
제6회	1970	로바니에미 동계 유니버시아드	핀란드
제7회	1972	레이크플래시드 동계 유니버시아드	미국
제8회	1975	리비그노 동계 유니버시아드	이탈리아
제9회	1978	슈펜틀레류픔린 동계 유니버시아드	체코슬로바키아
제10회	1981	하카 동계 유니버시아드	스페인
제11회	1983	소피아 동계 유니버시아드	불가리아
제12회	1985	벨루노 동계 유니버시아드	이탈리아
제13회	1987	스트르브게플레소 동계 유니버시아드	체코슬로바키아
제14회	1989	소피아 동계 유니버시아드	불가리아
제15회	1991	삿포로 동계 유니버시아드	일본
제16회	1993	자코파네 동계 유니버시아드	폴란드
제17회	1995	하카 동계 유니버시아드	스페인
제18회	1997	무주–전주 동계 유니버시아드	대한민국
제19회	1999	포프라드 동계 유니버시아드	슬로바키아
제20회	2001	자코파네 동계 유니버시아드	폴란드
제21회	2003	타르비시오 동계 유니버시아드	이탈리아
제22회	2005	인스브루크 동계 유니버시아드	오스트리아
제23회	2007	토리노 동계 유니버시아드	이탈리아
제24회	2009	하얼빈 동계 유니버시아드	중국
제25회	2011	에르주룸 동계 유니버시아드	터키
제26회	2013	트렌티노 동계 유니버시아드	이탈리아
제27회	2015	그라나다 동계 유니버시아드	스페인
제28회	2017	알마티 동계 유니버시아드	카자흐스탄
제29회	2019	크라스노야르스크 동계 유니버시아드	러시아
제30회	2021	루체른 동계 유니버시아드(코로나로 인해 취소)	스위스
제31회	2023	레이크플래시드 동계 세계대학경기대회	미국
제32회	2025	토리노 동계 세계대학경기대회	이탈리아

Ⅳ. 보스턴 마라톤대회(Boston Marathon)

미국의 독립전쟁 당시 보스톤 시외의 Lexington(렉신톤)과 Concord(콘고드)에서 영국의 정규군과 싸워서 이를 격파하고 독립전쟁에 승리를 가져오게 되었다. 이 전쟁 때에 보스턴만이 영해군이 침입하여 콘고드를 습격한다는 정보를 받고 레도아란 청년이 전령이 되어 보스톤에서 콘고드까지 20마일을 말을 타고 달려서 그 사명을 다했다는 데서 유래된다.

▷ 보스턴 마라톤대회 공식 홈페이지   © Boston, MA

이날을 기념하기 위하여 4월 19일을 독립기념일로 정하고 기념행사로서 마라톤을 실시하게 되었다. 처음에는 보스톤과 독립전쟁의 고적지 렉스톤의 사이의 왕복 25마일을 달렸다. 그후 국제육상 경기연맹에서 마라톤의 거리를 42.195km로 정하자 1925년 Hopkinton(홉킨톤)으로부터 Boston(보스턴)의 육상경기연맹 앞까지의 편도코스로 26마일 385야드가 되었다.

이 대회의 특징은 연속 출장자가 많은 것과 해마다 많은 인원이 참가하고 있다. 1911년 18세의 나이로 우승한 크라렌스 테마는 1930년까지 7회에 걸쳐 우승을 했고 1954년 62세로 32회 출전 기록을 세웠다.

이 대회는 지체부자유자 대회까지 겸하고 있다. 1979년 보스톤마라톤 대회의 이변은 6·25동란에 참가하였다가 사고로 실명한 미국 사우드 케롤라이나 주 콜롬비아 대학의 조지

홀만 교수는 다른 선수들이 뛰는 소리와 거친 숨소리를 길 잡이 삼아 전 코스를 3시간 23분 15초 만에 주파하여 100만 인파의 갈채를 받기도 했다.

지체부자유자가 마라톤에서 우승한 조지 머레이는 14세 때 총상으로 하반신이 마비되어 휠체어를 타고 출전하였다.

그는 경기 후 연습시의 고충을 이야기하면서 400m 트랙을 106회 달리는 방법을 연습을 했다. 생명을 구한 후 나는 새로 대지 위에서 어린이 같이 걷는 법을 배워야 했다. 비틀거리던 달리기로 발전하기까지의 과정을 생각해보라 하면서 울음을 터뜨렸다.

어차피 불가능에 도전하는 것이 인간의 자세 아닌가, 나도 불가능에 도전하기 위해 왔다라고 역정을 설명했다.

Boston Marathon(보스턴 마라톤)대회는 매년 2만 명 이상이 참가하며 관람객 수만 50만 명에 이른다. 1996년의 100회 대회에는 3만 8,700명이 참가해 세계 최대 국제 마라톤의 기록을 세우기도 했다. 대회가 너무 커지자 1997년 101회 대회부터 국제 마라톤 대회로는 유일하게 참가자의 자격(대회 직전 2년 사이 공인 대회에서 완주한 18세 이상의 성인으로 3시간대의 성별, 나이에 따른 제한 시간 내 완주 기록 보유자로 한정)과 참가자 수를 15,000명으로 제한하고 있다.

우리나라에서 이 대회에 처음 출전한 것은 1947년 제51회 보스톤 마라톤 대회였다. 사상 최초로 가슴에 태극기를 달고 감독 손기정 코치 겸 선수 서윤복, 남승룡 선수가 해방 후

▷ 서윤복선수와 손기정 감독 일행

어려운 여건 하에서 참가를 했다.

국제경기로서는 최초의 참가였음에도 불구하고 여러 나라 강호 150여 명을 물리치고 서윤복(徐閏福, 1923년 1월 9일 - 2017년 6월 27일)은 대회 신기록(2시간 25분 39초)을 수립하여 우승하였다. 남승룡 선수는 12위 그 후 1950년 4월 19일에는 손기정 감독하에 함기용(양정), 송길윤, 최윤칠 선수가 참가하여 1, 2, 3위로 입상하였다.

1947년 제51회 보스톤 마라톤 대회 서윤복선의 개선은 KBS 영상실록 자료로 YouTube(유튜브)[32]를 통하여 확인 할 수 있다.

보스턴 체육 협회(BAA)는 제127회 보스턴마라톤 대회가 2023년 4월 17일 월요일 열릴 예정이며 대회 규모를 30,000명의 참가자로 확정했다고 발표하였고, 참가 등록은 2022년 9월 12일부터 16일까지 5일간 진행 되었다.

전설적인 보스턴 마라톤 코스는 매사추세츠주 홉킨튼에서 시작하여 매사추세츠주 보스턴의 보일스턴 스트리트에서 종료 된다.

Boston Marathon(보스턴 마라톤)대회에서 Roberta Bobbi Gibb(로버타 바비 깁)은 1966년에 보스턴 마라톤 전체를 완주한 최초의 여성이었다. 남성들만 참여가 가능했던 보스턴 마라톤 대회에 참가를 원한 로버타는 보스턴 육상협회로부터 '남성들만 참가할 수 있다. 여성은 육체적으로 마라톤을 뛸 수 없다.'라는 참가 불가 편지를 받았음에도 로버타는 오빠의 옷을 빌려 입고 후드 모자를 뒤집어 쓴 채 몰래 참가에 성공했다.

로버타는 자신이 여성임을 밝혀지게 되면 마라톤 대회에서 퇴장하게 될까 걱정되어 시내에서 3~4km를 조깅하며, 몸을 풀고 마라톤 출발선 근처 풀숲에 숨어있다가 주자들이 출발한지 얼마 후에 중간 대열에 끼어 대회에 참가하였다. 함께 뛰던 남성 마라토너들은 로버타가 여성임을 눈치 채기도 했지만 의외로 로버타의 도전을 응원하며 격려 해 주었다. 모자를 벗기 두려워하는 로버타에게 '우리가 막아주겠다. 여기는 누구나 사용할 수 있는 도로다.'라며 로버타에게 힘이 되어주었다고 전해진다. 출처 : FT스포츠(https://www.ftimes.kr)

syracuse university(시라큐스대학교)의 학생이었던 Kathrine Switzer(캐서린 스위처)는 1966년 학교 신문에 기사를 작성하기 위하여 보스턴마라톤대회를 취재하다가 비공식적으로 대

---

32 https://www.youtube.com/watch?v=o72mAkdFfJc

회에 참가한 Roberta Bobbi Gibb(로버타 바비 깁)의 소식을 접하게 된다. 스위처는 그녀의 도전과 열정에 감명을 받지만 여성의 참여 제한에 대한 안타까운 심정을 느끼게 되어 대학 cross-country(크로스컨트리)팀에 가입하여 훈련을 하게 된다.

어느 날 스위처는 크로스컨트리 코치에게 보스턴 마라톤 대회에 참가희망을 상의 하지만 코치는 "여자는 뛸 수 없어."라는 답변을 듣고, 스위처는 풀코스 42km에 8km를 더 해 총 50km를 뛰겠다는 다짐으로 보스턴에 함께 동행 하게 된다.

1967년 4월 19일 20세의 Kathrine Switzer(등번호 261번)는 보스턴 마라톤에 참가하기 위해 줄을 섰다. 2마일 지점에서 레이스 감독관인 Jock Semple(조크 샘플)이 그녀를 막으려 했지만 Switzer는 계속해서 경주를 마쳤고 4시간 20분 만에 결승선을 넘었고 그 과정에서 역사가 만들어졌다.

▷ 1967년 Kathrine Switzer와 레이스 감독관 조크 샘플   ©2023 Hearst UK

V. 월드컵 축구경기대회

Fédération Internationale de Football Association(국제축구연맹) 줄여서 FIFA(피파)는 전세계

의 축구 국가대표 경기(A매치) 및 FIFA 월드컵, 대륙별 축구대회, 청소년 월드컵 등 국제 축구 대회를 주관하는 스포츠단체이다.

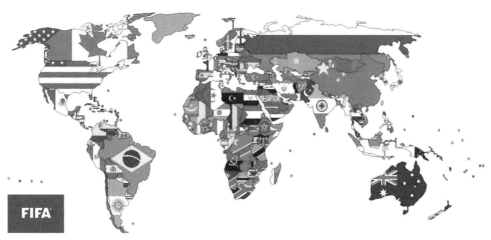

▷ 출처 : Wikimedia FIFA회원국의 국기가 표시된 세계지도

축구경기가 각 지역에 보급되어 성행하게 되자 사람들은 축구클럽을 조직하여 클럽과 클럽사이에 경기를 추진하고 또한 팀을 강화하기 위하여 선수들을 스카우트하는 일까지 벌어지게 되면서 20세기에 들어와 축구경기는 세계인의 관심 속에 프로 팀이 생겨나게 되었다.

국제올림픽위원회(IOC)는 "아마추어리즘"을 내세워 프로 축구선수의 올림픽 출전을 허용하지 않았다.

월드컵은 국제축구연맹의 창설과 역사를 같이 한다. 1904년에 벨기에, 덴마크, 프랑스, 네덜란드, 스페인, 스웨덴 등이 파리에 모여서 FIFA(국제축구연맹)를 창설하면서 "축구의 최강자를 가리는 대회를 열자"는 것에 대한 논의를 시작했다. 이러한 논의는 FIFA의 회장으로 Jules Rimet(줄 리메)가 취임하면서 본격적으로 추진되기 시작했다.

그 당시 사무총장이었던 Henry Derone(앙리 드로네)는 "프로 축구가 뿌리내린 많은 나라들이 그들의 최강팀을 올림픽에 출전시킬 수 없기 때문에 축구는 올림픽으로부터 해방되어야 한다."라고 말하면서 국제경기에 있어서 프로와 아마의 제한은 철폐되어야 한다고 주장했다.

당시 축구에서 세계 최강을 뽑는 대회라고는 올림픽대회밖에 없었다. 줄 리메와 앙리 드로네는 올림픽대회 우승 팀을 세계 최강이라고는 인정할 수 없었기 때문에 프로와 아마를 구분하지 않고 출전할 수 있는 또 하나의 국제축구대회인 월드컵 축구대회를 탄생시켰던 것이다. 두 사람의 발언이 타당하다는 여론을 불러일으킨 가운데 1926년 FIFA총회에서 월드컵 대회를 개최하기로 결정을 하였다. 제 1회 월드컵 축구대회는 남미 우루과이의 몬테비데오에서 13개국이 출전한 가운데 월드컵의 역사가 시작되었다.

월드컵 축구대회는 축구가 발달한 모든 나라 선수들이 자국의 최강팀을 출전시켜 최상의 경기를 펼치기 위해 올림픽대회와는 독립적으로 개최되기 시작하여 제 1회 대회였던 우루과이대회를 시작으로 제 2차 세계대전으로 인하여 1942년과 1946년을 제외하고는 중단 없이 제 16회 대회인 프랑스월드컵대회에까지 이르게 되었다. 이제 월드컵대회는 지구촌 최대의 스포츠축제인 올림픽대회와 비교할 때 단일 종목의 경기대회로서 올림픽대회를 능가하는 세계인의 관심과 영향력을 발휘하고 있다.

월드컵 대회는 4년마다 올림픽대회 중간시기에 개최(통상 6, 7월중 1개월간)되며, 출전 팀은 32개팀(1982년 월드컵 대회부터 24개팀에서 32개팀으로 확대)이다. 하지만 2016년 2월 26일 FIFA 특별총회에서 진출국 확대를 주장하는 잔니 인판티노(스위스, UEFA 사무총장)가 FIFA 회장에 당선되었다. 그는 2026년 FIFA 월드컵부터 본선진출 티켓을 기존의 32개 팀에서 40개 팀으로 확대하겠다고 공약을 했다.[33]

이후 2017년 1월 10일, 국제축구연맹(FIFA)이 2026년 월드컵부터 참가팀을 32개 팀에서 48개 팀으로 늘리는 개정안을 만장일치로 통과시켰다. 공약 이였던 40개 팀에서 8개가 더 추가된 것이다. 개편안은 3개국씩 16개 조로 나누는 것이라고 발표했다.

지금까지 월드컵 최다 우승 국가는 브라질(1958. 스웨덴. 1962, 영국. 1970, 멕시코. 1994, 미국. 2002, 한국-일본)이고 그 다음이 이탈리아(1934, 이탈리아. 1938, 프랑스. 1982, 스페인. 2006, 독일) 그리고 독일(1954, 스위스. 1974, 독일. 1990, 이탈리아. 2014, 브라질)순 이다. 브라질의 펠레는 브라질이 승리를 거둔 3개 대회(1958, 1962, 1970)에 모두 출전하여 월드컵 3번 우승이라는 영예와 함께 축구 황제라는 칭호를 갖고 있기도 하다.

---

33 월드컵 48개국 확대안. 4년 앞당겨 강행···FIFA의 속셈은?
    KBS NEWS(2019.03.21.).

▷ 출처 : Wikimedia 2022 FIFA World Cup Korea−Uruguay

아르헨티나는 1978, 아르헨티나. 1986, 멕시코, 2022, 카타르에서 우승하였고, 프랑스는 1998, 프랑스. 2018, 러시아에서 우승하였다. 우루과이는 1930, 우루과이. 1950, 브라질에서 우승하였고, 잉글랜드는 1966, 잉글랜드에서 우승. 스페인은 2010, 남아프리카공화국에서 우승하였다.

국가	우승 횟수	시기
브라질	5회	1958, 1962, 1970, 1994, 2002년
이탈리아	4회	1934, 1938, 1982, 2006년
독일	4회	1954, 1974, 1990, 2014년
아르헨티나	3회	1978, 1986년, 2022년
우루과이	2회	1930, 1950년
프랑스	2회	1998, 2018년
잉글랜드	1회	1966년
스페인	1회	2010년

한편 브라질은 월드컵 본선에 (22회)를 출전한 유일한 국가이고, 브라질 다음으로는 독일 (20회), 이탈리아와 아르헨티나(18회), 그리고 멕시코(17회)가, 프랑스 · 스페인 · 잉글랜드가 각각(16회), 벨기에와 우루과이(14회), 세르비아(13회), 스위스와 스웨덴(12회), 그리고 우리나라는 포함 한 러시아 · 네덜란드 · 미국이 각각(11회) 본선에 출전하였다.

트로피는 1930년 당시 회장인 줄 리메가 FIFA에 기증하여 시상한 이후 우승국에 수여되고 있다. 1930-1945년까지는 FIFA컵이라고 불렀으며, 1946-1970까지는 줄 리메컵으로 불리었으나 브라질이 3회 연속 우승으로 영구히 획득함으로써 1971년에는 줄 리메컵 대신 새로운 우승컵을 제작 "FIFA 월드컵"으로 명명하고 수여하고 있으며, 1974년부터는 복제품을 만들어 수여하고 있다.

▷ 2022 카타르월드컵 16강 대진표　중앙일보(2022.12.05.)

1. FIFA 월드컵 상의 종류

☆ 골든 볼(Golden Ball)

1982년 FIFA 월드컵에서 골든 볼이 신설되었다. 월드컵축구대회의 공식 후원사인 아디다스가 월드컵을 취재한 세계 각국의 기자단을 상대로 실시한 투표에서 대회 최우수선수(MVP)로 선정된 선수에게 수여하는 상으로, 우리말로는 '황금공' 정도로 번역된다. Golden Ball Award(골든볼상)이라고도 하며, 2위는 Silver Ball(실버 볼), 3위는 Bronze Ball(브론즈 볼)을 수여한다. FIFA 공식 홈페이지에서는 1982년부터 수상자가 작성되어 있다.

☆ 골든부트(Golden Boot)

월드컵축구대회에서 가장 많은 득점을 올린 선수에게 수여하는 상으로, 국제축구연맹(FIFA)의 공식 후원사인 아디다스가 1982년 에스파냐에서 열린 제12회 월드컵축구대회 때부터 시상하기 시작하였다. 본래 'Golden Shoe(골든 슈)'라는 명칭으로 사용되다가 'Golden boot(골든 부트)'로 명칭이 변경되었다. 2, 3위 득점자에게는 Silver Boot(실버부트)와 Bronze Boot(브론즈부트)가 주어진다.

☆ 골든글러브(Golden Glove)

1990년 타계한 1950년대 전설적인 수문장 야신(구 소련)을 기념하여 1994년 미국월드컵 대회부터 월드컵 대회에서 최고의 Goal Keeper(골키퍼)에게 수여하는 상으로 실점률·슈팅 방어 횟수·페널티킥 허용률 등을 종합해 수여하는 상이다. 1994년 미국월드컵 때 소련의 뛰어난 골키퍼였던 Lev Ivanovic Yashin(레프 이바노비치 야신)의 공을 기리기 위해 Yashin(야신) 상이라는 명칭으로 제정되었다가, 2010년 남아공 월드컵 때부터 골든 글러브로 명칭이 바뀌었다.

☆ FIFA 영플레이어(FIFA Young Player Award)

월드컵에 처음 출전한 만 21세 이하의 선수 중 최고의 활약을 펼친 선수에게 수여하는 상으로 2006년 대회에서 Best Young Player Award(베스트 영플레이어상)라는 명칭으로 제정되었다. 2014년 대회의 Hyundai Young Player Award(현대 영플레이어상)을 거쳐 2018년 대회부터 FIFA Young Player Award(FIFA 영플레이어상)으로 명칭이 변경되었다.

공식적으로 제정되기 전인 1958년 대회부터 1998년 대회까지의 수상자는 2006년 FIFA 홈페이지에서 온라인 투표로 선정되었다.

☆ **FIFA 페어플레이 트로피**(FIFA Fair Play Trophy)

FIFA 페어플레이 트로피는 월드컵 대회 동안 최고의 페어플레이 기록을 세운 팀에게 수여한다. 1970년에 제정되었으며 결선 토너먼트에 진출한 팀에 한정하여 수여된다. 매 경기가 끝난 뒤 경기 커미셔너가 6개 항목으로 나누어 점수를 매긴 평가서에 따라 수상팀을 결정한다.

6개 항목은 첫째 레드카드(퇴장)와 옐로카드(경고)를 받은 횟수(10점), 둘째 적극적인 플레이(10점), 셋째 상대 팀에 대한 배려, 넷째 심판의 지시에 대한 복종 여부, 다섯째 팀 관계자들의 행동, 여섯째 응원하는 관중들의 태도 등 전체 40점 만점에 각 팀의 점수를 종합 평가해 수여한다.

1990년 이탈리아 월드컵축구대회 때는 잉글랜드팀이, 1994년 미국 월드컵축구대회 때는 브라질팀이, 1998년 프랑스 월드컵축구대회 때는 프랑스팀과 잉글랜드팀이 공동으로 페어플레이 트로피를 수상하였다. 2002년 한일 월드컵축구대회 때는 벨기에팀이 받았는데, 트로피와 메달, 5만 달러의 상금이 주어진다.

☆ **플레이어 오브 더 매치**(Player of the Match)

축구에서는 Man of the Match(맨 오브 더 매치)라고 불리며 주로 승리를 거둔 팀에서 기여도가 가장 높은 선수들에게 이 상이 주어진다. 해트트릭을 기록한 공격수나 클린시트를 기록한 골키퍼가 주된 수여 대상이다. 모든 나라의 리그 혹은 대회에서 이 상이 공식적으로 수여되지는 않는다. 공식적인 맨 오브 더 매치 상이 없는 경우, 신문사 등 언론에서 발표 하는게 일반적이다.

한편 2022년 FIFA 월드컵부터 FIFA에서 맨 오브 더 매치 대신에 Player of the match(플레이어 오브 더 매치)로 용어를 변경했으며 여자 축구에서는 Woman of the match(우먼 오브 더 매치)를 사용하기도 하였으나 FIFA 주관 대회 등 대체로 Player of the match(플레이어 오브 더 매치)를 많이 사용한다.

또한 축구를 포함 한 모든 스포츠에서 Player of the match(플레이어 오브 더 매치)는 한 경기 내에서 가장 좋은 플레이를 펼친 선수 한 명에게 주는 상으로 잘 알려져 있다. 1980년대 크리켓 경기에서 주로 사용된 것으로 알려져 있으며, 오늘날에는 많은 스포츠에서 사용되고 있는 용어다. 경기 내 어느 팀에 속한 선수든지 받을 수 있으나, 주로 승리를 거둔 팀에서 선발된다.

미국에서는 이 용어보다 Most Valuable Player(최우수 선수)라는 표현이 사용되며, 호주에서는 Best and Fairest(베스트 앤 페어리스트)라는 표현이 사용된다.

☆ 최고의 골(Goal of the Tournament)

2006년 독일 대회에서 처음 제정되었으며, 최초 수상자는 아르헨티나의 막시 로드리게스 선수가 수상하였다. 2010년 남아프리카공화국 대회에서는 우루과이의 디에고 포를란 선수가 수상하였고, 2014년 브라질 대회에서는 콜롬비아의 하메스 로드리게스 선수가 수상하였으며, 2018년 러시아 대회에서는 프랑스의 뱅자맹 파바르 선수가 수상 하였다.

☆ 최고의 인기팀(Most Entertaining Team)

최고 인기팀은 월드컵 대회 동안 팬들에게 깊은 인상을 남긴 화제의 팀에게 수여하는 상이다. 1994년에 제정되어 투표를 통해 결정하는 방식이었고 1994년 브라질, 1998년 프랑스, 2002년 대한민국, 2006년 포르투갈을 끝으로 폐지되었다.

☆ 올스타팀(All-Star Team)

올스타팀은 1994년부터 2006년까지 월드컵 대회별로 최고의 활약을 보인 선수들을 선정한 팀이다. 2006년까지 FIFA 테크니컬 스터디 그룹에서 수상자를 선정했다. 우리나라 선수는 2002년 홍명보선수가 수비수로 유상철선수가 미드필더로 월드컵 올스타팀에 선발되었다.

올스타팀 이전의 World Cup All Star(월드컵 올스타)는 FIFA의 Technical Study Group(기

술연구팀)이 대회기간 중 가장 우수한 선수를 선발하여 Christmas Charity Game(크리스마스 자선경기)에서는 대회 후원업체인 「Master Card(마스터 카드)」사가 올스타로 선발된 선수 각 자의 선택에 따라 선수 이름으로 자선기관에 3,000불을 기증하고 올스타팀을 대신하여 UNICEF(유니세프)에 10,000불을 기증한다.

☆ 드림팀

드림팀은 2010년 대회부터 FIFA의 공식 홈페이지인 FIFA.com에서 팬들이 참여하는 온라인 투표로 선정하며, 2006년 대회까지 선정했던 올스타팀을 대체한다.

2. FIFA대회

☆ 월드컵여자축구대회(FIFA Women's World Cup)

FIFA(Fé dération Internationale de Football Association:국제축구연맹)가 주관하는 세계여자축구대회로, 1991년 창설하였으며 4년마다 개최된다.

제1회 대회는 중국에서 1991년 11월 16일부터 30일까지 열렸으며 지역예선을 거쳐 올라온 미국, 노르웨이, 스웨덴, 독일, 중국, 이탈리아, 덴마크, 타이완, 브라질, 나이지리아, 뉴질랜드, 일본 12개국이 참가하여 미국이 우승, 노르웨이가 준우승을 차지하였다.

제2회 대회는 스웨덴에서 1995년 6월 5일부터 18일까지 열렸으며 지역예선을 거쳐 본선에 오른 12개국이 경기를 치른 결과 노르웨이가 우승, 독일이 준우승을 차지하였다.

본선 참가국이 16개국으로 늘어난 제3회 미국대회는 1999년 6월 19일부터 7월 11일까지 열렸으며, 미국이 우승, 중국이 준우승을 차지하고 북한이 10위에 올랐다. 선수들의 뛰어난 기술 및 힘찬 경기와 함께 2300만 달러의 입장수입, 10억 명 이상의 시청자를 기록하여 대회 성공 가능성을 보여주었다. 한국은 2003년 제4회 대회에서 본선에 처음 진출하였다.

여자축구는 16세기 영국에서 성행하였으며 최초의 공식경기는 18세기 스코틀랜드에서 기혼여자팀과 미혼여자팀 간에 열렸고, 최초의 국제경기는 1920년 영국에서 프랑스와 영국 간에 열렸다.

☆ 올림픽 축구경기(Olympic Football Tournament)

1908년 제 4회 런던올림픽대회부터 정식 경기종목으로 채택된 후 1932년 제 10회 LA 올림픽대회를 제외하고는 매 4년마다 올림픽대회에서 개최되어 지고 있다.

☆ 청소년 경기

청소년 경기는 20세 이하 대회(U-20, FIFA/Coca-Cola Cup)와 17세 이하 대회(U-17, World Championship)의 대회가 있다. U-20대회는 1977년 튀니지에서 처음 시작된 이 후 2년마다 개최되고 있으며, U-17대회는 1985년 중국에서 처음 개최된 이후 2년마다 개최하기로 하였다.

☆ 실내축구경기대회(FIFA Futsal World Championship)

실내축구경기대회는 1992년 처음으로 홍콩에서 거행되었으며, 1996년에는 11월 24일 부터 스페인에서 개최되었다.

☆ 풋살(FUTSAL)

미니축구, 사론축구 등으로 불리어지던 실내축구경기를 FIFA가 1994년부터 명칭을 통일하여 풋살이라 부르기로 하였으며, 이 경기는 통상 축구경기장의 약 1/9의 공간에서 한 팀 5명씩 전·후반 20분씩 시합을 하며, 심한 태클이나 슬라이딩 태클을 금지하고 있어 파워가 아닌 기술과 팀 플레이의 향상을 도모할 수 있는 경기종목이다.

① 월드컵의 역사

월드컵의 과거 상위 진출국							
회	년도	개최국	출장국·지역 예선-본대회	개최도시 수	경기장 수	시합 수	3위 4위
			우승국	결승전스코아		준우승국	
1	1930	우루과이	13 - 13	3	3	18	미국 유고슬라비아
			우루과이	4 - 2		아르헨티나	

회	년도	개최국	출장국 · 지역 예선–본대회	개최도시 수	경기장 수	시합 수	3위 4위
			우승국	결승전스코아	준우승국		
2	1934	이탈리아	32 – 13	8	8	17	독일 오스트리아
			이탈리아	2 – 1	체코슬로바키아		
3	1938	프랑스	36 – 15	9	10	18	브라질 스웨덴
			이탈리아	4 –2	헝가리		
4	1950	브라질	34 – 13	6	7	22	스웨덴 스페인
			우루과이	2 – 1	브라질		
5	1954	스위스	38 –16	6	6	26	오스트리아 우루과이
			서독	3 – 2	헝가리		
6	1958	스웨덴	53 – 16	12	12	35	프랑스 서독
			브라질	3 – 1	스웨덴		
7	1962	칠레	56 – 16	4	4	32	칠레 유고슬라비아
			브라질	3 – 1	체코슬로바키아		
8	1966	잉글랜드	70 – 16	7	8	32	포르트갈 소련
			잉글랜드	4 – 2	서독		
9	1970	멕시코	69 – 16	5	5	32	서독 우루과이
			브라질	4 – 1	이탈리아		
10	1974	서독	98 – 16	9	9	38	폴란드 브라질
			서독	2 – 1	네델란드		
11	1978	아르헨티나	104 – 16	5	6	38	브라질 이탈리아
			아르헨티나	3 – 2	네델란드		
12	1982	스페인	101 – 24	14	17	52	폴란드 프랑스
			이탈리아	3 – 1	서독		
13	1986	멕시코	119 – 24	8	12	52	프랑스 벨기에
			아르헨티나	3 – 2	서독		
14	1990	이탈리아	113 – 24	12	12	52	이탈리아 잉글랜드
			서독	1 – 0	아르헨티나		
15	1994	미국	144 – 24	9	9	52	스웨덴 불가리아
			브라질	0 – 0 (PK 3 – 2)	이탈리아		
16	1998	프랑스	174 – 32	10	10	64	크로아티아 네델란드
			프랑스	3 – 0	브라질		

월드컵의 과거 상위 진출국

월드컵의 과거 상위 진출국							
회	년도	개최국	출장국·지역 예선–본대회	개최도시 수	경기장 수	시합 수	3위 4위
			우승국　　결승전스코아　　준우승국				
17	2002	한국–일본 공동개최	198 – 32	20	20	64	터키 한국
			브라질　　2 – 0　　독일				
18	2006	독일	32	12	12	64	독일 포르투갈
			이탈리아　　0 – 0 (PK 5 – 3)　　프랑스				
19	2010	남아프리카 공화국	199–32	9	10	64	독일 우루과이
			스페인　　1 – 0　　네덜란드				
20	2014	브라질	32	12	12	64	네덜란드 브라질
			독일　　1 – 0　　아르헨티나				
21	2018	러시아	207–32	11	12	64	벨기에 잉글랜드
			프랑스　　4 – 2　　크로아티아				
22	2022	카타르	211–32	5	8	64	크로아티아 모로코
			아르헨티나　　3 – 3(PK 4:2)　　프랑스				
23	2026	북중미					

[주] 제 1 회 대회는 3위 결정전을 행하지 않고 미국, 유고슬라비아 모두 3위
　　제 4 회 대회는 4팀에 의해 결승 리그전에서 순위결정

② 한국 축구의 월드컵 예선 및 본선 성적

대 회	성 적		비 고
	예 선	본 선	
54년 스위스	한국 5 – 1 일본(동경) 한국 2 – 2	한국 0 – 9 헝가리 한국 0 – 7 터키	예선 탈락 (본선 2패)
58년 스웨덴	불참		
62년 칠레	한국 2 – 1 일본(서울) 한국 2 – 0 일본(동경) 한국 1 – 5 유고(유고, 벨그라드) 한국 1 – 3 유고(서울)		지역 예선 탈락
66년 잉글랜드	불참		북한 8강 진출
70년 멕시코	지역 예선 리그 (1위호주, 2위한국, 3위일본)		지역 예선 탈락

대 회	성 적		비 고
	예 선	본 선	
74년 서독	한국 0 - 0 호주(호주시드니) 한국 2 - 2 호주(서울) 재경기 한국 0 - 1 호주(홍콩)		지역 예선 탈락
78년 아르헨티나	한국, 홍콩, 이란, 쿠웨이트, 호주 (3승 4무 1패로 탈락)		지역 예선 탈락
82년 스페인	한국 0 - 2 쿠웨이트		지역 예선 탈락
86년 멕시코	한국 2 - 1 일본(동경) 한국 1 - 0 일본(서울)	한국 1 - 3 아르헨티나 한국 1 - 1 불가리아 한국 2 - 3 이탈리아	예선 탈락 (본선 1무 2패)
90년 이탈리아	최종 예선 리그 한국, UAE 본선진출	한국 0 - 2 벨기에 한국 1 - 3 스페인 한국 0 - 1 우루과이	예선 탈락 (본선 3패)
94년 미국	최종 예선 리그 한국, 사우디아라비아 본선진출	한국 2 - 2 스페인 한국 0 - 0 불가리아 한국 2 - 3 독일	예선 탈락 (본선 2무 1패)
98년 프랑스	최종 예선 리그 한국, 일본 본선진출	한국 1 - 3 멕시코 한국 0 - 5 네델란드 한국 1 - 1 벨기에	본선 성적 3전 1무 2패 (득점 2, 실점 9)
2002년 한국-일본	최종 예선 리그 사우디아리비아, 중국 본선진출 한국, 일본 개최국 본선진출	한국 2 - 0 폴란드 한국 1 - 1 미국 한국 1 - 0 포르투갈 한국 2 - 1 이탈리아 한국(PK 5 - 3)스페인 한국 0 - 1 독일 한국 2 - 3 터키	본선 성적 7전 4승 1무 2패 (득점 13, 실점 9) 4위
2006 독일	한국, 호주, 이란, 일본, 사우디아라비아, 본선진출	한국 2 - 1 토고 한국 1 - 1 프랑스 한국 0 - 2 스위스	본선성적 1승 1무 1패
2010 남아프리카공 화국	한국, 호주, 일본, 북한 뉴질랜드, 본선진출	한국 2 - 0 그리스 한국 1 - 4 아르헨티나 한국 2 - 2 나이지리아 한국 1 - 2 우루과이	본선성적 1승 1무 2패 (득점 6, 실점 8) 16강 진출
2014 브라질	한국, 호주, 일본, 이란 본선진출	한국 1 - 1 러시아 한국 2 - 4 알제리 한국 0 - 1 벨기에	본선성적 1무 2패 예선탈락 (득점 3, 실점 6)
2018 러시아	한국, 사우디아라비아, 이란, 일본, 본선진출	한국 0 - 1 스웨덴 한국 1 - 2 멕시코 한국 2 - 0 독일	본선성적 1승 2패 예선탈락 (득점 3, 실점 3)
2022 카타르	한국, 일본, 사우디아라비아 이란, 호주, 본선진출 카타르, 개최국 본선진출	한국 0 - 0 우루과이 한국 2 - 3 가나 한국 2 - 1 포루투칼 한국 1 - 4 브라질	본선성적 1승 1무 2패 (득점 5, 실점 8) 16강 진출
2026 북중미	-	-	-

제2편

한국
체육사

제1장

원시 및 부족사회의 체육

원시사회에 있어서는 사람들이 산과 들을 두루 돌아다니며 생활필수품을 획득하였으며 때로는 다른 종족과의 투쟁에 이기기 위하여 강건한 신체가 절실히 요구되었던 것이다.

따라서 체육의 역사는 먼저 원시적인 사회를 고찰하는 것으로부터 비롯되어야 한다. 원시인들의 사이에는 목적이 뚜렷하고 계통적인 교수지도란 거의 없이 교육은 다만 그날 그날의 생활 활동이나 경험 및 종교적 사회적인 부산물에 지나지 않았다.

역사가 시작되기 전에 우리의 선조들은 백두산을 중심으로 하여 동남으로 생활환경이 좋은 곳을 찾아 해안지대 혹은 산골 사이를 떠돌아다니며 처음에는 고기잡이 나물채취 가축사육 활동을 영위하면서부터 정착생활을 하게되어 부족사회를 형성하게 되었다.

당시에는 집집마다 무기가 항상 준비되어 있어 유사시에는 부락민이 군사가 되고 부락의 우두머리가 지휘자가 되어 싸우는 것이었다.

이러한 부족 사회간에는 재물 세력 등을 위하여 다른 종목을 정복하기도 하고 혹은 가장 가까운 종족끼리 연합하기도 하는 과정에서 초기적인 왕국형성의 과정을 밟게 되었다. 왕위는 세습적 제도가 아니라 그 부족장이 되었던 것이다. 따라서 부족장은 그 부족 중에서 무예나 힘이 출중한 자로 항상 교체되었던 것은 두말할 것도 없는 것이다. 부족사회에서는 생활을 영위하기 위하여 자연이나 맹수와 싸우고 부족 또는 부족 내에서의 세력다툼을 위하여 무예를 닦고 그 무예의 바탕이 되는 강한 정신력과 체력의 배양이 절실하였다. 따라서 무예를 중심으로 한 체육이 행하여 졌다고 볼 수 있다.

전투능력 양성을 목표로 한 부족사회의 체육으로는 달리기, 뛰기, 던지기, 격투, 헤엄치기, 짐지기 등의 기초적인 운동능력의 양성이 중요시되었다.

당시의 병역에 관한 부락민이 자신들의 생활을 개척하기 위하여 자발적으로 무예와 싸움에 관해 연습하고 대적의 방도를 튼튼히 하려는 農兵一致的(농병일치적)인 제도가 행하여졌다.

이리하여 무예와 싸움에 관한 군사적 훈련에 몰두한 나머지 활 쏘는 기술과 칼 잘 쓰는 술법이 무예의 중심이 되었던 것이다.

▷ 울산의 국보 제 285호 대곡리 반구대 암각화 © www.kyen.kr

우리나라 무사의 최초의 발생은 중국이나 서양의 어떤 나라와 같이 단순히 권위에 복종하거나 은혜를 갚는다는 것이 아니라 부락의 부족들이 자위상 군장을 맹장으로 삼아 그 족장에 복종하는 심성과 아울러 부족 연맹사회에 충의를 다한 가치관념이 점차 발전하여 사회윤리의 근원이 된 것이 무사도의 시초가 된 것이다.

유희의 발달은 인간의 신체적, 정서적, 지적, 사회적 발달의 표현이라고 볼 수 있는 것이다. 이 시대는 농업을 위주로 하던 농경사회인 동시에 천, 신, 태양, 산악 등의 자연계를 숭상하는 원시신앙이 唯一(유일)의 생활이니 만큼 5월 파종 10월 추수가 끝나면 군중이 모여

신에게 제사지내는 풍속이 있었다.

이는 부족에 따라 영고, 무천, 동맹, 10월제라고 불렀으나 거의 같은 성질의 제전이었던 것이다. 이 제전을 중심으로 음주를 베풀고 주야로 즐기던 노래와 춤은 지금껏 전하여 오는 농악에서 그 자취를 엿볼 수 있다.

이러한 농악을 비롯하여 여름으로 온갖 유희 오락을 즐기던 것이 점차 경쟁의식을 갖게 되어 어떤 종류의 경기로 변한 것이 오늘날의 경기나 유희 등의 기원이 된 것이라 하겠다.

질병의 진단과 그 치료가 고대에 있어서는 영적 능력자에 의존하였다는 것은 인류공통의 민속학적 사실이라 하겠다. 고대 중국에 있어서도 무당과 의사가 거의 같은 성질로 취급되어져 왔다.

부족사회에서는 상해, 질병 등 생명에 장애가 되는 외적, 내적, 요인을 모두 신의 노여움 악마의 소행이라 하여 그 불행을 모면하기 위하여 매년 1, 2회 天神(천신)에게 제사를 지내고 태양, 토신, 곡신, 산악 등을 숭상하였다. 이것이 부족사회에 있어서 위생생활의 일부이었음을 알 수 있다. 이러한 다신교 사상의 기반 위에 병의 치료, 건강, 행복을 비는 제사가 성행된 것으로 보아 당시의 위생사상이 비위생적이었다는 것을 알 수 있다. 오늘날과 같이 체육과 위생이 불가분의 관계를 맺고 있는 것과는 달리 당시의 무예 내지 체육이 위생과는 전혀 관계가 없었음을 알 수 있다.

제2장

삼국시대의 체육

 씨족사회나 부족사회국가에 있어서 同族相爭(동족상쟁)은 국가가 커질수록 그 규모가 커졌다. 이것은 귀족층의 영토욕, 지배욕 및 외족침략에 필요한 것이었으나 한편으로는 민족통일의 전초전이 되었다.

 우리나라는 지리적 관계로 항상 대륙의 침공이 빈번하여 국방상 대비에 만전을 기해야 했다. 고구려, 신라, 백제는 제각기 삼국통일의 큰 뜻을 품고 빈번히 싸움을 벌여오면서 끊임없는 항쟁을 했던 삼국은 국민징병제를 실시하여 무예를 적극 장려하고 정병육성에 큰 힘을 기울였다.

 이와 같은 공방의 삼국시대에 귀족들은 보다 훌륭한 병사가 되어야 했으며 이러한 귀족들의 무사훈련은 곧 자기 자신의 신변 및 권력을 지키는 통치자로서의 수련이기도 하였다. 그러므로 삼국시대에는 무예가 급격히 발전을 보게 되었으며 귀족들의 무사수련은 지, 덕, 체가 요구되는 교육활동으로서 보다 조직적이고 발전된 신체적 성격을 띤 교육과정이라고 할 수 있다.

 훌륭한 무사가 유능한 지도자였던 삼국은 그들의 지도자 양성을 위하여 특수한 교육적 조직을 이루게 되었으니 자연히 문보다 무를 숭상하게 되었다.

 이 崇武情神(숭무정신)은 특정한 무사들에게만 국한된 것이 아니고 모든 국민이 이 기풍을 배양함과 아울러 모든 교육이 바로 무사교육이라고 할 수 있을 정도로 활발하게 실시되었다.

이와 같은 시대적 국민적 요청에 따라 삼국은 공히 무사교육을 실시하였으며 특히 신라 통일의 원동력이 되었던 花郞徒(화랑도)와 같은 군건한 무사도가 확립되었으며 이에 따라 체육도 성행되었다고 볼 수 있다. 이러한 시대적 배경 밑에서 의지적으로 행해진 체육과 무예를 통하여 형성되었던 당시의 인간상을 화랑도의 지표인 世俗五戒(세속오계)를 인용하면 다음과 같다.

※ 임금을 섬기되 충성으로 할 것 (事君以忠)

※ 어버이를 섬기되 효로서 할 것 (事親以孝)

※ 벗을 사귀데 신의로서 할 것 (交友以信)

※ 싸움터에서 물러나지 말 것 (臨戰無退)

※ 살생할 때는 시기와 생물을 가릴 것 (殺生有擇)

▷ 신라의 청소년 무예 단체 '花郞' 조선일보(2018.02.20.)

화랑도는 청소년으로 조직된 민간 수양단체로서 심신을 단련하고 교양을 쌓아 사회생활의 규범을 가르쳐 필요한 경우에는 전투원이 될 수도 있는 사회의 중심인물을 양성하는 것으로 전통을 존중하고 협동정신과 신의, 용감성을 배양하는데 목적이 있다.

화랑도가 처음 생겨난 것은 신라 진흥왕 37년(576년)이다.

화랑도는 신라고유의 사상을 바탕으로 지도층이 소년들을 훈련시키던 武士團(무사단)으로 화랑이 郞徒(랑도) 수백명 내지 수천명씩을 이끌고 산천과 명승지를 찾아다니면서 풍류와 체력단련을 하여 국가 유사시에는 무사로 출전하였다.

최초의 화랑은 진흥왕 때의 薛元郞(설원랑)이며, 화랑도의 다른 명칭으로는 國仙徒(국선도), 風月徒(풍월도), 風流徒(풍류도)라고도 불렀다. 화랑도의 교육 내용을 살펴보면 지적인 면보다는 구체적으로 생활에 필요한 활동을 중요시하였다. 노래와 풍류를 통한 정서의 훈련 무예를 통한 전투력 양성의 기술, 체력, 의지훈련을 하였으며, 산천과 명승지를 통한 심신도야 등의 훈련이었다.

화랑도 교육은 그 교육이상에 있어서 국가의 유능한 국민이고 지도자가 될 사람을 기르는 동시에 심성이 착한 국민을 기르는데 있었고 문무와 정서함양에 중점을 두고 상무의 기풍을 길렀기에 이것이 나아가 삼국통일의 원동력이 되었다고 볼 수 있다.

이와 같은 무인정신 속에서 당시 무사들의 절대적 애국심과 예의 및 용감무쌍한 정신을 엿볼 수 있으며, 사회적, 종교적, 군사적 생활에 적응시키는 조화적 인간상을 지향하는 고도의 무예와 체육이었으리라 짐작한다.

이상과 같은 삼국시대의 무예는 당시의 생활과 깊은 관계가 있었으며 점차 문명 사회가 이룩됨에 따라 즐기기 위한 각양각색의 유희나 오락이 매우 성행되었다.

일반 대중적 민속 오락은 불교행사의 무제 행사 등의 축제의식과 더불어 경축여흥으로 행하여 졌다. 유희의 발달은 인간의 신체적, 지적, 정서적, 사회적 발달의 표현이라고 할 수 있다. 민속은 민족을 닮고 유희, 오락은 시대를 닮는다고 볼 때 민속은 민족의 얼이요 유희, 오락은 시대의 얼이라 하겠다.

국경일이나 정월, 오월단오, 팔월추석 등은 전국적으로 민속오락이 가정적 혹은 군중의 집단행사로 행해 졌다고 하겠다. 신라 전성시대에 있어서 춘, 하, 추, 동 사시절에 따라 상류층에는 별장에서 이루어지고 하류층에는 무도, 음악, 씨름, 수박 등이 성행하였다.

이러한 놀이가 고대의 형식 그대로 오늘날까지 전해져 왔다는 것은 우리나라 고유의 전통적인 놀이로서 가치 있는 것이라 하겠다.

1. 삼국시대의 놀이

※ 角觝(각저) : 농경시대부터 제례행사로 거행 되어온 경기의 하나 이다. 오늘날의 씨름 으로서 민속놀이로 전해져온 우리고유의 투기이었으며 우리 민족과 더불 어 함께 해온 민속경기의 하나이다.

▷ 고구려고분 각저총(角抵塚)에 그려진 그림 ⓒ 문화재청

※ 蹴鞠(축국) : 삼국시대부터 행해졌는데 오늘날의 축구와 비슷한 것으로 볼 수 있다.

※ 投壺(투호) : 아낙네들이 화살을 던져 꽃병 속에 던져 넣어 그 화살수로서 승부를 결정 하는 놀이 이다.

※ 雙六(쌍륙) : 편을 갈라서 차례로 주사위 돌을 던져 나오는 사위대로 말을 써서 먼저 궁에 들여보내는 내기 이 오락은 평민의 자제들은 하지 못하게 하였으며 귀족성을 띠는 오락이었다.

※ 風鳶(풍연) : 오늘날의 연 날리기를 말한다.

※ 手搏(수박) : 오늘날의 태권의 원형으로 추측되어진다.

※ 樗蒲(저포) : 오늘날의 윷놀이와 비슷한 흥미 있는 오락이다.

※ 竹馬(죽마) : 어린이들이 잎이 달린 대나무를 가랑이에 넣고 말처럼 끌고 다니는 놀이

※ 鞦韆(추천) : 그네뛰기 여자들 사이에서 널리 행하여진 단오날의 대표적인 놀이

※ 圍棋(위기) : 바둑

　삼국시대의 위생사상도 부족사회와 마찬가지로 원시신앙으로 인하여 상해, 질병 등의 원인을 신의 노여움으로 알고 제사로서 면하려고 했다. 삼국이 모두 불교를 현재의 행복을 비는 현세의 행복을 비는 현세의 종교 나라를 지키는 호국종교라 생각하였기 때문에 독경, 기도 등으로 무병장수를 원하였다고 볼 수 있다.

　모든 질병 등의 원인을 신의 노여움 또는 불교적 인과관계로 돌렸다는 것은 결국 고대 원시적인 치병관, 생명관에서 탈피하지 못한 것을 알 수 있다.

제3장

고려시대의 체육

태평시대를 이룩하였던 통일신라시대가 끝나 왕건이 고려를 건국한 뒤로는 국경에서 자주 시끄러운 문제가 일어나 대외적인 항쟁이 계속 되었다. 그러나 신라의 초기와 같이 무예를 연마한 것이 아니라 불교와 유교의 영향을 받아 文弱(문약)으로 흐르게 되었다.

고려의 불교는 内的面(내적면), 즉 정신을 지배하면서 학문과 정치면에 이바지하였다. 그러나 고려는 역시 佛敎國(불교국)이므로 유교가 대체로 진흥하지는 못하였으나 고려말에 융성 되어 문약을 가져왔다.

그러나 예종 4년에는 국자감(종합대학)을 설치하고 거기서 7과목 중 武學(무학)을 두어 무관을 양성 하고자 하였다. 그러나 이와 같은 문무일치의 정책은 효과를 거두지 못하고 오히려 문, 무신들 간에 알력을 빚어냈을 뿐이었다.

성종 이후 대대로 유교를 숭상함으로써 무신에 대한 멸시와 천대는 몹시 심하였으므로 무신들의 원한은 높아갔다. 의종 때는 무신들이 왕명으로 수박을 하다가 대장 李紹膺(이소응)이 패하여 달아났다 하여 문신 한패에게 뺨을 맞은 일이 있었다. 이로 인해 鄭仲夫(정중부) 이하 여러 대장들이 폭동을 일으켜 대소 문신을 죽이고 의종을 폐하여 제19대 명종을 세워 무관이 득세하게 되었다. 이리하여 한때 權勢(권세)있는 무신간에는 정권쟁탈을 목적으로 사병을 양성하면서 무예를 훈련시키는데 몰두하였다. 이로 인해 문약으로 침체하였던 무예는 다시 활발하게 일어나게 되었다.

고려시대의 체육도 역시 전투능력의 양성을 목적으로 하는 체육이기는 하였으나 무신들의 정권쟁탈로 말미암아 철저한 무사정신과 함께 무예 또한 격심하게 鍊武(연무) 되었을 것이다.

특히 삼국시대의 무예와 체육을 계승, 발전시키는 한편 이 시대에 들어와 비로소 水戲(수희), 手搏(수박), 馬上才(마상재) 등이 적극적으로 행하여 졌음은 고려시대의 무예나 체육의 새로운 진전을 보여 주었다고 볼 수 있다.

고려는 항상 북방 외족의 위협을 받기는 하였으나 건국 이래 본바탕이 튼튼하고 대륙문화의 왕성한 수입으로 문물제도가 정돈되어 비교적 안정된 생활을 하게 되었다. 이에 따라서 향락적인 사치생활이 유행하였다. 계절적인 설날, 5월단오, 8월추석 등의 명절, 4월 8일 (석가탄신일) 연등회 (2월 15일) 팔관회 등의 국가적인 불교행사에는 호화스런 연회나 온갖 유희를 갖는 풍속이 있었다.

단오에는 격구, 투호, 그네뛰기, 널뛰기, 씨름, 석전 등의 여러 가지 유희 오락이 성행되었다. 궁내에서는 격구, 투호가 성행되었으며 특히, 격구는 궁정에서 매우 성행되었는데 매년 단오절에는 국왕과 백관이 臨席(임석)하고 또 귀부인 공자들도 나와서 人山人海(인산인해)의 대 성황리에 행해졌던 것이다.

고려사에 보면

※ 의종 4년(1150) 11월 24일 왕은 강 안전에 행차하여 내시 저후 이하에 격구를 명하였다.

※ 공민왕 16년(1376) 3월 18일에 왕은 봉선사 송강까지 걸어가서 격구를 보았다.

※ 희종 4년(1208) 10월 19일에 왕은 장군 최우의 집에 행차하여 견농의 격구를 명하였다.

※ 충렬왕 8년(1282) 5월 3일에 왕은 공주에 행차하여 갑자기 적응방을 패로 나누어 격구를 시켜 승리한자에게 은으로 만든 병을 시상하였다.

이상에서 볼 때 역대 왕들이 자주격구를 명하여 보고 즐겼으므로 격구가 관람적인 스포츠로서 널리 보급되어 일반화하였음을 알 수 있다.

고려사에

※ 종 16년(1229) 최이는 이웃집 백 여채를 강제로 철거하여 擊毬場(격구장)을 만들었는데 동서의 거리가 수백 보요 지면이 평평하여 바둑판과 같다. 격구를 할 적마다 반드시

물을 뿌려 먼지를 적시게 하였다.

▷ 격구 : 말을 타고 달리면서 막대기(毬杖)로 공을 치는 것 ⓒ국사편찬위원회

용비어천가에

※ 말안장 하나의 값은 중류집 열채의 재산에 해당한다.

※ 고려사에 최항은 재상들을 자기 집에 불러 연회를 베풀고 격구, 마상재를 관람하였
다. 이때 별초는 황금으로 마구를 장식하고 금 잎사귀 비단 꽃을 말머리와 꼬리에 꽂
았다.

이상에서 볼 때 격구는 매우 사치스러운 운동으로 전락한 것을 알 수 있다. 재상들 가운
데는 막대한 비용을 들여서 격구장을 개인이 시설하였음을 볼 수 있는데 격구가 상류층의
생리에 매혹된 운동임을 알 수 있다.

다음은 일반 서민 간에 행하여진 각종 유희 등을 고려사를 중심으로 살펴보면

고려사에

※ 충숙왕 17년(1330) 3월에 왕은 중요한 시무를 배전, 주주 등에게 맡 고 매일 궁중에서 잡무에 종사하는 아이들과 씨름을 하여 상, 하의 예의가 없었다.

※ 희종 3년(1207) 단오에 최충헌이 그네뛰기를 백정동궁에 베풀고 놀았다.

※ 왕우 6년 5월에 왕의 석전놀이를 보고자 한다. 나라 풍속에 5월 단오에는 무뢰한들의 무리가 큰길거리에 모여 좌우대로 나누어 기와의 깨진 조각과 돌을 손에 들고 서로 치거나 혹은 섞어서 짧은 막대기를 가지고 승부를 결정하는데 이를 石戰(석전)이라 한다.

※ 공민왕 20(1371) 11월 19일에 다시 鷹坊(응방)을 설치하여 왕이 말하기를 내가 매를 기름은 사냥하려는 것이 아니고 그 기세가 사납고 뛰어남을 사랑할 뿐이다.

※ 충선왕 때에 궁궐의 종이 동네 아이의 연을 빼앗아 왕에게 받쳤다. 왕은 곧 명하여 말하기를 다시 돌려주는 것이 떳떳한 행위라 하고 돌려주게 하였다.

이상에서 본 바와 같이 고려시대 즉 중세 스포츠는 삼국시대의 것을 답습 종교와 같은 정신문화의 영향으로 활동상의 활기를 띠지 못하는 듯 하였으나 예종 4년에 무예를 국자감에 7과목중의 하나로 설치한 뒤로 그 본연의 목적을 되찾았다고 볼 수 있다.

고려시대는 번창한 불교와 더불어 한학이 물밀 듯이 들어왔고 한의학 또한 수입되어 의술에 의한 병의 치료도 상당한 진전을 보였다.

고려는 건국 초에 중앙에 대 자원을 두고 가난하여 병을 치료하지 못하는 사람에게 의료 혜택을 주었으며 광종 9년 5월 科擧制(과거제)를 둔 뒤 의술에 대한 소문경, 목초경, 맥경, 침경, 구경 등의 과목을 과한 것은 의술의 진전을 나타내는 것이라 하겠다.

고려사에

※ 숙종 8년 7월 14일 송나라 의관인 모개 등이 홍성궁에서 의생을 가르쳤다.

※ 성종 6년 2월 29일 의학박사를 12목(주)에 각각 한사람씩을 두어 힘써 가르쳤다.

이는 조정에서 이미 미신적인 치료관을 믿지 않은 경향을 보여 준 것이라 하겠다. 예종 7년에는 혜민국을 설치하여 빈민 환자를 치료하였으며 한편 미간에서도 자선적으로 구제사업에 힘쓰는 이들이 있어 채홍유의 활인당, 성석인의 위생당 같은 것은 그 당시의 저명한 개인의 의료기관 이었다.

제4장

조선시대의 체육

조선조는 사회혁명에 의한 건국이 아니고 다만 왕조만이 바뀐 혁명 즉 일종의 왕권교체에 지나지 않았기 때문에 정치 · 경제 · 사회 · 문화가 거의 고려시대의 문물을 답습하였던 것이다.

고려조는 모든 문화가 유 · 불교를 배경으로 전개되었으나 고려 말에 주자학이 들어오면서 건국 초부터 排佛政策(배불정책)을 내세워 유교를 숭상하여 정치의 지도개념으로 삼아 일종의 사대주의 완성기를 이룬 것은 이 시대의 특기해야 할 사실이다.

오랜 시일을 통하여 깊숙이 뿌리박고 있었던 불교인만큼 衰退一路(쇠퇴일로)를 걸으면서도 그대로 존속하더니 폭군 연산조에 이르러 드디어 불교는 결정적인 타격을 받고 대신 유교가 독점적 지위를 차지하게 되었다. 이로 인해 조선조는 극단의 봉건사회를 이루게 되었고 유학의 발전에 따라 여려 학파로 갈리면서 정권쟁탈을 목적으로 한 참혹한 당파싸움이 되풀이 되어갔다.

당파싸움으로 인해 정치가 불안하고 국방력이 약화되었을 때 일본과 여진족이 우리나라를 침범한 임진왜란과 병자호란이 일어났다. 임진왜란과 병자호란은 도덕과 명분을 내세우면서 공리공론만 일삼고 국제정세에 어두웠던 양반 선비들이 자초한 것임에도 불구하고 兩難(양난) 이후에도 당쟁은 계속되었다.

유학들에 의한 극단적인 文弱政治(문약정치)로 말미암아 무관의 사기는 일반적으로 저하되고 무예 또한 침체를 면치 못하여 무사나 일반 국민들의 기상은 대체로 안일에 빠지게 되었다.

시대의 진전에 따라 무예나 전법이 새로운 양상을 띄고 주목할 만큼 발전한 것은 부인할 수 없다. 군사교육은 1개월에 2차씩 무예훈련을 의무적으로 받고 매년 춘추 2회에 걸쳐 대연습을 행하게 하고 五家作統法(5가작통법 : 5집의 인원이 1개 소대가 되어 훈련하고 병역의무의 책임을 지는 것)이 실행되어 정기적으로 무예를 훈련시켰다.

조선조 중엽 이후에 있어서는 유교의 고루한 사상이 농후하게 되어 소위 문예정치란 미명하에 文尊武非(문존무비)의 사상으로 바뀌었으며 귀족 및 양반은 병역면제가 되어 무예를 안 하므로 무예를 하는 자는 자연 천인이 하게 되었다. 그러므로 일반인들은 무예훈련이 싫다는 것보다는 천인이 되는 것이 싫었고 소위 양반들의 무시와 천대가 싫었다.

병역법은 국가의 혜택을 가장 적게 받는 일반인에게 실시한다는 것은 불공평한 것으로 (삼국시대에는 귀족부터 병역의무 실행) 제일 먼저 양반이 되려고 과거 공부가 맹렬하였고(한번 양반이 되면 그 자손까지도 양반으로 병역의무가 면제되었음) 병역기피가 극심하여 이 기피한 실화는 상당한 수였었다. 그리고 여기서 특기할 것은 이 시대에 접어들면서 체육을 이론적으로 체계화하려 했던 점이다.

즉 선조시대의 한교는 전래해온 비법을 학술적으로 연구하여 70여 명에게 무예 교육을 실시하여 壬辰倭亂(임진왜란) 때 응용한 바 있으며 무예통치와 練兵指南調練圖式(연병지남조련도식) 등의 교과서를 편찬했고 또 이 시대에 武藝圖譜通志(무예도보통지)가 편찬되어 정조 때 증보된 바 있다.

조선조는 극단의 문약과 무사천시로 말미암아 무예의 부진과 더불어 체육 또한 종합적으로 조화적인 근대체육으로 싹트지 못하고 다만 고려조의 그것과 별 차이 없이 무사양성을 목적으로 하는 무예 중심의 체육에 그쳤던 것이다.

조선시대에는 말 타고 활쏘기, 활쏘기, 검술, 격구, 수박, 마상재 등이 그 대표적인 것으로 행해졌다. 조선시대는 정치체계와 경제체계의 정비에 따라 엄격한 신분제도의 조직과 질서를 중시하는 사회제도가 형성되었다. 계급에 따라 직업, 지위 및 대우가 다른 것은 물론이고 과거, 입학, 세금까지도 일정한 규정이 있었다.

계급을 크게 나누면 양반, 중인, 상인, 천인의 네 계급이 있는데 양반은 광대한 토지와 노비를 받았고 소과 및 대과의 과거에서 출세할 수 있는 한편 납세와 병역의무도 없었다.

남·녀의 차별이 심하고 다른 계급과는 결혼할 수도 없었고 유희, 오락에서도 상하가 구별되었던 것이다. 유교적 봉건사회로 말미암아 문을 숭상하고 무나 신체적 활동을 경시한 정치의 폐단으로 말미암아 생산 도구화된 일반 백성에게는 자신을 위한 여가 활동이나 오락의 여유가 없는 실정이었다.

위생 면에서 볼 때도 고려시대와 마찬가지고 경신제천의 신앙이 성행되어 救病祈禱(구병기도), 무당의 기원에 의한 救病思想(구병사상)이 일반 민간인뿐만 아니라 조정에까지 파급되기도 했다.

유교사상이 남녀 교재를 극단으로 금하였기 때문에(남녀 7세 부동석) 여자의 외출은 물론 부녀자의 질병 시에 남자 의사에게 진찰을 받는 것까지도 도덕적으로 죄악시한 결과 많은 희생자를 내었다.

세종 5년(1423) 11월 28일에 議政府參贊(의정부참찬) 致仕(치사) 許衡(허형)이 임금에 아뢰기를 남녀는 7세가 되면 자리를 같이 아니하고 식사를 같이 하지 않는데 이것은 성인이 남녀의 구별을 삼간 까닭이다. 그러나 기질인즉 질병이 없지 못할 것인데 위급한 때를 당하여 황실의 처녀일지라도 의사를 구하여 이를 치료하려 하지 않는다.

남자 의사의 진찰을 부끄러워하여 끝내 치료하지 아니하고 나이가 젊어 죽은 자가 있으므로 신하는 조석으로 깊이 우려 하는 바 바라 건데 외부 각도의 우두머리 여자 중에서 머리가 영리한 계집아이를 택하여 한양에서 침구·약리법 등 기술을 숙련시켜 그 도내 부녀의 병을 치료하게 한다.

세종 24년경에는 왕의 명에 의하여 안평대군 감수 김순의, 최윤, 김유지 등이 3년 만에 당시 세계에서 찾아볼 수 없는 의학 백과사전이 나오게 되었다.

뒤를 이어 동양의학의 보감이 된 許浚(허준)의 東醫寶鑑(동의보감) 宣祖(선조)때 全有亨(전유형)의 五臟道(오장도) 고종때 李濟馬(이제마)의 四象法設(사상법설)이 나오게 됨으로써 조선의학상에 발전을 가져오게 되었다.

후기에는 서양의학도 전래되어 고종 병자 개국 후에 항구에서 검역과 국경에서의 방역 등 의료사업에 새로운 전환기를 맞이하였다.

의료사업의 필요성에 따라 서양인 의사를 이용하면서 의천의신하던 치병관은 새로운 양상을 띠게 되었다. 고종 21년 우정국 광장에서 민영익이 자객에 의해 상처를 입어 중태인 것을 그해 미국 공사관에 와있던 미국인 의사 Allen(알렌)이 간호하여 소생하였다. 또한 광혜원을 고쳐 濟衆院(제중원)이라 이르고 알렌을 초빙하여 신식 의료사업에 종사하게 하는 한편 학도를 뽑아 서양의학을 강습하게 하였는바 이것이 조선에서의 서양의학이 정식으로 인정받게 된 시초이다.

▷ 허준의 신형장부도(身形臟腑圖) 서울신문(2010.11.08.)

제5장

근대사회의 체육

조선조는 공리공론으로 흘러 대내적으로 당파싸움이라는 고질적인 부산물을 낳았고 대외적으로는 임진, 병자 양란의 결과로 사회는 극도로 피폐하였다. 이로 인해 청나라와 일본이 조선 땅에 발을 붙이는 계기가 되었으며 더욱이 민비와 대원군의 파벌싸움으로 일관되었다.

이러한 틈을 타 조선은 淸(청)과 日(일)의 각축장으로 변하였고 대원군의 쇄국정책으로 말미암아 내정이 극도로 부패하여 탐관오리의 착취와 횡령으로 민중의 분노는 마침내 동학란으로 폭발하고 말았다.

이 난은 조선 최초의 민중의 난이라 할 수 있으나 실패로 돌아가고 말았다. 동학란은 대내적으로는 봉건제도의 붕괴를 가져오는 갑오경장이라는 대 개혁이 실시되고 대외적으로는 동, 서 정세에 일대 혁신을 가한 청·일전쟁의 도화선이 되고 말았다.

청·일전쟁은 조정에서 동학란을 평정하기 위해 청에 원군을 요청해 3,000명의 청군이 조선 땅에 들어오자 일본은 공사관과 거류민을 보호한다는 미명아래 일본군을 조선에 파견하였던 것이다. 이 때 일본은 명치유신으로 인해 국력이 급속도로 충실해지고 우수한 병기를 가지고 있었으며 청에 선전포고를 해서 청·일전쟁을 일으켰던 것이다. 청·일전쟁을 승리로 이끈 일본은 조선에서 세력확장에 고심하던 차에 러시아와 노·일전쟁을 일으켜 승리함으로써 조선에서 확고 부동한 위치를 차지할 수 있었던 것이다.

일본이 두 전쟁에서 승리하자 1905년에 을사보호조약을 체결하여 한일 합방의 직접적인 계기를 마련하고 뒤이어 1910년 8월 치욕의 한·일합방 조약에 의하여 조선의 통치권을 강제로 빼앗아 버렸다. 이때부터 일본은 식민 무단정치를 감행하고, 1920년부터 1930년까지는 본격적인 착취에 나섰으며 1931년 만주를 점령하면서부터 중·일전쟁(1937)과 태평양전쟁(1941)을 일으켜 대륙침략을 획책하였으며 1945년 일본이 연합군에 패전하기까지 우리 민족의 시련은 이루 형용할 수 없을 정도로 비참하였던 것이다.

이처럼 급변하는 사회에서 체육은 1894년 갑오경장을 전후하여 미국과 일본으로부터 소개된 새로운 교육사조를 배경으로 한 신교육의 실시로 마침내 근대 체육의 태동을 보게 되었다.

조정에서는 폐단이 많던 科擧制(과거제)를 폐지하고 관리등용 제도를 새로 정하게 되어 옛 교육 형태는 사라지고 일본의 학제를 모방하여 새로운 교육을 실시하게 되면서부터 체육 또한 새로운 각광을 받게 되었던 것이다.

고종 32년(1895) 2월 2일 전국민에게 내린 교육 조서를 보면 교육위 실제는 德育(덕육)·體育(체육)·智育(지육)에 있다면서 근대적 교육의 3대 강령을 지적하고 교육의 필요성을 강조한 것은 당시의 상황 하에서는 특이할만한 일이라 하겠다.

이 시기는 세계문화의 기운이 일본과 중국을 통해 수입됨에 따라서 외국세력에 의하여 피동적으로나마 외국과 통상을 맺고 공사가 교환되어 서양인의 왕래가 빈번하게 되자 현대문화의 혜택을 입게 되었다.

고종 22년(1885) 미국 선교사 Appenzeller(아펜셀라)가 배재학당과 이화학당을 설립하였으며 23년에는 미국인 교사를 초빙하여 육영공원이란 학교를 신설하고 자연과학을 비롯하여 외국어를 강의하게 되었다.

고종 32년(1894) 갑오경장 이래 제반 정치제도에 혁신을 가져오게 되자 사회생활도 많은 변화가 생기였다. 광무원년(1897)에는 외국의 제도에 따라 무관학교를 신설하고 새로운 국가교육방침에 의거하여 여러 곳에 소학, 중학 및 사범학교가 설립되었다.

광무 9년에는 경향각지에 사립학교가 창설되어 신학문의 중요성과 국민 계발의 필요성이 점차 높아졌다. 養正(양정)·普成(보성)·徽文(휘문)·淑明(숙명)·進明學校(진명학교) 등도 이때 창설되었다.

그리하여 낡은 서당의 한문교육에서 탈피하여 세계조류와 보조를 같이 하게 되는 신교

▷ 1885년 배재학당(培材學堂) 現 배재고등학교의 전신　ⓒ 동아일보사

육이 실시되었다. 각 학교에서는 신 교육령에 따라 체육을 정규과목으로 두어 교육방면에 일대 혁신을 전개하였으나 그 가치성에 대하여 국민의식이 희박하였다.

　　그러나 학교마다 연중행사로 교내 체육대회를 개최하여 그 진가와 진미를 인식하게 되자 차츰 체육이 그 자리에 오르게 되었다.

　　우리나라 최초의 근대식 운동회는 1896년 5월 2일 東小門(동소문)밖 三善坪(삼선평 : 삼선교)에서 영국인 교사 Hutchison(허치슨)의 지도로 개최된 花柳會(화류회)였다.

　　그 이듬해 훈련원 안에서 영어학교 학생들이 대 운동회를 열었는데 이것은 우리나라 최초의 운동회였다. 이날 운동회에는 국무대신을 비롯한 외국 공영사가 참석하였고 임원은 주로 영국인들이 맡아보았다.

　　경기종목도 300보 600보 1,350보 경주, 공 던지기 대포알 던지기, 멀리뛰기, 높이뛰기, 이인삼각, 당나귀경주(20필 참가) 등이었고 시상은 1, 2, 3등으로 되었다. 이 운동회는 우리나라 최초의 근대식 운동경기회로서 의의가 있을 뿐만 아니라 육상경기대회의 시초이었고 특히 관람하기 위하여 모여든 많은 군중에게 근대식 스포츠 및 생활에 대하여 커다란 감명을 주어 새로운 기풍을 불어넣어 주었다는 점에서 또한 의의가 큰 것이다. 그리고 1898년 5

월 28일 역시 훈련원에서 운동회를 개최하였는데 종목은 100보, 200보, 400보 경주, 넓이 뛰기, 높이뛰기, 철구, 씨름, 당나귀경주 등이었다.

이 운동회에 자극을 받은 각 학교에서는 해마다 운동회를 열었으며 각 학교의 운동회들은 급기야 연합운동회로 발전해갔던 것이다.

이와 같은 운동회가 열리자 필요한 것은 심판원과 규칙이었다. 비록 오늘의 규칙과 같은 것은 아니더라도 경기대회를 운영해 가는 데는 일정한 경기규칙이 있어야 한다. 이러할 즈음 우리가 잊을 수 없는 인물은 영어학교의 교사였던 허치슨과 Hallifax(헬리펙스) 그리고 축구를 보급시킨 Martel(마텔), 야구, 농구를 전해준 Gillet(길레트) 등이다.

당시의 체육지도자에는 외국인만 있었던 것은 아니다. 기술과 규칙을 필요로 하는 구기와 육상경기 부문에서는 외국인이 지도하였으나 그 밖의 전통적인 체육이나, 민족 고유의 체육을 체계화함에 있어서는 역시 국내 체육인이 아니고는 가능한 일이 아니었다.

▷ YMCA 야구단이 1911년 일본 원정을 앞두고 기념촬영을 하고 있다. 앞줄 맨 오른쪽 원안이 선교사 질레트.
경향신문(주간경향 921호)

당시 관립 외국어학교의 교장이던 李種泰(이종태), 일본육사에서 수학하고 돌아온 盧伯麟(노백린), 趙瑗熙(조원희) 그리고 희문의숙의 체육교사로 있던 李基東(이기동)과 같은 이는 체육을 이론화하였을 뿐만 아니라 근대식 체육 교과서를 편찬하여 체육발전에 지대한 공헌을 하였다. 또한 이 시기에는 각종 운동회와 運動俱樂部(운동구락부)가 발족하였다.

서구문물의 새 물결이 밀어닥치자 당시의 우리 청년들은 부풀어 오른 희망을 지니고 각계각층에서 맹활약을 하였다. 체육 분야에서도 이 기풍을 타고 체육단체를 결성하였으니 이는 우리 사회가 봉건사회로부터 개화사회로 전향되어 감을 뜻하는 것이며 또 체육이 교육에만 중요한 것이 아니라 민족 전체를 하나로 단결시키고 문명사회를 건설하는데 절실하게 필요하다고 느꼈기 때문이라 하겠다.

당시의 운동회와 운동구락부의 내용을 살펴보면 다음과 같다.

1. 운동회

※ 官公私立學校春季聯合運動會(관공사립학교 춘계 연합운동회)

훈련원에서 1907년 5월 2일에 수천명의 각 학교 선수들이 모여 각종 운동경기 시합을 했다.

※ 官公私立學校秋季聯合大運動會(관공사립학교 추계 연합 대운동회)

1907년 10월 27일 72개 학교가 모여 개최한 운동회였다. 오전 9시 35분에 황태자가 臨席(임석)하였고 日人(일인) 伊藤博文(이등박문)도 참관하였던 당시의 규모로서는 최대 운동회였다.

※ 官私立秘苑運動會(관사립비원운동회)

1908년 5월 21일 각 학교에서 선발된 선수들이 昌德宮(창덕궁) 秘苑內(비원내)의 광장에서 개최하였는데 남자 320명, 여자 120명의 선수가 참가하였다.

※ 平壤大成學校運動會(평양대성학교운동회)

1910년 5월 11일 평양대성학교에서는 대운동회를 성내경산지(城內慶山地, 前鎭衛隊練兵場)에서 거행하였는데 300명 학생이 청·홍 양편으로 나누어 39종목에 걸쳐 군악대와 舞童戲(무동희)로 그 흥미는 더욱 높았고 활발한 기상은 장관을 이루었으며 많은 내외귀빈과 일반 관람자가 人山人海(인산인해)를 이루었다.

2. 스포츠 단체

① 大韓體育俱樂部(대한체육구락부)

1906년 3월 11일 김기정, 한상우, 현양윤 등이 모여 결성한 우리나라 최초의 근대적 체육단체 자체 부원끼리 운동회도 하고 Y·M·C·A 등과 경기를 가졌다.

②Y·M·C·A, 皇城基督靑年會運動部(황성기독 청년회 운동부)

1906년 4월 11일 청년의 체질을 건강하게 향상시키기 위해서 결성되었으며 그해 6월 9일 신흥사에서 운동회를 개최하고 1등상에 銀匠(은장) 상패를 수여하였는데 이것은 우리나라 스포츠 사상 최초로 수여한 메달이라 하겠다.

야구, 농구, 배구 등 현대 스포츠를 도입하여 다대한 공헌을 세운 단체이다.

※ 야 구

1905년 Gillet(길레트)가 소개 한국에서는 야구를 처음 타구라고도 불렀다. 1906년 Y·M·C·A와 덕어학교 팀과 최초로 야구경기를 가졌다.

※ 농 구

1907년 Gillet(길레트)가 한국에 소개 그러나 1908년 길레트가 귀국 1916년 Barnhart(반하트)가 동회 간사로 취임하면서 본격적으로 보급시켰다. 동경유학생과 서양인 연합팀이 최초로 경기를 가졌다.

※ 배 구

1926년 Barnhart(반하트)에 의하여 우리 나라에 소개되었다. 1917년 Y·M·C·A 체육관에서 기독청년회팀이 동편이 되고 서양인팀이 서편이 되어 동편이 3 : 0으로 승리하였다.

③ 大韓國民體育會(대한국민체육회)

1907년 10월 우리나라 병식체조의 개척자인 노백린이 발기하여 결성된 것이나 별로 활동했다는 기록이 없다.

④ 大同體育俱樂部(대동체육구락부)

1908년 9월 권생연, 조상호, 이기환, 이제민, 이용사, 안종건, 박주영 등이 주축이 되어 조직한 것이나 역시 기록이 없다.

⑤ 武徒器體育部(무도기체육부)

1908년 9월 무관학교의 이희두 교장과 학무국장 윤치오 2명이 주축이 된 것으로 교육계의 청년과 일반 국민의 체력을 향상시키기 위하여 조직된 우리 나라 최초의 기계체조단체라고 볼 수 있으며 승마를 비롯한 군사적인 종목이 많았다.

⑥ 大韓興學會運動部(대한흥학회운동부)

1909년 1월 10일 일본 유학생들이 동경에서 조직한 단체 그해 7월 하계 방학을 이용 귀국하여 윤기현을 운동부장으로 서울을 비롯한 각 도시에서 운동경기 시범을 했다.

⑦ 射弓會(사궁회)

1909년 7월 15일 이상필, 이용민 등이 주축이 되어 조직한 단체로서 민족고유의 스포츠를 보존시키겠다고 조직한 단체로서 이 단체로 말미암아 오늘에 이르기까지 궁술이 전래된 것이다.

⑧ 少年光昌體育會(소년광창체육회)

1909년 8월에 신체를 건강하게 하기 위하여 각종 체조와 打球會(타구회)를 단련시킬 목적으로 조직되었으나 특별한 활동은 없었다.

⑨ 體操研究會(체조연구회)

1909년 10월 24일 체조교사인 조원희, 김성집, 이기동이 주축이 되어 조직한 단체로서 유치하고 비조직적인 당시의 체육을 진흥시킬 목적으로 普成中學(보성중학)에서 발족했다.

⑩ 靑强體育部(청강체육부)

1910년 2월 중동학교 학생인 성 희, 신완식, 최성희 등이 조직한 것으로 수요일과 일요일만 운동(축구)을 하던 우리 나라 최초의 교내 운동부라 할 수 있다.

제6장

수난시대의 체육

한일합방이 조인되자 모든 국민의 분노는 참으로 대단했으며 뜻이 있는 지도자는 해외로 망명하여 국권을 되찾고자 하였다.

1919년 4월 17일 상해 프랑스 조계에서 대한민국 임시정부를 수립했으며 국내에 남은 독립 운동가들은 지하운동을 펴기도 하였다.

이와 같은 환경이었으므로 국민의 사기는 날로 저하되기만 하였고 또한 일제는 조선에 대한 허울 좋은 간판을 내세우면서 내심으로는 독립사상을 염려한 나머지 노예적이고 맹목적이며 무기력한 인물을 요구하는 식민지 교육에 착안하여 단연하게 교육을 실시하였던 것이다. 일제는 사람은 교양이 높아질수록 이성이 발달하고 비판력이 생기는 것을 두려워한 나머지 우리의 교육연한을 단축시켜 국민의 슬기를 낮게 만들자는 생각이었다. 이러한 악조건 하에서도 국민의 정신적 강화와 사기앙양을 위해서는 국민의 강건한 신체와 민족적 정신의 함양단결이 절실하였던 것이다.

이 무렵에 동아일보가 창간되었고 그 동아일보에다 1920년 4월 10일부터 연 3일 간에 걸쳐 변봉현이 「체육기관의 필요를 논함」이라는 제하의 논설을 실어 당시의 지상 과제인 국권을 되찾으려면 우선 국민의 체력이 강인해야 하며 국민의 체력을 향상시키려면 체육기관의 형성이 필요하다고 역설하였다. 이러한 절대적 기운으로 마침내 같은 해 7월 13일 각계각층의 적극적인 성원에 힘입어 우리민족의 정신적 상징이요 활동력의 원천이 된 조선체육회가 탄생 된 것이다.

이로부터 우리 체육계는 비로써 조직적인 체계를 갖추게 되어 일치월장 조선체육의 탁월성을 과시하여 일인들을 전 일본 스포츠를 장악하기에 이르렀던 것이다.

이러한 우리나라 체육의 강력한 진출과 뛰어남을 일제는 두려워하기 시작하였다.

1936년 일장기 말살사건을 계기로 동아일보의 폐간을 비롯하여 체육단체의 해체와 강압적 단속책을 강화했다. 1938년 7월 4일 조선 체육회를 일인의 어용단체인 조선체육협회와 강제로 통합시켜 어용 단체화 하였다.

1941년 12월 8일 세계 제2차 대전이 확대되어 전쟁이 동서를 휩쓸면서 일제는 우리 민족에 대한 발악적 강압상을 드러내기 시작했다.

점차 시국이 긴박해짐에 따라 체육운동을 전쟁목적에 결부시키고 이를 완수하기 위하여 다음해 2월 14일 조선 체육 진흥회라는 체육통제 기관을 발족시켜 「체육운동은 국가사업」이라는 미명아래 스포츠를 완전히 통제하여 두었다. 모든 것은 배급제도가 되었고 산업체제도 군수 산업 체제로 되고 말았다. 이러한 환경 속에서 체육제도를 유지하기란 극히 어려웠다. 학교의 체육시간은 군사훈련을 목적으로 한 體練時間(체련시간)이 되었으며 경기대회는 고사하고 스포츠마저도 통제하다시피 하여 1945년 8월 15일 전쟁이 끝날 때까지 체육의 암흑시대가 계속된 것이었다.

1. 朝鮮體育會(조선체육회)

1920년 4월 1일 동아일보가 창간되었고 이 신문에 평파 변봉현이 4월 10일부터 3일간 걸쳐 동아일보에 「체육기관의 필요를 논함」이라는 논설을 발표하여 체육인은 물론이고 민족운동의 지도급 인사에게 커다란 자극을 주었다.

이러한 일련의 주장과 여론의 자극으로 당시 각계각층의 지도급 인사인 고원훈, 김성수, 장두현, 신흥우, 장덕수 등이 모여 그해 7월 13일에는 조선체육회의 결성을 보게 된 것이다.

그리고 모든 분야에서 침체상태에 있던 사회단체 청년회 등에서 조직적인 대회를 열기에 이르렀고 1925년을 기해서는 각종 경기대회를 체육회주관 하에 체계화 시켰다. 체육회가 창립된 1920년에는 11월 4일 제1회 전조선 야구대회를 개최하였고 이듬해인 1921년 2월 11일에는 제1회 전 조선 축구대회를 개최하였다.

1921년 10월 15일부터 3일간 열린 제 1회 전조선정구대회, 1924년 6월19-20일의 제 1회 전조선육상경기대회, 1925년 1월 5일의 전조선빙상경기대회, 그리고 1929년부터는 체육회 창립 10주년을 기념하기 위하여 그 동안에 개별적으로 주최하였던 각 경기대회를 통합하여 6월 13일부터 3일간에 걸쳐 경성운동장에서 종합 체육대회를 열었다. 조선체육회가 주최한 이들 경기대회는 해마다 개최되어 조선에서 가장 권위 있는 경기대회로 성장하였다.

이러한 조선체육회 주최의 경기대회는 일본인 체육단체인 조선체육협회가 주최한 경기대회와 대결의식을 가지면서 성장하였다. 조선체육회 주최의 대부분의 운동경기는 그 기저에 일본인과 대항의식을 가진 경기였고, 이를 통해 우리 민족의 내부적 통일과 민족의 자긍심을 고취하고자 하였다.

이상과 같은 조선체육회의 활동은 우리나라의 근대 체육을 정착시키는데 큰 기여를 한 것이었으며, 우리 민족이 식민지 상황에서 일본의 체육에 흡수 편입되지 않고 독자성을 유지하면서 발전될 수 있는 토양을 제공한 것이라 볼 수 있다. 이 대회가 곧 오늘의 전국 체육대회의 전신이 되었고 그 개최 횟수는 체육회의 창립연도를 기준으로 기산 하기로 하였다.

2. 朝鮮體育協會(조선체육협회)

1919년 2월 18일 일본이 어용단체로 조직한 일본인 체육기관이다. 1920년 5월 16일 제 1회 육상경기대회를 비롯하여 1925년 10월 15일 소위 조선신궁봉찬대회라는 이름 아래 각종 경기대회를 통합하여 거행됨에 우리선수가 참가하여 일본선수들과 어깨를 겨누며 싸워 일인들을 제압함으로써 스포츠를 통하여 항일투쟁을 굳건히 전개하였다. 우리선수들은 체력, 기술, 정신력으로 경기 각 분야에 걸쳐 일인들을 철두철미 압도하였으나 일장기 말소사건으로 말미암아 조선체육회를 강제 해산시켜 일인들의 어용단체인 조선체육협회에 강제 통합시켰다.

일제는 1938년 9월 3일에 전조선 사회체육운동단체를 지도 통제하기로 결정하고 지도기준과 통제계통을 발표하였다. 이때 발표된 지도기준에 따르면 체육운동단체는 大小公私(대소공사)의 구별 없이 국민체력향상기관으로서 긴요하기 때문에 그 조직을 강화하여 체육운동을 통하여 內鮮一體(내선일체)의 실을 앙양하여야 한다고 규정하고, 구체적인 실행방법으로서 단체훈련의 합동체조, 체조대회, 단체행진, 무도경기의 실행, 그리고 체육운동 경기회나 체육대회를 할 때에는 宮城遙拜(궁성요배), 국기계양 등을 하며 일본 국가를 부르게 하였고, 운동경기용어 등도 모두 일본어를 사용하도록 하였다.

3. 朝鮮體育振興會(조선체육진흥회)

일제는 한국인의 체육단체를 완전히 자기통제 아래에 두고 체육을 전투력 증강과 황국신민화의 방책으로 이용하였다. 그러나 이러한 통제방침은 1941년 태평양전쟁을 계기로 훨씬 강화되어 1942년 2월 18일 조선체육진흥회의 발족으로 모든 체육단체를 다시 이 기구에 흡수하였다. 이때 발표된 조선체육진흥회의 규약은 28조로 구성되었는데, 그 목적에는 "조선총독부의 방침에 基(기)하여 체육운동을 지도·통제하고 국민체육의 건전한 보급과 발달을 도모함으로써 황국신민으로서의 심신을 연마하여 전력의 증강에 이바지할 것을 목적으로 한다."고 하여 체육이 황국신민의 양성과 전력증강의 도구임을 명백히 하고 있다.

이른바 태평양전쟁을 일으킨 일본은 거의 광분에 가까울 만큼 혈안이 되어 모든 분야를 통제하기에 이르렀다. 모든 것은 배급제도가 되었고 산업체도 군수산업체로 전환되고 말았다. 이러한 환경 속에서 체육제도를 유지하기란 극히 어려웠으며, 학교의 체육시간은 군사훈련을 목적으로 한 敎練時間(교련시간)이 되었다. 이 시기에는 경기대회는 고사하고 개인의 스포츠마저 통제하기에 이르렀고, 1943년 10월에 제 19회 朝鮮神宮奉讚大會(조선신궁봉찬대회)를 마지막으로 태평양전쟁의 격화로 유야무야 중에 해체되고 말았다.

4. 日章旗抹消事件(일장기말소사건)

1936년 8월 9일 오후 3시 올림픽경기장을 출발한 養正(양정)의 孫基禎(손기정)선수는 42.195km 전 코스를 쾌조로 달리어 세계 30여 개국 56명의 강호선수들을 물리치고 2시간 29분 19초 2로 올림픽 신기록을 작성하고 자태도 늠름하게 1등으로 결승점 테이프를 끊었다. 이어 양정을 졸업하고 明治大(명치대)에 재학중인 南昇龍(남승용)선수가 3등(2시간 31분 42초)으로 골인하였다. 대한의 두 남아가 세계를 제패한 것이다.

손기정선수가 1위로 골인하는 순간, 전 세계
인류의 이목은 한 곳으로 집중되었다. 라디오 중
계로 이 역사적인 순간을 경청하고 있던 우리 민
족 전체의 가슴은 벅차오르는 감격으로 터질 듯
하였고, 뜨거운 눈물이 두 볼을 마구 적셨다. 그러
나 손기정 선수는 승리의 영광에 앞서 가슴속에
끓어오르는 울분과 비애를 주체할 수 없었다. 그
는 우리 대한의 아들이면서, 倍達民族(배달민족)의
일원이면서 太極旗(태극기) 대신에 日章旗(일장기)

▷ 손기정 투구

를 달고 뛰었던 것이다. 비록 태극기를 달고 시상대에 오르지 못했으나 배달민족의 鬪志(투
지)와 氣魂(기혼)을 마음껏 떨쳤던 것이다.

동아일보에 의한 일장기 말소사건[34]이 일어
난 것은 1936년 8월 9일 베를린올림픽대회에서
손기정선수가 마라톤에서 우승하고 나서 2주일
이 지난 뒤인 8월 25일이었다. 동아일보의 사회
부 체육주임 波荷(파하) 李吉用(이길용)기자는 오
사카 大阪朝日(아사히)신문이 격주간으로 발행하
고 있던 화보잡지 「아사히 스포츠」에 실린 마라
톤 시상식의 사진을 보게 되었다. 이 사진은 우
승자 손기정선수가 머리에 월계관을 쓰고 2위인
영국의 하퍼 선수가 월계관을 독일 여성으로부
터 받아쓰기 위해 허리를 숙이고 있었으며, 3위
남승용 선수는 꼿꼿이 서서 자기 차례를 기다리
는 그런 사진이었다. 이미 각 신문은 마라톤 경
기가 치러진 다음날 아니면 다음다음날에 우승

▷ 일장기 말소 사진

34　자료출처 : 1936년 8월 13일 동아일보 자료 사진.

장면이나 시상식장면을 일단 전송사진으로 다루었다. 그러나 아사히 스포츠에 실린 사진은 이미 각 신문에 실렸던 전송사진과는 달리 시상대에 서 있는 세 선수의 표정이나 자태가 매우 생생하게 살아있어 눈길을 끌었다.

　이길용 기자는 출근하자 그 길로 편집국 사회부 玄鎭健(현진건)부장자리에 이르러 "오늘은 손기정 선수의 이 사진을 게재하려 합니다."라고 내보였다. 이때 이길용 기자가 데스크와 주고받은 말은 지극히 짧은 내용이었다. "그런데 보다 엷게 잘 보이지 않게 손기정 선수의 가슴을 보도하는 편이 좋지 않을까 해요."하고 이길용 기자가 말하였다. 현진건부장에게 '엷게 잘 보이지 않게'라는 말은 틀림없이 붉은 동그라미 일장기를 가르치는 말이었다. 편집국 데스크의 의향을 새삼 확인한 이길용 기자는 곧장 조사부로 가서 이 신문의 전속화가로 삽화와 도안을 맡고 있던 靑田(청전) 李象範(이상범)화백에게 손기정 선수의 사진을 제시하면서 "붉은 동그라미 부분을 엷게 할 수 있겠나?" 하고 말하자 청전은 "파하 엷게 잘 보이지 않게 한다는 것은 기술적으로 어려우니 차라리 깨끗이 지워버리는 편이 간단하겠네."하고 말하였다. 이로 인해 두 사람은 일장기를 지워버리기로 하였다.

월계관 쓴 손기정 선수 사진 원본　　　일장기 지워진 8월 25일자 지면

▷ 일장기 말소 – 동아일보 자료 사진

이 사진 수정의 사실을 재빨리 포착한 것은 일본군사령부였다. 龍山(용산)에는 서울을 중심으로 조선의 중앙에 북방을 지휘하는 일본 제 20사단 사령부가 있었다. 용산에 있는 제 20사단은 조선 남부를 지휘하는 羅南(나남)의 제 19사단과 함께 군사력으로 조선을 탄압하는 본부의 하나였다.

이 제 20사단 사령부로부터 동아일보에 호출이 내린 것은 8월 25일 오후 4시였다. 동시에 신문의 배달중지도 내려졌다. 그러나 이미 이 시간에는 문제의 신문은 거의 발송과 배달이 끝난 상태였다. 결국 사진담당 기술원 白雲善(백운선)과 徐永鎬(서영호), 그 사진을 지면에 실은 사회면 편집기자 張龍瑞(장용서)와 林炳哲(임병철), 사진부장 申樂均(신낙균), 미술담당기자 李象範(이상범), 운동담당기자 이길용, 사회부장 현진건 등 8명이 경기도 경찰부에 차례로 연행되어 갔다.

동대문경찰서와 종로경찰서는 동아일보 기자들과 임원진으로 초만원을 이루었다. 경기도 경찰부의 속셈은 일장기 말소의 책임을 사장인 宋鎭禹(송진우)나 창설자인 金性洙(김성수)의 선으로 끌고 가기 위해 그것을 뒷받침할 수 있는 자백을 얻어내려는데 있었다. 그러나 이길용 기자는 끝까지 자기의 독단에 의한 결정이라고 우겼고, "일장기를 아주 지워버리려 한 것이 아니고 그 농도가 너무 짙기 때문에 조금 흐리게 하려고 한 것이 지나쳐 그렇게 되었다."는 주장을 굽힐 줄 몰랐다.

결국 동아일보는 무기한 간행정지처분을 받고 일장기말소사건 책임자로 이길용 기자를 비롯하여 현진건, 최승만, 신낙균, 서영호 등 5인은 서약서에 서명하고 40일만에 가까스로 석방되는 수모를 겪어야만 했다.

우리 민족의 우월성과 불굴의 정신은 마라톤 경기를 통하여 세계를 제패하고 일인을 제압하였으니 우리 민족 된 이는 누구나 다 환희와 감격이 폭발하여 국내 방방곡곡은 祝勝一色(축승일색)으로 뒤덮였다.

이 사건의 주역은 이길용 기자였다. 이길용 기자는 동아일보 체육부기자로 한국체육 여명기부터 개화기에 우리나라 체육진흥을 위해 동분서주하면서 활약한 분이다.

그는 늘 애국이념에 불타고 민족의 긍지를 선양하고자 고심하였고 일제의 압박 아래서 체육을 통해 우리민족의 정신 계몽운동을 앞장섰던 분이다. 그 신념의 발로가 이 사건을 유발 시켰다. 그는 베를린 마라톤 세계 제패를 계기로 우리 민족의 우월성을 세계만방에 과시하고 싶었던 것이다.

▷ 이길용 동아일보 기자. 동아일보(2021.01.28.)

제7장

현대사회의 체육

우리민족은 36년 동안의 일본제국주의 지배에서 벗어나 해방을 맞이했다. 정치, 사회, 문화, 경제 등 모든 부문에서 민주주의를 기초로 한 새로운 전환기를 맞게 되었다. 따라서 학교체육이나 사회체육은 민주화 체육으로 전개되었다.

우리나라 체육인을 총 망라한 조선 체육동지회가 8월 17일 발족되고 일제 탄압으로 해체되었던 모든 체육단체가 자유스러운 분위기 속에서 생기를 띠고 부활하기 시작하였다. 그러나 미·소양국의 한반도에 대한 분할 점령 정책으로 자주독립으로 연결되지 못하고 국토분단과 민족분열 이라는 또 다른 시련을 겪게 되었다.

미군의 진주와 군정포고에 이어 정당 사회단체가 속출함에 따라 좌·우파의 대립이 극심하여 매우 혼란한 사회상을 드러내게 되었다. 그러나 조선체육회는 9월 30일 첫 행사로 미군과의 친선 농구경기를 거행함으로써 중단되었던 운동경기를 태극기 밑에 부활시켰다.

그리고 자유해방 경축 종합경기대회를 열었다. 그러나 이 체육 동지회는 해방전 조선체육회의 전통을 계승 발전 시킬만한 조직체로서 키우기 위하여 일제시대의 조선체육회 임원들과 협의 마침내 1946년 1월 26일 조선체육회 재건 총회를 열고 해방 후 처음으로 Y·M·C·A회관에서 평의회를 가졌다.

여기서 헌장을 제정하고 임원을 선정함으로써 사단법인 대한체육회의 전신인 조선체육회를 재건하였다. 이를 계기로 각종 경기단체가 부활 조직되었다. 그러나 1946년에는 해방 후 재건도상에 있는 운동경기를 정치면에 이용하려는 움직임이 있었으므로 조선체육회에서는 4월 15일 그 부당함을 주장하였는데 그 내용은 다음과 같다. 「조선체육회는 3천만 민중의 체육을 지향하는 대표기관인 동시에 우리들의 공기이다. 그러므로 이는 어떤 개인의 체육회도 아니오 한 개 단체에 종속된 체육회 아닌 것이다. 만약 체육회의 회원이나 간부로서 정치적 색채를 가진 사람이 있다면 이는 개인적 문제이고 체육회로서는 하등 관계할 바 아닌 동시에 체육회 자체가 정치적 색채를 띠는 것은 절대로 아닌 것이다. 그러므로 조선체육회는 不偏不黨(불편부당)임을 이에 엄명한다.」고 하여 당시의 복잡한 사회상을 말해주고 있다. 그러나 1947년 조선체육회는 비운의 해였다고 할 수 있다. 5월 29일 田耕武(전경무) 부회장을 비행기 사고로 잃었으며 7월 19일에는 呂運亨(여운형) 회장이 암살 당 하고 뒤를 이어 회장에 취임한 俞億兼(유억겸)도 불과 취임 50일 만에 서거하였다.

이러한 와중에도 우리나라가 국제 올림픽 위원회(IOC)에 가입한 것은 1947년 6월 20일 스웨덴 스톡홀름에서 열린 제40차 IOC총회 때의 일이다.

우리나라가 올림픽대회에 참가하려면 먼저 한국 올림픽 위원회(KOC)가 국제올림픽위원회에 가입해야 한다는 선행 조건을 해결하기 위하여 1946년 7월 15일 조선체육회 내에 올림픽 대책 위원회를 조직하고 I·O·C 가입을 적극 추진하였다.

俞億兼(유억겸) 조선체육회 부회장을 위원장으로 하고 田耕武(전경무), 李相佰(이상백)을 부위원장으로 하는 올림픽대책 위원회는 먼저 국내올림픽 위원회(N·O·C)를 조직하고 국내경기단체의 국제경기연맹 가입을 추진했다.

국내올림픽 위원회는 체육회 산하의 각 경기단체 가운데 올림픽종목에 해당하는 육상경기 연맹을 비롯하여 수영, 축구, 농구, 역도, 권투, 레슬링 등 연맹에 대하여 각기 국제경기 연맹에 가입토록 지도하는 한편 I·O·C 가입을 위한 스포츠 외교를 전개했다.

전경무 부위원장은 1947년 6월 15일부터 스웨덴 스톡홀름에서 열리는 제40차 I·O·C 총회에 한국대표로 참가하기 위하여 5월 29일 미군용기 편으로 김포를 떠나 장도에 올랐으나 비행기 사고로 사망하는 불행을 당했다.

올림픽 대책 위원회에서는 I·O·C 가입 기회를 잃지 않으려고 미국에 있는 李元淳(이원순)에게 타전하여 스웨덴에서 열리는 I·O·C 총회에 참석토록 긴급지시를 했다.

이원순의 활약으로 I·O·C에 가입한 K·O·C는 1948년 영국의 런던에서 열리는 제14회 올림픽대회에 육상을 비롯한 축구, 농구, 역도를 비롯한 6개 종목에 참가하기로 결정을 보았다.

제14회 런던 올림픽은 7월 29일부터 8월 14일까지 열렸기 때문에 비록 한국선수단이 태극기를 앞세우고 당당히 참가 하기는 했으나 독립국이 아니었으므로 K·O·C의 명칭도 조선올림픽위원회로 되어있었다. 그러나 1945년 8월 15일 대한민국 정부수립을 계기로 조선체육회는 대한체육회로 조선 올림픽위원회는 대한 올림픽위원회로 명칭이 바뀌었다. 이시기에 특기할 것은 1947년 제51회 보스턴 마라톤 대회에 사상최초로 태극기를 달고 출전한 徐潤福(서윤복) 선수가 감격의 1위를 차지하였고 1950년 제54회 동 경기 대회에서는 咸基鎔(함기용) 선수 1위 宋吉允(송길윤) 선수 2위 崔崙七(최윤칠) 선수가 3위를 차지하여 마라톤 한국의 명예를 만방에 알렸다. 그러나 이러한 것은 잠시였고 6.25동란의 참화는 또 다시 우리에게 스포츠 발전의 중단을 가져왔다.

그러나 1963년 3월 18일 정부는 국민체육진흥법을 공포하기에 이르렀고 1970년대부터는 국민들이 체력향상과 스포츠 인구의 저변확대 그리고 스포츠 외교에 목표를 두고 노력을 아끼지 않고 있다.

국제올림픽 경기대회, 아시안 게임을 비롯하여 수많은 각종 국제경기 대회에 우리 선수단을 출전시켜 스포츠 한국의 명예를 드높였다.

더욱이 정부는 체육부를 신설함으로써 스포츠 인구의 저변확대, 국민 체위향상, 스포츠의 과학화에 박차를 가하고 86아시안게임과 온 민족의 염원이던 88올림픽을 서울에서 개최하게 됨으로서 스포츠 외교에서도 선진대열에 서게 되었다.

체육의 사조가 시대에 따라 변천해 왔음은 사회적 요구에 따르는 시대적 변화에 기인한 것이며 국가와 민족이 각각 체육에 대한 관념을 달리하여 각각 다른 체육정책 밑에서 국민체육을 전개하고 있는 것도 국가관을 달리하고 있기 때문이다.

미국의 스포츠 정신을 통하여 민주적인 사회성격 육성과 스포츠를 통한 레크리에이션 활동에 중점을 두어 신체적 健全(건전)은 물론 사회의 明朗化(명랑화)와 개인생활의 潤澤化(윤택화)를 꾀하고 있다. 즉 문화정책에 따르는 국방체육의 체제를 취하고 있다.

체코의 sokol(쏘콜) 체조단의 국민운동과 덴마크의 낙농정책에 따르는 기본체조를 통한 국민운동 등은 국가 발전에 체육을 활용하려는 정책이다. 그런데 체육에 대한 국방정책은 군국주의에만 가지는 정책이 아니고, 국민적 체육활동은 전체주의적 통제체육만을 뜻하는 것은 아니다. 영국의 국민 적성협의회와 여성단체인 링 체육협회는 전 국민적 조직체인데 국민적성협회는 14세부터 45세까지의 전 국민이 어떤 종류의 운동에건 참가할 수 있도록 스포츠와 레크리에이션 활동을 장려하여 지도하려는 민간단체이다. 이것은 국민전체를 健民化(건민화) 하려는 일종의 국민운동이다.

미국 체육사상의 영향을 받는 우리나라의 현대체육은 순수한 체육이상에 입각하여 정당한 진로를 개척하여 가고 있다고 할 수는 있으나 우승권 쟁탈주의와 양성주의로 흐르는 점이 있음은 경계하여야 할 점이다. 이러한 경향은 도리어 스포츠의 건전한 발전을 저해하며 국민대중화 활동에 장애가 되는 것이다.

경쟁과 승리는 스포츠 활동의 한 요소이기는 하나 국민체육 발전의 방안으로 스포츠를 장려 보급하고 있는 영국, 미국의 뜻은 오로지 스포츠 자체만이 아니고 스포츠의 자연성과 민주성 및 대중성을 활용하여 인간의 자연성을 향상시키고 민주적 성격을 육성하여 국민생활에 침투시키어 이를 대중화함으로써 건전한 심신의 소유자로 발전시키려는데 있는 것이므로 우리나라의 스포츠 활동도 그러한 방향으로 지향되어야 할 것이다.

그리고 우리나라의 환경과 조건은 평온하지 않았다. 그리므로 국민체위 향상을 목표로 한 국민체육진흥법에 따른 적극적 실천이 필요하며 대중체육을 위한 조성과 과학적인 연구지도가 더욱 절실히 요구된다. 그리하여 체육의 독자적인 효과의 획득은 물론 체육을 통한 문화 활동과 아울러 국가안보의 기본조건이 되는 인간요소의 질적 향상을 도모하여야 할 것이다.

제8장

전국체육대회

1. 약사

전국체육대회는 우리의 근대사와 역정을 같이해 왔다. 나라 잃은 민족의 침략자에 대한 항거이기도 했으며, 나라를 되찾은 민족의 희망에 찬 제전이기도 했다. 이 성전은 1920년에 조선체육회가 창립된 후 초기의 행사였던 제1회 조선야구대회를 기원으로 하고 있다. 그 후로, 축구, 정구 등 각종 경기별 전국대회가 열리다가, 1929년에 비로써 전조선 종합경기대회가 열렸는데, 이것이 우리나라의 종합경기로서는 최초의 행사였다.

물론 불가피한 사정으로 대회가 열리지 않은 해도 횟수로 계산한 것은, 올림픽대회의 횟수 계산과 마찬가지다. 그러나 이 대회는 일제의 탄압으로 조선 체육회가 해산을 당하자 18회로 끝을 맺었다. 그로부터 한동안 민족의 잔치는 이 민족의 손에 의해 어질러진 채 제 모습을 잃었었다.

1945년 8월 15일 민족의 광복을 맞이하자 우리의 스포츠계도 소생하여 1937년에 18회로 끝맺었던 체육대회는 1945년 10월 27일부터 자유해방 경축 전국종합 경기대회라는 이름 아래에 다시 부활했다. 이것이 곧 제26회 전국 체육대회로 계승된 것이다.

이 대회에서는 육상을 비롯하여 축구, 농구, 배구, 정구, 자전거, 마술경기 등 10개 종목에 걸쳐 경기가 거행되었다. 1946년 제27회 대회는 각종 경기단체가 정비기에 들어선 해라고 하겠다. 특히 이 대회는 우리나라 체육의 핵심을 이루고 있는 학생체육이 본격적으로 움직이기 시작하여 우리 체육발전의 계기를 이룬 것이다.

이렇듯 차차 질서가 잡히고 비약적인 발전의 일보를 내딛게 되었을 때 닥쳐온 수난이 1950년의 6.25사변이었다. 그리하여 전국체육대회도 일시 중단되어 31회 대회는 끝내 열리지 못하고 만 것이다. 그러나 이러한 혼란 속에서도 민족의 체육잔치는 다시 빛을 보게 되어 1951년엔 피난지인 광주에서 제32회를 갖게 되었고 또한 각종 국제대회에도 참가하는 등 눈물겨운 고투를 계속하여 체육인들의 끈질긴 노력은 대회 때마다 다대한 성과를 거두었다.

그 동안 서울에서만 열리던 체전은 지방과 중앙의 균등한 발전을 도모한다는 취지아래 지방을 순회 개최하게 되었으며 제48회 대회는 처음으로 선을 보인 카드 섹션(스탠드 매스게임)은 시각적인 면에서 또 다른 하나의 전진을 나타냈으며 제49회 대회는 경상북도팀이 사상 처음으로 우승을 하여 지방체육의 발전을 증명해 주었고, 특히 대통령의 분부로 입장상 제도를 마련하여 선수단의 입장질서를 확립시켰다. 대전에서 개최한 제60회 대회는 60돌의 체육잔치로 성화의 전국일주 및 스포츠 전시회를 비롯하여 각종 행사가 성대하게 베풀어 졌다. 53회 대회부터는 재미동포 까지 참가하게 되었다.

2. 참가자격

① 대한민국에 국적을 둔 자로 아마추어에 한함.

② 당해시, 도지부의 예선대회에 선발된 자

③ 현재의 거주지에 그해 1월 1일 현재로 만 3년 이상 거주한 자는 희망에 따라 거주지로 출전할 수 있다.

※ 기타 생략함

3. 경기종목

육상경기, 축구, 럭비축구, 농구, 야구, 연식야구, 테니스, 탁구, 배구, 사격, 복싱, 핸드볼, 검도, 씨름, 궁도, 체조, 역도, 레슬링, 승마, 자전거, 하키 펜싱, 배드민턴, 태권도, 수영, 카누, 요트.

4. 경기방법

① 본 대회의 전 경기는 도대항으로 하고 종합득점에 의하여 순위를 결정한다.

② 토너먼트식으로 하되, 무승부일 경우 준결승전까지는 추첨으로 결정하고, 결승의 무승부는 양자 우승으로 한다.

5. 성화행사의 의의와 유래

전국체육대회는 온 국민이 향토의 명예를 걸고 평소에 연마한 체력과 기술을 한자리에 모여서 마음껏 발휘할 수 있는 민족의 체육잔치이다. 이 같은 민족의 잔치를 거행함에 있어서 우리 국가와 민족의 번영을 위하여 온 국민이 일치 단결해서 남북통일의 민족적 염원을 행동으로 표시할 것을 개국시조인 단군 선조에게 맹세함으로써 우리의 각오를 새롭게 하는 것도 의의 있는 일이라 할 것이다.

이러한 뜻에서 제37회 대회 때부터 단군 선조의 전설이 서려있는 강화도 마니산 참성단을 삼아 성화 행사를 거행해 왔던 것이다.

이리하여 제50회 대회 때부터는 전국일주의 성화 계주를 함으로써 국민의 체육에 대한 인식을 새롭게 하고 체육인구의 저변 확대와 경기 기술향상의 계기를 마련하여 더욱 빛나게 하려는데 목적을 두고 있다.

제9장

전국소년체육대회

전국체육대회에서 중학교를 분리하여 초등학교와 중학교 학생들의 제전인 전국 소년 체육대회는 1972년 제1회 서울 개최를 시작하여 매년 실시되었다.

1. 목적

전국 소년 체육대회는 소년, 소녀에게 기초적인 스포츠 정신을 고취하여 학생 체위를 향상 시키고 체육 인구를 저변 확대로 신인선수를 발굴하며 나아가 학원체육의 진흥으로 이 나라 체육발전에 이바지한다.

2. 주최

대한체육회

3. 경기종목

육상, 수영, 축구, 야구, 테니스, 연식정구, 농구, 배구, 탁구, 핸드볼, 럭비풋볼, 자전거, 씨름, 유도, 검도, 궁도, 사격, 체조, 펜싱, 배드민턴, 태권도 등 21개 종목을 실시한다.

4. 종별

초등학교, 중학교부

5. 경기방법

시, 도 대항전으로 기록경기를 제외한 모든 경기는 토너먼트 경기로 하되 시드제를 적용하며, 시드는 전년도 우승, 준우승을 차지한 2개 티임에 배정한다.

▷ 전국소년체육대회 포스터   ⓒ 대한체육회

참고문헌

고두현(1997), 베를린의 월계관, 서울신문 출판사업국.

김병화(2004), 올림픽, 2780년의 역사, (도서출판), 효형출판.

김상순(1997), 서양체육사, (도서출판), 바탕.

金吾仲(1984), 世界體育史, 高麗大學校 出版部.

김창순(1981), 일제하 식민지 시대의 민족운동, (도서출판), 풀빛.

羅絢成(1981), 韓國體育史, 敎學硏究社.

대한올림픽위원회(1996), K O C 50年史, 삼성인쇄(주).

车昌培(1985), 체육사, 호서문화사.

_____(1986), 大學體育의 理論과 實際, 淸州大學校 出版部.

_____(1997), 일장기 말소사건과 민족운동, 청주대학교, 교육문제연구소

모창배 · 유인영(2007), 신체육문화사, 한국학술정보(주).

閔錫泓 外1人(1996), 西洋文化史, 서울大學校 出版部.

朴尙煥(1991), 西洋史講論, 創文閣.

박은봉(1992), 세계사 100장면, 가람기획.

봉천서양사연구실(1997), 서양의 역사학, 청년사.

孫弘烈(1983), 韓國史要論, 修書院.

嗚東燮(1992), 近代體育史, 螢雪出版社.

李泰信(1995), 新撰 體育大辭典, (圖書出版), 眞寶.

柳完相 外3人(1995), 韓國史講座, 弘文堂.

이학래 외3인(1994), 한국체육사, 지식산업사.

이종범 외1인(1995), 한국근현대사입문, (도서출판), 혜간.

이태신(2000), 체육학대사전, 民衆書館.

池東植 外2人(1979), 世界文化史.

조명렬 외 2인(1997), 체육사, 형설출판사.

체육부(1984), 세계 각국의 체육, 체육부.

_____(1987), 각국의 생활체육, 체육부

체육백과대사전편집실((1985), 체육백과대사전, 교육출판공사.

체육총서편찬회(1980)체육사, 체육총서간행회.

허용선(2004), 불가사의 세계문화유산의 비밀, 예림당.

韓國스포츠振興會(1981), 韓國體育百年史, 申元文化社.

韓炳喆(1976), 體育의 世界史, 成均館大學校 出版部.

木村尙三郎(1990), 西洋史의 基礎知識, 신서원 編輯部.

岸野雄三(1967), 體育の 文化史, 東京, 不昧堂.

_____(1983), 體育史, 東京, 大修館書店.

_____(1984), 體育史 講義, 東京, 大修館書店.

水野忠文(1967), 體育思想史序說, 東京, 世界書院.

_____(1968), 體育史槪說, 東京, 體育科學社.

中村雄志 外3人(1982), スポーツ・健康, 川崎, 弘學出版株式會社.

小田切毅一(1981), アメリカ スポーツの 文化史, 東京, 不昧堂.

全國大學體育連合(1994), 大學體育(第53号), 東京, 全國大學體育連合機關誌編輯部.

Baker, W.J(1982), Sports in the Western World, Totowa, N.J, Roman & Little field.

Deobold Van Dalen, Brucel Bennett(1971), A World History of Physical Education(Prentic-Hall).

Eyemmetta Rice & John Hutchinson(1952), Brief History of Physical Education, New Jersey, A.S. Barnes and Company Inc.

Segrave Jeffrey & Donald Chu(1981), Olympism, Illinois, Champaign, Human Kenetics Publishers Inc.

Williams J. F.(1959), The Principle of Physical Education, Philadelphia, W.B. Saunders Company.

Welch, P.D. & Lerch, Harold A.(1981), History of American Physical Education and Sport, Springfield IL, Charles C. Thomas.

세계 체육문화사

초판인쇄 2023년 2월 28일
초판발행 2023년 2월 28일

지은이 유인영
펴낸이 채종준
펴낸곳 한국학술정보(주)
주 소 경기도 파주시 회동길 230(문발동)
전 화 031-908-3181(대표)
팩 스 031-908-3189
홈페이지 http://ebook.kstudy.com
E-mail 출판사업부 publish@kstudy.com
등 록 제일산-115호(2000. 6. 19)

ISBN 979-11-6983-172-7 93690